le choix de la prévention

Vincent VIET Michèle RUFFAT

le choix de la prévention

ECONOMICA
49, rue Héricart, 75015 Paris

Préface

À l'approche du cinquantenaire de l'Institut National de Recherche et de Sécurité (INRS), Dominique Moyen, alors Directeur général, a eu l'excellente initiative de demander à Michèle Ruffat d'étudier la possibilité de réaliser un ouvrage sur l'histoire de l'Institut. Le propos a par la suite été élargi à une histoire des structures de l'Institution Prévention de la Sécurité sociale. La Commission des Accidents du Travail et des Maladies Professionnelles a bien voulu donner son accord et c'est ainsi qu'une convention de recherche a été conclue entre l'INRS et l'Institut d'Histoire du Temps Présent (CNRS). Le présent ouvrage en est le fruit.

C'est, à ma connaissance, la première fois qu'un tel travail est réalisé. Les auteurs, Michèle Ruffat et Vincent Viet, ont retracé un demi-siècle d'existence de la prévention au sein de la branche « accidents du travail et maladies professionnelles » depuis le rattachement de la gestion des risques professionnels à la Sécurité sociale en 1946. Mais pour comprendre le sens et la portée de cette mutation, il était nécessaire de remonter aux origines législatives et réglementaires de la prévention, de retracer la structuration de ce champ dans le paysage socio-économique français parallèlement à l'évolution des conceptions dans ce domaine.

Certes, il s'agit d'une approche générale des questions de prévention au sein de la Sécurité sociale ; elle mériterait d'être complétée par des études plus développées, notamment sur le travail très efficace des services « prévention » des caisses régionales et des caisses générales et sur l'implication des caisses primaires. Mais l'ambition du présent ouvrage est aussi d'être un tremplin pour de nouveaux travaux.

Malgré les limites inhérentes à toute recherche ciblée sur une institution, ce livre apporte une contribution indispensable aux débats de notre époque où le paritarisme est controversé et où la spécificité des risques professionnels et l'efficacité de leur prévention sont discutées.

1860, compagnies d'assurances, services médico-préventifs (médecine du travail) et Comités de sécurité apparus sous le régime de Vichy.

La Sécurité sociale a certes hérité, à sa naissance, de la gestion du risque des accidents du travail et des maladies professionnelles, mais sa mise en place ne s'est pas traduite par un simple transfert au profit de ses structures des compétences que d'autres acteurs de la prévention exerçaient. Bien au contraire, plusieurs ordres de prévention ont depuis lors coexisté, ayant chacun leur mode de fonctionnement et leurs propres conceptions de la prévention.

C'est donc dans le cadre de cette construction à la fois alluvionnaire et sédimentée qu'il convient d'apprécier l'apport original de la Sécurité sociale à la prévention des risques professionnels. Cet apport se mesure d'abord en termes financiers : jamais la prévention des risques professionnels n'avait disposé avant 1946 de sommes aussi importantes ; il se mesure aussi à la volonté d'asseoir la prééminence de la prévention sur la réparation, de réserver au risque professionnel un traitement plus favorable qu'aux autres risques sociaux couverts par la Sécurité sociale, et d'articuler, selon une logique à la fois solidariste et assurancielle, deux fonctions jusque-là séparées, la prévention et la réparation.

Les questions qui sous-tendent cet ouvrage sont dès lors les suivantes : quelles ont été les conséquences de la réunion des fonctions prévention, réparation et tarification des compagnies d'assurances au sein de la Sécurité sociale ? Y a-t-il eu rupture fondamentale dans les méthodes et les pratiques ? Compte tenu des autres ordres de prévention et des moyens mis en œuvre, qu'est-il advenu des principes qui fondaient la contribution originale de la Sécurité sociale à la prévention des risques professionnels ?

Trois axes de recherche ont mobilisé la réflexion :

– Le premier a trait à l'évolution des principales structures de la Sécurité sociale concernées par la prévention des risques professionnels (CNAM, INRS, CRAM, CGSS, EUROGIP) [1]. Bien que ces structures fassent partie de la Sécurité sociale, leur autonomie a crû au fil du temps pour aboutir à la cristallisation d'une institution prévention qui se percevrait, au sein de la Sécurité sociale, comme un sous-ensemble de plus en plus intégré.

– Le deuxième concerne la nature de l'apport de la Sécurité sociale en matière de prévention des accidents du travail et des maladies professionnelles. C'est en explorant des voies compatibles avec ses missions originelles mais différentes de celles qu'ont pu emprunter les autres ordres de prévention que cette organisation a conçu des appro-

1. CRAM : Caisses régionales d'assurance maladie ; CGSS : Caisses générales de Sécurité sociale (dans les DOM-TOM).

ches nouvelles en matière de prévention et des modes de partenariat inédits avec les entreprises ou les branches d'activité. Cette forme d'adaptation sous contrainte l'a conduite à anticiper sur l'évolution du droit, notamment européen, tout en influençant le cours de celui-ci. D'une certaine façon, c'est en affirmant sa différence, tant sur le plan des méthodes que des conceptions, que l'organisation prévention de la Sécurité sociale a pu s'abstraire d'une situation où les ordres et les logiques de prévention étaient potentiellement concurrents.

– Le troisième a trait aux conceptions en matière de prévention des risques professionnels. Celles-ci peuvent se développer en dehors des vecteurs institutionnels de la prévention, à la jonction de préoccupations techniciennes, scientifiques, économiques etc., qui débordent assez largement la prévention *stricto sensu*. Elles s'imposent aux structures, car elles se conjuguent ou se superposent, sans néanmoins se succéder les unes aux autres. L'ergonomie des systèmes n'a pas, par exemple, remis en cause la nécessité des équipements de protection individuelle. Valable dans la durée, ce constat ne doit pourtant pas occulter les mutations qui se dessinent dans le mode de production de ces conceptions. Ces dernières, qui naguère étaient l'apanage de milieux « autorisés » composés de « préventeurs », évolueraient désormais au rythme des attentes et des représentations sociales. L'art de gérer les risques tendrait ainsi à devenir un art politique, alors qu'il relevait auparavant d'une sphère essentiellement technicienne.

Le découpage chronologique retenu dans cette étude suit non seulement l'évolution de la législation dans le domaine de la prévention, mais aussi les mutations des structures. La prévention s'est, en effet, affirmée à partir d'une législation et d'une réglementation sur l'hygiène et la sécurité qui remonte au milieu des années 1870 et dont la surveillance incombe toujours à l'Inspection du travail. Pendant plus de soixante-cinq années, la législation et la réglementation sur l'hygiène et la sécurité ont servi de cadre normatif à la prévention. Si d'importantes inflexions se sont produites sous le régime de Vichy avec l'officialisation des Comités de sécurité et de la médecine du travail qui relevaient jusque-là de l'initiative privée, la mutation la plus significative date de la création de la Sécurité sociale. Une nouvelle étape décisive ne sera franchie qu'avec la loi du 6 décembre 1976 relative au développement de la prévention des accidents du travail et des maladies professionnelles.

L'apport spécifique de la Sécurité sociale à la prévention des risques professionnels ne pouvait être mis en évidence que par rapport à la situation qui prévalait antérieurement. Sans être aussi chargée de drames humains que la réparation, la prévention fut, avant 1946, un enjeu social, mettant en scène des acteurs publics et privés. Son institutionnalisation à l'intérieur comme à l'extérieur des entreprises, l'élaboration d'un cadre législatif et réglementaire imposant des obligations positives aux industriels, l'organisation de son contrôle furent longues à se mettre en place. Aussi importait-il d'analyser, dans une première partie, les choix opérés et les efforts mobilisés pour mettre en forme une idée qui prit d'autant plus de temps à s'affirmer qu'elle n'allait guère de soi.

C'est en fait parce que la prévention avait derrière elle un long passé, des cultures et des traditions, que la création de la Sécurité sociale ne s'est pas traduite par une révolution dans les pratiques. Un nouvel ordre est bien né, fondé sur le couplage inédit de la prévention et de la réparation, mais les conceptions et, avec elles, les mentalités et les pratiques qui s'y rattachaient sont longtemps restées celles de l'avant-guerre. C'est en puisant son inspiration dans ses propres fondements mais aussi en dehors d'elle que l'organisation prévention de la Sécurité sociale s'est employée à délimiter son territoire, à mobiliser la recherche à son profit, à s'ouvrir à de nouvelles conceptions. Si bien des progrès ont pu être réalisés au cours des Trente Glorieuses, les efforts des structures de prévention des risques professionnels se sont néanmoins déployés en ordre dispersé, sans qu'une véritable politique de la prévention parvienne à les fédérer. C'est au fond l'insularité de la prévention par rapport aux grands courants de l'activité économique et sociale qu'il convenait, durant la période 1946-1975, de mettre en évidence.

Cette insularité n'a pris fin qu'avec le vote de la loi de 1976 qui ouvrit, pour l'organisation prévention de la Sécurité sociale, une période de mutations conceptuelles et structurelles, sur fond de crise de la Sécurité sociale et de développement du droit européen de la sécurité. Confrontée à ces nouveaux défis mais aussi à des attentes sociales impérieuses, l'organisation prévention s'est alors cristallisée, dans les décennies 1980 et 1990, en « Institution Prévention », en se ressourçant dans ses origines assurancielles et en ramassant ses structures. Ses méthodes et ses conceptions se sont profondément renouvelées au point d'asseoir une politique de la prévention propre à la Sécurité sociale, fondée sur la recherche, la contractualisation et le partenariat. Ce processus d'affirmation s'est opéré dans une période de fortes turbulences marquée par l'instabilité croissante des frontières de la prévention et par l'édification, toujours en cours, d'un cadre normatif européen. Il semble que ces deux derniers phénomènes conjuguent leurs effets pour transformer la gestion des risques professionnels en art politique, conciliant l'écoute et l'anticipation, l'analyse et la prospective, l'expérience accumulée et l'exploration de nouvelles voies.

Première partie

L’émergence d’un enjeu social, la prévention (1874-1945)

À la veille de la Seconde Guerre mondiale, la prévention des risques professionnels dans les établissements industriels s'appuyait sur une réglementation qui remontait à la loi du 19 mai 1874 sur le travail des enfants et des filles mineures dans l'industrie, c'est-à-dire aux premières prescriptions légales sur l'hygiène et la sécurité suivies d'applications concrètes. Sans doute cette réglementation ne se confondait-elle pas avec une démarche préventive assurément plus ancienne [1], mais elle représentait, avec la jurisprudence qui l'avait accompagnée, la trace la plus visible d'un changement d'attitude radical face au « danger » (du bas latin : *dominarium*). À la résignation devant l'accident ou la maladie, révélateur d'une faute ou d'un péché « originel », s'était substituée la volonté laïque d'en dominer les causes, d'en prévenir le retour et d'en réparer les effets.

Ce renversement, la révolution industrielle l'avait rendu possible en accélérant les progrès de la médecine et de l'hygiène, en faisant reculer la mortalité et augmenter sensiblement l'espérance de vie à la naissance. Que cette nouvelle « espérance », contemporaine de l'affirmation du concept de responsabilité de l'individu vis-à-vis de ses semblables [2], ait elle-même inspiré un besoin de sécurité est plus que vraisemblable ; qu'elle se soit heurtée au phénomène des accidents du travail et des maladies professionnelles issus de l'explosion des techniques industrielles est chose certaine. C'est bien, en tout cas, d'une aspiration générale à la sécurité, constamment défiée par le nombre croissant des accidents du travail, qu'est née la volonté de réduire la fracture choquante entre un travail qui fait vivre en produisant des richesses, et son envers resté longtemps fatal, le travail qui use, mutile et tue.

Comment dès lors ne pas s'étonner du décalage de plus de cent vingt années entre l'augmentation de l'espérance de vie à la naissance [3] (1750) et les balbutiements d'une législation destinée à prévenir les risques professionnels (1874) ? de l'emballement soudain de celle-ci à partir des années 1890 ? de la difficulté à articuler deux

1. Sous l'Ancien Régime, les prud'hommes jurés étaient chargés de la surveillance de la sécurité des membres de leur corporation et des intérêts généraux de la profession ; les organismes de secours mutuels, constitués auprès des corporations remplissaient une fonction d'assistance. La suppression des corporations par l'Assemblée constituante en 1791 (loi Le Chapelier) créa un vide juridique dans le domaine de la prévention, le législateur s'abstenant délibérément, au cours d'une longue phase de libéralisme exacerbé, d'intervenir dans les rapports entre employeurs et salariés.

2. Le terme de responsabilité apparaît à la veille de la Révolution et le concept entrera en force dans le Code civil de 1804 (P.-J. HESSE, « La rénovation des concepts juridiques », *Droit social*, n° 9-10, p. 708-717).

3. C'est à partir de 1750, que la durée moyenne de vie augmente.

notions *a priori* complémentaires, la prévention et la réparation ? Y répondre, c'est prendre la mesure du lent mûrissement d'une prévention freinée par des obstacles juridiques, socio-économiques et conceptuels ; c'est aussi montrer comment, à partir d'une législation soucieuse d'accompagner l'évolution des techniques, la prévention s'est progressivement organisée en un réseau d'experts fort composite en 1945.

*

Chapitre 1

L'hygiène et la sécurité aux sources de la prévention

C'est aux sources de la législation sur l'hygiène et la sécurité qu'il faut remonter pour comprendre la manière dont s'est dessinée en France la prévention des risques professionnels. Cette législation fut, à vrai dire, inséparable d'une protection légale des travailleurs soucieuse d'atténuer les effets d'une révolution industrielle dont il n'était guère question de contrarier le cours. C'est elle qui dessina, à grands traits et pour longtemps, le paysage de la prévention, induisant de subtiles interactions entre ses divers animateurs. Des lois et des principes donc, mais aussi une floraison de structures, privées ou publiques, aux méthodes très différentes ! La diversité précoce des acteurs et la richesse des initiatives ont de quoi surprendre, s'agissant d'une idée qui souffrit longtemps d'être oblitérée par une autre grande idée, la réparation des risques professionnels. De ces deux idées, la première fut des plus délicates à acclimater et à mettre en œuvre : comment, en effet, protéger le travailleur contre les risques de son métier ou du travail en groupe, quand les techniques industrielles ne cessent d'évoluer ? quand l'entreprise n'a pas vocation à protéger mais à produire ? Interrogations constantes au cœur d'un combat jamais gagné. Acquérir une place légitime dans la protection légale de tous les travailleurs et se rendre indispensable dans les établissements industriels, tels furent les premiers défis que la prévention eut à relever.

Le lent mûrissement de l'idée de prévention jusqu'à la loi de 1893

Les premières mesures réglementaires de protection contre les risques professionnels remontent au décret impérial du 15 octobre 1810 sur les établissements classés [1]. Les pouvoirs publics se sont d'abord sou-

1. Les nuisances sont définies dans ce texte en termes d'odeurs sans qu'il y soit fait expressément mention des bruits. À cet embryon de législation s'ajoutent – hors champ

ciés de préserver la santé des populations qui vivaient dans le voisinage des établissements où étaient effectués des travaux insalubres et dangereux [1] avant de s'intéresser à la protection physique des travailleurs sur les lieux de fabrication [2]. C'est du reste avec une circonspection toute libérale que le législateur, alarmé depuis 1827 par la société industrielle de Mulhouse et par de grandes enquêtes au retentissement national [3], s'était résolu à réglementer le travail des enfants (loi du 22 mars 1841), des filles mineures (loi du 19 mai 1874) et des femmes (loi du 2 novembre 1892) avant d'étendre la protection physique à l'ensemble des travailleurs (loi du 12 juin 1893), indépendamment de leur sexe, de leur âge [4] et de la taille des établissements où ils travaillaient. Dans la mesure où la première loi sur le travail des enfants fut très mal appliquée et ne reçut aucun prolongement réglementaire [5], celle du 19 mai 1874 constitue à coup sûr l'acte fondateur d'une législation sur l'hygiène et la sécurité dans les établissements industriels. Cette loi est bien née dans le cadre d'une protection légale [6] sélective, soucieuse de remédier au dépérissement physique et moral des éléments les plus faibles de l'industrie, qui semblait hypothéquer l'avenir de la société.

(Suite de la note 1 page 8) de notre étude – les dispositions légales prévues pour assurer la protection physique des ouvriers travaillant dans les mines (loi du 21 avril 1810, décret du 3 janvier 1813, dit « Code des Mineurs », dont la finalité est de prévenir les accidents et d'imposer des moyens de secours) et celles de l'ordonnance du 22 mai 1843 relative à la protection des machines (risque d'explosion).

1. Dont le contrôle relevait de l'autorité préfectorale.

2. Exception faite des mines qui allaient faire l'objet dès 1810 d'une législation spéciale dont le contrôle fut confié à l'Inspection des Mines.

3. Sous la Monarchie de Juillet, les enquêtes sur la condition ouvrière (en particulier, celle de Villermé, prélude à la loi du 22 mars 1841) ont attiré l'attention de l'opinion publique sur les accidents dûs aux machines (leur évocation était souvent frappante), alors que les métiers les plus touchés par les accidents se rencontraient dans les activités liées à la mer, dans les activités du sous-sol dont la mécanisation sera tardive ou dans le bâtiment dont le caractère artisanal devait perdurer (sur ces enquêtes, H. RIGAUDIAS-WEISS, *Les enquêtes ouvrières en France entre 1830 et 1848*, Paris, F. Alcan, 1936, et M. PERROT, *Enquêtes sur la condition ouvrière en France au XIXe siècle,* Microéditions Hachette, Paris, 1972).

4. Une présentation de cette législation in P. LAFARGE, « Évolution de la réglementation relative à l'hygiène et à la sécurité des travailleurs », *Travail et Sécurité*, avril 1949, p. 5-12.

5. La loi du 22 mars 1841 sur le travail des enfants dans les usines, ateliers et manufactures interdisait d'une façon absolue l'emploi dans les établissements industriels d'enfants âgés de moins de 8 ans et réglementait les conditions de travail des enfants ayant moins de 16 ans. Elle renvoyait toutefois à des règlements d'administration publique le soin d'interdire leur emploi, soit complètement, dans certaines fabriques où existaient des causes particulières de danger ou d'insalubrité, soit seulement à certains travaux dangereux ou nuisibles, dans les ateliers où ils pouvaient être admis ; ces règlements n'ont jamais vu le jour.

6. La protection légale recouvrait au premier chef des dispositions relatives à l'âge d'admission dans les ateliers, à la durée du travail et à la scolarisation des enfants.

Que cette protection légale ait d'abord et pendant plus de cinquante années (1840-1893) concerné les travailleurs les plus vulnérables avant de faire de l'atelier dans son ensemble son terrain normal, est significatif. Cette première orientation [1] illustre la réticence des pouvoirs publics durant tout le XIXe siècle à formaliser des règles de prévention applicables dans l'espace privé des manufactures, usines et ateliers. En se portant sur des individus dont l'infériorité juridique et civique était patente, la protection légale se gardait de remettre en cause la théorie civiliste du contrat de travail fondée sur l'égalité théorique des parties contractantes ; elle restait par essence individualiste au sens où elle faisait une exception pour des individus caractérisés par leur âge ou par le sexe [2] en prévoyant des mesures dites « personnelles ». Mais en s'efforçant d'organiser leur protection physique, elle posait les jalons d'une organisation collective, technique et universelle de la prévention des risques professionnels : impossible, en effet, d'assurer la sécurité des enfants et filles mineures, sans renforcer simultanément celle des ouvriers adultes du sexe masculin travaillant aux mêmes emplacements, souvent sur les mêmes machines ou au contact des mêmes substances. Elle induisait de surcroît une inégalité choquante de traitement entre ces derniers, bénéficiaires de dispositions conçues à l'intention des enfants et des filles mineures, et leurs semblables occupés dans des établissements ne renfermant aucun personnel protégé : « Quand un accident d'enfant arrive dans une usine, l'industriel, pour ne pas être obligé d'améliorer son matériel, renvoie les enfants qu'il occupait et nous dit carrément : maintenant, je ne suis tenu à aucune amélioration de mon outillage ; que mes ouvriers se garantissent comme ils l'entendent, c'est leur affaire, mais je n'ai plus à m'en occuper » [3]. Ayant, par trois fois scellé son sort à la protection légale des éléments les plus faibles de l'industrie (les enfants en 1841, les filles mineures en 1874, les femmes en 1892), l'Inspection du travail [4] n'eut de cesse de réclamer jusqu'en 1893 l'extension des prescriptions en matière de sécurité au personnel des établissements non assujettis. Des mesures « personnelles » aux mesures dites « réelles [5] », le pas fut, sur le plan législatif, franchi en 1893.

1. Ultérieurement confirmée par une réglementation applicable aux enfants, aux filles mineures et aux femmes adultes : décret du 13 mai 1893 reprenant ceux de 1875 et de 1877, remanié par ceux du 28 décembre 1909 (limitation des charges portées, traînées et poussées par les enfants et les femmes) et du 21 mars 1914 (interdiction d'emploi des enfants ou des femmes à des travaux dangereux pour leur sécurité ou leur moralité).

2. Plus exactement, par leurs fonctions sociale et biologique : l'enfant incarnait l'avenir de la société ; la fille mineure une mère en puissance, tandis que la femme adulte était censée assurer la reproduction de la force de travail.

3. AN F12/4742 : Delattre, inspecteur divisionnaire du travail, 8e (Lille), rap. trim. (3e), 1886.

4. Sur l'histoire de cette institution, VIET (V.), *Les Voltigeurs de la République. L'Inspection du Travail en France jusqu'en 1914*, Éditions du CNRS, 1994, 2 vol.

5. Selon l'expression utilisée par la Direction du Travail, dans les années 1930.

Applicable à l'ensemble des salariés de l'industrie, la loi du 12 juin 1893 [1] dont la surveillance fut confiée aux inspecteurs du travail, marque, en effet, un tournant majeur. C'est sur la base du décret général du 10 mars 1894, repris par les décrets ultérieurs du 29 novembre 1904 et du 10 juillet 1913, qui énonçait des principes fort simples, comme la captation des poussières et des gaz au point de leur émission, que la diffusion des techniques d'hygiène et de sécurité a pu s'opérer sous l'égide de l'Inspection du travail.

Elle n'a pourtant pas fondé, comme en Suisse (1881) ou en Belgique (1886), une obligation générale de sécurité incombant à l'employeur [2] et ce, malgré les rares mais importantes prescriptions générales qu'elle énonçait, comme la protection des roues, courroies et engrenages, la clôture des puits, des trappes et la couverture des descentes. En effet, dès son premier décret d'application (10 mars 1894), et suivant la jurisprudence de la Cour de cassation [3], les tribunaux ne consentirent à prononcer de sanctions pénales que pour les infractions visées par les règlements d'administration publique (RAP) auxquels renvoyait son article 3. Il fut dès lors évident qu'un employeur respectant les mesures préventives obligatoires contenues dans ces règlements remplissait *toutes* ses obligations de sécurité vis-à-vis de ses salariés [4]. Plus grave, la prévention ne put s'appuyer, autant qu'il eût été souhaitable, sur les dispositions générales édictées par les lois de 1892 et de 1893 : en effet, à la différence des prescriptions réglementaires, ces dispositions ne pouvaient faire l'objet de mises en demeure [5] ; leur inobservation donnait lieu à des procès-verbaux de la part des inspec-

1. Le champ d'application de cette loi (manufactures, fabriques, usines, chantiers, ateliers) fut étendu par la loi du 11 juillet 1903 aux laboratoires, cuisines, caves et chais, magasins, boutiques, bureaux ainsi qu'aux entreprises de chargement et de déchargement. Deux décrets généraux ont été pris en vertu de cette loi, après avis du Comité consultatif des Arts et Manufactures et du Conseil supérieur d'Hygiène publique : le décret du 10 mars 1894, devenu celui du 29 novembre 1904 puis celui du 10 juillet 1913, dont certaines dispositions restent aujourd'hui en vigueur et le décret du 28 juillet 1904 (devenu celui du 13 août 1913) sur le couchage du personnel. De 1895 à 1939, seize décrets spéciaux relatifs à certaines professions ont été pris (pour le détail, P. LAFARGE, art. cit.).

2. CHAUMETTE (P.), « Le Comité d'hygiène, de sécurité et des conditions de travail et le droit de retrait du salarié », *Droit social*, n° 6, juin 1983, p. 425-433.

3. Arrêt du 8 janvier 1897.

4. Cass. Crim. 2 avril 1897, Dalloz 1900-1-241, note P. PIC.

5. Sous le régime de la loi de 1874, les inspecteurs du travail n'étaient pas habilités par des règles de procédure à exiger des industriels qu'ils se conforment, dans un délai notifié, aux prescriptions légales. Le Service n'avait d'autre recours, en cas de contestation durable de la part des industriels, que l'arme répressive des PV. Dans la mesure où l'application des prescriptions sécuritaires et hygiéniques requérait, dans bien des cas, un délai d'exécution à cause des transformations matérielles qu'elle impliquait, la loi du 2 novembre 1892 institua la procédure de la mise en demeure. Par circulaire du 16 novembre 1900, les inspecteurs furent autorisés à dresser des PV, sans mise en demeure préalable, pour les infractions aux prescriptions générales des lois de 1892 et de 1893, à l'exception des infractions aux dispositions des RAP prévues par l'article 3 de cette dernière loi.

teurs du travail, arme sans doute répressive mais fort aléatoire, compte tenu de l'attitude des tribunaux [1]. Il n'en reste pas moins que les prescriptions réglementaires avaient, pour la plupart, un caractère général, au sens où elles se bornaient, comme du reste les mises en demeure notifiées par les inspecteurs du travail, à indiquer les objectifs à atteindre (par exemple, l'évacuation des buées, gaz ou poussières) sans préciser les moyens d'y parvenir [2]. Le souci d'accompagner l'évolution des techniques sans les figer fut au fondement même de la législation sur l'hygiène et la sécurité des travailleurs ; il impliquait notamment le recours au décret, voie « beaucoup plus sûre et beaucoup plus souple que la procédure parlementaire », puisque le pouvoir réglementaire pouvait « l'élaborer à loisir, en s'entourant de toutes les compétences qu'il jugeait utiles. Il n'y a pas à craindre le hasard d'un amendement improvisé en séance et voté par surprise. Le pouvoir réglementaire peut prendre le temps de la réflexion et il lui est loisible de consulter toutes les compétences, même en dehors de lui » [3].

La mise en place des acteurs

Que la législation sur l'hygiène et la sécurité mais aussi sur la réparation ait contribué à façonner l'organisation institutionnelle de la prévention française est manifeste. Ce sont en effet les velléités d'intervention puis l'ingérence grandissante du législateur et de l'administration dans le domaine de l'hygiène et de la sécurité qui ont créé les conditions d'un « partenariat obligé » entre les deux corps de contrôle existants, l'Inspection du travail et l'Inspection des Mines, et

1. Cette distinction fut consacrée par l'arrêt du 28 mars 1896 de la Cour de cassation. Dès 1900, Alexandre Millerand donna l'ordre aux inspecteurs de relever les contraventions sans mise en demeure préalable, à moins qu'il ne s'agît de l'application des RAP prévus par l'article 3 de la loi de 1893. La loi du 31 décembre 1912 ramena à 4 jours le délai minimum des mises en demeure et réunit dans le Code du Travail certaines prescriptions auxquelles les employeurs devaient satisfaire sans attendre une injonction de la part de l'Inspection du travail ; celle du 9 mars 1931 limita la procédure de la mise en demeure aux prescriptions des RAP pour lesquelles cette procédure serait prévue par ces règlements eux-mêmes.

2. Dans le débat entre les juristes qui insistent, comme P. Chaumette, sur la technicité des prescriptions et ceux qui, à l'image d'H. Seillan mettent l'accent sur leur généralité, il n'est guère facile de trancher. Notons néanmoins que les règlements spéciaux ne concernaient qu'un très faible nombre d'industries, alors que les règlements généraux, les plus souvent invoqués par les inspecteurs, étaient applicables à la quasi totalité des établissements (c'est notamment le cas des décrets classiques du 10 juillet 1913, du 23 août 1947, du 8 janvier 1965 et du 14 novembre 1988). Le droit du travail français apparaît, en tout cas, dérivé du Code pénal ; cette caractéristique différencie notamment le modèle réglementaire français de son homologue britannique, où les inspecteurs du travail disposent d'un droit quasi réglementaire. À la différence des inspecteurs français, ils peuvent préconiser, aux industriels, les moyens de se mettre en conformité avec la réglementation (Entretiens avec Claude CHETCUTI, ancien inspecteur général des affaires sociales).

3. AN F12/4617 : FROIS (M.), *Conférence sur la législation de l'hygiène des travailleurs*, CNAM, 1930.

les préventeurs [1] du privé (associations pour la prévention des accidents du travail, associations de propriétaires de machines à vapeur, compagnies d'assurances, sociétés d'assurance mutuelle ou syndicats de garantie prévus par la loi de 1898). Pour peu qu'on tienne compte des modifications entraînées par les importantes lois de 1893 et de 1898, la chronologie confirme la fonction structurante d'une législation qui n'a pas cessé d'imprimer sa marque au paysage de la prévention des risques professionnels.

Le rôle de l'Inspection du travail

La loi de 1893 a permis d'asseoir les prérogatives de l'Inspection du travail en matière d'hygiène et de sécurité. Cette institution, transformée en corps d'État depuis 1892 [2], a pu, grâce à elle, se poser en juge de la conformité au droit réglementaire des organes protecteurs ou de certaines mesures d'hygiène prise sous l'entière responsabilité des industriels. C'est aussi en vertu de cette loi que l'effort préventif des inspecteurs, dispersé sous le régime de la loi de 1874 [3], est devenu synchrone et convergent. L'intérêt que ces les inspecteurs du travail ont porté à la prévention ne découle pourtant pas seulement de la loi. Il tient aussi à la nécessité pour l'ensemble du Service de fonder sa légitimité sur une compétence spécifique. Comme celle-ci ne pouvait s'appuyer sur un titre durement conquis sur les bancs d'une grande école, les inspecteurs étaient obligés de démontrer en permanence leur aptitude à maîtriser les questions techniques que la prévention ne cessait de soulever. Cette contrainte, promise à une grande durée, était un adjuvant à la consolidation d'un esprit de corps, en même temps qu'un puissant aiguillon à la production de travaux personnels ou collectifs sur les techniques d'hygiène et de sécurité. En assumant « la plus délicate, mais aussi la plus haute des missions dévolues à l'inspecteur », celle qui « consiste à rechercher, puis à faire disparaître les causes des nombreux dangers dont sont entourés les travailleurs » [4], le Service d'Inspection a construit sa légitimité autour d'une exigence que personne ne pouvait (lui) contester : la préservation de l'intégrité physique des travailleurs.

---

1. Sur l'origine de ce terme, forgé par Pierre Caloni, cf. *Les Préventeurs*, SEFI, 1960 (notamment le chapitre 1er rédigé par André THERIVE : « Pourquoi "préventeur" ? ».

2. Sous le régime de la loi du 22 mars 1841, l'Inspection du travail fut essentiellement confiée, jusqu'en décembre 1868, à des notables ; elle ne fonctionna correctement que dans de rares départements (Seine, Nord, Tarn). La loi du 19 mai 1874 institua quelques inspecteurs divisionnaires (15 puis 21 à partir de 1885) rétribués par l'État, mais ceux-ci eurent à composer avec des inspecteurs départementaux dont la nomination et la rétribution (souvent plus élevée que celle des inspecteurs divisionnaires) étaient laissées à la discrétion des Conseils généraux. Ces agents divisionnaires furent, dans l'ensemble, très attentifs aux questions d'hygiène et de sécurité dans les ateliers.

3. Sous le régime de la loi du 19 mai 1874, les inspecteurs divisionnaires, nommés et rétribués par l'État, s'intéressaient inégalement à la prévention des accidents du travail. Certains d'entre eux, à l'image de Plassiard, y accordaient une très grande attention.

4. Jaracjewski, 6e circ. (Rouen), inspecteur de la 3e section, rap. ann. 1901.

Les premières interactions entre l'Inspection du travail et l'initiative privée

L'affirmation de l'Inspection du travail durant la période 1860-1898 coïncide avec l'apparition des premières associations pour la prévention des accidents du travail. Si celles-ci sont nées du souci louable de réduire le nombre des accidents du travail, leur création obéissait aussi à la volonté de faire pièce aux prétentions grandissantes mais encore informelles de l'État dans les domaines de l'hygiène et de la sécurité. La remarque vaut en particulier pour la première d'entre elles, née dans la région de Mulhouse, haut lieu de la philanthropie patronale de confession protestante. La conscience d'un net retard sur la Grande-Bretagne dans les domaines de l'hygiène et de la sécurité industrielles gagnait alors les milieux de la haute administration de l'Empire libéral, depuis que Charles de Freycinet, revenu d'une mission d'étude en Angleterre, avait publié les conclusions alarmantes de son enquête et inspiré l'avis du Conseil consultatif des Arts et Manufactures (CCAM) du 2 janvier 1864 posant pour la première fois, en des termes généraux et non plus sous le rapport de la protection physique des seuls enfants, la question de l'assainissement intérieur des ateliers [1]. Anticipant dès ce moment la refonte de la protection légale, mais surtout la réorganisation de l'Inspection du travail (moribonde depuis 1841), l'industriel Frédéric Engel-Dollfus fonda, l'année même de l'Exposition universelle (1867), la première « Association pour prévenir les accidents de fabrique » [2], émanation de la Société industrielle de Mulhouse [3]. Relevant d'un patronage social [4], soucieux de resserrer les liens entre l'employeur et ses ouvriers, la prévention des accidents du travail permettait aussi bien d'occuper un terrain encore largement en friche, les enfants étant les seuls à bénéficier en principe d'une protection particulière : « Sans nier les progrès sérieux que l'on doit, à cet égard, à l'Inspection officielle, nous croyons, comme par le passé, professait Engel-Dollfus (...) qu'il appartient à l'industrie manu-

1. Charles de Freycinet avait été envoyé en Angleterre par le CCAM pour enquêter sur les procédés d'assainissement de l'industrie en Angleterre. Il fut ensuite chargé de réorganiser l'Inspection du travail, dont les attributions furent confiées aux ingénieurs des Mines par décret du 7 décembre 1868. Son ouvrage intitulé *Assainissement des industries* constitue le premier ouvrage français consacré à l'assainissement industriel. Cf. également AN F22/4906 : De Freycinet (Ch.), *Commentaire de la loi du 22 mars 1841 relative au travail des enfants employés dans les manufactures, usines ou ateliers*, 22 juillet 1869. C'est en 1865 qu'apparaissent les premiers règlements sur la surveillance des machines à vapeur, dont le contrôle est confié à l'Inspection des Mines.

2. TRIBY (R.), *Les assurances sociales dans les départements du Haut-Rhin, du Bas-Rhin et de la Moselle. Naissance et évolution, 1883-1984*.

3. Cette société se préoccupait de cette question depuis 1850, depuis la publication de l'étude du médecin Louis-René Villermé consacrée aux « accidents produits dans les ateliers industriels par les appareils mécaniques ».

4. Le terme doit s'entendre de la manière la plus large, comme système d'encadrement reposant sur des considérations éthiques (protestantes ou catholiques), productives (fidélisation de la main-d'œuvre) et sociales (logement, assurances sociales).

facturière de prendre les devants, de faire la police de ses ateliers elle-même et de ne pas attendre du gouvernement, ou encore moins de lui demander, ce qu'elle peut faire mieux et souvent avec plus de compétence que lui, à la condition de le vouloir bien fermement »[1].

Qu'il s'agisse de l'Association normande fondée, en 1879, par de Coene et Poan de Sapincourt, de l'Association parisienne des Industriels pour préserver des accidents du travail les ouvriers de toutes spécialités dans le département de la Seine et les départements voisins[2] (1883) ou de l'Association des Industriels du Nord (1894), toutes ces sociétés avaient en commun de garantir à leurs adhérents des inspections régulières, de mettre à leur disposition une documentation nourrie et d'opposer à l'Inspection officielle une compétence technique – celles de leurs propres inspecteurs –, s'exerçant dans une zone géographique précise[3]. Le déclin de l'Association de Mulhouse depuis l'annexion de l'Alsace-Lorraine par l'Allemagne allait cependant conduire le Comité exécutif de l'Association parisienne à se doter d'une structure nationale au moment même où, dans le cadre du Comité Consultatif d'Hygiène Publique de France, le médecin Henri Napias[4] mettait en chantier la loi du 12 juin 1893 sur l'hygiène et la sécurité des travailleurs. Dès cet instant, la jeune Association des Industriels de France (AIF) ne cacha pas son dessein de prendre de vitesse le législateur en opposant à l'Inspection officielle un contre-modèle privé[5].

En 1887, l'un des fondateurs de l'AIN, Grüner, tenait, en effet, un tout autre raisonnement. « Revenu humilié pour son pays », « après avoir vu ce qui existe dans d'autres pays [principalement l'Allemagne]

1. AN F12/4617 : Engel-Dollfus, rapport du 8 septembre 1880.

2. C'est au début de l'année 1883 que l'un des comités de la Société de protection des apprentis décida de créer à Paris une association calquée sur celle de Mulhouse. Engel-Dollfus et Chaix sollicitèrent à cette fin Émile Muller (professeur à l'École centrale, ex-président de la Société des Ingénieurs civils et vice-président de la Société française d'Hygiène) qui avait fondé l'Association parisienne des propriétaires d'appareils à vapeur.

3. Leurs sociétaires se rencontraient parmi les industriels, les compagnies d'assurances disposant elles-mêmes d'une inspection privée, les chambres syndicales d'entrepreneurs, les constructeurs de machines, les ingénieurs ou certaines personnalités illustres (Émile Cheysson, Émile Levasseur, etc.). Des inspecteurs du travail ont également fait partie de ces associations, du moins à leurs tout débuts.

4. Ancien inspecteur du travail, le Dr Napias sera l'auteur d'un des premiers traités d'hygiène industrielle.

5. L'initiative privée conservait pourtant toute la sympathie de Napias ou de l'ex-ministre du Commerce, Charles Hérisson, tous deux pénétrés de son utilité : « L'inspecteur du travail (...), dont l'action ne s'exerce jusqu'ici que sur les enfants, ne prescrit pas un système d'une manière absolue, les admettant tous pourvu que les résultats en soient satisfaisants. C'est aux sociétés (SIM, SIR, Société de Paris), aux ingénieurs spéciaux, et à l'industrie privée qu'appartient l'initiative du choix des moyens à employer pour prévenir les accidents dus aux machines » in AN F22/474 : Napias (Dr H.), *Rapport et projet de règlement pour l'application de la loi du 12 juin 1893*. Travaux du CCHPF : Napias y fait l'éloge des associations préventives (Association normande et AIF). Selon l'Inspection du travail, plus de 1 500 industriels avaient appliqué la loi de 1893 avant sa promulgation et avaient obtenu une réduction de 50 à 60 % des accidents, grâce à l'action conjuguée de l'AIF et de l'Association Normande (Blaise, 6e circ. (Rouen), rap. ann. 1894).

pour protéger la vie et la santé des ouvriers », l'ingénieur admirait surtout le « modèle » alsacien qui avait « pu éviter la création d'un corps d'inspecteurs officiel » et « résister au système bismarckien ». De là cette exhortation pressante à l'adresse des fondateurs de l'AIF : « Si vous voulez que ce droit [d'assurer la sécurité à vos ouvriers] vous soit maintenu, si vous voulez éviter l'introduction dans vos ateliers d'un fonctionnaire nouveau, qui sera souvent peut-être incompétent et par suite absolu dans ses idées, il ne faut pas vous contenter de vous rattacher vous-mêmes à une association libre. Il faut faire une active propagande et amener non seulement tous vos voisins et amis, mais les industriels de tous les grands centres français à se grouper en associations préventives. Le jour où la question se posera devant les pouvoirs publics, il faut que ces associations arrivent avec une organisation complète très étendue, avec un service technique solidement constitué. Il faut qu'elles puissent faire valoir les services rendus, les améliorations introduites, et la mortalité ouvrière par suite des accidents, réduite dans une sérieuse proportion » [1].

Les fondateurs de l'AIF pouvaient-ils ne pas souscrire à ces propos ? Étant donné la réticence des industriels français à se laisser inspecter, lors même qu'ils l'étaient déjà, pour certains, au titre de leur police d'assurances ou de la protection des enfants et des filles mineures, il leur fallait déployer une grande persuasion pour accréditer l'idée qu'une Inspection privée mais payante était préférable à une Inspection publique mais gratuite. Aussi l'Inspection officielle était-elle présentée comme beaucoup plus répressive qu'elle ne l'était en réalité : « L'Administration, assurait Grüner, devient en effet de plus en plus sévère pour l'application de la loi du 19 mai 1874 et le moindre manquement peut entraîner des poursuites qui sont un grand ennui » [2]. À l'inverse, l'inspection privée était présentée comme le barrage idéal à la promulgation de nouvelles lois, par postulat plus contraignantes que des règles délibérément acceptées.

En 1895, trois sociétés avaient, en dehors des dix associations de propriétaires d'appareils à vapeur [3] (APAV) apparues entre 1867 et 1885, pris le relais de la défunte Association de Mulhouse [4] : l'Association Normande couvrant 5 départements autour de Rouen ; l'AIN étendant son action à 3 départements et l'AIF, présente dans 39 départements. Selon les estimations de l'Inspection du travail, l'Association

1. Bulletin de l'AIF, 1887 : communication de Grüner devant la direction de la future AIF, 6 avril 1887.

2. *Ibid.* : Compte-rendu de l'AG du 6 avril 1887.

3. Sur les APAV dont les fonctions étaient plus spécialisées (prévenir les accidents et des explosions de chaudières, et faire réaliser à leurs membres des économies dans la production et l'emploi de la vapeur), Travail et Sécurité, avril 1949, p. 46-49.

4. Celle-ci fut dissoute en 1895, lorsque les autorités impériales allemandes chargèrent officiellement les corporations du monopole de l'inspection des fabriques (M. VALENTIN, *Travail des hommes et savants oubliés*, Éd. Docis, 1978, p. 232).

Normande contrôlait 120 usines employant près de 50 000 ouvriers et l'AIF : 1 400 établissements occupant 170 000 ouvriers. En cette période charnière, les chiffres avancés par les inspecteurs du travail – alors bien disposés à l'égard des Associations – étaient sans doute plus proches de la vérité que ceux dont se targuaient les Associations. Président de l'AIF, Gustave Dumont soutenait par exemple que son Association était, en 1905, active dans 78 départements et forte de 3 000 sociétaires (ce qui est peu par rapport au nombre de départements) et qu'elle contrôlait plus de 300 000 ouvriers ! À la même époque, l'Association normande et l'AIN étaient censées compter ensemble 1 000 sociétaires répartis dans 8 départements pour une population de 200 000 ouvriers [1] ! Une chose est sûre, la progression du nombre des adhérents de l'AIF fut très forte jusqu'en 1893, moins rapide entre la promulgation de la loi du 12 juin 1893 et celle du 9 avril 1898 et très faible jusqu'à la création des Comités de sécurité, en 1941 [2].

C'est en effet la loi du 12 juin 1893 habilitant les inspecteurs de l'État à contrôler tous les établissements industriels [3], indépendamment de l'âge et du sexe des travailleurs, qui sapa l'argumentation dont Grüner s'était fait l'ardent propagandiste : comment démontrer aux adhérents que leurs cotisations étaient encore utiles ? Il devenait urgent de définir un modus vivendi entre l'Inspection officielle qui venait d'être entièrement refondue depuis la loi du 2 novembre 1892 et l'inspection privée.

Faisant son deuil d'une inspection strictement privée, Samuel Périssé, alors président de l'AIF, tenta de négocier une issue honorable, en exprimant au ministre du Commerce son désir de coopérer avec l'Administration [4]. D'accord avec Émile Cheysson qui voulait éviter les heurts entre les deux types d'inspection, il estimait que les inspecteurs du travail ne pouvaient ni ne devaient indiquer aux industriels toutes les mesures à prendre et les dispositions spéciales à appliquer. L'Association se réserverait le droit de préconiser tel ou tel appareil ou procédé. À cette offre de partage de compétences que la loi n'avait pas prévue, le ministre Lourties répondit d'une manière qui excluait toute possibilité de rapprochement : soit le principe d'une collaboration était accepté mais, en contrepartie, les industriels tiendraient à la disposition de l'Inspection officielle un registre spécial

1. AN F22/499 : Conférence donnée au CNAM par G. Dumont, président de l'AIF, 12 février 1905.

2. Une courbe des adhérents de l'AIF sur la période 1883-1948 *in* TROYON (J.), « L'Association des Industriels de France contre les accidents du travail », Travail et Sécurité, avril 1949, p. 35-40. Voir aussi : DULONG (J.), « Les chefs d'entreprise devant la prévention des accidents du travail », *Revue française du Travail*, n° 7-8-9, juillet-août-sept. 1951, p. 437-452.

3. À l'exception des ateliers familiaux, sauf ceux qui étaient pourvus d'un moteur mécanique.

4. AN F22/499 : Samuel Périssé au ministre, 21 janvier 1895.

renfermant les mesures préconisées par les inspecteurs de l'Association. Consultés par le Conseil de direction de l'AIF, les quatorze comités régionaux repoussèrent cet arrangement : le registre aboutirait à conférer aux inspecteurs du travail un droit d'appréciation sur le travail des inspecteurs officieux, et les industriels seraient placés dans une situation délicate vis-à-vis de l'Administration, à supposer qu'ils n'eussent pas exécuté en temps voulu les mesures conseillées par l'Association [1].

L'échec de la négociation illustre bien la rigidité des comportements. Dans la course aux techniques d'hygiène et de sécurité, l'administration du Travail affirme son leadership. La loi de 1893 lui permet désormais d'investir un terrain que les associations préventives avaient accaparé jusque-là. C'est par conséquent l'Inspection du travail, forte de sa mission légale, qui dictera ses exigences aux associations refoulées, malgré elles, dans un rôle purement technique aux confins de la réglementation [2]. En légitimant son intervention, le droit est bien en définitive l'instrument majeur de la montée en puissance de l'État dans les techniques d'hygiène et de sécurité.

L'opinion des inspecteurs du travail était encore unanime en 1893 : ces associations étaient très utiles, car leur surveillance « activait la propagation de ces idées de protection et (faisait) éviter l'écueil que pouvait rencontrer l'inspecteur de substituer sa propre responsabilité à celle du patron dans le cas où des accidents résulteraient de sa mauvaise conception des mesures préventives adoptées » [3]. Dès l'année suivante, cependant, cette belle unanimité se lézarda. L'inspecteur divisionnaire de la première circonscription (Paris), Edmond Laporte, fut le premier à souligner les limites de la surveillance privée sur le comportement des industriels : « Nous ignorons le nombre des industriels affiliés à cette dernière société [AIF]. Si nous savons que plusieurs chefs d'établissements en font partie, c'est qu'il nous est arrivé de provoquer chez quelques uns un assez vif mécontentement en leur faisant remarquer l'insuffisance de certains appareils de garantie. Les exigences de l'Inspection leur ont paru d'autant plus "excessives" qu'ils s'étaient, disaient-ils, conformés strictement aux indications données par les ingénieurs de leur association. Nous avons dû parfois user de fermeté pour obtenir des mesures de précaution plus complètes » [4]. Laporte touchait du doigt le défaut majeur de ces sociétés préventives : leurs inspecteurs ne pouvaient trop exiger des industriels qui les rémunéraient, ce qui les privait de la possibilité de neutraliser l'inspection officielle qui, elle, disposait d'un pouvoir d'incitation et de coercition. En particulier,

1. Bull. de l'AIF, 1895.
2. Les effectifs des inspecteurs du travail (142 en 1913, 154 en 1927, 174 en 1931, 285 en 1938) dépassaient de très loin ceux des inspecteurs privés des associations.
3. Jaracjewski, 5e circonscription (Lille), rapport annuel, 1893.
4. Edmond Laporte, 1re circ. (Paris), rapport annuel, 1894.

la procédure de la mise en demeure [1] permettait au Service de l'Inspection d'obtenir bien davantage que les simples conseils prodigués par les associations. Ne préconisant aucun appareil ou procédé précis, les inspecteurs du travail amenaient les industriels à inventorier les dispositifs existants et à les perfectionner en fonction des particularités et des besoins de leur industrie. Il en résultait des « inventions » présentées, sous formes de notes techniques, par les inspecteurs [2] avec l'accord des industriels, dans le *Bulletin de l'Inspection du travail*. Tandis que l'Inspection officielle pouvait ainsi retirer des « autres » une compétence susceptible de renforcer la sienne, les associations préventives étaient contraintes de s'aligner sur les exigences du service public. De là leur irritation : l'Inspection officielle se servait de leur travail théorique en puisant de précieux renseignements dans leurs brochures, dressait leurs affiliés contre leurs propres ingénieurs-inspecteurs qui n'avaient pas osé demander « l'impossible » et ne se gênait pas pour utiliser à son profit le talent inventif de leurs adhérents !

Dès 1896, les critiques à l'adresse des sociétés préventives se firent plus vives et ne s'embarrassèrent d'aucune précaution : « Il semblerait que pour beaucoup d'industriels, ces associations soient principalement destinées à leur fournir en cas de contraventions, et surtout de celles qui résultent d'accidents, un moyen général de défense puisé dans la bonne volonté et les louables intentions dont leur affiliation à ces associations est la preuve » [3]. En 1897, l'inspecteur Jaracjewski n'hésite plus à s'en prendre ouvertement à l'AIN, « devenue un syndicat de résistance aux exigences de la loi », qui « se préoccupe moins de la portée des mesures légales que de la conséquence de leur inapplication ». À l'appui de ses griefs, ce fonctionnaire cite plusieurs faits montrant que cette association sortait de ses attributions techniques. Ses délégués se contentaient de porter sur le registre de correspondance des appréciations sur la sécurité des machines du type « Bien, Très bien, RAS... etc. », sans prescrire de mesures. Lorsqu'un accident se produisait, l'Association dégageait après enquête la responsabilité de son adhérent par une lettre tendant à établir que l'accident était dû à l'imprudence de la victime ou qu'il n'aurait pu être évité par un dispositif pro-

1. Datée et signée par l'inspecteur, la mise en demeure était faite par écrit sur un registre spécial ; elle indiquait la contravention constatée et fixait un délai à l'expiration duquel elle devait avoir disparu (entre quatre jours et un mois, selon les cas). Si l'industriel estimait la mise en demeure injustifiée ou le délai qui lui était imparti, insuffisant, il pouvait adresser une réclamation au ministre du Travail. Cette réclamation était suspensive : aucun PV ne pouvait être dressé tant que le ministre n'avait pas statué. Celui-ci décidait, après avis du Comité consultatif des Arts et Manufactures. Ce n'est que si la mise en demeure n'était pas exécutée dans le délai imparti ou fixé après réclamation sur l'avis du CCAM que l'industriel pouvait être poursuivi. Le nombre des réclamations a progressivement décliné pour devenir quasiment nul au lendemain de la Première Guerre mondiale.

2. Certains inspecteurs ont inventé eux-mêmes des dispositifs protecteurs.

3. Jacques, 3e circ. (Dijon), rapport annuel d'inspection, 1896.

tecteur ou que ce dernier faisait défaut en l'état des techniques. Les délégués faisaient aussi du démarchage auprès de l'Inspection du travail pour plaider la cause des affiliés et leur éviter des poursuites. Plus grave, l'ingénieur de l'association, Arquembourg, se faisait citer à la barre des tribunaux par la défense et faisait des déclarations opposées à l'Inspection du travail [1], déterminant les magistrats à ordonner des expertises aléatoires [2].

Tous ces griefs à l'encontre des sociétés préventives étaient de nature à inciter les pouvoirs publics à contenir une initiative privée qui tendait rien moins qu'à contrarier les efforts de l'Inspection officielle. Or rien de semblable ne se produisit : les heurts sur le terrain n'eurent pas la résonance nationale qu'ils auraient dû avoir. Pour quelles raisons ? En dépit d'une production théorique déjà fort importante [3], le corps des inspecteurs avait besoin de la contribution technique de ces associations qui, par les concours qu'elles organisaient (pour stimuler les inventions), les brochures qu'elles éditaient, participaient pleinement au développement des techniques d'hygiène et de sécurité. Ne disposant d'aucun organisme officiel chargé de collecter les données relatives aux techniques d'hygiène et de sécurité, la Direction du Travail [4] s'appuyait volontiers sur les services de documentation des sociétés préventives, laissant à celles-ci le soin d'orchestrer de coûteuses campagnes de propagande [5]. Mais surtout, la croissance très forte du nombre des accidents du travail depuis 1898 [6] obligeait à reconnaître qu'une complémentarité des rôles était possible en dépit d'escarmouches vite étouffées. L'ampleur du fléau requérait devant l'opinion publique une attitude commune qui faisait ravaler rancœur et querelles au sein des appareils de décision. Certains des ingénieurs

1. Les PV des inspecteurs du travail faisaient foi jusqu'à preuve contraire, et les inspecteurs ne pouvaient être cités comme témoins devant les tribunaux. Il arrivait ainsi fréquemment que les industriels obtiennent l'acquittement si les experts venus les défendre parvenaient à convaincre les tribunaux.

2. Jaracjewski, 5e circ. (Lille), rapport annuel d'inspection, 1897.

3. Plus de 130 notes techniques avant 1914, 35 entre 1914 et 1918, près de 400 notes techniques entre 1921 et 1930 (AN F22/553-562). Tenus à la plus stricte neutralité et étant parfois eux-mêmes inventeurs, les inspecteurs du travail n'étaient pas habilités à préconiser tel ou tel système protecteur, dont la défaillance en cas d'accident risquait d'engager la responsabilité de l'administration.

4. Créée en août 1899 par Alexandre Millerand.

5. AN F22/495-498 : L'abondance d'affiches dans les cartons versés par le ministère du Travail aux Archives nationales confirme l'intérêt que la Direction du Travail portait à la propagande préventive.

6. De 1902 à 1927, le nombre des accidents du travail (incapacités permanentes, incapacités temporaires de plus de 4 jours, suites inconnues) n'a pas cessé d'augmenter, passant de 223 286 en 1902 à 888 367 en 1927 (45 400 décès sur 25 années). Quant aux cas de maladies professionnelles, leur nombre est passé de 144 en 1921 à 1 525 en 1927, leur liste s'étant toutefois allongée. L'augmentation constante du nombre des AT est toutefois moins due aux progrès du machinisme qu'à la plus grande régularité apportée, après 1898, aux déclarations qui étaient obligatoires. C'est en effet l'automaticité de la réparation qui a permis de « révéler » des accidents du travail jusque-là dissimulés.

du privé, passés souvent par les mêmes écoles que les inspecteurs du travail, avaient du reste la faveur des agents du directeur du Travail, Arthur Fontaine (1860-1931). Non pas bien sûr Arquembourg qui, à la barre des tribunaux, prenait systématiquement la défense des industriels en infraction, mais Saint-Jacques, de Coene et surtout Mamy [1] (AIF), lequel n'hésitait pas à solliciter la caution de l'Inspection officielle pour homologuer les systèmes protecteurs ou les procédés d'assainissement que l'AIF conseillait à ses adhérents. C'est, en définitive, dans un rôle d'assistance technique auprès des industriels que se profilait l'avenir des sociétés préventives. En suivant nos conseils, diront-elles plus tard aux industriels, vous vous conformerez aux exigences de l'Inspection officielle et vous éviterez ainsi le désagrément d'un procès-verbal ou celui d'une mise en demeure dont le délai d'exécution vous paraîtra trop court.

La recherche de solutions techniques à des problèmes communs, soulevés dans de nombreux congrès nationaux ou internationaux, se prêtait enfin à une normalisation des relations entre préventeurs publics et préventeurs privés. Dès avant la Première Guerre mondiale, des signes d'apaisement se manifestèrent. La circulaire ministérielle du 29 octobre 1907 précisa notamment qu'en présence des utiles services rendus par les APAV à la sécurité publique, leur développement méritait d'être encouragé et qu'il était devenu possible à l'administration (Inspection des Mines) de remplacer, dans une mesure croissante, l'inspection et la vérification directe des appareils à vapeur que les associations surveillent, par le contrôle du fonctionnement de celles-ci [2]. La création au CNAM (Galerie Vaucanson) d'un Musée de Prévention des accidents du travail et d'hygiène industrielle (1905-1960), par décret du 24 septembre 1904, est également une bonne illustration d'une collaboration enfin « officielle » entre les pouvoirs publics et la plus importante des associations, l'AIF [3]. Enfin, le nombre des experts dépêchés par les sociétés de prévention pour défendre leurs adhérents devant les tribunaux (à la suite de PV dressés par l'Inspection du travail) tendit à diminuer pour devenir résiduel à la veille de la Grande Guerre.

L'organisation primitive du système de prévention français résulte, en définitive, du développement concurrentiel et interactif des initiatives publique et privée [4], les risques professionnels s'inscrivant à l'intersection de problèmes de santé publique et de questions d'organi-

1. Cet ingénieur, qui donnait des conférences au CNAM sur la prévention des accidents du travail, fit d'ailleurs partie du jury de concours de l'Inspection du travail.

2. « Les Associations françaises de propriétaires d'appareils à vapeur », Travail et Sécurité, avril 1949, p. 46-49.

3. Sur la création de ce musée, cf. archives du CNAM et les travaux de Claudine Fontanon.

4. Cette particularité différencie la politique de prévention des autres politiques sociales, où l'initiative privée a pu précéder l'initiative publique.

sation du travail au sein des entreprises. Cette période reste néanmoins caractérisée par le défaut d'institutions de prévention à l'intérieur des entreprises. Le droit a certes créé des obligations positives s'imposant aux employeurs, mais il ne s'est pas donné pour objectif d'intégrer la prévention dans les structures internes de l'entreprise. Il semble, de ce fait, avoir borné la prévention au respect des seules prescriptions d'hygiène et de sécurité qu'il énonçait, trouvant dans ces limites les moyens de s'étoffer indéfiniment. Cette orientation purement juridique de la prévention fut confirmée par la loi du 9 avril 1898 instituant la réparation automatique des accidents du travail.

Le découplage initial entre réparation et prévention : la loi de 1898

À l'extrême fin du XIXe siècle, la jurisprudence devait, en effet, rejeter le principe d'une obligation contractuelle de sécurité incombant à l'employeur. Comme les autres droits européens, le droit français n'avait jusque-là envisagé la réparation des accidents du travail que sous l'angle de la responsabilité civile, reposant sur l'existence d'une faute à la charge de l'employeur ou de ceux dont il avait la charge. L'application de l'article 1382 du Code civil (1804) conduisait ainsi les tribunaux à n'accorder réparation des conséquences dommageables de l'accident que si la victime ou, en cas de décès, ses ayants droit apportaient la preuve d'une faute commise par l'employeur et d'un lien de causalité entre cette faute et l'accident ; si cette preuve était administrée, la réparation était « intégrale ». L'iniquité d'un tel dispositif transparaissait dans les statistiques : dans seulement un quart des cas, la faute patronale pouvait être prouvée ; dans un autre quart, l'accident était imputé à l'ouvrier ; dans la moitié restante, l'accident résultait d'une cause fortuite, sans qu'il fût possible de trouver une responsabilité [1]. Injuste, le système était aussi un ferment de discorde, obligeant l'ouvrier qui supportait la charge de la preuve, à entrer en lutte contre son employeur, à le présenter comme un « mauvais patron » ayant failli à ses devoirs.

La réparation des accidents du travail

L'adoption par la France [2], après des essais d'adaptation du droit civil [3], d'un système de réparation fondé sur la responsabilité objective

1. F. EWALD, *L'État providence*, Paris, Grasset, 1986 et Y. LE GALL, « La préparation de la loi de 1898 », *Histoire des Accidents du Travail*, n° 10 et 11, 1981.

2. Comme dans d'autres pays européens. Cf. J. Van LANGENDONK, « La situation dans les autres pays communautaires », *Droit social,* n° 9-10 septembre-octobre 1990, p. 699-707 : c'est la loi prussienne du 3 novembre 1838 sur les chemins de fer qui appliqua, pour la première fois, semble-t-il, la théorie du risque professionnel.

3. Ces tentatives sont évoquées par Ph.-J. HESSE, « La rénovation des concepts juridiques », art. cit.

de l'entreprise en raison des risques créés par elle, représente, dans ces conditions, une révolution juridique en même temps qu'un progrès social décisif. Cette théorie du risque professionnel brisait, en effet, le monopole de la faute comme fondement de la responsabilité civile en cas d'accident ; elle permettait surtout à l'ouvrier accidenté (ou à ses ayants droit, en cas de décès) d'obtenir, dans tous les cas, une indemnisation. Sans avoir à entamer un procès, la victime était désormais certaine de recevoir une compensation financière, même dans l'hypothèse où la responsabilité lui était imputable. La loi du 9 avril 1898 aboutissait ainsi à une véritable symétrie des responsabilités entre l'employeur et le salarié, sauf dans deux cas bien précis : la responsabilité de l'employeur n'était réduite ou exclue qu'en cas de faute intentionnelle ou inexcusable de la victime ; réciproquement, seule la faute inexcusable [1] ou intentionnelle de l'employeur permettait le retour à une indemnisation « totale » du préjudice subi [2]. Cette loi était néanmoins issue d'un compromis dans la mesure où le renversement de la charge de la preuve comme fondement de la responsabilité civile en cas d'accident entraînait comme contrepartie une réparation forfaitaire (et non plus intégrale, sauf cas de faute intentionnelle ou inexcusable de l'employeur) du préjudice subi par la victime.

Dans la mesure où elle écartait la notion de faute, la théorie du risque professionnel contribuait à déresponsabiliser les employeurs ou, ce qui revient au même, à banaliser et à normaliser l'accident : « Ce qu'a voulu faire la bourgeoisie, c'est en somme légaliser, institutionnaliser la fatalité : exposer les ouvriers au danger, ce n'est pas une faute, mais une nécessité dans un univers industrialisé. Il [allait en résulter] un double bénéfice pour la bourgeoisie : faire admettre que travailler est dangereux ; nier ensuite qu'il puisse y avoir un lien entre accidents du travail et organisation du travail » [3]. Plus grave, les obligations de résultat en matière de sécurité que comportaient les lois de 1892 et de 1893 étaient hypothéquées par une loi de réparation qui rendait facultative la souscription d'une assurance et n'incitait nullement les compagnies

1. Il faudra toutefois attendre un arrêt des chambres réunies le 16 juillet 1941 pour que soient fixés, par la doctrine juridique, les caractères de la faute inexcusable : « La faute inexcusable doit s'entendre d'une faute d'une gravité exceptionnelle, dérivant d'un acte ou d'une omission volontaire, de la conscience du danger que devait en avoir son auteur, de l'absence de toute cause justificative, et se distinguant par le défaut d'un élément intentionnel de la faute intentionnelle ». HESSE (Ph.-J.), « Le nouveau tarif des corps laborieux : la loi du 9 avril 1898 concernant les responsabilités des accidents dont les ouvriers sont victimes dans leur travail » in *Deux siècles de droit du travail. L'histoire par les lois* (dir. J.-P. LE CROM), Les Éditions de l'Atelier, Paris, 1998, p. 89-99 : « On constate que la faute inexcusable, longtemps considérée comme un monstre juridique, non seulement n'a pas été remise en cause en matière d'accident du travail, mais a été reprise dans d'autres domaines : responsabilité en matière maritime et environnementale »

2. La faute inexcusable a, en réalité, constitué plus un alibi qu'un complément à la notion de « risques professionnels ».

3. MATTEI (B.), « La normalisation des accidents du travail », *Les Temps modernes*, janvier 1976, n° 354, p. 989-1003.

d'assurances à faire de la prévention. D'une part, le principe de l'assurance obligatoire, assis sur des charges patronales et, éventuellement, sur les cotisations des salariés [1], s'était heurté à l'opposition des libéraux de l'époque, hostiles par crainte d'un « socialisme d'État », à l'immixtion de l'État dans les intérêts privés : « L'État dépasse sa mission lorsqu'il se porte juge de l'intérêt privé en soi et se substitue ainsi à la liberté et à la responsabilité de l'action individuelle » [2]. D'autre part, aucune disposition n'encadrait les tarifs pratiqués par les compagnies d'assurances qui pouvaient ainsi se contenter d'ajuster leurs recettes sur leurs dépenses. Impossible, dans ces conditions, d'intéresser financièrement et collectivement (par groupe d'industries, comme en Allemagne) les chefs d'entreprise à la réduction du nombre des accidents du travail. De là un découplage légalement consommé entre la prévention qui restera jusqu'en 1946 dans la mouvance de la protection légale, autrement dit confiée au seul discernement de l'industriel pour les risques non visés par la réglementation, et la réparation socialisée des accidents du travail. « Aucun des articles de la loi du 9 avril 1898, a pu ainsi souligner Pierre Caloni, ne rappelle cette conception, pourtant primordiale, que l'accident doit être prévenu ; sur ce point, elle est muette et le demeure pendant un demi siècle, la prévention étant strictement du domaine de l'Inspection du travail » [3]. Illustration frappante du conflit naissant et durable entre la théorie du risque professionnel et la conception civiliste du contrat de travail [4].

L'automaticité de la réparation des accidents du travail étant acquise, l'idée d'une obligation générale de sécurité s'imposant à l'employeur disparut de la réflexion juridique pour ne plus réapparaître qu'à la fin des années 1970 [5]. En provoquant dès 1898 une diminution brutale des poursuites pénales [6] (la victime ne pouvant plus se constituer partie civile), les mécanismes d'indemnisation auront hâté cette disparition. Ils auront en outre conforté la liaison, il est vrai antérieure au nouveau régime de réparation, entre la prévention et une réglementation soumise exclusivement au contrôle de l'Inspection du travail : la réglementation et ses sanctions pénales subséquentes seront jusqu'en 1946 la voie essentielle de la prévention française des risques professionnels.

1. Le principe de l'assurance obligatoire existait dans les mines depuis la loi du 29 juin 1894 sous forme de caisses obligatoires de secours et de retraites, et dans la marine marchande depuis la loi du 21 avril 1898.

2. Rapport DUCHE, Chambre des députés, 28 nov. 1887, doc. n° 2150.

3. CALONI (P.), *Échec au risque*, Paris, SEFI, 1952, p. 19.

4. SAINT-JOURS (Y.), « Les lacunes de la législation des accidents du travail », *Droit social*, n° 9-10 sept.-oct. 1990, p. 692-698 : « Dans le cadre de la réparation forfaitaire, la victime d'un accident du travail est réduite à la seule valeur de sa force de travail représentée par le salaire. Elle est ainsi considérée comme une vulgaire marchandise et non comme un être humain à part entière ».

5. Sur ce point, se reporter à la réflexion d'Hubert SEILLAN, *L'obligation de sécurité du chef d'entreprise*, Manuel Dalloz de droit usuel, 1981, p. 88-90.

6. Des statistiques in Ph.-J. HESSE, art. cit.

L'indemnisation des maladies professionnelles

Qu'il ait fallu ensuite attendre plus de vingt années, après la loi de 1898, pour que la réparation de certaines maladies professionnelles soit organisée est révélateur des difficultés à assimiler la maladie professionnelle (MP) à l'accident du travail (AT) [1]. Ces deux phénomènes étant par nature (et par définition) profondément dissemblables, leur assimilation ne se concevait qu'en raison du mode commun de réparation que l'on se proposait d'adopter. En juin 1888, Camille Raspail avait bien tenté de lier la réparation des AT à celle des MP en invoquant le cas brûlant des peintres cérusiers, mais la Chambre des députés avait préféré scinder, en 1897, les deux questions, confirmant la distinction, rappelée par Léon Bourgeois, entre l'accident, « événement soudain, violent, et la maladie, qui est, au contraire, un état continu et durable né d'une cause également continue et durable ». Il fut tacitement entendu qu'on ne légiférerait qu'après coup sur les conséquences du travail insalubre. La loi du 9 avril 1898 promulguée, la discussion reprit, quelque peu biaisée par la proposition Vaillant (3 juin 1901) qui demandait, en sus de l'assimilation des MP aux AT, que la « tuberculose de l'ouvrier et de l'employé fût tenue pour maladie professionnelle ». Introduire cette maladie sociale dans le débat ne faisait qu'ajouter à la difficulté de « saisir » la maladie professionnelle qui se contractait progressivement et pouvait se développer dans plusieurs ateliers similaires appartenant à des chefs d'entreprise différents [2]. Dans un souci de clarification, le député Jules-Louis Breton déposa, le 5 décembre 1901, une proposition de loi prévoyant la réparation des MP dues à sept agents toxiques : plomb, mercure, arsenic, cyanogène, phosphore, sulfure de carbone, nicotine ; à trois « virus » (variole, charbon et morve), et à divers hydrocarbures, gaz et poussières, tout en prévoyant l'extension de la liste par décrets.

C'est à la « Commission d'hygiène industrielle », créée en décembre 1900 par Alexandre Millerand auprès de la Direction du Travail, que

1. Sur cette difficulté juridique se greffaient des considérations économiques et politiques (pressions des milieux industriels) qui s'exprimèrent notamment dans la polémique très vive sur l'emploi de la céruse à laquelle Georges Clemenceau et la CGT prirent une part active au début du XXe siècle. Dans un souci de conciliation, les pouvoirs publics prirent le parti de n'interdire aucun procédé (ou substance) à moins qu'il (elle) ne pût être remplacé(e) par un équivalent donnant, à qualité égale, la même satisfaction. Sur cette polémique, VIET (V.), *op. cit.*, t. 1, p. 283-287.

2. Placée auprès du ministère de l'Intérieur et des Cultes, la Commission permanente de préservation contre la tuberculose devait se prononcer, en 1907, pour la création d'inspecteurs médecins du travail recrutés sur concours, à l'image des médecins inspecteurs de l'hygiène du travail qui existaient en Belgique. Ce projet se heurta à la difficulté d'organiser les relations hiérarchiques entre les inspecteurs du travail et les médecins inspecteurs dont le traitement aurait été supérieur (pour attirer des candidats). Le Directeur du Travail, Arthur Fontaine obtint que des médecins-conseils de l'Inspection du travail, fussent nommés pour des missions ponctuelles au fur et à mesure des besoins (CAC 880597, art. 21 et AN F22/514).

fut confié l'examen technique des maladies professionnelles, des industries et des agents susceptibles de les provoquer. Cet organe consultatif[1] prit le parti d'exclure de son champ d'étude la tuberculose, les intoxications massives déjà assimilées aux accidents du travail, le phosphore blanc d'emploi trop limité et la nicotine dont l'action s'exerçait uniquement dans les ateliers d'État. Il retint en revanche plusieurs agents toxiques (plomb, mercure, arsenic, sulfure de carbone, benzène et dérivés, hydrogène sulfuré, gaz nocifs), certains virus, l'action des poussières et les dermatoses professionnelles, dont l'examen fut confié à des experts chimistes ou médecins hygiénistes[2]. Sur la base du rapport général de Leclerc de Pulligny qui en résulta, le Comité consultatif des assurances contre les accidents du travail eut ensuite à « rechercher au point de vue juridique, dans quelles conditions, en quelle mesure, par quelles adaptations et au moyen de quels organismes la législation du risque professionnel pourrait être étendue du risque d'accident au risque des maladies professionnelles »[3]. Entre-temps, la jurisprudence avait assimilé, dès l'entrée en vigueur de la loi de 1898, l'inoculation charbonneuse (1901), la syphilis des souffleurs de verre (1902), l'intoxication éthylique (1902) et l'intoxication saturnine (1903) à des accidents du travail donnant lieu à réparation. Et la Cour de cassation avait précisé, en novembre 1903, que la loi de 1898 « ne s'applique pas aux maladies professionnelles auxquelles on ne saurait assigner une origine et une date déterminée et qui ne sont que la conséquence de l'exercice habituel d'une certaine industrie ; mais elle s'applique aux affections pathologiques accidentelles qui, bien que contractées dans l'accomplissement d'un travail industriel, prennent leur origine dans un fait déterminé, ne rentrant pas dans les

1. La création de la CHI est antérieure à celle de la Commission de l'Hygiène des Mines, instituée par arrêté du 28 février 1907, auprès du ministère des Travaux publics, pour l'étude des questions concernant l'hygiène dans les travaux souterrains.

2. Composée de spécialistes choisis pour leurs compétences particulières, la CHI fut un laboratoire d'idées en symbiose avec d'autres organismes comme le Conservatoire national des Arts et Métiers (par l'intermédiaire de Heim, dont l'enseignement à partir de 1905 forma plus d'un inspecteur), le Comité consultatif des Arts et des Manufactures (Leclerc De Pulligny), le Comité consultatif d'Hygiène publique de France (Napias), l'Institut Pasteur (Duclaux, Trillat) ou des associations comme l'Association nationale pour la protection légale des travailleurs, l'Association ouvrière pour l'hygiène des travailleurs et des ateliers (René Martial). L'examen des nominations confirme le souci de marier la bactériologie à la physiologie. Professeur de chimie biologique mais surtout Directeur de l'Institut Pasteur, Émile Duclaux sera le premier président de la Commission. Trillat, Heim, Sartory, Mosny, Pottevin… étaient eux aussi des « pasteuriens convaincus ». Parmi les premiers travaux de la CHI : l'emploi des dérivés du plomb dans l'industrie de la peinture ; les précautions à prendre dans les industries où sont employées des matières animales susceptibles de provoquer des infections charbonneuses ; les précautions à prendre contre les contaminations provenant de la manipulation du linge sale dans les blanchisseries ; l'étude de la maladie des dévideurs de cocons de vers à soie (« mal des bassines »), etc.

3. PAULET (G.), *Maladies professionnelles*, rapport préparatoire au Comité consultatif des assurances contre les accidents du travail, Paris, Berger-Levrault et Cie, 1904.

conditions normales de l'exercice de ce travail ». Subtilités byzantines qui laissaient néanmoins présager que la réparation de certaines MP, à déterminer, se ferait sur le modèle retouché du règlement des accidents du travail. Ne risquait-on pas dès lors de détacher, comme en 1898, la réparation de la prévention ? Dans l'esprit du directeur de l'Assurance et de la Prévoyance sociale, Georges Paulet, les deux questions étaient pourtant liées : « Notre législation devra, en instituant la réparation des maladies professionnelles contractées, provoquer, en quelque sorte automatiquement, la prévention des maladies professionnelles évitables » [1].

En définitive, et sur la base de deux nouvelles propositions de loi déposées par Jules-Louis Breton [2], la loi sur les maladies professionnelles du 25 octobre 1919 fut adoptée par la Chambre en 1913, examinée par le Sénat en 1919 et votée le 18 octobre de cette année-là. Le texte final réduisait considérablement la liste des maladies donnant droit à indemnisation, puisqu'il ne retenait provisoirement que le saturnisme et l'hydrargyrisme [3] ! La prévention faisait néanmoins son entrée à travers le mécanisme de la déclaration obligatoire qui concernait des maladies d'origine professionnelle ne donnant pas lieu à réparation mais néanmoins inscrites dans une liste modifiable par décret [4] : à la loi seront ainsi annexés un tableau des maladies indemnisables et un tableau des maladies « à caractère professionnel » dont la déclaration sera obligatoire.

Le législateur avait donc fini par accorder à l'ouvrier le bénéfice de la « présomption d'origine », pour le cas où celui-ci avait effectivement manipulé un produit toxique déterminé ayant provoqué une lésion clairement identifiée (c'est-à-dire connue pour avoir été provoquée par le produit). Cette théorie présentait de nombreux avantages. Elle permettait de parer au défaut éventuel de compétence du médecin traitant, le malade n'ayant pas « à placer dans le médecin une confiance

1. *Ibid.*

2. Sa proposition du 3 juillet 1903 visait le saturnisme, l'hydrargyrisme, l'arsenicisme, le sulfocarbonisme, l'hydrocarburisme, les septicémies professionnelles, les pneumoconioses et la tuberculose, les maladies causées par le travail dans l'air comprimé, l'ankylostomasie et, enfin, certaines maladies contagieuses. Était prévu aussi « tout empoisonnement, maladie ou dermatose, lorsque l'origine professionnelle pourra être établie ». Cette proposition sera légèrement remaniée le 13 juillet 1906. Futur ministre de la Prévoyance sociale en 1920, J.-L. Breton était l'auteur d'un ouvrage intitulé *Les maladies professionnelles*, Dunod, 1911 qui s'inspirait de l'œuvre de l'italien B. Ramazzini (1633-1714), *De morbis artificum diatriba* (1700) successivement traduite en France par de Fourcroy (1777) et Pâtissier (1822).

3. Sur l'évolution des tableaux, cf. CHAMPEIX (J.), « Valeur et limite de la notion de maladie à caractère professionnel. Perspectives de recherche », *Revue française des Affaires sociales*, avril-juin, 1973, p. 3-20.

4. Art. 12 de la loi du 25 octobre 1919 : « En vue de la prévention des maladies professionnelles et de l'extension de la présente loi, la déclaration de toute maladie ayant un caractère professionnel et comprise dans une liste établie par décret, après avis de la Commission supérieure des maladies professionnelles est obligatoire pour tout docteur en médecine ou officier de santé qui peut en connaître l'existence ».

souvent injustifiée soit par l'état de son instruction personnelle, soit par l'état de la science médicale » [1]. En délimitant nettement les maladies indemnisables, elle évitait en outre, comme pour les accidents du travail, les contestations et les conflits entre ouvriers et patrons. De surcroît, l'industriel connaissait exactement les risques qu'il encourait du fait de l'emploi de substances toxiques déterminées, risques contre lesquels il pouvait s'assurer. Enfin, l'inscription d'un produit toxique sur la liste des maladies professionnelles disposait à rechercher les moyens de le remplacer par des produits moins nocifs (voire inoffensifs) et encourageait la prophylaxie des pathologies du travail.

Mais la présomption d'origine comportait aussi de graves inconvénients. L'indemnisation d'une maladie professionnelle nécessitait son inscription sur une double liste : d'un côté, les maladies provoquées par le poison étaient indiquées ; de l'autre, figuraient les industries où elles étaient observées. Il fallait donc pour chaque maladie professionnelle se livrer à une étude clinique et statistique, souvent très longue, afin d'établir la fréquence des symptômes ; si celle-ci s'avérait suffisante, le symptôme était rattaché à la maladie professionnelle. Comme de surcroît, le législateur s'était réservé la faculté d'étendre lui-même le champ d'application de la loi, la liste des maladies donnant lieu à réparation ne s'est que très lentement étoffée. Il fallut attendre la loi du 1er janvier 1931 pour que l'inscription de substances nouvelles puisse se faire par simple décret, après avis de la CHI et de la Commission consultative des maladies professionnelles. Cette réforme avait été réclamée « avec insistance par les ouvriers, à raison de la lenteur et de la difficulté de faire aboutir les modifications, même les plus minimes et quelquefois les plus urgentes, aux tableaux annexés à la loi » [2].

Ainsi, qu'il s'agisse des accidents du travail ou des maladies professionnelles, aucune articulation ne s'est véritablement dessinée entre leur prévention et leur réparation. Sans doute convient-il, à l'égard des secondes, de nuancer ce constat, mais la stricte application de la loi du 25 octobre 1919 ne se prêtait guère au dépistage et au recensement des maladies sortant de son cadre. Si, par la suite, des décrets spéciaux obligeront les employeurs des industries saturnines, des couperies de poils, des verreries où le soufflage se fait à la bouche, ou des chantiers utilisant l'air comprimé à désigner un médecin qui contrôle la santé de l'ouvrier à l'embauche et dépiste toute affection suspecte, aucune prévention générale des maladies sur les lieux de travail ne sera organisée. Et tout le poids de la prophylaxie des

1. BALTHAZARD (V.), « Étude et enseignement des maladies professionnelles », *Archives des maladies professionnelles*, t. 1, mars-avril 1938, p. 3-6.

2. CAC 760126, art. 204 : Rapport MAUGER, Sénat, n° 445, annexe au PV de la 2e séance du 9 juillet 1930. En 1936 le nombre de maladies indemnisées n'était encore que de 10. La liste a été rallongée à plusieurs reprises : en 1931 (donc 12 années après le vote de la loi de 1919) et en 1936.

pathologies professionnelles sera, dans des limites forcément étroites car réglementaires, supporté par l'Inspection du travail (également sollicitée pour les enquête de voisinage), les médecins n'étant assujettis qu'à la déclaration des maladies comprises dans les tableaux annexés à la loi.

L'organisation de la prévention dans l'industrie en 1911

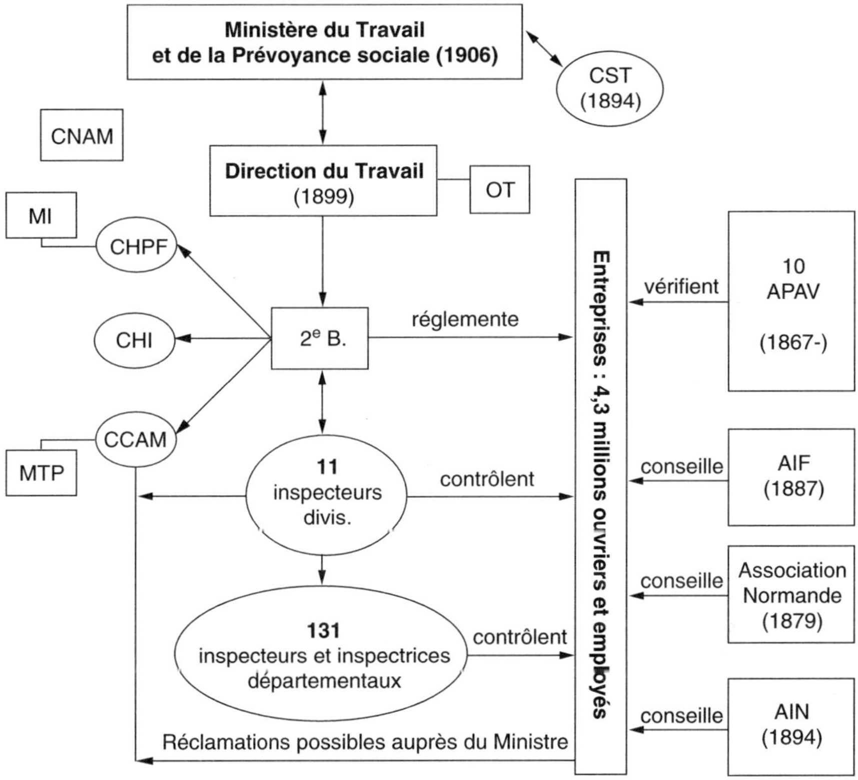

Légende :

OT : Office du Travail, MTP : Ministère des Travaux Publics, MI : Ministère de l'Intérieur, CST : Comité supérieur du Travail, CNAM : Conservatoire national des arts et métiers, CHPF : Comité consultatif d'hygiène publique de France, CHI : Commission d'hygiène industrielle, CCAM : Comité consultatif des arts et manufactures, APAV : Associations de propriétaires d'appareils à vapeur, AIN : Association des industriels du Nord, AIN : Association des industriels du Nord, AIF : Association des industriels de France.

Votées à la fin du XIXe, les lois sur l'hygiène et la sécurité et sur la réparation des risques professionnels ont donc privilégié, directement ou indirectement, une approche juridique et réglementaire de la prévention.

En inférer que la prévention s'est organisée uniquement en fonction de la réglementation serait erroné : les initiatives qui se sont développées dans les années 1920 et 1930 montrent qu'elle s'est aussi développée en dehors de la réglementation, sans recevoir pour autant de traduction institutionnelle à l'intérieur de ce lieu naturel de convergences des pratiques préventives que constitue l'entreprise.

Chapitre 2

L'organisation du système français de prévention (1898-1939)

Au tournant du siècle, le cadre légal et institutionnel d'une prévention dominée par l'idée de réparation était planté. C'est pourtant dans l'expérimentation et dans les « techniques du social » de l'entre-deux-guerres que les pratiques et les stratégies des acteurs de la prévention chercheront des remèdes aux carences du droit. La difficulté à saisir la « fonction prévention » reste pourtant bien réelle. Conçue dans le but de faire baisser le nombre des accidents du travail et celui, forcément approximatif, des maladies professionnelles, la prévention n'a pu, durant cette période, sauf à de rares exceptions, trouver son assise dans l'entreprise. Mais cette faiblesse ne l'a pas empêchée d'être confrontée aux multiples secousses du monde du travail où les rapports de force ne font guère défaut, aux relations sociales que la République souhaitait organiser et aux débats sur les formes possibles de représentation dans l'entreprise.

Une dynamique interactive entre acteurs publics et privés (1898-1926)

Les conséquences négatives de la loi de 1898 en matière de prévention

Le régime des accidents du travail institué par la loi du 9 avril 1898 ne faisait intervenir l'assurance qu'à titre secondaire, comme un moyen normal auquel les employeurs pouvaient avoir recours pour se couvrir contre leurs obligations éventuelles. Aussi les employeurs pouvaient-ils, soit se constituer en assureurs, soit s'adresser à des organismes publics comme la Caisse nationale d'assurances en cas d'accidents ou à des organismes privés, comme les syndicats de garantie, les sociétés mutuelles d'assurance, ou même certaines sociétés commerciales. Afin d'éviter que les victimes d'accident ne fussent lésées en cas de défaillance de l'employeur non assuré ou de l'assureur lui-même, un fonds de garantie, alimenté par une contribution versée par tous les employeurs, avait été institué.

Dans la mesure où la loi exigeait le versement du capital constitutif de la rente, les employeurs prirent l'habitude, dans un souci de saine gestion, de se tourner vers les compagnies d'assurances. C'est ainsi que, moyennant une surcharge estimée à 3,5 % des coûts salariaux, ils ont rejeté sur leurs assureurs les conséquences financières de l'extension de leur responsabilité [1]. De leur côté, les compagnies françaises n'eurent pas, comme leurs homologues américaines, le réflexe immédiat de faire de la prévention pour réduire leurs frais sans augmenter leurs primes ; elles trouvèrent plus commode, au premier abord, de limiter, en faisant des procès, les rentes versées et d'augmenter les primes en cas de déficit, surtout pour les moyennes et petites entreprises où la loi des grands nombres ne jouait pas. Leur effort de prévention se borna, le plus souvent, à la distribution de produits pharmaceutiques aux accidentés et à la préconisation d'appareils de protection individuelle pour les travaux dangereux.

Arguant des résultats qu'elle remportait dans la réduction des AT, l'Association des Industriels de France s'employait notamment à convaincre les compagnies d'assurances de réduire leurs primes d'assurances ou même de supprimer purement et simplement la clause de non-assurance qui excluait de l'indemnisation les accidents dus à l'inobservation des lois. Puis, elle faisait miroiter aux industriels ces avantages obtenus pour les inciter à adhérer, ce qui fit dire à l'inspecteur du travail Pourcines : « Tandis qu'au début l'industriel [adhérait] à l'Association [AIF] : 1) Pour être en règle avec la loi en exécutant ses prescriptions préventivement ; 2) Pour être sûr qu'en cas d'accident, la Compagnie n'invoquerait pas la clause de non-assurance, aujourd'hui on adhère à l'Association pour être assuré contre tous les accidents quels qu'ils soient, c'est-à-dire contre les infractions à la loi. De sorte qu'aujourd'hui le rôle de l'Association est nul au point de vue préventif ; c'est avec raison que l'industriel pourra dire : la clause de non-assurance n'existant plus dans ma police, les moyens préventifs contre les accidents m'importent peu ; que me font maintenant les infractions à la loi, puisque je suis garanti contre les risques civils, et quant à la sanction pénale, elle est fort peu de chose » [2].

De surcroît, en rendant les patrons pécuniairement responsables, indépendamment de toute faute de leur part, la loi de 1898 porta un

---

1. DULONG (J.), « Les chefs d'entreprise devant la prévention des accidents du travail », *Revue française du Travail*, n° 7-8-9, juillet-août-sept. 1951, p. 437-452.

2. Chambard, 4e circonscription (Nancy), Pourcines, rapport annuel, 1898 ; et Jaracjewski, 5e circonscription (Lille), rapport annuel, 1898 : la Compagnie *Le Patrimoine* décide d'exonérer les affiliés de l'AIN de la déchéance suivante : perte de bénéfice de l'assurance dans le cas où la blessure a pour cause l'inobservation des lois.

coup très rude aux associations de prévention : l'adhésion à celles-ci n'était plus cette preuve de bonne volonté destinée à disposer favorablement les tribunaux à leur égard en cas d'accident [1].

L'assoupissement de l'initiative privée en matière de prévention est confirmé, d'un côté, par l'indifférence des compagnies d'assurances dont l'éveil à la prévention date du milieu des années 1920 [2] et, de l'autre, par le tassement jusqu'en 1941 du nombre des adhérents des sociétés de prévention. Les sociétés d'assurance mutuelle [3] ou des syndicats de garantie prévues par la loi de 1898 furent longtemps les seules à faire véritablement de la prévention. Cette loi permettait, en effet, dans les professions qui le souhaitaient, la constitution de « syndicats généraux de garantie contre les suites des responsabilités civiles des accidents du travail et des maladies professionnelles ». L'exemple le plus remarquable, à cet égard, est celui, cher à Pierre Caloni [4], du Syndicat général de garantie du Bâtiment et des Travaux publics [5]. Ce syndicat patronal prévoyait, dans ses statuts, des sanctions contre ses adhérents négligents : les entreprises étaient groupées en « classes de risques » et, si l'une d'elles ne se conformait pas aux injonctions qui lui étaient adressées par les inspecteurs du syndicat, la classe de risques à laquelle elle appartenait était changée et la contribution de l'entreprise augmentée jusqu'à ce que les mesures de sécurité soient prises [6].

En dehors de ces notables exceptions, toutes les conditions se trouvaient réunies pour que la prévention *a posteriori* s'impose. Dès lors, en effet, qu'ils se conformaient aux prescriptions réglementaires et prenaient une police d'assurance, les industriels n'avaient plus à se préoccuper de la sécurité de leurs installations ou du caractère éventuellement dangereux des machines qui leur étaient livrées. Dans la mesure où elle n'était pas avisée de l'ouverture de nouvelles usines, l'Inspection du travail ne pouvait, de son côté, intervenir au niveau de la conception des installations auprès notamment des constructeurs

1. GOUT (E.), « Sécurité sociale et prévention du risque professionnel », *Travail et Sécurité*, n° 1-2, janvier-avril 1949, p. 71-77.

2. RUFFAT (M.), « The Role of Insurance in the Prevention of Work-Related Accidents in France in the First Half of the 20th Century », *Dynamis, Acta Hispanica ad Medicinae Scientiarumque Historiam Illustrandam*, vol. 18, 1998, p. 447-463.

3. CAC 760126, art. 213 : À la fin des années 1930, toutefois, la mutualité s'intéressera à la prévention des risques professionnels. Président de la Mutualité de la Seine et de la Mutualité française, Heller chargera le médecin Gros d'organiser, en septembre 1938, un service d'étude et de prévention médico-sociale dans le domaine du travail dans le cadre de la Mutualité de la Seine (500 000 assurés).

4. Polytechnicien de formation, Pierre Caloni était entré, au lendemain de la Première Guerre mondiale, au service Syndicat général de Garantie du Bâtiment. (Cf. la biographie de Jackie BOISSELIER, *Une guerre contre le risque. La vie et l'œuvre de Pierre Caloni*, Éd. SCHSC, 1971).

5. Fondé en 1898 par transformation d'une ancienne organisation mutuelle des entrepreneurs de maçonnerie qui indemnisait depuis 1859 les ouvriers victimes d'accidents.

6. CALONI (P.), *op. cit.*, p. 20.

de machines ou des architectes ; son rôle ne s'exerçait que dans les limites du droit et dans le cadre des installations existantes. Aussi les techniques d'hygiène et de sécurité se sont-elles d'abord diffusées en se « plaquant » sur les installations existantes. C'est ainsi que les systèmes de captation des poussières et des gaz au point de leur émission et au fur et à mesure de leur production ont pu se généraliser, entraînant pour les industriels de lourdes dépenses et des résultats sans doute inférieurs à ce qu'ils eussent été, s'ils avaient été conçus en même temps que les installations. En dépit des fortes résistances rencontrées, l'idée fut acquise, dès avant la Première Guerre mondiale, que l'amélioration des conditions d'hygiène du travail pouvait entraîner d'importants gains de gestion [1].

Le contrôle *a priori* des installations ne fut rendu possible qu'en 1928, avec la loi du 30 juin obligeant toute personne qui se proposait d'occuper du personnel dans un établissement industriel ou commercial à en faire la déclaration préalable à l'Inspection du travail, la déclaration devant être renouvelée en cas de changement d'emplacement, d'extension ou de transformation entraînant une modification dans les industries ou commerces exercés. La genèse de cette loi remontait à la proposition de loi Chautemps de 1904, « relative à la révision de la législation des établissements dangereux, insalubres ou incommodes », qui avait subordonné l'autorisation d'ouvrir ces établissements (délivrée par arrêté préfectoral) à l'exécution de toutes les prescriptions de la loi du 12 juin 1893 concernant l'hygiène et la sécurité des travailleurs. Cette proposition reçut une traduction réglementaire en 1917, mais seulement pour les établissements classés dangereux pour le voisinage. Compte tenu des onze années qui s'écoulèrent avant l'importante extension de 1928, l'Inspection du travail aura attendu plus de quatre-vingts ans (1841-1928) pour être habilitée à vérifier la conformité des nouvelles installations à la législation sur l'hygiène et la sécurité !

Les pouvoirs publics ont en fait continué, malgré la loi de 1898, d'appliquer une doctrine que l'inspecteur divisionnaire, Edmond Laporte [2], avait fixée au Congrès international des accidents du travail tenu à Paris [3], en 1889. Ce fonctionnaire avait alors développé une argumentation, fondée sur le principe de déplacement des responsabilités : « Imposer aux constructeurs l'obligation de livrer des machines munies de tous les appareils protecteurs me semble impossible. Il résulterait

1. Voir BOULIN (P.), « Conséquences économiques de l'amélioration des conditions d'hygiène du travail », *Revue d'hygiène et de police sanitaire*, t. XXXV, n° 7, juillet 1913, p. 787-815 : cet ancien inspecteur divisionnaire dresse une liste des avantages obtenus.

2. Inspecteur divisionnaire de la 1re circonscription (Seine), celui-ci faisait figure de *primus inter pares* ; à plusieurs reprises ses avis firent autorité et pesèrent sur les décisions de l'administration du Travail.

3. *Congrès international des accidents du travail (Paris)*. Rap. réunis et publiés sous la dir. de E. Gruner, Paris, Baudry et Cie, 1889.

d'une pareille mesure un *déplacement des responsabilités* qui, en bonne justice doivent être encourues uniquement par l'employeur propriétaire de la machine, qui la fait fonctionner à ses risques et périls. Car il est bien évident que l'industriel reporterait sur le constructeur la responsabilité de l'accident survenu, en disant qu'il a acheté sa machine toute protégée et qu'il n'est pour rien dans l'inefficacité des systèmes de protection employés. Alors, les constructeurs, pour se mettre à couvert, ne manqueraient pas de demander à l'État la vérification officielle de leurs machines, au moment de la livrer à l'acheteur afin de n'être pas mis en cause par celui-ci en cas d'accident. Par suite, quelle lourde responsabilité pour les pouvoirs publics, quand on sait combien il y a de machines-outils très dangereuses qu'on n'a pas encore trouvé le moyen de protéger, les scies circulaires par exemple » [1]. La crainte d'engager la responsabilité de l'État était d'autant plus forte en France que la réglementation en matière d'hygiène et de sécurité dérivait, en grande partie, du Code pénal.

S'il fit autorité, l'avis de Laporte fut tôt contesté par d'autres inspecteurs du travail. Blaise ou Seguin formèrent, dès 1895, le « vœu qu'une disposition interdise aux constructeurs de livrer (les machines) sans qu'elles soient munies de tous les organes protecteurs nécessaires » [2]. À telle enseigne qu'une note administrative, datée de 1904, devait reconnaître que la proposition Chautemps pouvait donner « satisfaction au vœu maintes fois exprimé par le Service de l'Inspection du travail, d'être mis en mesure d'intervenir au moment de l'installation d'une usine pour y imposer les conditions essentielles de sécurité et d'hygiène qui, plus tard, ne pourraient être qu'incomplètement obtenues en raison de la gêne ou des dépenses qu'occasionnerait un remaniement important du matériel ou de l'aménagement existants » [3]

Par la suite, une loi du 24 juin 1939 posa le principe que « les machines ou parties dangereuses pour les ouvriers et pour lesquelles il existe des dispositifs de protection d'une efficacité reconnue ne pourront être mises en vente sans être munies de ces dispositifs » [4]. C'est dans ce cadre légal et grâce au développement, datant des années 1920, des normes techniques [5] que la procédure d'homologation vit le

1. *Idem.* et AN F22 482 : Enquête relative à une proposition de Le Roy, réponse de Laporte, 7 mars 1898.

2. *Ibid.*

3. AN F22/481 : Note admin., 1er décembre 1904.

4. Sur ce point, la France accusait un retard considérable sur le Danemark, pays qui proscrivait depuis 1901 la vente ou l'installation de machines dépourvues d'appareils de protection appropriés ; et sur d'autres pays, comme la Grande Bretagne, l'Allemagne ou la Suisse, où les machines étaient livrées aux industriels avec toutes les garanties nécessaires. La loi du 24 juin 1939 n'a fait que transcrire la recommandation n° 32 de l'OIT, adoptée en 1929, qui préconisait l'interdiction de fournir ou d'installer toute machine qui ne soit pas pourvue des dispositifs de sécurité exigés par la législation nationale.

5. Normes AFNOR, créées en 1926.

jour. La Direction du Travail demanda à l'inspecteur divisionnaire de Nancy, Louis Babaud, d'établir la liste des machines dangereuses, en indiquant, pour chacune d'elles, les risques d'accidents possibles et les dispositifs protecteurs d'efficacité reconnus [1]. Reportée en raison des hostilités, cette procédure, mise en œuvre par une Commission d'homologation ne deviendra effective qu'en 1947. Elle n'en constitue pas moins, dans l'histoire de la prévention, une innovation majeure, l'épineuse question des responsabilités étant contournée par la définition de normes. Celles-ci s'imposent, en effet, à tous, du constructeur à l'industriel qui utilise la machine, en passant éventuellement par l'importateur et le distributeur, sans altérer le partage des obligations que les lois énoncent. Derrière elles ne figure aucun responsable ; elles sont donc inattaquables et parfaitement neutres dans un cadre où chacun peut être amené à rendre compte de ses responsabilités.

L'exception de l'Alsace-Moselle : la liaison corporative entre réparation et prévention

Autre logique, autres institutions ! La singularité du système de prévention/réparation mis en place, en 1884, par l'administration bismarckienne dans les départements du Haut-Rhin, du Bas-Rhin et de la Moselle mérite d'être soulignée. D'abord, parce la cohérence de ce système n'a pas échappé à l'administration du Travail qui en observait de près le fonctionnement [2] ; ensuite, parce ces trois départements ont gardé le bénéfice de la législation allemande ; enfin, parce que certains des éléments de ce système seront repris par le législateur de 1946.

Dans le modèle institué par la loi allemande du 6 juillet 1884 sur l'assurance obligatoire contre les accidents, la réparation du risque professionnel formait un secteur particulier dans le système des assurances sociales pour les travailleurs, avec des institutions spécialisées et un financement approprié à la charge du patron, qui tenait compte du degré de risque dans l'entreprise ou la branche d'activité [3]. L'analogie entre le fonctionnement du syndicat général de garantie du bâtiment, fondé sur un système d'incitation financière à faire de la prévention, et celui du système de prévention/réparation de l'Alsace-Moselle est, du reste, frappante. Durant l'entre-deux-guerres, cinq corporations professionnelles (*Berufsgenossenschaften*) se trouvaient

1. VAYSSIERES (M.), « Le rôle de l'Inspection du travail en matière de sécurité », *Revue française du Travail*, n° 2, 1956, p. 3-16.

2. L'inspecteur divisionnaire du travail de la 12ᵉ circ. (Strasbourg) créée en 1919 fut souvent amené à rendre compte des modalités de prévention dans les 3 départements recouvrés (Haut-Rhin, Bas-Rhin, Moselle).

3. C'est ce modèle qui allait être recommandé par l'OIT, notamment par les deux conventions n° 17 sur les accidents du travail et n° 18 sur les maladies professionnelles de 1925.

concernées par ce système : Mines et Usines métallurgiques, Métaux et Transports, Textile et Industrie chimique, Industries alimentaires, Industries du bâtiment. Les charges afférentes aux accidents étaient réparties entre les employeurs obligatoirement regroupés dans chaque corporation, l'assurance reposant sur la mutualité entre les entreprises. Les corporations ne se contentaient pas de servir des prestations aux victimes des accidents ; elles pouvaient édicter des prescriptions à l'effet de prévenir les accidents dans les entreprises qu'elles regroupaient. Ces règlements étaient établis par les membres du comité directeur de chaque corporation après consultation des représentants ouvriers des assurés, en nombre égal à celui des employeurs. Leur exécution était contrôlée par des délégués (*Beauftragte*) nantis d'un droit de visite et tenus de communiquer, sur demande, aux inspecteurs du travail, des renseignements sur leurs opérations de surveillance et sur les résultats de celles-ci [1]. Étaient passibles d'une amende de 1 250 F (1900), les membres qui contrevenaient aux prescriptions, les contraventions pouvant, dans certains cas, substituer la responsabilité civile de l'employeur à celle de la corporation. En outre, certaines corporations atténuaient la suite des accidents par l'organisation, dans les grands établissements, des premiers soins (médicaments, postes de secours, personnel compétent), cependant qu'elles désignaient les établissements hospitaliers en mesure d'accueillir les blessés graves. Enfin, certaines associations de prévention, comme l'Association alsacienne des propriétaires de machines à vapeur de Mulhouse, les Forces motrices du Haut Rhin, l'Électricité de Strasbourg complétaient par leur action (vérification des installations, révision des machines, diffusion de brochures) le dispositif.

On ne saurait trop souligner l'intérêt d'une telle organisation en marge de l'hétérogénéité du réseau préventif français. Le système alsacien prouvait objectivement qu'il était possible d'articuler prévention et réparation, d'instituer une complémentarité des rôles entre service public et organismes privés, d'organiser la mutualité des risques professionnels en s'appuyant sur l'assurance obligatoire, d'intéresser financièrement les industriels à la prévention des risques professionnels sans évincer les ouvriers des questions d'hygiène et de sécurité les concernant au premier chef. Dans les trois départements où il s'appliquait, « la proportion des accidents et par conséquent les charges des entreprises étaient très sensiblement moindres que dans les autres départements sous le régime des compagnies d'assurances » [2].

1. Sur tous ces points, TRIBY (R.), *op. cit.*, p. 42-46.
2. « Le bilan de la première année d'application de la nouvelle législation sur les accidents du travail », *Revue française du travail*, avril-mai-juin 1948, p. 178-197.

Les nouveaux préventeurs et l'approche psychotechnique

La relance de l'initiative privée

Qu'une contre-offensive sur le terrain de la prévention des risques professionnels ait été menée, dès le milieu des années 1920, par les compagnies d'assurances, les organisations patronales et certaines grandes entreprises n'est guère surprenant. L'ingérence grandissante de l'administration du Travail dans les conflits du travail [1], la revendication permanente de délégués ouvriers à la sécurité ou d'une « inspection ouvrière » [2], l'élaboration de la loi du 30 juin 1928 et la recommandation de l'OIT visant à créer des comités de sécurité dans les entreprises inspiraient d'autant plus d'inquiétude qu'il n'était plus possible d'ignorer l'influence des prescriptions réglementaires sur l'organisation interne du travail.

L'Union des Industries métallurgiques et minières (UIMM) fut la première grande organisation patronale à réagir, en se dotant en 1927 d'un « Service général de prévention », doté d'une « Commission de Prévention des accidents du travail » et d'un bureau technique. Sous son impulsion, les industries métallurgiques s'organisèrent en corporation pour lutter contre les accidents du travail, aidés dans cette tâche par l'action conjointe de la Caisse syndicale d'assurance mutuelle des Forges de France [3] (créée en 1891), du Comité des Forges et des Mines de Fer de l'Est de la France, du Syndicat général de la Construction mécanique, électrique et métallique. La Commission de prévention incitait les 125 syndicats patronaux adhérents à établir des statistiques, à coordonner et à généraliser les initiatives déjà prises dans les industries des métaux [4]. En symbiose avec l'AIF [5], l'UIMM organisait, depuis 1928, des journées d'étude destinées à développer chez ses adhérents « l'esprit de sécurité » ou à encourager la création de postes « d'ingénieurs de sécurité » ou de « Comités de sécurité ». Affiches, tableaux-maximes, calendriers de sécurité (« le bon geste, chaque jour »), indicateurs de consignes, films de prévention (« *Albert le fanfaron ou l'apprentissage de la prudence* »), organisation de conférences et d'un enseignement spécial à l'usage des contremaîtres

1. Selon une statistique du MT (1932), les inspecteurs du travail ont, entre 1893 et 1920, proposé (officiellement) 87 fois leur médiation sur un total de 1 890 conflits ; de 1922 à 1928, ils sont intervenus 479 fois sur un total de 1855 conflits (26 %).

2. Cf. *infra*.

3. Celle-ci assurait, par l'intermédiaire de ses délégués régionaux, la surveillance périodique (tous les deux mois au minimum) des installations de ses sociétaires groupés en circonscription.

4. PLUYETTE (J.), « La prévention des accidents du travail et des maladies professionnelles dans les industries des métaux », *Travail et Sécurité*, n° 1-2, janvier-avril 1949, p. 50-55.

5. Lambert-Ribot, délégué général de l'UIMM appartenait au conseil de direction de l'AIF et Julien Caen, directeur de l'AIF était lui-même membre de la Commission de Prévention de l'UIMM.

formaient l'économie d'une propagande soucieuse d'intégrer la prévention dans le fonctionnement de l'entreprise.

Présentant, le 11 mai 1928, un rapport sur le Comité de prévention des usines Pompey, l'ingénieur Decorps insista particulièrement sur le rôle fondamental de la Direction : « Il a paru normal que le Directeur fût à sa tête. Aujourd'hui, sans conteste, le point de vue social doit être une des préoccupations constantes de la Direction, si elle veut assurer des résultats et la continuité de ceux-ci. De plus, sa présence est un gage de rapidité et d'autorité » [1]. Le Comité de prévention comprenait ainsi le Directeur, le Secrétaire général de l'usine, un ingénieur du service électrique, le chef du chemin de fer et des transports et quatre contremaîtres. Dans le même esprit, Herz, ingénieur attaché à la direction des usines de la Compagnie française pour l'exploitation des procédés Thomson-Houston s'appuya sur l'étude de l'Américain Sydney J. Williams [2] pour affirmer : « La Direction doit prendre la tête du mouvement, faire de la prévention des accidents une partie intégrante des procédés de fabrication » [3].

Cet impératif, la Caisse syndicale d'Assurances mutuelles des Forges de France contre les Accidents du Travail (Directeur général : Senly) l'avait déjà fait sien, en créant dès février 1926 un système de primes aux contremaîtres. Ces primes ne leur étaient versées que si les coefficients de fréquence ou de gravité des accidents survenus aux ouvriers placés sous leurs ordres avaient diminué d'au moins 10 % par rapport à l'année précédente. Fondé sur l'idée « qu'à chaque fois qu'un ouvrier est blessé, la collectivité fait une perte de productivité », le coefficient de gravité s'établissait comme la somme des journées perdues pour consolidation de blessures et des pertes de productivité par le nombre de milliers d'heures de travail des ouvriers de l'équipe. Par ce mécanisme, l'intéressement à la sécurité s'identifiait à l'intéressement à la production.

Bien qu'elle fût propre à une grande industrie (fait minoritaire en France) sensible aux charmes de « l'organisation scientifique du travail », cette volonté d'*internaliser* la prévention dans la production et la structure hiérarchique de l'entreprise rompait avec le caractère exogène des techniques d'hygiène et de sécurité – celles-ci étant largement conçues à l'extérieur des entreprises – que le droit avait indirectement favorisé. Érigée en dogme ou en évidence qu'il était impossible de contester, la prévention était présentée comme la prérogative exclusive de la direction des grandes entreprises : celle-ci « est le cerveau qui conçoit, prépare et commande, le personnel est le bras qui

1. DECORPS, *Rapport sur l'organisation de la sécurité à la Société des Hauts-Fourneaux, Forges et Aciéries de Pompey*, suppl. au n° 99 de la *Revue de l'UIMM*, 11 mai 1928.
2. WILLIAMS (J. S.), *Les conditions du succès dans la prévention des accidents*, 1921.
3. HERZ, *Rapport sur l'organisation de la sécurité et le rôle de l'ingénieur de la sécurité*, suppl. au n° 99 de la *Revue de l'UIMM*, 11 mai 1928.

exécute et réalise. Toute désorganisation, toute rupture d'harmonie, toute absence de liaison, même passagère, dans la coordination du travail retentit immédiatement sur le rendement général de l'entreprises. Or, parmi tous les éléments capables d'agir dans ce sens, il en est dont l'importance n'échappe à personne, c'est l'influence de l'état de santé du personnel. Le bon état physique et moral chez le personnel est synonyme de bon rendement et de production accrue » [1]. De là sans doute des réactions syndicales qui montrent bien que la prévention des risques professionnels était devenue dans les années 1920 et 1930 un enjeu de pouvoir : « L'un des buts [poursuivis par Aubrun, directeur des Établissements Schneider] est de rendre inopérantes toutes mesures législatives qui pourraient être déterminées pour répondre aux aspirations ouvrières. Pourquoi le patronat conteste-t-il aux ouvriers, les principaux intéressés à la question de leur sécurité, le droit d'apporter en la matière l'expérience acquise par la pratique dans le travail ? » [2].

Cette prise en charge unilatérale de la prévention des risques professionnels faisait écho à la manière dont les associations de prévention avaient tenté, dans les années 1890, de « contenir » l'Inspection du travail. Face à cette dernière, les promoteurs d'une prévention intégrée oscillaient, à présent, entre deux tactiques : soit mettre en relief l'impuissance des inspecteurs du travail à enrayer l'augmentation du nombre des AT pour accréditer l'idée que la prévention est d'abord affaire d'organisation interne [3] ; soit prétendre que la direction des entreprises implantait à demeure l'équivalent de l'Inspection officielle. Sous-directeur des Établissements Schneider au Creusot, Roher prit soin de rappeler que la direction avait créé, en 1893 (c'est-à-dire au moment où l'Inspection officielle fut habilitée à s'occuper de prévention dans tous les établissements industriels), un « Service spécial », chargé de centraliser toutes les questions concernant les accidents du travail (usines du Creusot, du Breuil et Montchanin). En 1922, ce service fut réorganisé, la direction l'investissant d'une mission beaucoup plus large : « Non seulement la protection immédiate contre les accidents du travail, mais la prévention de tout ce qui constitue directement ou indirectement un danger pour son personnel ». L'usine fut alors divisée en un certain nombre de services groupant chacun pour l'exploitation d'une industrie bien déterminée, un ensemble complet d'organismes techniques ou administratifs. D'où la nécessité de créer une

1. SALMONT (Dr A.), *Les Services de médecine et d'hygiène industrielles et l'organisation scientifique du travail*, Paris, Comité national de l'organisation française, 1928, p. 5.

2. *Ibid.* : *L'Union des Métaux*, février 1931. Après que Marcel Frois, inspecteur divisionnaire de Paris, eut déclaré devant l'UIMM en mai 1928 qu'il souhaitait que les ouvriers eussent leur mot à dire, l'organe cégétiste eut cette réaction : « Frois est de notre côté puisqu'il souhaite associer dans les Comités de sécurité l'élément ouvrier à l'œuvre de prévention ».

3. Cette position est, par exemple, défendue par la Direction des usines Pompey.

fonction de coordonnateur dévolue à un ingénieur de sécurité assurant l'organisation et la réglementation de la sécurité, représentant la direction et agissant en son nom auprès de tous les services. En cas d'accident, l'ingénieur procédait à une enquête et rédigeait lui-même un rapport destiné à l'Inspection du travail. Et Roher de conclure : « Il [l'ingénieur] agit vis-à-vis des divers services comme un véritable inspecteur du travail » [1].

Le refus d'associer l'élément ouvrier à la prévention des risques professionnels [2] et le souci constant d'organiser la prévention selon des règles propres à l'entreprise est à coup sûr révélateur d'une culture d'ingénieur bien prégnante dans les milieux des préventeurs du privé. Pierre Caloni a pu reconnaître, par exemple, que sa formation d'ingénieur (la tradition des anciens chefs de chantier le confortait dans cette opinion) l'inclinait à penser qu'il était possible de « préserver les hommes sans leur aide, à leur insu [3] et peut-être malgré eux ». Rencontrant l'inspecteur du travail, Marcel Frois, à la Conférence internationale du travail de 1928, il en revint avec un point de vue transformé : « J'appris l'importance du facteur humain » [4]. Un chose est sûre : l'internalisation de la prévention aboutissait à ce paradoxe qu'elle évinçait les ouvriers des décisions prises par la direction des usines tout en les rapprochant d'une Inspection du travail dont la surveillance n'était pourtant qu'intermittente ; elle favorisait, ce faisant, la polarisation des revendications ouvrières sur la réforme de l'Inspection officielle. La prévention des risques professionnels était sans doute affaire d'organisation et d'ingénierie, mais pouvait-elle se passer d'une surveillance extérieure, d'un « tiers regard » détaché de la gestion de l'entreprise ? pouvait-elle, en outre, s'organiser sans la participation de ceux qu'elle cherchait à protéger ? Le pari des tenants de la prévention intégrée est d'avoir pensé que le « facteur humain » pouvait être « sublimé » par des recettes aussi bien techniques que psychologiques.

L'irruption des « psychotechniques » constitue, en effet, la nouveauté majeure – mais timide – de la période 1926-1939. Intéressant aussi bien les adhérents de l'UIMM que les sociétés de prévention, ce phénomène est intimement lié au mouvement de rationalisation du travail (OST) qui rallia à sa cause un certain nombre d'entrepreneurs

1. ROHER, « Le rôle de l'ingénieur de la sécurité », *Revue de l'UIMM*, Doc. n° 3, 11 mai 1928.

2. Ce refus était en contradiction avec la résolution I adoptée par la Conférence internationale du Travail de 1928 : « (...) il est essentiel que tous les efforts possibles soient faits pour intéresser les ouvriers à l'œuvre de prévention des accidents » (Conférence internationale du travail, Genève, 1928, vol. I, p. 680).

3. C'était aussi l'opinion du législateur en 1841, 1874 et 1892 : il s'agissait de protéger l'enfant, la fille mineure et la femme adulte « contre eux-mêmes, contre leur nervosité, leur insouciance, leur imprudence », en bref, contre leur imprévoyance.

4. CALONI (P.), *op. cit.*, p. 24.

français [1], et aux succès de la psychotechnique depuis la fin de la Première Guerre mondiale [2]. Il ne s'agit pourtant pas d'une transposition fidèle des acquis de la *psychotechnique* [3], qui, appliquée à l'industrie, se proposait d'obtenir les meilleurs rendements avec, pour les travailleurs, un minimum de fatigue et une satisfaction optimale [4]. La grande industrie n'a fait que reprendre et interpréter, dans un sens conforme à ses intérêts, les enseignements d'une science dérivée de la psychologie expérimentale ou appliquée [5] qui n'avait pas été originellement conçue à son intention [6]. Il s'agissait somme toute de créer les conditions d'une adéquation entre l'intérêt productif des entreprises et l'aspiration diffuse du personnel à la sécurité ; de rendre compatible la prévention avec la gestion, quitte à créer de nouvelles fonctions.

La Direction des entreprises est sans doute la mieux placée pour remplir ce rôle, puisqu'elle passe commande des machines, organise le travail, fixe le niveau de production et édicte les règlements intérieurs ainsi que les consignes de sécurité. Elle ne peut cependant tout prévoir et parer aux multiples aléas que comporte le travail collectif. En serait-elle capable qu'elle ne pourrait prévenir les « mauvais gestes » qui sont

---

1. WORONOFF (D.), *Histoire de l'industrie en France du XVIe siècle à nos jours*, Seuil, 1994, p. 390-399 : L'auteur parle même « d'américanomanie » à propose des industriels de l'automobile, secteur alors en pleine expansion : Louis Renault, qui s'est rendu 9 fois aux États-Unis, et André Citroën, qui rendit visite à Henry Ford dès 1912, imprimeront à l'industrie automobile ce que Patrick Fridenson appelle un « tournant taylorien ».

2. L'Association internationale de Psychotechnique a été fondée en 1920 par Claparède (secrétaire général : Jean-Marie Lahy) après plusieurs congrès internationaux de psychologie, le premier remontant à 1889 (c'est au congrès d'Oxford de 1923 que la *psychologie industrielle* fait son apparition). D'emblée, sa section française, animée par Henri Piéron, s'est opposée au « dogmatisme intransigeant » du fondateur de la sociologie française, Emile Durkheim, affirmant la primauté de l'individu sur la société : « Dans toutes les techniques d'organisation, où se pose le double problème de l'adaptation des hommes à leurs tâches, et de l'adaptation des tâches aux hommes qui doivent les accomplir, où l'on recherche les rendements les plus élevés avec un minimum de fatigue et un maximum de satisfaction, la psychotechnique est appelée à collaborer à la fois avec la biologie technique et la sociotechnique » (PIERON (H.), *Discours d'ouverture du Congrès international de psychotechnique de Berne*, septembre 1949, *Le Travail Humain*, janvier-juin 1950, p. 157-165, et GERMAIN (Dr J.), « Passé, présent et avenir de la psychotechnique », *Le Travail humain*, janvier-juin 1954, p. 149-172).

3. Science destinée à évaluer les aptitudes individuelles, la psychotechnique a été appliquée, en particulier, aux problèmes pédagogiques : le développement en France des tests intellectuels résulte des premiers travaux de Binet et de Simon qui ont été entrepris, non à la demande d'un industriel, mais pour répondre à une question posée par les écoles primaires de la Ville de Paris.

4. Cette orientation s'inscrivait en réaction contre l'Organisation Scientifique du Travail en vogue outre-Atlantique, qui négligeait la dimension humaine du travail : en pleine période d'admiration mondiale pour le taylorisme, Lahy, Amar et Le Châtelier avaient récusé, dès 1913-1914, l'idée que le système Taylor pût déterminer une organisation scientifique du travail et avaient posé le problème du facteur humain dans l'organisation du travail sous l'angle de l'adaptation psychologique et psycho-physiologique.

5. La psychologie appliquée se proposait d'étudier chaque aspect de la pensée humaine, non plus seulement en elle-même, mais dans ses réactions vis-à-vis du monde extérieur.

6. Une utile mise au point *in* JARDILLIER (P.), « La psychotechnique face au milieu industriel », *Le Travail Humain*, juillet-déc. 1960, p. 207-340.

cause d'accident, ou éviter ces innombrables perturbations affectant la relation homme/machine (fatigue, distraction, monotonie des opérations, etc.). « Il faut [donc] arriver à obtenir des ouvriers qu'ils soient eux-mêmes les principaux artisans de leur sécurité » [1]. Telle est l'exigence centrale qui sous-tend l'approche psychotechnique de la prévention [2].

Loin de récuser l'existence du « facteur humain », cette approche réduit celui-ci à la « disposition particulière et généralement innée qui fait que chaque individu réagit d'une manière personnelle à l'action des agents extérieurs » [3]. Comment donc neutraliser cette variable interindividuelle [4] ? À cette question, la propagande préventive fournit une réponse possible, puisqu'elle se charge, du moins veut-on s'en convaincre, de rappeler à l'ouvrier qu'un danger diffus mais permanent le guette. De là ces affiches [5] volontiers effrayantes (jusque dans les années 1950), qui matérialisent l'accident, l'impriment dans les consciences, cherchant à le débusquer en dépit d'une routine qui le rend hautement improbable [6] : l'ouvrier doit se sentir en danger ; il en va de sa sécurité [7], comme de l'intérêt général de l'entreprise [8]. Ainsi se précisent au moins quatre fonctions :

1) *Désigner* l'imprudent par la « faute » duquel l'accident arrive, soit explicitement (« VOYEZ CE FOU QUI PREND LE PLUS COURT CHEMIN

1. ROHER, rap. cit.

2. Cette exigence était profondément marquée par la doctrine américaine du « Safety First » qui mettait « dans l'ouvrier lui-même le principe essentiel de sa protection contre les accidents du travail », du fait de l'absence d'une législation sur la prévention des accidents (*Dix ans d'organisation internationale du travail*, OIT, 1931 : préface d'Albert Thomas).

3. Définition donnée au terme « idiosyncrasie » par le dictionnaire *Le Robert*.

4. Dans les années 1950, les centres psychotechniques tenteront de résoudre ce problème en dépistant « tous les salariés candidats à des postes dangereux, susceptibles d'entraîner des accidents pour eux-mêmes et pour les compagnons de travail ». La psychotechnique se donnera alors pour objet de « révéler et préciser les aptitudes individuelles à des fins pronostiques en vue de mettre l'homme qu'il faut à la place qu'il faut » (P. DERVILLEE et G. VALETTE, « Rencontres et liaisons de la médecine du travail et de la psychotechnique », *Archives des Maladies professionnelles*, t. 14, 1953, p. 269-271).

5. Cf. PRIGENT (I.), *Élaboration d'un dispositif d'inventaire informatisé et d'analyse détaillée d'un fonds d'affiches de prévention des accidents du travail.* Mémoire de DEA de muséologie (sous la dir. de D. JACOBI), 1996 ; et : *Travail et Sécurité*, sept. 1997, n° 564.

6. L'électrocution est, par exemple, représentée par un serpent apocalyptique s'apprêtant à engloutir l'imprudent. Dans les usines Pompey, les mots « DANGER » et « ACCIDENT » sont partout répétés en banc sur fond rouge, éclairés de nuit, et surmontés d'une plaquette qui signale la nature du danger : « ATTENTION À L'ACCIDENT, Y SONGER C'EST L'ÉVITER » ; « ACCIDENTÉ, FAMILLE GÊNÉE » ; « VÊTEMENTS FLOTTANTS, ACCIDENT ». La formule « ATTENTION À L'ACCIDENT » est tamponnée en travers de chaque bulletin de paie (Affiches de l'AIF et DECORPS, rap. cit.).

7. Témoin ce commentaire qui accompagne deux photos, l'une montrant un amoncellement désordonné de traverses de chemin de fer, l'autre, des traverses soigneusement empilées : « LE DÉSORDRE DANS LEQUEL VOUS AVEZ ABANDONNÉ VOTRE CHANTIER EST CRIMINEL, PARCE QUE LE GARDE DU TRAIN SE TUERA SUR CE TAS DE TRAVERSES. POURQUOI NE PAS AVOIR COMMENCÉ DE SUITE PAR RANGER POUR QUE TOUT SOIT EN ORDRE ? ? ? ».

8. Le panachage d'affiches strictement préventives et d'affiches destinées à rationaliser les gestes de l'ouvrier n'est pas gratuit : prévention et productivité doivent étroitement se combiner : « POURQUOI RISQUER DE PERDRE AINSI VOTRE TEMPS… AU LIEU DE PRENDRE DE SUITE LA BONNE CLEF ? ? VOTRE TEMPS NOUS EST PRÉCIEUX » (AN F22/496 : affiche de l'AIF).

POUR L'AUTRE MONDE »), soit implicitement en montrant ce qu'il ne faut pas faire et ce qu'il faut faire, les bonnes et les mauvaises postures, les gestes qui sauvent et ceux qui tuent. L'affiche vole au secours du service technique qui ne peut tout voir ou tout prévoir. Par les simulations qu'elle impose à l'esprit, elle aménage une seconde visibilité et rompt la familiarité avec le danger ; elle assure visuellement l'intégration de la prévention dans l'espace productif.

2) *Effrayer* par la violence et l'expressionnisme des dessins, la vigueur des contrastes : chutes vertigineuses, visages décomposés par la peur ou par la douleur, machines démesurées aux arêtes vives qui écrasent de leur masse les hommes qui les servent ;

3) *Culpabiliser* : l'imprudence dont peut faire preuve l'ouvrier doit lui inspirer un sentiment de culpabilité vis-à-vis de ses camarades d'atelier, mais aussi à l'égard des siens : « SI VOUS NE PRENEZ PAS DE PRÉCAUTIONS POUR VOUS PRENEZ-EN AU MOINS POUR VOTRE FAMILLE » (UIMM) ; « LES VRAIES VICTIMES QUAND UN ACCIDENT VOUS ARRIVE SONT CEUX QUI DÉPENDENT DE VOUS » [1].

4) *Établir des correspondances de situation entre l'usine et le domicile de l'ouvrier* : « L'INTEMPÉRANCE (en caractères zigzaguants) PROVOQUE LA MISÈRE AU FOYER, L'ACCIDENT À L'USINE » [2]. Sur une autre affiche, une ménagère balaye l'intérieur d'un taudis. Au milieu des immondices qui jonchent le sol, jouent des enfants qui ont bien du mal à se protéger des crachats de leur père : « BALAYER À SEC ET CRACHER À TERRE, C'EST RÉPANDRE LA TUBERCULOSE ET LA MORT » [3]. À la société de la Mailleraye au Trait, la direction complétait l'affichage par des causeries à l'intention du personnel « pour lui montrer que l'intérêt de la protection de l'individu s'étend non seulement à lui-même, mais aussi à sa famille et à la collectivité ». Les calendriers de sécurité y vont également de leurs images suggestives pour faire voler en éclats les frontières séparant l'usine du domicile : l'accident domestique estompe la singularité de l'accident du travail. La moralisation n'est jamais absente d'un dispositif qui entend administrer la preuve que la direction prend toutes les mesures de protection possibles ; l'accident du travail ne peut résulter en toute logique que d'un défaut d'inattention ou d'une erreur de la part des ouvriers, mis au fait des dangers que comporte leur travail. En ce sens, la prévention des risques professionnels dégage la responsabilité morale de l'employeur, alors qu'elle engage celle de son personnel ; elle avalise l'idée que la sécurité est l'affaire de tous et en tous lieux.

---

1. Autre exemple : un père sourit à sa fille juchée sur un tabouret : « RAPPORTE-MOI DES BONBONS... PAPA ? (en rouge). « SI VOUS N'ÊTES PAS UN OUVRIER PRUDENT (en rouge), PEUT-ÊTRE N'AURA-T-ELLE PAS SES BONBONS AUJOURD'HUI ET MANQUERA-T-ELLE DU NÉCESSAIRE DEMAIN... (en noir) C'EST VOTRE AFFAIRE ! (en rouge).

2. Cette affiche montre un ouvrier buvant un verre dans un cabaret ; son fils le tire par la manche et lui désigne sa mère qui tient un bébé dans ses bras (AIF).

3. AN F22/495, 496 et 498.

Omniscience ne vaut pas ubiquité. Bien qu'elle soit « l'âme de la sécurité », la direction de l'entreprise sait, non sans une certaine humilité, qu'il existe un décalage constant entre les enseignements qu'elle a retirés d'un accident et la façon dont les futurs accidents se produiront. La parole et l'expérience ouvrières lui sont assurément nécessaires, pour autant que celles-ci ne se muent pas en « vaines » récriminations. Aussi le dialogue sera-t-il réglé de telle sorte que les ouvriers respectent la hiérarchie interne, garante de la discipline. L'ouvrier qui décèle un danger n'ira pas en référer à la direction ; il s'en remettra au contremaître qui préviendra à son tour le Comité de sécurité ou le service technique en tenant lieu. En liaison avec celui-ci, l'ingénieur de sécurité élaborera une réponse appropriée dont les modalités seront explicitées à tous les échelons pour redescendre, en définitive, au niveau de l'ouvrier. Dans tous les cas, le « dialogue » ne saurait distraire ce dernier de sa tâche productive ou remettre en cause le rapport de subordination qui le lie à la direction. Lors même qu'il existe des délégués à la sécurité, comme au Creusot, l'échange n'est jamais frontal : pourtant élus par leurs camarades, ceux-ci doivent transmettre à leurs chefs directs toutes demandes ou suggestions concernant leur sécurité ; seules les suggestions pertinentes seront en définitive récompensées par des primes : le discernement appartient à la direction.

La différence majeure séparant les psychotechniciens de la grande industrie des autres préventeurs, en particulier des inspecteurs du travail, porte en définitive sur l'appréciation du « facteur humain ». La psychologie pouvait se révéler d'une certaine utilité pour la prévention, à condition de se concentrer sur les résistances que les ouvriers opposaient aux techniques de sécurité, à condition également d'adapter le matériel au travailleur. Était-il *a contrario* judicieux de privilégier le « facteur matériel » au détriment du « facteur humain », de plier celui-ci à une logique purement productive, faisant de l'ouvrier le servant muet d'une machine aveugle ? Une autre approche était-elle possible ? Les inspecteurs du travail en étaient convaincus, qui se défiaient des recettes dictées par la raison des affaires : « En ce qui concerne les ouvriers, on peut leur reprocher des négligences, des défauts d'inattention, des inobservations des règlements, un amour propre exagéré qui les fait mettre de côté les appareils de protection. Mais on peut le leur reprocher non parce qu'ils sont des ouvriers, mais parce qu'ils sont des hommes » [1].

Si l'on fait abstraction des recettes psychotechniques pour ne considérer que les entreprises ayant créé des services ou des comités (d'hygiène) et de sécurité [2], la seule enquête disponible, celle de 1927-

1. Pierre BOULIN (ex-inspecteur divisionnaire du travail), *Le Monde industriel*, juillet 1928.

2. Ce n'est qu'à partir de 1927 que les inspecteurs font état de Comités de sécurité dans leurs rapports annuels.

1928, invite à dresser un modeste bilan. Les Services de prévention étaient présents dans la grande industrie, mais à titre exceptionnel. En région parisienne, les usines Renault, Citroën (un ingénieur de sécurité), Thomson-Houston (un ingénieur de sécurité) en étaient pourvues. En province (hors le cas particulier de l'Alsace-Moselle [1]), les Établissements Schneider déjà cités, la Société alsacienne de construction mécanique (Belfort et Paris), la société « Les Fils de Peugeot frères » à Valentigney (Doubs), la Société de la Mailleraye, les Établissements Meyzonnier Fils à Annonay (Ardèche), la Société des Couleurs zinciques à Bouchain (Nord) avaient, eux aussi, leur propre service de prévention.

C'est surtout dans l'Est de la France à proximité de l'exemple alsacien que le mouvement fut le plus vigoureux, souvent encouragé par les inspecteurs du travail emmenés par leur divisionnaire, Louis Babaud. La Société Escaut et Meuse installée à Anzin avait organisé un Service de prévention. Aux fonderies de Cousanges, il existait notamment un comité de sécurité composé des délégués de la Caisse de secours mutuels des ouvriers de l'établissement. La Société des Hauts fourneaux et fonderies de Pont-à-Mousson avait organisé un service de prévention doté d'un comité de sécurité. En 1932, celui-ci fut transformé en Service du Facteur humain et de Sécurité du Travail grâce au concours du Docteur Salmont [2], professeur au CNAM. La Société des Cheneaux Bigot-Renaux possédait, elle aussi, dans son usine de Laneuville un Comité de sécurité composé du directeur, du chef de service des ateliers, du contremaître de fonderie, d'un ouvrier monteur, d'un ouvrier mécanicien, d'un forgeron et d'un secrétaire. Les Établissements Petitcollin à Étain (Meuse), Les Forges et Aciéries de Commentry, les usines Pompey alignaient toutes un Service de prévention et des comités de sécurité. Sans être dotés de ces structures, la Société de Senelle-Maubeuge, la Société des Hauts Fourneaux de la Chine dans son usine de Longwy, la Société des Forges de la Providence dans son usine de Rehon (Meurthe-et-Moselle), la Société des Filatures de l'Est à Lunéville avaient institué des délégués ouvriers élus au scrutin secret par leurs camarades et pouvant présenter toute suggestion concernant la sécurité (les contremaîtres touchaient des primes en fonction des résultats obtenus).

La deuxième région importante par le nombre de réalisations est la Normandie où l'Association normande jouait un rôle très actif. La Société de la Mailleraye au Trait (Seine-Inférieure) organisait notamment des concours de sécurité entre ses différents services. Les Établissements

1. Les Établissements Dollfus Mieg et Cie remettaient à chacun des 6 000 ouvriers un exemplaire des prescriptions de sécurité, un Service spécial était affecté à l'étude des systèmes protecteurs et l'affichage était généralisé.

2. Sur le fonctionnement de ce service, voir : SALMONT (Dr A.), « Le Service du Facteur Humain et de Sécurité du Travail », Société des Fonderies de Pont-à-Mousson, 1947.

Simon Frères (Cherbourg), la Société normande de Métallurgie à Colombelles (Calvados) étaient, eux aussi, dotés d'un Service de prévention.

Au total, et selon les statistiques de l'Inspection du travail seulement une trentaine de comités de sécurité (31 [1]) auraient été créés (hors Alsace-Moselle), sans qu'il soit toujours possible de faire la différence entre ces comités et les services de Prévention, entre ces derniers et les services techniques s'occupant entre autres choses de sécurité. « À une ou deux exceptions près, l'élément ouvrier [n'était] pas représenté dans ces comités » [2]. Les avis convergent néanmoins pour souligner la relative indifférence des industriels à l'égard de la propagande préventive. Rares étaient les établissements qui, affiliés à des sociétés de prévention, se procuraient des affiches de sécurité, et, dans certaines circonscriptions, où la grande industrie n'était pas représentée, celles-ci étaient totalement absentes. Dans son rapport présenté devant l'UIMM, Decorps devait d'ailleurs souligner le surprenant retard français sur des pays comme l'Allemagne, la Grande-Bretagne ou les États-Unis qui « utilisent les moyens les plus modernes : conférences, affiches, projections de films » [3]. Ces techniques seraient même, d'après l'ancien inspecteur du travail, Boulin, peu utilisées dans les pays latins. D'origine américaine, elles se seraient d'abord répandues au Canada, puis en Allemagne, en Grande-Bretagne, en Hollande pour gagner le Japon, sans parvenir à s'imposer dans les pays latins [4].

Le modèle assuranciel

À ce « modèle » patronal [5] fondé sur l'intégration de la prévention dans la production fait contrepoint le modèle assuranciel, dont l'apparition date également du milieu des années 1920. C'est en 1926 que les compagnies d'assurances contre les accidents se sont regroupées dans le Comité général des Assurances (CGA) aux fins de réduire les charges et les prix de revient de l'assurance [6]. Ce Comité allait créer,

1. En 1929, leur nombre s'établira à 49 dont 22 comportaient des représentants ouvriers, les autres ne comprenant que des représentants du personnel de maîtrise (J. BOISSELIER, *op. cit.*, p. 88).

2. FROIS (M.), *Conférence sur la prévention des accidents du travail*, prononcée devant le Service Prévention des Accidents du Travail de l'UIMM, Imprimerie Lafolye & J. de Lamarzelle, 1928 : « Je crois que la pratique démontrera qu'il y a intérêt à associer directement l'ouvrier à l'œuvre de prévention et que, sous réserve de choisir les représentants ouvriers, en raison de leur compétence, il n'y a rien à redouter, bien au contraire, des conseils qu'ils peuvent être appelés à donner. L'expérience à l'étranger a été concluante, la présence d'ouvriers dans ces conseils a été extrêmement utile et les bienfaits de cette collaboration ont eu leur répercussion dans d'autres circonstances ».

3. DECORPS, rap. cit.

4. BOULIN, *Le Monde industriel*, juillet 1928.

5. Auquel peuvent être rattachés la Chambre syndicale de l'Acétylène et de la Soudure autogène et l'Office du même nom qui donnait des cours de prévention, le Syndicat professionnel de l'Industrie du Gaz, l'Union des industries chimiques.

6. Comme les associations de prévention, le CGA subventionnait le Musée de prévention des accidents du travail au CNAM.

l'année suivante, un « Bureau central de Prévention » (BCP) chargé de « développer d'une manière rationnelle, en utilisant les expériences déjà acquises, la prévention des accidents du travail » [1]. Cette dernière création fut personnellement encouragée par Charles Picquenard (1873-1940), directeur du Travail depuis 1920, qui en attendait, d'une part, une meilleure connaissance statistique des accidents du travail [2] et, d'autre part, l'apaisement des conflits sporadiques entre inspecteurs du travail et agents des compagnies d'assurances [3].

Dès sa constitution, cet organe s'assura la collaboration des associations et des divers organismes qui disposaient de techniciens expérimentés. Coordonner les efforts, grouper les usines à visiter de manière à réduire au strict minimum les déplacements et les pertes de temps des ingénieurs chargés de ces visites, tels furent les premiers objectifs du BCP, dont Max Hermant était le secrétaire général et Henry Desprez, le président. Les sociétés d'assurances prenaient à leur charge les frais de visite, offrant à leurs assurés le plan technique étudié sur place et leur soumettant les mesures à prendre pour réduire les risques d'accident [4].

Les techniques mises en œuvre étaient, cette fois, clairement subordonnées à une logique assurancielle définissant les risques, les répartissant selon leur probabilité et les combinant mathématiquement. À l'échelon inférieur, les compagnies d'assurances pouvaient entretenir d'étroites relations avec les associations de prévention en faisant partie de leur conseil d'administration [5] ; les plus importantes d'entre elles prenaient en charge les cotisations des assurés qui adhéraient à ces sociétés.

---

1. AN F22/496 : CGA, Doc. du 16 juin 1928.

2. Il existait trois sources statistiques : 1) les déclarations (obligatoires) faites à l'Inspection ; 2) les accidents judiciairement réglés (cas d'incapacité permanente ou décès) ; 3) les déclarations que les Cies d'assurances portaient à la connaissance du Service de contrôle des sociétés d'assurances. Ces trois sources se révélaient difficiles à traiter : bien que plus complète (tous les AT entraînant une incapacité supérieure à 4 jours), la première ne pouvait envisager l'évolution des lésions, tandis que les deux autres, fort incomplètes (l'assurance n'étant pas obligatoire), étaient plus exactes car elles saisissaient l'accident soit au moment de l'ordonnance ou du jugement fixant l'indemnité réparatrice, soit au moment du règlement du sinistre par les sociétés d'assurances. L'enquête de 1927 fait ressortir que 34 sociétés d'assurances sur 72 (réponses) ne dressaient aucune statistique annuelle des AT survenus chez leurs assurés (CAC 880597, art. 5).

3. Depuis fort longtemps, les inspecteurs du travail reprochaient aux agents des compagnies d'assurances de s'entendre souvent directement (donc en dehors des tribunaux) avec les victimes d'accident du travail, en leur proposant des arrangements financiers dérisoires. Aussi s'immisçaient-ils fréquemment dans les instances en réparation des accidents, assurant à titre officieux, la défense des victimes. Tout en encourageant la création du BCP, Picquenard invitera ces fonctionnaires à ne plus se porter partie civile devant les tribunaux.

4. Dès 1928, le BCP fit visiter 790 usines employant plus de 170 000 ouvriers. Pour des raisons d'efficacité, le territoire français avait été découpé en 5 régions industrielles.

5. Enquête de 1927-1928 : 27 sociétés d'assurances (sur 47 réponses) déclaraient participer au développement de la prévention, soit en adhérant directement à une APAV ou à une société de prévention, soit en recrutant leurs adhérents dont elles payaient alors la cotisation ; soit en s'affiliant à la fois au BCP et à l'AIF.

À la veille de la Seconde Guerre mondiale, les compagnies d'assurances avaient résolument affirmé leur rôle préventif. Encouragés par Sumien, directeur au ministère du Travail, elles organisèrent, en 1939, un « Comité d'étude Prévention et Sécurité » (CEPS) qui reprit l'œuvre du BCP. Animé par son président Auguste Detoeuf et son délégué général, Molin, ce Comité comportait un centre de documentation dirigé par l'ingénieur en chef de l'Association normande, Bouyeure. Il adopta aussitôt comme méthode de recherche et d'action l'étude contradictoire des statistiques et des rapports sur les accidents du travail par les représentants des organisations professionnelles, des médecins et des psychotechniciens régulièrement réunis à cet effet. Ses travaux seront repris en 1947 par l'Institut national de la Sécurité (INS).

L'institutionnalisation de la prévention : un enjeu de pouvoir

L'extériorité et la conception réglementaire de la prévention tendaient, comme il a été dit, à privilégier le recours aux experts. En inférer que le mouvement ouvrier s'est désintéressé des questions d'hygiène et de sécurité, qui sont toujours restées secondaires par rapport aux revendications salariales, ou que les pouvoirs publics ont négligé de rapprocher les savoirs scientifiques des savoirs empiriques ou d'institutionnaliser les contraintes de la prévention sur les lieux mêmes de la production, serait pour le moins erroné.

L'intérêt du mouvement ouvrier pour les questions d'hygiène et de sécurité est inséparable des progrès généraux de l'hygiène depuis la « révolution pastorienne » et de ceux de la protection légale de la main-d'œuvre en France et dans les principaux pays industrialisés. C'est en effet l'écart entre le droit et la réalité, entre le discours de la IIIe République sur l'hygiène et le vécu de la classe ouvrière qui disposait à une nette prise de conscience. Celle-ci est attestée, dès la fin du XIXe siècle, par les résolutions votées lors des congrès ouvriers [1] ; elle est aussi vigoureusement confirmée par les plaintes ouvrières [2] adressées à l'Inspection du travail ou à l'Office du Travail (né en 1891). Tantôt anonymes – leurs auteurs craignant d'être renvoyés –, tantôt signées collectivement par les ouvrier(e)s d'un même atelier ou établissement, ces plaintes n'ont cessé de dénoncer les manquements aux règles les plus élémentaires d'hygiène et de sécurité. Souvent confuses et maladroites, mal ciblées, assorties de revendications irrecevables

1. LÉONARD (J.), *La médecine entre les pouvoirs et les savoirs*, Paris, Aubier, 1981 : l'auteur établit que sur 94 congrès ouvriers tenus entre 1880 et 1909, 29 ont évoqué les accidents du travail, l'hygiène dans les usines et les maladies professionnelles (24 % entre 1880 et 1899, 36 % entre 1900 et 1909). Cf. également SEILHAC (L. de), *Les Congrès ouvriers en France 1876-1897*. Paris, A. Colin, 1899 (en particulier le compte-rendu du 6e Congrès régional du Centre (mai 1885)). Les questions d'hygiène et de sécurité avaient été abordées par la Conférence internationale Ouvrière tenue à Paris en 1883.

2. Une analyse de ces plaintes avant 1914 *in* VIET (V), *Les Voltigeurs de la République. L'Inspection du travail en France jusqu'en 1914*, Éditions du CNRS, 1994, t. 1, p. 347-355.

dès lors qu'elles sortaient du cadre réglementaire (cause de bien des malentendus avec l'Inspection du travail), ces plaintes donnaient lieu à des enquêtes de la part des inspecteurs du travail. Convaincu de leur utilité, mais surtout fort conscient du caractère intermittent de la surveillance des lois ouvrières, le ministre du Commerce, de l'Industrie et des Postes et Télégraphes, Alexandre Millerand (1899-1902) eut l'idée novatrice d'inviter les inspecteurs à se tourner vers les syndicats ouvriers, ces derniers étant eux-mêmes priés de collaborer avec le Service [1]. Cette politique de la « main tendue » est à l'origine de nombreuses conférences données par les inspecteurs au siège des bourses du travail et des syndicats professionnels, ces « auxiliaires naturels du Service » (Millerand). C'est ainsi que tout un travail d'éducation a pu être entrepris dans les années 1900 en complément des conseils d'hygiène individuelle prodigués par le Service sur les lieux de travail. Les inspecteurs enseignaient dans ces conférences les obligations relatives à l'hygiène et à la sécurité, sans omettre de former les responsables syndicaux à des techniques souvent complexes, dont les ouvriers avaient une connaissance généralement empirique. En retour, les secrétaires syndicaux s'engageaient à filtrer les plaintes des adhérents et ne communiquaient à l'Inspection que celles dont l'instruction pouvait s'opérer dans le cadre de la législation existante.

Cette ouverture de la protection légale sur le droit collectif – et, par ailleurs, sur le droit international – coïncide, en réalité, avec une perception très nette et somme toute précoce des limites d'une prévention purement réglementaire : aussi bien les pouvoirs publics que les responsables syndicaux étaient convaincus qu'il était vain de poursuivre dans cette voie sans obtenir, pour chaque règlement, l'appui des milieux professionnels concernés et, tout particulièrement des ouvriers intéressés. Mais comment associer concrètement ces derniers à la prévention ? Comment articuler une prévention impulsée de l'extérieur par l'Inspection du travail sur une prévention restant largement à organiser dans l'entreprise ? Comment résoudre l'apparente antinomie entre les savoirs scientifiques et les savoirs empiriques ?

La réponse à ces questions s'est déployée dans quatre directions. D'une part, l'administration du Travail, qui existait de fait avant la constitution du ministère du Travail en octobre 1906, s'est employée à encourager le développement, dans sa mouvance, d'associations regroupant des éléments ouvriers (appartenant le plus souvent à des syndicats réformistes), des juristes, des experts, des ingénieurs et des inspecteurs du travail ; d'autre part, de nombreuses tentatives ont eu lieu pour créer, au sein des entreprises, des instances de représentation susceptibles de

1. Circulaires du 19 janvier 1900 : les secrétaires des syndicats professionnels et des bourses du travail reçurent l'assurance que « les inspecteurs du travail [feraient] tout leurs efforts pour qu'entre eux et les organisations corporatives, bourses du travail, syndicats, s'établissent des relations suivies ».

veiller *in situ* à l'application des lois sur l'hygiène et la sécurité et de compenser ainsi le contrôle forcément intermittent de l'Inspection du travail ; en outre, les pouvoirs publics se sont progressivement convertis à la nécessité d'introduire, dans les organes techniques gravitant autour de la Direction du Travail, une représentation patronale et ouvrière aux côtés des représentants du ministère du Travail et de personnalités qualifiées. Enfin, l'enseignement de l'hygiène et de la prévention des risques professionnels a été nettement encouragé.

Organiser des structures d'échange en dehors des entreprises

Sur le premier point, deux initiatives méritent d'être citées : l'Association nationale pour la protection légale des travailleurs née lors de l'Exposition universelle de 1900, et l'Association ouvrière de l'hygiène et de la sécurité des travailleurs, créée en novembre 1905. La première est en fait l'antenne française de l'Union internationale du même nom siégeant à Bâle, qui préfigure l'OIT définitivement organisée en 1919. Constituée sur des bases privées à l'initiative de personnalités françaises (Millerand, Fontaine) et étrangères (Bauer, Maheim, etc.) mues par les mêmes idéaux, cette association entendait « influencer l'opinion publique qui détermine la politique de tout gouvernement »[1] en poursuivant quatre objectifs : 1) « servir de lien entre ceux qui, dans les différents pays industriels, considèrent la législation protectrice des travailleurs comme nécessaire ; 2) faciliter l'étude de la législation du travail dans les divers pays et, en particulier, fournir aux membres de l'Union, des renseignements sur les législations en vigueur et leur application dans les divers États ; 3) favoriser, par la préparation de mémoires ou autrement, l'étude de la question de la concordance des diverses législations protectrices des ouvriers, ainsi que celle d'une statistique internationale du travail ; 4) provoquer la réunion de congrès internationaux de législation du travail ».

Forte de ces principes, la section française allait réunir aussi bien des experts (juristes, ingénieurs, inspecteurs du travail abondamment sollicités pour les études techniques) que des syndicalistes réformistes (Briat, Keufer), des juristes (Jay, Pic, Cauwès, Boissard), des fonctionnaires ou des personnalités de sensibilité politique très diverse (Edouard Vaillant, Albert de Mun, l'Abbé Lemire, Alexandre Millerand, Richard Waddington, Groussier, Louis Barthou), appartenant à l'industrie (Ivan Strohl), membres du Musée social (Léon de Seilhac, Martin Saint-Léon et Lichtenberger) ou du Collège libre des Sciences sociales (Eugène Petit et Henri Lorin). Sans doute la prévention des risques professionnels était-elle loin de constituer son seul terrain de réflexion, mais la place importante qu'elle occupait dans la protection

1. *Congrès international pour la protection légale des travailleurs. Exp. Internationale de 1900, Musée social, 25-28 juillet 1900. Rapports et compte rendu analytique des séances,* Paris, A. Rousseau, 1901 (intervention d'A. Millerand).

légale des travailleurs en faisait désormais un objet d'étude à part entière dont l'examen sera repris par l'OIT au lendemain de la Première Guerre mondiale [1]. Cette organisation jouera dès sa constitution un rôle essentiel dans l'élaboration de normes internationales (conventions et recommandations), contribuant à faire reculer ou disparaître certaines intoxications (intoxication par le phosphore, le plomb) ou infections (maladie charbonneuse en milieu industriel), à augmenter le nombre des maladies professionnelles donnant droit à réparation [2] et à aligner la réparation des MP sur celle des AT [3].

Quant à l'Association ouvrière de l'hygiène et de la sécurité des travailleurs, elle peut être considérée comme l'une des principales réussites de la politique de la main tendue amorcée par Alexandre Millerand pour contrecarrer la dérive anarcho-révolutionnaire du syndicalisme français. Président du Conseil d'Administration du CNAM de 1902 à 1909, l'ancien ministre du Commerce facilitera la tenue de ses congrès en mettant à sa disposition une salle du Conservatoire, seul établissement à dispenser depuis 1905 – après bien des réticences de la part de son Conseil de perfectionnement – un cours d'hygiène industrielle confié à Frédéric Heim. Par sa composition majoritairement ouvrière et par ses objectifs, l'Association formait l'articulation clef dont la Direction du Travail avait besoin pour légitimer aux yeux du monde ouvrier son action en faveur de l'hygiène et de la sécurité. Elle fut bien ce lieu de confluences que la Commission d'Hygiène industrielle, toute à sa mission scientifique, ne pouvait aménager : hygiénistes désireux de se frotter aux préoccupations concrètes des ouvriers, ingénieurs et techniciens, publicistes, syndicalistes et inspecteurs s'y rejoindront spontanément dans un même dessein didactique. L'examen des adhésions, au 2e Congrès tenu au CNAM, confirme d'ailleurs autant le refus de l'exclusive que le parti pris ouvriériste : 178 adhérents parmi lesquels 57 syndicats ouvriers, bourses du travail et fédérations de métiers, 34 sociétés coopératives de consommation ou de production, 66 inspecteurs ou inspectrices du travail, 21 adhésions individuelles d'ingénieurs, docteurs-médecins, chimistes [4].

À la confluence de l'administration du Travail, du monde ouvrier organisé et des hygiénistes se profilait ainsi une structure originale dont la finalité était d'asseoir les revendications ouvrières sur des bases non

---

1. C'est en 1921 que le BIT crée un Service spécial pour étudier les problèmes de prévention contre les AT, qui éditera la Revue *Chronique et Sécurité industrielle.*

2. Conventions n° 18 de 1925 et 42 de 1934.

3. Convention n° 42. Sur tous ces points, MARTI BUFILL (C.), « Les conventions sur la sécurité sociale et le rôle joué par l'OIT dans l'établissement de normes », *Revue internationale de Sécurité sociale,* n° 4, 1969, p. 538-552 ; PARMEGGIANI (Dr Luigi), « L'OIT et la prévention des risques professionnels », *Revue internationale de Sécurité sociale,* n° 4, 1969, p. 597-615 ; BOUGNOL (L.), « L'action de l'OIT en matière d'hygiène et de sécurité du travail », *Revue Fr. des Aff. Soc.*, avril-juin 1969, p. 141-152.

4. *2e Congrès de l'hygiène et de la sécurité des travailleurs et des ateliers (1905),* Paris, l'Émancipatrice, 1906.

plus empiriques mais scientifiques. Ce même souci « d'apprendre aux travailleurs à faire de l'hygiène individuelle et à connaître les lois d'hygiène et de sécurité afin qu'ils puissent tenir la main à l'application de ces lois » [1] animait déjà des hygiénistes tels que Imbert, Heim, Martial, Marie, Lévy, Pécoul, des hauts fonctionnaires comme Fontaine et Paulet, des députés ou sénateurs comme Strauss et Fournière, des professeurs de l'Université comme Lapicque, Cauwès, Jay et, bien sûr ces « prolétaires officiels », membres du Conseil Supérieur du Travail (CST) que furent Briat et Keufer. L'organisation d'un « laboratoire d'hygiène ouvrière » (1909), placé sous la direction d'André Marie compléta bientôt le dispositif. Les organisations ouvrières adhérentes pouvaient l'utiliser pour effectuer les enquêtes, analyses, études... susceptibles de répondre à leurs interrogations et affiner leurs connaissance en matière d'hygiène et de sécurité. Sous l'autorité de René Martial, Chef des Travaux au laboratoire, fonctionnait un service d'archives et de correspondance avec les groupements ouvriers. L'Association éditera à partir de 1910 une revue bimestrielle : « *L'hygiène ouvrière* ».

C'est assurément d'une osmose entre des talents, des formations et des fonctions divers que les pouvoirs publics escomptaient une amélioration de la prévention des risques professionnels, considérée comme l'un des auxiliaires possibles de la paix sociale et même internationale : entre la Direction du Travail, la Commission d'Hygiène Industrielle, le Comité Consultatif des Arts et Manufactures, la Commission Supérieure du Travail, l'Association Ouvrière de l'Hygiène et de la Sécurité des Travailleurs, le Conseil Supérieur du Travail et la section nationale de la protection légale des travailleurs, une profonde synergie, un langage commun, un même regard posé sur l'évolution du droit du travail, une volonté d'ouverture sur l'international. Loin de les faire douter, la Première Guerre mondiale confortera ces pionniers, guidés par Albert Thomas et Arthur Fontaine (président du Conseil d'administration du BIT de 1919 à 1931), dans la conviction qu'une « ligue » internationale de la protection ouvrière pouvait être l'un des instruments d'une paix durable. Et « la protection des travailleurs contre les maladies professionnelles et les accidents du travail » s'inscrira fort logiquement dans le préambule de la partie XIII du Traité de Versailles à la rédaction duquel ils prendront une part active [2].

1. 4e Congrès de l'hygiène et de la sécurité des travailleurs et des ateliers, avril 1909 (intervention de Briat).

2. Les deux hommes prendront une part active à la rédaction du préambule de la partie XIII du Traité de Versailles : « (...) attendu qu'il existe des conditions de travail impliquant pour un grand nombre de personnes l'injustice, la misère et les privations, ce qui engendre un tel mécontentement que la paix et l'harmonie universelles sont mises en danger et attendu qu'il est urgent d'améliorer ces conditions : par exemple (...) la protection du travailleur contre les maladies professionnelles et les accidents du travail (...) les Hautes Parties contractantes ont convenu ce qui suit (...) ».

Introduire la prévention dans l'entreprise

La facilité avec laquelle ces deux associations se sont constituées contraste avec la difficulté à créer dans les entreprises des structures *ad hoc*, chargées de veiller au respect des règles d'hygiène et de sécurité [1]. L'écueil est venu non seulement du grand patronat, mais aussi des contradictions du mouvement syndical français, profondément divisé sur l'opportunité d'une représentation ouvrière au sein des entreprises. Sur ce point névralgique, les projets ou propositions de loi visant à créer des délégués ouvriers à la sécurité sur le modèle de la loi du 8 juillet 1890 (délégués mineurs) ou des délégués ouvriers ou même des inspecteurs adjoints d'origine ouvrière auront, durant plusieurs décennies (1893-1936), entretenu une confusion permanente en liant deux questions *a priori* indépendantes : celle de la réforme de l'Inspection du travail et celle de la représentation ouvrière au sein des entreprises, fût-elle ou non axée sur les questions d'hygiène et de sécurité. D'un côté, l'administration du Travail, désireuse de renforcer les moyens des inspecteurs du travail, ne souhaitait pas dissocier ces deux questions ; de l'autre, les organisations ouvrières ne voulaient pas se priver d'une double revendication qui faisait recette auprès de leurs affiliés.

De ces deux questions, la seconde avait l'attrait du miel empoisonné, tant la crainte des organisations syndicales était forte que les « délégués ouvriers » ne soient soumis à la vindicte patronale, n'échappent à leur contrôle et ne s'orientent de ce fait vers une collaboration de classes [2]. Aussi l'unanimité syndicale se faisait-elle sur la réforme de l'Inspection du travail dont l'insuffisance numérique était tenue pour responsable de l'incomplète exécution des lois ouvrières. C'est bien l'idée d'une inspection largement ouvrière, c'est-à-dire composée en grande partie d'agents ouvriers élus et révocables par leurs camarades, mais bénéficiant du même statut reconnu aux inspecteurs du travail (égalité de traitement, délit d'entrave, droit de visite et de contravention, etc.) qui séduisait le mouvement ouvrier. L'*inspection-ouvrière* était, à l'évidence, pensée littéralement, comme le trait d'union entre la force publique et le pouvoir syndical, entre la protection légale et le droit collectif.

Or, chacun était conscient du « piège symbolique » que comportait l'introduction d'éléments syndiqués au sein d'une institution qui avait mis quelque cinquante années (1841-1892) a conquérir son indépendance, autrement dit sa neutralité : une telle réforme eût durci les posi-

1. Jusqu'en 1941, il n'existera de délégués ouvriers à la sécurité que dans les Mines (1890), les Chemins de Fer (1931), l'Aviation marchande (1932) et les Poudreries (1938). Ministre de l'Armement, Albert Thomas, avait, durant la Première Guerre mondiale, pressé les chefs d'entreprise d'organiser l'institution de délégués ouvriers (347 établissements en établiront, dont 315 travaillant pour la Défense nationale).

2. Les réactions des organisations professionnelles peuvent être consultées in AN F22/496 (enquête ouverte par la circulaire du 30 novembre 1927).

tions patronales et brisé la légitimité durement acquise du corps des inspecteurs. L'inspection ouvrière conduisait en fait (gardienne de l'institution, la Commission supérieure du Travail ne s'y est pas trompée) à une hybridation fort délicate entre la protection légale et le droit syndical, alors qu'elle était sociologiquement amorcée par la simplification du concours de recrutement opérée par Millerand et Viviani. Aucune des propositions de loi de l'entre-deux-guerres [1] ne parviendra à lever l'antinomie entre le droit syndical et le droit public non plus qu'à dissocier la question de la réforme de l'Inspection de celle de la représentation ouvrière. Il est clair, en définitive, que la manière dont s'est figé le débat a différé pour longtemps l'introduction dans les entreprises d'instances représentatives, affectées, comme dans d'autres pays, à la surveillance des règles d'hygiène et de sécurité [2]. C'est seulement sous le Front populaire que les deux questions recevront un traitement séparé : les grandes grèves de juin 1936 déboucheront, dans un vent de panique, sur l'institution contractuelle de « délégués du personnel » [3] habilités à présenter à la direction des réclamations concernant l'hygiène et la sécurité ; mais leur fonction, d'ailleurs beaucoup plus large, sera progressivement vidée de toute référence à leur origine éventuellement syndicale [4]. Parallèlement, les effectifs de l'Inspection du travail enregistreront une augmentation sans précédent avec la création, par la loi du 17 juillet 1937, de 110 emplois d'inspecteurs-adjoints [5].

L'invention des premières formes de paritarisme

Ainsi placés depuis 1893 dans l'impossibilité d'institutionnaliser la prévention sur les lieux mêmes du travail ou d'obtenir des partenaires

1. Proposition des députés socialistes Goniaux, V. Auriol, Compère-Morel, etc., tendant à la création de délégués ouvriers adjoints à l'Inspection du travail, Chambre des députés, séance du 8 décembre 1925 ; Proposition de loi tendant à la création des délégués ouvriers à la sécurité et à l'hygiène dans les établissements industriels soumis à l'Inspection du travail (Goniaux, Auriol, Bracke, etc.), séance du 7 juin 1928 ; proposition des députés communistes Cachin et alii du 14 février 1929 ; proposition R. Evrard du 4 juillet 1932 tendant à instituer des délégués ouvriers uniquement pour les industries dangereuses ou insalubres.

2. En 1928, seule la Fédération du Livre était parvenue à signer, sous les auspices de l'Inspection du travail, un accord sur ces questions avec les organisations patronales (CAC 880597, art. 5 : enquête de 1927-1928).

3. LE CROM (J.-P.), *Syndicats, nous voilà !*, Les Éditions de l'Atelier, 1995, p. 31-33 : Ce furent paradoxalement les employeurs qui proposèrent cette création. Effrayés devant la tournure des événements, ils estimaient que des délégués élus par l'ensemble des travailleurs traduiraient mieux les revendications ouvrières, que la masse des non-syndiqués pèserait plus lourd et qu'ils pourraient susciter des interlocuteurs différents.

4. *Ibid.* : le décret-loi du 12 novembre 1938 mettra fin à l'origine contractuelle des délégués du personnel, les imposera dans toutes les entreprises de plus de 10 salariés et abrogera la possibilité pour le délégué de se faire assister d'un représentant syndical lors des entrevues avec la direction.

5. Cette loi était issue d'un projet de loi du ministre du Travail, Lebas et du ministre des Finances, Auriol présenté en 1936.

sociaux la « contractualisation » de la prévention, les pouvoirs publics se sont efforcés d'aménager, dans les structures où s'élaborait la réglementation sur l'hygiène et la sécurité, des formes de paritarisme obligeant les parties professionnelles intéressées à confronter leurs points de vue avec celui des experts et des fonctionnaires.

S'il existait déjà un « *paritarisme de gestion* [1] », comme au sein des Caisses de secours et de retraite pour les mineurs ou les marins, celui-ci n'en conservait pas moins un caractère exceptionnel ; il restait limité à un seul objet et ne concernait que quelques corps de métier [2]. Sa fortune ultérieure au lendemain de la Seconde Guerre mondiale ne doit pas faire oublier sa mise en veilleuse durant plusieurs décennies. La dérive anarcho-révolutionnaire du syndicalisme ouvrier français depuis le début des années 1890, confirmée par la Charte d'Amiens d'octobre 1906 – texte proclamant solennellement l'indépendance des syndicats par rapport aux partis et à l'État – puis la scission du syndicalisme au début des années 1920 (CGT/CGTU) s'y opposaient.

Il en fut différemment du « *paritarisme de concertation* » dont l'initiative revint au ministre du Commerce, Alexandre Millerand, et au directeur du Travail, Arthur Fontaine, désireux tous deux d'organiser, sur des bases nouvelles, le dialogue social. Cette deuxième forme de paritarisme est née de la nécessité de trouver des solutions à des problèmes communs qu'il eût été impossible de résoudre à l'échelon de l'entreprises, compte tenu des divergences de vues et d'intérêt des parties concernées. Comme Jaurès, Alexandre Millerand était convaincu que l'augmentation des conflits du travail (régulière depuis 1864, très forte depuis 1899) ne faisait que traduire le déficit des relations sociales. Son dessein était double : contrecarrer la dérive anarcho-révolutionnaire du syndicalisme français et associer, dans un même souci de pacification sociale, les organisations syndicales à l'élaboration et à la surveillance des lois ouvrières. De là son intention de créer des « Conseils du travail », composés de patrons et d'ouvriers élus par les seules organisations professionnelles dans toutes les régions industrielles, dont la mission aurait consisté à donner des avis au Gouvernement sur toutes les questions du travail, à constater les taux usuels des salaires et la durée du travail et à arbitrer les conflits du travail susceptibles de se produire, soit de fait, soit à la suite de l'échec d'une tentative de conciliation [3]. Engagée par le décret du 17 septembre 1900, l'entreprise rencontra l'hostilité conjointe des syndicats ouvriers, défiants à l'égard de toute forme d'arbitrage obligatoire, et d'une Union

1. La distinction retenue entre « paritarisme de gestion » et « paritarisme de confrontation » est bien sûr de notre fait, les deux expressions étant forgées dans un souci de plus grande intelligibilité.

2. Un éclairage sur ce paritarisme *in* DUMONS (B.), POLLET (G.), *L'État et les retraités. Genèse d'une politique*, Berlin, 1994.

3. Dans les formes prévues par la loi, peu appliquée, du 27 décembre 1892 sur l'arbitrage obligatoire.

des Industries Métallurgiques et Minières, fondée en réaction, qui vit dans le décret « le fourrier du syndicalisme obligatoire et l'annonce de l'immixtion des syndicats dans l'arbitrage des conflits du travail » [1].

En dépit de ces vicissitudes, le paritarisme fut d'abord introduit dans les structures de réflexion à vocation générale, comme le Conseil supérieur du Travail (1er septembre 1899 : 22 patrons, 22 ouvriers, 22 parlementaires et quelques fonctionnaires), avant d'intéresser, dans les années 1930, les structures spécialisées dans l'élaboration de la prévention des risques professionnels [2]. Sans doute la Commission d'Hygiène Industrielle, enfant chéri de la Direction du Travail, a-t-elle comporté dès l'origine quelques éléments ouvriers et patronaux, mais son ouverture officielle aux représentants des organisations syndicales patronales et ouvrières date de 1931 [3] (8 ouvriers et 8 chefs d'entreprises respectivement désignés par les organisations patronales et ouvrières les plus représentatives). La même année, la Commission supérieure des maladies professionnelles, instituée par la loi du 25 octobre 1919, s'est ouverte pareillement à 6 ouvriers et à 6 patrons issus des organisations professionnelles les plus représentatives [4]. Créée en septembre 1939 pour impulser des travaux sur la protection des machines, la Commission de sécurité du Travail, dont Pierre Caloni [5] et le directeur de l'AIF, Julien Caen, furent aussitôt membres, a d'emblée calqué sa composition sur celle de la Commission d'Hygiène Industrielle.

La stagnation jusqu'en 1946 du « paritarisme de gestion » contraste donc avec l'extension lente mais certaine du « paritarisme de concertation » durant l'entre-deux-guerres. Mais la portée de ce dernier ne saurait toutefois abuser, puisque l'administration et des experts étaient également présents dans les organes consultatifs des grandes directions ministérielles. Aussi est-il plus exact de parler « d'inclusion » équi-

1. *L'Union des Industries Métallurgiques et Minières, 1901-1951*, (Brochure de l'UIMM sur son histoire), p. 13. Cette organisation patronale est née contre les décrets Millerand, en particulier contre celui du 17 septembre 1900 : « Ce qui choqua, dans ce texte, les industriels, ce ne fut pas la perspective de siéger dans une même assemblée aux côtés de leurs ouvriers : ils participaient déjà aux séances du Conseil Supérieur du Travail. C'était le fait que les représentants ouvriers seraient élus par les seuls ouvriers syndiqués, c'est-à-dire par une petite minorité du personnel et que cette disposition constituait une prime d'encouragement à des groupements considérés par eux comme tapageurs et révolutionnaires ».

2. À l'OIT, Albert Thomas devait militer avec succès en faveur d'une représentation tripartite.

3. CAC 76126, art. 179 : arrêté du 19 janvier 1931.

4. La loi de 1919 prévoyait que pour chaque affaire 2 patrons et 2 ouvriers, représentant les industries objet de la délibération, seraient spécialement adjoints à cette commission. Mais « on n'a jamais pu réunir des ouvriers en nombre, la plupart craignant de venir à la commission en face de leur patron ou ne voulant pas faire les frais de déplacement trop onéreux pour eux » (rap. MAUGER, Sénat, n° 445, annexe au PV de la 2e séance du 9 juillet 1930).

5. Alors directeur général adjoint au Syndicat général de garantie des Chambres syndicales du bâtiment et des travaux publics contre les accidents du travail.

table de la représentation ouvrière et patronale, destinée à favoriser la concertation et l'échange d'expériences vécues sous des angles profondément différents. Le paritarisme au plan national était utilement complété, sur le terrain, par des confrontations qui se déroulaient sous l'égide de l'Inspection du travail : « Quand l'application de certaines dispositions dans une profession ou dans une région rencontre des difficultés d'ordre général, les inspecteurs du travail réunissent les employeurs intéressés, souvent en même temps que les représentants des travailleurs. Des explications y sont fournies sur les obligations qui incombent aux industriels, sur les procédés les plus propres à y satisfaire, sur les mesures qui peuvent compléter et rendre plus efficaces les prescriptions réglementaires » [1].

Développer l'enseignement de l'hygiène et de la sécurité, encourager la médecine du travail

S'agissant des experts, la composition de ces organes techniques confirme deux choses : le retour en force des médecins-hygiénistes (dont l'éclipse datait de la Monarchie de Juillet [2]), qui semblent avoir pris le relais des ingénieurs spécialisés dans l'assainissement industriel [3], et la percée des physiologistes du travail. Réactivé par la « révolution pastorienne », le courant hygiéniste français s'était résolument ouvert à la bactériologie et à la physiologie. Le souci de marier ces deux disciplines a d'ailleurs présidé aux premières nominations à la Commission d'Hygiène Industrielle [4] (1900) : professeur de chimie biologique, mais surtout directeur de l'Institut Pasteur, Émile Duclaux sera le premier président de cette Commission [5], tandis que Jean-Paul Langlois y défendra les couleurs de la physiologie professionnelle. Pour autant, ces deux branches évolueront séparément dans les années 1920, la médecine du travail s'affirmant parallèlement à la physiologie du travail ou à l'organisation technique du travail humain, tout en restant très proche de « l'hygiène industrielle ».

Jusqu'en 1922, l'hygiène industrielle dont l'enseignement était encouragé par les pouvoirs publics, fut bien, en effet, le socle de référence commune à des disciplines en gestation. Un crédit se trouvant

1. A N F12/4617 : *Conférence sur la législation de l'hygiène des travailleurs au CNAM*, 1930.

2. Sur les causes de leur effacement, COTTEREAU (A.), « Usure au travail, destins masculins et destins féminins dans les cultures ouvrière, en France, au XIXe siècle », *Le Mouvement social*, n° spécial 124 consacré à l'usure au travail, juillet-sept. 1983.

3. HEIM de BALSAC (F.), *Le stade actuel de l'évolution de l'assainissement industriel*, Imprimerie R. Bertrand, 1937 : l'auteur relève qu'avant la création d'un cours d'hygiène industrielle en 1905 au CNAM, l'assainissement industriel restait l'apanage des ingénieurs et non pas des hygiénistes.

4. AN F22/305 : décrets de nomination des membres de la CHI.

5. Trillat, Heim, Sartory, Mosny, Pottevin... étaient, eux aussi, des « pasteuriens convaincus ».

disponible au budget du Ministère du Commerce et de l'Industrie, chapitre du Travail, la suggestion fut faite à la Commission du Budget de l'affecter à un enseignement de « haute et large vulgarisation sur l'Hygiène industrielle ». Celui-ci fut confié au médecin hygiéniste Frédéric Heim (de Balsac) qui l'assura au CNAM de 1905 à 1922 devant un auditoire composé de chefs d'entreprise, de contremaîtres, d'inspecteurs du travail, de médecins et de représentants d'organisations professionnelles. Chargé de cours puis professeur en titre (1912), son titulaire considérait « l'hygiène industrielle » comme « la branche de l'Hygiène qui tend à rendre compatible le maintien de l'intégrité des fonctions normales de l'organisme humain, au cours du travail industriel et autour de l'industrie, dans le voisinage où l'industrie peut influencer les conditions d'hygiène ». Il récusait ainsi la distinction que le droit avait introduite entre la législation sur les établissements insalubres et la protection physique des ouvriers à l'intérieur des établissements industriels ; de même, s'assignait-il la tâche « d'assurer, d'une façon progressive, jusqu'à être radicale, la prophylaxie, la prévention de la maladie professionnelle », « au lieu de s'attacher à la réparation quelque souhaitable qu'elle soit, du préjudice causé à la santé par la maladie professionnelle et à son évolution »[1]. Médecin-conseil de l'Inspection du travail, Heim fut au demeurant l'un des rares spécialistes français de son époque à avoir mobilisé les ressources du savoir théorique en faveur de la pratique hygiéniste[2]. C'est à son initiative que fut fondé le Comité Biologia (1908) qui allait créer, avec le concours de l'Association (patronale) d'hygiène industrielle, le premier laboratoire en France d'hygiène du travail industriel. Celui-ci fut rattaché, en 1923, à la Faculté de Médecine de Paris[3] sous le nom « d'Institut d'Hygiène industrielle et de Médecine du Travail » de la Faculté de Médecine de Paris (IHIMT)[4], bien qu'il fonctionnât au Conservatoire national des arts et métiers, sous la direction du professeur Heim de Balsac. Réorganisé par décret présidentiel du 11 avril 1933, l'IHIMT eut pour objet d'étudier scientifiquement la pathologie et l'hygiène du travail et d'enseigner ces matières dans un cours de perfectionnement destiné à des médecins dont les connaissances spéciales étaient sanctionnées par un diplôme[5]. Le cours était complété par

1. VIET (V.), « Frédéric Heim (de Balsac) » *in Les Professeurs du Conservatoire national des Arts et Métiers. Dictionnaire biographique 1794-1955* (dir. Cl. FONTANON et A. GRELON), coll. « Histoire biographique de l'enseignement », Presses de l'INRP et CNAM, 1994, t. 1, p. 655-664.

2. Heim de Balsac créera au CNAM l'Institut de Technique Sanitaire (1923) destiné à former des techniciens des diverses branches de l'assainissement industriel.

3. Celle-ci avait créé, en 1920, une Chaire d'hygiène confiée à Léon Bernard, qui réservait dans son enseignement une place à la pathologie professionnelle et à l'hygiène industrielle.

4. CAC 760126, art. 213 : Note de la DGTMO sur l'activité du Comité Biologia.

5. L'enseignement de l'hygiène industrielle était assuré par Heim de Balsac, celui de la toxicologie industrielle par René Fabre et M. Duvoir.

l'examen clinique de sujets atteints de maladies professionnelles, auquel « l'Institut d'étude et de prévention des maladies professionnelles », créé en novembre 1937 (avec l'appui de la CGT) et dirigé par Guy Hausser, apportait son concours.

À la veille de la Seconde Guerre mondiale, la capitale disposait donc de deux organismes conjuguant leurs efforts : un institut d'enseignement et de recherches scientifiques et un institut de documentation et de prévention, spécialisé dans le dépistage et la prévention des maladies professionnelles. En province, l'enseignement de la médecine du travail était dispensé dans des Instituts de Médecine du Travail rattachés aux facultés de Lyon (Étienne-Martin [1], 1930), Lille (Leclercq et Muller, 1935) et Bordeaux (Lande et Dervillée [2]) et habilités à délivrer des diplômes spécialisés. Dès lors, les publications devaient se multiplier avec la parution de périodiques spécialisés : *La Médecine du Travail*, à Lyon en 1930 ; *Les Archives de Médecine légale et de médecine sociale* à Lille en 1935 ; *Les Archives des Maladies professionnelles*, à Paris en 1938 [3]. Il est clair que la législation sur les maladies professionnelles, remaniée par la loi du 16 octobre 1935 qui augmentait sensiblement le nombre des maladies donnant droit à réparation, alourdissait les responsabilités du patronat et imposait un droit de regard des médecins sur la santé des travailleurs. Ce contexte était propice à l'établissement d'une doctrine quant au statut qu'il convenait de donner au médecin d'usine [4]. Duvoir estimait avec ses collègues que le « médecin hygiéniste du travail » devait être choisi par le chef d'entreprise et agréé par le ministère du Travail après vérification de ses titres à l'emploi proposé : « Hiérarchiquement, il dépend de la Direction générale directement, sans échelon administratif interposé. Sur les questions techniques qui sont de son ressort, il dispose de la plus absolue indépendance vis-à-vis de cette direction » [5]. Les fonctions du médecin d'usine, qualifié par Duvoir de « médecin hygiéniste du travail », étaient envisagées sous l'angle de la prévention, de l'hygiène et de la sélection professionnelle : examen à l'embauche des aptitudes physiques générales et spéciales ; suivi des ouvriers atteints d'une maladie

1. CAC 760126, art. 213 : l'Institut dirigé par Étienne-Martin s'était fixé trois objectifs : 1) mener des recherches scientifiques ; 2) enseigner et parfaire la formation des médecins des cités industrielles ou d'usines, sensibiliser les contremaîtres, ouvriers et apprentis aux questions médicales ; 3) prêter aux industriels et aux travailleurs le concours de médecins spécialisés et leur offrir une documentation relative à la médecine du travail.

2. Transformé en chaire en 1912-1913.

3. Cette revue fut fondée par les professeurs Duvoir, Fabre, Leclerq, Mazel et Balthazard.

4. Selon le professeur Duvoir, il en existait dans les houillères et, exceptionnellement, dans quelques grosses usines (en 1938).

5. DUVOIR, « La médecine du travail. Le rôle du médecin dans l'industrie », *Archives des maladies professionnelles*, n° 1, mars-avril 1938, p. 7-20.

professionnelle [1] ; fonction de conseil technique de l'ingénieur pour tout ce qui concerne l'hygiène industrielle ; contrôle de la salubrité générale de l'usine ; charge de la médecine préventive générale (vaccinations, etc.) ; tenue de statistiques.

Cette doctrine peut s'apprécier comme une utile mise au point face aux détracteurs de la médecine d'entreprise, qui se rencontraient en grand nombre dans le corps médical depuis le vote de la loi du 9 avril 1898 sur les accidents du travail. Les tenants de la médecine libérale avaient accueilli à contrecœur cette loi qui mettait les frais médicaux et les indemnisations éventuelles à la charge du chef d'entreprise, sans que le médecin traitant pût en établir le montant. Face aux industriels qui, par souci d'économie, cherchaient à imposer leurs propres médecins [2] ou à négocier un tarif très proche de celui de l'Assistance Médicale Gratuite [3] (AMG), ils avaient ainsi rejeté toute assimilation de l'ouvrier blessé à l'indigent et avaient refusé de lui appliquer ce tarif, « considéré comme l'expression de la forme moderne de la charité médicale » [4]. C'est sous la pression du Syndicat des Médecins de la Seine qu'un tarif plus élevé que celui de l'AMG avait été fixé, dès 1906, par arrêté ministériel (tarif Dubief) et que le libre choix du médecin avait été reconnu par le Sénat à l'ouvrier blessé (1904) [5]. Reste que le développement de la médecine d'entreprise et la tendance des compagnies d'assurances à s'attacher des médecins étaient toujours perçus par les médecins libéraux, comme un danger : la crainte de perdre une partie de leur clientèle les poussait à dénoncer « l'humiliation du médecin qui doit accepter un statut de salarié, et la subordination du malade qui n'a plus le choix de son médecin » [6]. Le

1. *Ibid.* : « Le médecin d'usine ira visiter l'ouvrier malade à son domicile ou à l'hôpital, mais ce faisant, il n'agira ni comme médecin traitant, ni comme médecin contrôleur, mais comme "ami" s'intéressant à la santé des sujets qui lui sont confiés et s'informant des raisons qui peuvent expliquer la maladie afin d'en tirer toutes conclusions utiles sur le renforcement des mesures d'hygiène dans le but final de protéger la santé des autres ouvriers ».

2. La médecine d'entreprise est une invention ancienne, très liée à la grande entreprise capitaliste. Née sous le Second Empire, elle s'est développée à la fin du XIXe siècle sans parvenir à se généraliser : compagnies minières, compagnies de chemins de fer, UIMM ont créé des services médicaux, des hôpitaux et des sanatoriums.

3. L'AMG avait été instituée en juillet 1893 ; elle reposait sur le principe que « Tout Français malade, privé de ressources, reçoit gratuitement de la commune, du département ou de l'État, suivant son domicile de secours, l'assistance médicale à domicile ou, s'il y a impossibilité de le soigner utilement à domicile, dans un établissement hospitalier ».

4. GUILLAUME (P.), *Le rôle social du médecin depuis deux siècles (1800-1945)*, AEHSS, Comité d'Histoire de la Sécurité sociale, 1996, p. 106.

5. *Ibid.* : « Dans ce conflit, les médecins ont dû combattre à revers : ils ont affronté le patronat ou, plus précisément les compagnies d'assurances de celui-ci. Ils ont eu l'appui, au moins épisodique, du syndicalisme ouvrier. Leurs positions ont ainsi été défendues dans *l'Humanité*, en mai et novembre 1908, ce qui amène une petite minorité de praticiens à souhaiter un rapprochement avec le mouvement ouvrier ».

6. *Idem.*, p. 109. Comme le note l'auteur, cette dénonciation comportait une part de vérité, « mais la médecine patronale [prenait] aussi en charge des individus qui n'auraient pas eu les moyens de se faire soigner "en clientèle" et elle [contribuait] donc à la médicalisation de certains milieux populaires ».

régime de Vichy tiendra compte de ces critiques très anciennes, en institutionnalisant une médecine du travail non pas curative mais strictement *préventive*, dont les fonctions seront assez voisines de celles qu'avait tracées, à la fin des années 1930, les professeurs Duvoir et Balthazard au sein de la Société médicale des hygiénistes du travail et de l'industrie.

Les victoires obtenus par le syndicalisme médical au début du siècle et à la fin des années 1920, lors du vote des assurances sociales obligatoires [1], auront donc consacré l'orientation préventive de la médecine du travail et fixé une doctrine qui apparaît, en définitive, comme le fruit d'un compromis entre une médecine libérale jalouse de ses prérogatives et une médecine hygiéniste plus soucieuse de prévenir que de soigner.

Que les partisans de la médecine du travail aient en outre réclamé, à la fin des années 1930, l'agrément du ministère du Travail n'est guère fortuit, compte tenu de l'existence depuis le début du XXe siècle de médecins-conseils de l'Inspection du travail [2], souvent membres de la Commission d'hygiène industrielle. Ces médecins vacataires, rémunérés pour des missions ponctuelles par l'administration du Travail, auraient-ils pu intégrer les cadres de l'Inspection du travail ou former un corps d'Inspection médicale distinct ? L'idée de créer des « médecins inspecteurs du Travail » avait été soulevée dès 1905 par la Commission permanente de Préservation contre la Tuberculose, placée auprès du ministère de l'Intérieur et des Cultes et présidée par Léon Bourgeois. L'une de ses sous-commissions, celle du Travail [3], présidée par Alexandre Millerand et Arthur Fontaine, avait présenté un projet qui prévoyait la création de « médecins inspecteurs de l'hygiène du travail », placés sous l'autorité des inspecteurs divisionnaires du travail, dont ils auraient été les adjoints. Recrutés par voie de concours, ces docteurs en médecine auraient disposé d'un droit d'entrée dans

1. Le projet Cahen-Salvador, présenté par le gouvernement, à la fin des années 1920, attribuait à des caisses régionales et départementales un rôle très important. Ces caisses auraient directement traité avec les groupements professionnels des médecins qui, eux-mêmes auraient été chargés de répartir les honoraires dont les taux auraient été fixés forfaitairement par tête d'ayant droit. Or, les médecins libéraux ne voulaient pas être placés sous la tutelle des caisses, craignant d'être dépossédés du droit de fixer eux-mêmes le montant de leurs honoraires. Ils ont donc fait campagne contre le projet en réclamant : 1) le maintien du libre choix du médecin par le patient et 2) la dissociation du montant des honoraires (qui de fait sont restés libres) et du tarif de remboursement des caisses d'assurance sociale. Sur ces deux points névralgiques, ils ont obtenu gain de cause.

2. Certains inspecteurs du travail étaient diplômés de médecine.

3. Cette sous-commission comprenait le docteur Roux, directeur de l'Institut Pasteur et vice-Président du Conseil Supérieur d'Hygiène publique de France, les médecins Lesage et Mignot, le savant russe Élie Metchnikoff, tous ardents « pastoriens » de la première heure, Mesureur, directeur de l'Assistance Publique de Paris et Manoury, membre du Conseil Supérieur du Travail qui jouera un rôle très actif au sein de l'Association Ouvrière de l'hygiène et de la sécurité des travailleurs, sur le point de tenir son premier congrès (29 octobre 1904).

tous les établissements et dépendances soumis à l'Inspection du travail et auraient pu dresser des procès-verbaux faisant foi jusqu'à preuve du contraire. Interdiction leur aurait été faite d'avoir une clientèle privée ou d'exercer aucun autre emploi sans autorisation ministérielle. Mais le projet en cause présentait le grave défaut d'éluder les relations appelées à s'établir entre les inspecteurs divisionnaires et les « médecins inspecteurs ». Ceux-ci auraient-ils accepté de gaieté de cœur la tutelle de ceux-là ? Eu égard à leurs diplômes, et pour rendre attrayante leur nouvelle fonction, le projet les avait répartis en seulement trois classes, avec un traitement initial fixé à 6 000 francs, alors que les inspecteurs départementaux du travail, à l'issue de leur stage professionnel, ne percevaient que 3 000 francs. Qui plus est, le directeur du Travail, sans doute par souci d'unité, envisageait d'accorder aux médecins inspecteurs la possibilité de devenir (sans réduction de traitement) inspecteurs divisionnaires [1]. Attitude qui entraîna vraisemblablement le refus de la CST, intraitable sur le principe de l'unicité du concours. En définitive, on s'en tint à la formule la plus économique qui fût, celle qui consistait à rémunérer des praticiens pour des missions ponctuelles, option qui sera confirmée par la loi du 17 juillet 1937 officialisant la fonction de « médecins conseils de l'Inspection du travail ».

À la différence de la médecine du travail, et dans la perspective de la Conférence internationale du travail en 1928, la prévention des accidents du travail s'est brutalement séparée de l'hygiène industrielle, appelée à se spécialiser dans les techniques d'assainissement interne et externe des établissements [2]. Jusqu'en 1929, un crédit pour « subventions aux laboratoires d'études sur le travail professionnel » a figuré au budget du ministère du Travail. Son remplacement, à cette date, par une nouvelle rubrique intitulée « Recherches relatives à la prévention des accidents du travail » (crédit de 50 000 francs) atteste la conscience d'un décalage entre le piétinement des recherches dans ce domaine et les progrès réalisés par la pathologie professionnelle. Dans la perspective de la conférence internationale de Genève (mai 1928), la Direction du Travail avait ouvert, par circulaire du 30 novembre 1927, une vaste enquête sur les efforts réalisés dans la prévention des AT. Occasion de constater que l'initiative, dans ce domaine, appartenait au premier chef à l'Inspection du travail dont les efforts n'étaient relayés que timidement et sans coordination par

1. CAC 880597, art. 21 : Arthur Fontaine à Paul-Boncour, 31 janvier 1907 : « La Commission [de préservation contre la tuberculose] proposait de le [inspecteur médecin] payer cher pour qu'il fût bon et de l'empêcher de passer divisionnaire pour qu'il ne bouchât pas l'avancement aux départementaux. Au point de vue hiérarchique, cette conception est mère de difficultés probables. L'inspecteur médecin sera sous les ordres du divisionnaire, tout en lui étant supérieur par les appointements et le savoir ».

2. Il faut noter cependant que des conférences sur la prévention des AT avaient été donnée, dès 1900-1901 par l'ingénieur Henri Mamy, directeur de l'AIF.

les associations de prévention, les compagnies d'assurances et les chefs d'entreprise [1]. La création au CNAM d'une Chaire de prévention des accidents du Travail confiée au médecin André Salmont [2] résulte aussi bien de l'impuissance – constatée – des préventeurs, tous bords confondus, à enrayer l'ascension vertigineuse du nombre des accidents du travail ; elle procède également d'une exigence de spécialisation plus pratique que théorique, dont la conséquence logique fut de détacher la prévention des AT de l'enseignement général de « l'Hygiène dans ses rapports avec l'industrie », objet d'une autre chaire confiée au docteur Jean-Henri Pottevin depuis 1922 [3].

*

* *

Au terme de la période 1898-1939, plusieurs constatations s'imposent. L'organisation de la réparation des AT/MP, en 1898, n'a pas modifié le caractère réglementaire de la prévention des risques professionnels, aucune articulation n'ayant pu se nouer entre réparation et prévention. Si elles ont permis de réaliser des progrès considérables, les prescriptions réglementaires ont contribué, comme d'ailleurs le mode de réparation adopté, à isoler la prévention des risques professionnels des autres problèmes de santé publique, en en faisant une catégorie à part, susceptible d'un traitement spécifique. C'est ainsi que le risque industriel (répercussions sur le voisinage) a nettement été dissocié du risque professionnel (physiquement limité à l'espace de travail). Durant toute la période considérée, la prévention s'est largement définie en dehors des entreprises sans parvenir à s'enraciner dans leur enceinte non plus qu'à s'accorder avec leur démarche productive. Si des tentatives d'internalisation ont bien eu lieu, elles se sont le plus souvent traduites par la disqualification de l'élément ouvrier, aggravant du même coup le déficit des relations sociales [4]. Reste que le système de prévention français, dont les bases scientifiques s'étaient consolidées, s'acheminait à la veille des hostilités vers une certaine institutionnalisation par le fait du paritarisme et par le biais tardif des délégués du personnel.

1. CAC 880597, art. 5 : Enquête de 1928 : « Si l'initiative privée a donné et peut donner des résultats dans quelques cas particuliers, il n'apparaît pas, à première vue et jusqu'à preuve du contraire, que l'on puisse compter sur une aide efficace des grands groupements pour soutenir une organisation générale de propagande en faveur de la sécurité, comme il en existe aux États-Unis et en Grande-Bretagne, créer un enseignement de la sécurité et doter notre musée de prévention de ressources suffisantes ».

2. VIET (V.), « André Salmont » *in Les Professeurs du CNAM*, *op. cit.*, t. 2, p. 526-534.

3. Cette création intervenait seulement un an après celle de la chaire de physiologie du travail, d'hygiène industrielle et d'orientation professionnelle confiée à Henri Laugier.

4. Il est clair que ce déficit a favorisé la réglementation d'origine étatique (dans ce sens, LE CROM (J.-P.), *op. cit.*, p. 29).

Chapitre 3

La prévention entre Travail et Santé publique (1939-1945)

Sous le régime de Vichy, la prévention renforça son assise institutionnelle dans les entreprises avec la création des Comités de sécurité dans les entreprises et de la médecine du travail. Ici, point de rupture, mais la confirmation d'un double mouvement qui s'esquissait depuis la fin des années 1920. Détacher la médecine du travail de la médecine légale n'allait pourtant pas de soi, car beaucoup de médecins, jaloux de leur pratique libérale, éprouvaient « quelque difficulté à se définir en tant qu'acteurs sociaux ». « La médecine libérale apparaît [sous Vichy] comme cernée par les avancées d'une médecine sociale qui sont tout à la fois poursuite d'efforts antérieurs longtemps contrariés, expression de l'idéologie de la Révolution nationale et réponse aux malheurs du temps, ceux de la défaite et de l'occupation » [1].

La nouveauté vient, en fait, d'une évolution qui s'est amorcée dès l'ouverture des hostilités : de très lâche qu'il était, le lien entre santé publique et prévention des risques professionnels s'est soudainement raffermi au point de faire de la prévention des risques professionnels l'un des axes majeurs d'une politique de la santé en cours d'affirmation depuis la création, en 1930, du ministère de la Santé publique.

L'implantation dans l'entreprise : Comités de sécurité et médecine du travail

Le poids cumulé des guerres : vers la mise en place des comités de sécurité

Intervenant dans un contexte exceptionnel, ce déplacement des perspectives s'est trouvé favorisé par le souvenir de la Première Guerre mon-

---

1. GUILLAUME (P.), *Le rôle social du médecin depuis deux siècles (1800-1945)*, Comité d'Histoire de la Sécurité sociale, AEHSC, 1996, p. 263 et 297.

diale. Ayant reçu, en avril 1939 [1], la responsabilité exclusive des questions de main-d'œuvre, le ministère du Travail ne pouvait en effet que s'appuyer sur l'expérience qu'il avait progressivement acquise durant le premier conflit mondial en fait d'encadrement, de répartition, d'affectation et de protection physique de la main-d'œuvre en temps de guerre. Le mode de réparation des AT/MP le confortait dans ce sens, puisqu'il était assis sur un barème indicatif d'invalidité fixé en vertu de la loi du 31 mars 1919 sur les pensions militaires [2].

Il n'est pas non plus indifférent de rappeler que certains des experts, membres des organes consultatifs du Ministère du Travail, s'étaient distingués durant la Grande Guerre en s'occupant de la protection physique de la main-d'œuvre. C'est ainsi que le professeur Étienne-Martin, membre de la Commission d'Hygiène Industrielle et médecin-conseil de l'Inspection du travail, avait, à l'initiative du Sous-secrétariat d'État à l'Artillerie et aux Munitions, Albert Thomas, organisé dès 1915 l'inspection médicale des usines d'armement et développé l'action médicale au cœur de celles-ci [3]. Dans le même esprit, les professeurs Mazel et Leclerc avaient publié, en 1916, un ouvrage intitulé « *La Main-d'œuvre nationale après la guerre* », vibrant plaidoyer en faveur d'une médecine préventive de collectivité soucieuse d'assurer les conditions du redressement national. Mais surtout, la première Guerre mondiale et son bilan dramatique avaient eu pour conséquence d'étendre le champ de la médecine sociale, en mettant à la charge de la collectivité publique plus d'un million d'invalides, 680 000 veuves, 76 000 orphelins de père et quelque 630 000 ascendants privé de soutien. Cet élargissement avait aussi bien renforcé les préventions antiétatiques et anti-collectivistes des tenants de la médecine libérale [4] (que l'on songe aux débats autour des assurances sociales à la fin des années 1920) que gagné une partie du corps médical à la nécessité d'une médecine du travail.

Les décrets pris au début du mois de septembre 1939 en application de la loi sur « l'organisation de la Nation en temps de guerre » portaient, en outre, à s'interroger sur l'évolution de l'état moral et physique de la main-d'œuvre. D'autant que la mobilisation avait provoqué, comme en 1915, la réduction du nombre des ouvriers spécialisés, leur remplacement par des sujets jeunes, des femmes – parfois âgées – et par des ouvriers d'origine rurale, souvent mal adaptés au

1. Décret du 12 avril 1939 pris en application de la loi sur l'organisation de la Nation en temps de guerre.

2. Le barème de 1919 était un barème physiologique qui ne tenait pas compte du facteur social ou professionnel (sur ce point : CAC 760240, art. 56).

3. Cf. *Les Bulletins du Ministère de l'Armement*.

4. Les défaillances du système des soins durant le premier conflit avaient été patentes. Mobilisés par l'État, les médecins avaient eu à faire face à des situations d'extrême urgence et à un manque dramatique de moyens (professionnalisation insuffisante des infirmières, engorgement des hôpitaux, difficulté des évacuations, etc.).

travail industriel [1]. Aussi la CHI et la Commission de Sécurité mirent-elles en garde le ministre du Travail, Charles Pomaret, contre les risques que comportaient l'allongement excessif de la durée normale du travail et la suppression éventuelle du repos hebdomadaire [2]. S'appuyant sur d'anciennes circulaires élaborées par Albert Thomas [3], le ministre demanda, le 7 décembre 1939, aux inspecteurs du travail « d'examiner sans délai les mesures à prendre en vue de protéger le personnel occupé contre les inconvénients que pourrait présenter la pratique d'un régime de travail imposant aux travailleurs un effort qui, s'il était longtemps prolongé, risquerait de nuire à la santé du personnel occupé et de compromettre le rendement » [4]. Les résultats de cette enquête publiés en janvier 1940 confirmèrent les analyses du médecin-conseil Gros, qui firent ressortir « l'utilité d'un service médical dans les usines, seul moyen d'obtenir une meilleure utilisation de la main-d'œuvre » [5].

Dans le même temps, le ministre du Travail, d'accord avec ses collègues de l'Armement (Raoul Dautry) et de l'Air (Guy La Chambre), s'attachait les services de Pierre Caloni (membre de la Commission de Sécurité) en qualité de chargé de mission à son cabinet. Au fait de la recommandation de l'OIT de 1928 préconisant l'institution de Comités paritaires de sécurité dans les entreprises, ce dernier remit, le 12 mars 1940, une note décisive en faveur de leur création : « Parvenir à cette compréhension générale, faire partager par tous les intéressés le désir de participer, avec tous leurs moyens, à la diminution du risque industriel, est le but principal que nous devons toujours avoir en vue. Or, le moyen concret de réussir, en ce domaine psychologique, est la création de comités de sécurité appelant l'attention de tous sur l'importance du problème de prévention. Le comité réalise l'unité de

1. CAC 760126, art. 213 : Note du Dr Gros « Répercussions malheureuses sur la main-d'œuvre. Quelques mesures urgentes à envisager », déc. 1939.

2. Le décret du 1er septembre 1939 fixait à 60 heures par semaine, avec un maximum de 11 heures par jour, la durée normale du travail. Cette durée pouvait être portée à 72 heures pour certains travaux urgents intéressant la défense nationale ou un service public. Pour les femmes et les enfants, il était recommandé de ne jamais dépasser 60 heures de travail par semaine et 10 heures par jour. L'arrêté du 8 septembre prévoyait que le repos hebdomadaire pourrait être donné par roulement et même suspendu si les circonstances l'exigeaient.

3. Circulaire de juin 1916 constatant l'augmentation du nombre des accidents du travail dans les établissements travaillant pour la défense nationale, et l'attribuant à l'absence de mesures de sécurité élémentaires résultant de la négligence des chefs d'entreprise, au surmenage provenant de la prolongation de la durée du travail et du travail de nuit. Circulaire du 1er juillet 1917 aux directeurs des établissements de l'Artillerie et des Poudres ayant pour objet la surveillance de l'état sanitaire des travailleurs entreprise par entreprise.

4. CAC 880597, art. 5 : enquête du 5 décembre 1939. Sur la détérioration des conditions de travail, voir : CREMIEUX-BRILHAC, *Les Français de l'an 40*, t. 2 : Ouvriers et soldats, Gallimard, 1990, première partie : « Sur le front des usines ».

5. *Ibid.* Selon une enquête effectuée en avril 1941 auprès des inspecteurs divisionnaires du travail, tous sauf un étaient favorables à une décision d'obligation (CAC 780084, art. 7).

front contre l'accident et un mode de collaboration constante des parties intéressées : employeurs, cadres, main-d'œuvre » [1].

C'est dans ce double mouvement en faveur d'une institutionnalisation de la prévention des risques professionnels dans les entreprises que s'est inscrite la circulaire Parodi [2] du 1er juin 1940 [3]. Que celle-ci ait revêtu la forme d'une recommandation et non pas d'une obligation est dû, selon toute vraisemblance, à l'attitude de la Confédération générale du Patronat français (CGPF) qui avait anticipé l'intervention des pouvoirs publics. Cette organisation avait, en effet, pris les devants en constituant un Comité technique d'Hygiène industrielle auquel furent associés les professeurs Duvoir, Leclerc et Mazel. La directive qu'elle adressa à ses adhérents confirme le souci, récurrent dans les milieux de la grande industrie depuis les années 1860, d'aller au devant des préoccupations exprimées par les pouvoirs publics en s'organisant selon des règles autonomes : « Il importe que cet effort [de production au niveau national] puisse être longtemps poursuivi, sans entraîner un état de surmenage, générateur lui-même d'une déchéance physique plus ou moins durable, préjudiciable à l'individu et à la race » (...) Dès l'embauche, les employeurs ont constaté dans leur main-d'œuvre, un premier déchet important par inaptitude physique définitive (...) *Une notable partie de ce déchet est évitable. Il a été évité* d'ailleurs par des établissements qui, dès le temps de paix, veillaient sur la résistance physique de leur personnel, son bien-être et son adaptation au travail (...) Ce succès a été obtenu par les *propres moyens des entreprises* qui ont ainsi fait la preuve que l'industrie est à même d'améliorer la qualité physique de la main-d'œuvre, en restant dans le cadre du travail » [4].

Toujours est-il que la circulaire Parodi se bornait à préconiser l'organisation dans les établissements industriels de services médicaux, services sociaux, comités d'hygiène du travail et comités de sécurité. L'obligation de constituer, sur mise en demeure de l'Inspec-

---

1. Le texte intégral de cette note *in* CALONI (P.), *Les Préventeurs*, SEFI, Paris, 1960, p. 89-93. Cette note plaide également en faveur d'une complémentarité des rôles entre l'initiative publique et l'initiative privée : « Légalement, le contrôle de l'application des dispositions de sécurité est du domaine de l'Inspection du travail ; mais nous considérons, dans les circonstances actuelles, que l'action des institutions et des associations privées pour la prévention des accidents, demeure un facteur indispensable de la sécurité industrielle et qu'à ce titre, il convient de la favoriser et de s'efforcer de la généraliser ».

2. Alexandre Parodi était depuis 1939 directeur général du travail et de la main-d'œuvre ; il démissionnera en octobre 1940.

3. À laquelle prêtèrent également leur concours Fabre, Salmont et Simonin, Caen, Perrin, Lange et Bourdon. Il s'en est fallu de peu pour que cette recommandation revête un caractère obligatoire (CAC 780084, art. 7 : Dr GILLON et VALTON, Rap. préliminaire sur l'activité des services médicaux depuis la promulgation de la loi, 16-17 nov. 1956 (rappel historique).

4. Cette directive et la note en annexe peuvent être consultées *in Les Archives des Maladies professionnelles*, années 1939-1940, p. 616-621 (en italiques dans le texte).

tion du travail, des Comités de sécurité dans les établissements industriels et commerciaux occupant au moins 500 ouvriers [1] n'intervint qu'après la parution du décret du 4 août 1941 [2], soit plus d'un an après la signature de l'armistice. Dans l'esprit du secrétaire d'État au Travail, René Belin, cette création devait « être l'occasion d'un développement de l'action du service de l'inspection du travail en vue de la prévention des accidents du travail et des maladies professionnelles » : « Vous [inspecteurs divisionnaires du travail et de la main-d'œuvre (IDTMO)] tiendrez la main à ce que des mesures appropriées soient prises dans chaque cas [d'accident] et vous prendrez en considération les causes auxquelles sont plus spécialement attribuables les accidents portés à votre connaissance pour organiser la prévention dans votre circonscription » [3]. Accaparés par les conventions collectives, les conflits du travail et la préparation de la mobilisation, les inspecteurs du travail, dont le recrutement s'opérait de plus en plus dans le milieu des instituteurs en mal de promotion [4], s'étaient en effet quelque peu détournés des questions de prévention. Mais, en sa qualité d'ancien responsable de la CGT, René Belin souhaitait leur donner un rôle de premier plan dans la prévention des risques professionnels et la mise en œuvre de la Charte du travail.

Les Comités de sécurité comprenaient le chef d'établissement, le chef du service de sécurité ou, à défaut, un chef de service ou un ingénieur désigné par l'employeur, le médecin de l'usine s'il existait, deux délégués du personnel [5], un contremaître ou chef d'équipe désigné par l'employeur ; ils pouvaient faire appel à la collaboration de personnes qualifiées ou d'organismes de prévention [6]. Il leur revenait : 1) « de procéder [eux-mêmes] ou de faire procéder par un de [leurs] membres à une enquête à l'occasion de chaque accident ou de chaque cas de maladie professionnelle grave, c'est-à-dire ayant entraîné mort d'homme ou

1. Seuil abaissé à 100 pour les chantiers, et entre 100 et 500 pour les établissements où sont exécutés des travaux dangereux.

2. CAC 880597, art. 4 : circulaire du 15 mai 1943 aux IDTMO (H. Lagardelle) : au 1er avril 1943, 1512 CS étaient présents dans 768 entreprises de plus de 500 ouvriers occupant au total 657 894 ouvriers ; 606 dans les établissements de 100 à 500 ouvriers (144 852 ouvriers) ; 60 dans les établissements de moins de 100 ouvriers (4 741 ouvriers) ; 78 dans les chantiers du bâtiment et des travaux publics (20 260 ouvriers).

3. Circulaire de René Belin, DTMO, 5e Bureau, août 1941.

4. Les recrutements massifs d'inspecteurs sous le Front Populaire ont vraisemblablement pesé sur le niveau général de compétence de l'Inspection en matière d'hygiène et de sécurité.

5. Les délégués ont d'abord été désignés par le préfet sur une liste établie par les syndicats signataires des conventions collectives applicables dans l'établissement, ou, à défaut, sur une liste établie par l'employeur. Puis, ils ont été désignés comme les délégués à la sécurité des ouvriers mineurs, par le préfet sur une liste établie sur la proposition de l'inspecteur du travail, après avis des organisations syndicales les plus représentatives (décret du 18 oct. 1941).

6. Par décret du 1er décembre 1942, les inspecteurs divisionnaires du travail auront la faculté de dispenser les chefs d'établissements assujettis de créer des Comités de sécurité s'ils justifient de leur affiliation à un organisme professionnel de sécurité agréé par le Secrétariat d'État au Travail.

incapacité permanente ou incapacité temporaire de plus de vingt jours ; 2) de procéder à l'inspection de l'établissement, en vue de s'assurer de l'application des prescriptions législatives et réglementaires et des consignes concernant la sécurité ; de s'assurer du bon entretien des dispositifs de protection ; 3) d'organiser l'instruction des équipes chargées des services d'incendie et de sauvetage et de veiller à l'observation des consignes de ces services ; 4) de développer par tous les moyens efficaces le sens du risque professionnel » [1]. Ces missions ne seront pas remises en cause à la Libération.

L'inspection médicale du travail

Entre-temps la médecine du Travail avait fourbi ses armes à la faveur du chômage qui s'était brutalement développé du fait de la débâcle et de la désorganisation concomitante. Né en octobre 1940, le Commissariat à la Lutte contre le Chômage [2] s'était entouré d'un Service médical éclaté en plusieurs centres [3]. Ce furent les médecins rattachés à ces centres qui procédèrent à la « sélection et au reclassement des travailleurs ou travailleuses sans emploi, suivant leur aptitude physique au travail, et qui, sur le plan de l'hygiène collective, individuelle ou sociale, [assurèrent] la protection des Chantiers de jeunes requis en zone Nord et des formations de travailleurs encadrés en zone Sud » [4]. C'était bien la première fois que les événements transformaient la médecine « d'un état statique de médecine individuelle de soins à l'état dynamique d'une médecine préventive de collectivité » [5]. Sans doute la Première Guerre mondiale avait-elle entraîné la mobilisation du corps médical et un contrôle accru des pouvoirs publics sur la médecine, mais celle-ci était resté fidèle à sa vocation en soignant dans l'urgence. Prévenir était devenu plus urgent que soigner. Mais la prévention ainsi déployée était très liée aux impératifs d'une politique de la main-d'œuvre qui cherchait à résorber le chômage : la médecine du travail a d'abord été, sous Vichy, une médecine des chômeurs avant d'être une médecine des travailleurs [6].

---

1. Décret du 4 août 1941, art. 3. Les PV des séances, les rapports établis par lui et les statistiques des AT-MP étaient consignés sur un registre tenu à la disposition de l'inspecteur du travail.
2. C'est en zone occupée que la masse des chômeurs était la plus importante. En zone libre, cependant, le CLC avait à prendre en charge les étrangers, la main-d'œuvre coloniale et les démobilisés de zone interdite.
3. CAC 880597, art. 5 : en janvier 1942, le Service médical du CLC comportait 150 médecins dans la zone non occupée.
4. « La Médecine du travail », *Les Documents français*, juin 1943.
5. *Idem.*, avant-propos du Dr Raymond Grasset, secrétaire d'État à la Santé.
6. Cf. GROS (A.) et MENETRIER, « La sélection médicale des chômeurs », *Archives des Maladies professionnelles*, 1940-1941, p. 701-704. L'Association nationale de Médecine du travail (ex-Société médicale des hygiénistes du travail et de l'industrie), dont le bureau comprenait les médecins H. Desoille, A. Gros, R. Barthe, Thais, Eck et Ménétrier, apportera immédiatement son concours à la sélection médicale et au reclassement des chômeurs.

En juillet 1941, le Secrétaire général à la Santé, Serge Huard [1], et son collègue du Travail, René Belin, s'accordèrent à considérer que la future « inspection médicale du travail » serait « le prélude à une politique de développement des services médico-sociaux d'entreprise ou interentreprises, chargés tant de la prévention des conditions de travail dans les établissements industriels et commerciaux que du dépistage et de la prophylaxie des fléaux sociaux chez les travailleurs ». Dans la mesure où les médecins-conseils de l'Inspection du travail, officiellement institués depuis 1937, ne pouvaient suffire à surveiller les conditions d'hygiène du travail, il fut décidé de créer des postes de médecins-conseils adjoints de l'Inspection [2]. Était également reconnue la double nécessité de créer un Comité permanent de direction appelé à définir la doctrine de la médecine du travail et à assurer, au plan régional, une liaison étroite avec le directeur régional de la Famille et de la Santé [3].

La création de l'inspection médicale du travail aux termes de la loi d'octobre 1941 a donc précédé l'obligation d'organiser des services médicaux et sociaux du travail. À une Inspection du travail réorganisée et étoffée (création de contrôleurs de la main-d'œuvre), fut adjoint un corps de médecins inspecteurs composé de trois inspecteurs généraux [4] et de médecins inspecteurs et inspectrices du travail [5] chargés de missions à caractère temporaire. Sans être un organe d'exécution, l'inspection médicale du travail remplissait un rôle de direction, de coordination, d'orientation et, surtout, de contrôle avec, le cas échéant, un pouvoir de coercition. Sa mission fut précisée par le « Comité permanent chargé d'élaborer la doctrine de la médecine du travail et de fixer les règles générales d'action des médecins inspecteurs du travail », placé auprès de la Direction du Travail. Réunissant des hauts fonctionnaires et des représentants médicaux de la Santé publique et de la Production industrielle, des médecins inspecteurs généraux du Travail, ce Comité, qui allait être maintenu après la Libération, fut bien l'autorité morale et technique de la médecine du travail [6].

1. Au poste de secrétaire d'État à la Santé se sont succédé deux médecins : Serge Huard (12 juillet 1940-18 avril 1942) et Raymond Grasset. Sous le régime de Vichy, les plus hautes responsabilités, en matière de santé publique, ont été exercées par des médecins, alors que cela n'avait été qu'exceptionnellement le cas sous la IIIe République.

2. CAC 880597, art. 5 : Note du Chef du 5e Bureau, Secrétariat général des Assurances sociales et de la Main-d'œuvre, MPTI, 8 nov. 1940. Chef du service médical du CLC, le Dr Giry proposera, en janvier 1942, alors que le chômage était résorbé, d'utiliser les 150 médecins qu'il dirigeait dans la zone libre.

3. CAC 880597, art. 5.

4. Seront nommés à cette fonction par arrêté du 9 mars 1942 : les médecins André-Jean Gros, Jacques Ménétrier et Marcel Eck.

5. Ces médecins disposaient des mêmes pouvoirs que les inspecteurs du travail, mais ne pouvaient notifier de mises en demeure ou dresser des PV. Ils étaient habilités à effectuer tout prélèvement portant notamment sur les matières mises en œuvre et les produits utilisés.

6. À la différence de la CHI et de la Commission de Sécurité, où le paritarisme avait été revu à la baisse (3 et 3 au lieu de 8 et 8 pour la CHI), ce Comité ne comprenait ni représentant patronal ni représentant ouvrier.

Ainsi s'affirmait, en rupture complète avec l'avant-guerre, où un certain équilibre des rapports de force prévalait, la volonté nouvelle de placer la prévention des risques professionnels sous le contrôle exclusif des pouvoirs publics. Cette volonté fut attestée par deux autres innovations importantes : d'une part, la création, le 29 avril 1941, d'un « Service d'hygiène industrielle [1] » auprès du Secrétariat d'État à la production industrielle, chargé « d'aider les industriels dans la mise en œuvre des moyens techniques que nécessite l'application des règlements relatifs à l'hygiène dans les établissements industriels », et, d'autre part, la fondation, par la loi du 6 décembre 1941, d'un « Institut national d'action sanitaire des assurances sociales [2] » destiné à regrouper l'ensemble des unions régionales des caisses d'assurances sociales menant une action préventive ou curative contre les maladies professionnelles [3]. L'objet de cet institut, dont la création suscita un vif émoi dans le corps médical [4], était « d'organiser, dans l'intérêt des assurés sociaux et de leur famille, la lutte contre les grands fléaux sociaux et de contribuer à toute œuvre destinée à sauvegarder ou à rétablir la santé des travailleurs » [5]. Sous son égide allait se constituer, en décembre 1942, une « Commission de coordination des Assurances sociales et des services médico-sociaux des entreprises ». L'effort de prévention des compagnies d'assurances et des mutuelles était donc organiquement associé à celui des pouvoirs publics [6].

Il est cependant manifeste que la création de la médecine du travail s'est inscrite dans un mouvement plus vaste tendant à faire pré-

1. Ce Service sera rattaché, à la Libération, au Service des Études de la Direction des Industries Chimiques du ministère de l'Industrie et du Commerce.

2. La création de cet institut provoqua une grande émotion dans le corps médical qui craignait que la prise en main des problèmes d'hygiène publique n'incombât à une émanation des organismes gestionnaires des assurances sociales.

3. La loi du 5 avril 1928 introduisant les assurances sociales obligatoires invitait les Caisses d'Assurances sociales à s'engager dans une voie, déjà tracée par la mutualité (les sociétés de secours mutuels avaient déjà créé avant 1928 des établissements de dépistage et de soins), en leur permettant d'employer leurs soldes à créer des œuvres de maternité et d'enfance, des hôpitaux, des sanatoriums et autres institutions sanitaires ou prophylactiques. La liberté d'initiative laissée à ces caisses s'est cependant traduite par une dispersion des efforts, si bien qu'il fallut instituer en 1935 des unions régionales des Caisses maladie et maternité. La création de l'Institut sanitaire n'a donc fait que rationaliser davantage l'économie du système, en assurant une liaison plus étroite entre la prévention des maladies en général et celle des maladies professionnelles en particulier.

4. GUILLAUME (P.), *op. cit.*, p. 295-297 : depuis l'obligation des assurances sociales (1928), les médecins se défiaient des organismes gestionnaires des assurances sociales qui leur paraissaient porter atteinte à l'exercice de la médecine libérale.

5. Décret du 18 novembre 1941.

6. Le Conseil de l'ordre des médecins s'attachera jusqu'en avril 1944 à délimiter les champs de compétence entre les services médicaux du travail et les Caisses d'assurances sociales : « L'employeur doit seul conserver la charge du fonctionnement de la médecine d'entreprise et ne peut, par conséquent obtenir des Caisses d'assurances sociales ni une subvention forfaitaire, ni une subvention calculée suivant le nombre d'actes médicaux dispensés » (Communiqué du collège départemental de la Seine de l'Ordre des médecins, 30 avril 1944).

valoir les impératifs de santé publique sur toute autre considération : la prévention des risques professionnels était désormais envisagée comme un problème de santé publique, même si la responsabilité de sa mise en œuvre incombait avant tout au secrétariat d'État au Travail. La loi du 27 juillet 1942 « sur la prééminence de la santé publique », qui précède d'un jour celle créant la médecine du travail, confia significativement au secrétariat d'État à la Santé publique, le contrôle technique des services médicaux des divers secrétariats d'État ainsi que des organismes, commissions et conseils publics ou privés ayant pour but la préservation de la santé publique [1]. La volonté était alors très forte de coupler les questions de santé au travail et celles de santé hors travail, l'encadrement social et médical des travailleurs devenant l'axe central du « plan général de politique sanitaire établi par le ministère de la santé publique » [2]. D'une certaine façon, la prévention des risques professionnels était envisagée par le régime de la « Révolution nationale » comme un instrument au service de deux politiques différentes, destinées à se compléter : celle de la santé publique et celle du travail (premier terme de la devise du régime) fondée sur la mise en œuvre de la Charte du travail. L'importance idéologique accordée à la médecine du travail et à ses annexes (surintendantes d'usines dont la création remontait à mai 1917 et assistantes sociales [3] destinées à faire la jonction sanitaire entre l'entreprise et son environnement) suggère d'ailleurs que l'entreprise était perçue comme le foyer de rayonnement privilégié de la politique de la santé publique. Ce n'est plus vers l'entreprise que l'effort de prévention devait se diriger, c'est à partir d'elle et grâce à la prévention mise en œuvre dans son enceinte que devait se développer une politique de la santé. Or, une telle orientation centrifuge de la prévention des risques professionnels ne pouvait que s'accentuer à mesure que la main-d'œuvre, doublement sollicitée par l'économie française et l'occupant, se raréfiait.

On comprend mieux, dans ces conditions, le soin extrême apporté par le régime de Vichy aux liaisons organiques entre les structures administratives concernées par les problèmes de santé. Entre le secrétariat d'État au Travail (SET), le secrétariat d'État à la Production industrielle (SEPI) et le secrétariat d'État à la Santé et à la Famille

1. Ce rôle dévolu au ministère de la Santé publique sera confirmé par le décret du 26 décembre 1944. La famille, objet des soins du régime, était associée à la santé dans un secrétariat « à la Santé et à la Famille ». Ce secrétariat comportait, pour la première fois une direction de la Santé, traduisant la tutelle du ministère sur l'exercice des professions médicales et paramédicales.

2. Loi du 27 juillet 1942 sur la prééminence de la santé publique, rapport au Maréchal de France.

3. Le décret du 11 juillet 1942 instituera un diplôme d'État d'assistante ou d'assistant social. CAC 760126, art. 213 : « La surintendante, au sein même de l'entreprise, se partage, avec le service médical, l'organisation physiologique et humaine du travail ; l'assistante sociale veille, à l'extérieur de l'usine, à l'équilibre des familles ».

(SESF), des liens interministériels étaient en effet très nombreux, incarnés par des médecins qui servaient de traits d'union ou de pivots [1]. Si l'on ajoute à cela que les membres de la CHI se recrutaient dans la « Section d'hygiène industrielle et de médecine du travail [2] », créée en août 1941 au sein du Comité consultatif d'hygiène de France, on aura une idée suffisamment nette de l'imbrication des problèmes de santé publique et des problèmes de main-d'œuvre.

L'activité des Comités de sécurité était contrôlée par l'Inspection du travail à l'échelon régional, par le Service de l'Hygiène et de la Sécurité, rattaché à la Direction du Travail, à l'échelon national. C'est ce dernier service qui assurait les relations du ministère du Travail avec les organismes privés d'utilité publique, tels que le Comité « Prévention et Sécurité », l'œuvre pour la Sécurité et l'Organisation des Secours, l'Association des Industriels de France, ainsi qu'avec la Chaire de prévention des accidents du travail du CNAM. Les règlements relatifs à la prévention continuaient d'être préparés par la Direction du Travail avec le concours de la Commission d'hygiène industrielle et de la Commission de sécurité du travail. En revanche, les textes concernant la réparation des accidents du travail, qui étaient naguère préparés par la Direction des Assurances privées, l'étaient désormais, depuis le transfert de celle-ci au ministère de l'Économie nationale et des Finances, par la Direction des Assurances sociales [3].

La prévention dans la logique corporatiste

La loi du 28 juillet 1942 et l'organisation des services médicaux et sociaux du travail

C'est dans le cadre d'une Charte du travail se proposant de répartir les activités professionnelles en grandes « familles », que l'organisation des services médicaux et sociaux du travail tendit à devenir obligatoire. Dans chaque famille, la coopération entre les divers éléments

1. Maurice Duvoir faisait par exemple partie du Comité permanent chargé d'élaborer la doctrine de la Médecine du Travail, dont un tiers des membres était proposé par le SESF, tout en étant inspecteur général auprès du SEPI, membre de la CHI et de la Commission de Sécurité et directeur de l'Institut d'Hygiène industrielle et de Médecine du Travail. De la même façon, Gros cumulait ces deux dernières fonctions avec celles de membre de la Commission de coordination des assurances sociales et des services médico-sociaux d'entreprises, de médecin inspecteur général du travail et de directeur d'études à la Fondation française pour l'étude des problèmes humains (Alexis Carrel), elle-même rattachée au SES.

2. Cette Section abordait les multiples problèmes de santé publique en rapport direct ou indirect avec les entreprises et les services médico-sociaux du travail. Sous la direction technique du professeur Chevallier, l'Institut national d'Hygiène assurait également, par ses travaux, la liaison entre ces problèmes.

3. CAC 880597, art. 3 : Note pour le directeur général du travail et de la main-d'œuvre, Direction du Travail, Service de l'hygiène et de la Sécurité, 3 mai 1946.

du monde du travail était censée s'organiser au sein de « Comités sociaux professionnels » tripartites institués aux plans local, régional et national. Les attributions de ces comités étaient très vastes, puisque « patrons, cadres et ouvriers [pouvaient] y étudier en commun les questions de salaires, de formation professionnelle, d'hygiène et de sécurité, etc. », et cogérer les institutions sociales. Sollicitée dans cette entreprise, la médecine du travail était explicitement présentée comme ce « terrain neutre qui permettra, dans de nombreux cas, d'étudier et de résoudre des conflits opposant employeurs et employés sur des problèmes qui touchent directement la condition de vie des individus » [1]. Elle était « une des pièces maîtresses de la nouvelle organisation sociale », étant entendu que « la cellule initiale de la vie nationale n'est plus l'individu, mais le groupe ou du moins l'individu dans le groupe. Il doit y avoir une médecine de "l'homme collectif" comme il y a une médecine de "l'homme individuel" » (Hubert Lagardelle, ministre secrétaire d'État au Travail). Si, à coup sûr, des raisons objectives, comme l'affaiblissement d'une population surmenée et mal nourrie, militaient en faveur d'une médecine du travail, celle-ci était bien conçue comme l'un des fondements d'un nouvel ordre social exempt de conflits ou comme le moyen de résoudre « scientifiquement » d'éventuels conflits. Reste que la dimension « collective » ou sociale de la médecine du travail entrait en conflit [2] avec une médecine individuelle qui revendiquait le monopole de l'action curative : le régime de Vichy sut à l'évidence ménager les susceptibilités.

Cet usage idéologique de la prévention n'implique pourtant pas qu'il y ait eu rupture dans la manière d'aborder les problèmes « d'organisation technique du travail humain » : les justifications apportées à la médecine du travail ne font que refléter les enseignements du courant des physiologistes français du travail qui, confrontés au déclin démographique national, dénonçaient depuis 1913 le système taylorien, préférant s'en remettre à une utilisation plus rationnelle et plus économe de toutes les ressources humaines disponibles. La résorption rapide du chômage ne faisait que redonner vigueur à des préoccupations qui s'étaient exprimées dès avant la Première Guerre mondiale : « L'insuffisance numérique de la main-d'œuvre et, d'une manière générale, la stagnation de la population nous obligent, d'accord avec les principes d'humanité, à économiser les forces, à rechercher les moyens de les utiliser le mieux possible et d'en préparer avec méthode le renouvellement » [3].

1. « La Médecine du travail », *Les Documents français*, juin 1943.

2. Comme l'attestent les dissensions, qui allaient perdurer après la Libération, entre le Comité permanent pour l'élaboration de la doctrine de la médecine du travail et l'Ordre des médecins.

3. AN F22/526 : circulaire du ministre du Travail et de la Prévoyance sociale, Henri Chéron, aux préfets, 20 juillet 1913.

Illustration de la volonté d'articuler les questions de main-d'œuvre, du travail et de la santé, la loi du 28 juillet 1942 prévoyait que des services médicaux et sociaux seraient organisés dans chaque famille professionnelle. Un « médecin conseil » devait par conséquent être placé auprès de chaque Comité social national en vue de définir les règles d'application particulières à la famille professionnelle ou à la profession, ainsi que de coordonner et d'orienter l'action des médecins du travail. Symétriquement, des médecins conseils, relevant du Secrétariat d'État à la Production Industrielle, furent placés auprès des Comités d'organisation. À terme, l'objectif était d'organiser la médecine du travail sur des bases professionnelles et géographiques (à l'image des syndicats ouvriers d'avant-guerre) afin d'obtenir « ce rendement optimum et durable pour une usure humaine minimum, thème de toute étude sur la technique du travail humain ». « Une technique professionnelle d'adaptation réciproque entre l'homme et la machine, associée à une connaissance régionale des hommes, des groupes et du milieu mettra, en effet, au service du travailleur un moyen pratique de conserver sa santé, et au service du dirigeant un moyen pratique d'humaniser le travail » [1]. En fait, ces principes dont le législateur s'inspirera en 1946 [2] sont restés des velléités, puisque seulement trois décrets d'application ont été pris en vertu de la loi du 28 juillet, alors que celle-ci en prévoyait un pour chacune des 30 familles professionnelles projetées [3]. Reste que des médecins conseils ont été temporairement placés auprès des comités provisoires d'organisation des familles professionnelles au point de rendre nécessaire la constitution, en avril 1943, d'un « Comité directeur interministériel des services médicaux sociaux » chargé de coordonner et de diriger leur action.

Toujours en application de cette loi, les établissements occupant plus de 500 salariés étaient tenus de s'assurer le concours d'un ou de plusieurs médecins du travail à raison d'au moins trois demi-journées (entre 500 et 1 000 salariés) ou de deux demi-journées de travail (par groupe de 500 salariés pour les établissements de plus de 1 000 salariés). Les établissements de 50 à 500 salariés devaient soit recourir à cette formule, soit s'affilier à des services médicaux interentreprises. Cette obligation se transformait en simple faculté pour les établissements renfermant un personnel moins nombreux. Les médecins du travail étaient choisis, selon les cas, par les employeurs ou par les comités sociaux locaux intéressés. Ils veillaient « au maintien et à l'amélioration de l'état de santé des travailleurs », procédaient lors de

1. *Ibid.*

2. La continuité avec les Caisses régionales de sécurité sociale dont l'assise sera régionale ainsi qu'avec les Comités techniques nationaux et régionaux, organisés géographiquement et professionnellement, mérite d'être soulignée.

3. Les familles concernées furent celles de la « Transformation des Métaux », des « Cuirs et Peaux » et de la Céramique (décrets du 13 août 1943).

l'embauchage et, par la suite, à intervalles réguliers, à un examen médical complet de chaque salarié, s'assuraient que les emplois étaient adaptés aux aptitudes de ceux qui les exerçaient, contrôlaient l'absentéisme et les conditions de travail et d'hygiène dans les ateliers. Ils étaient, en outre, chargés de dépister les maladies professionnelles et d'opérer « le classement physiologique des salariés ». Ils pouvaient, au siège du service médical, donner leurs soins aux salariés atteints d'affections n'entraînant pas la cessation de leur travail. Toutes dispositions qui ancraient fermement la médecine du travail dans une médecine de prévention, sans porter atteinte au principe, désormais défendu par le Conseil supérieur de l'ordre des médecins [1], du libre choix du praticien par l'ouvrier victime d'un accident du travail ou d'une maladie professionnelle [2].

Entre travail et main-d'œuvre : le dilemme de la médecine du travail

La complexité de l'organisation de la médecine du travail sous Vichy résulte de plusieurs facteurs : en premier lieu, l'existence, depuis l'armistice, d'une main-d'œuvre flottante appelée à se résorber sous l'action du Commissariat à la lutte contre le chômage ; en second lieu, la mise en œuvre de la Charte du travail ; enfin, l'exaspération des besoins allemands en main-d'œuvre dans le cadre d'une guerre devenue totale.

Le chômage consécutif à la désorganisation de l'économie nationale avait provoqué l'apparition d'une main-d'œuvre flottante qu'il s'agissait de remettre au travail, lors même qu'il existait, dès avant l'ouverture des hostilités, des formations de travailleurs étrangers ou coloniaux [3] nécessitant également une assistance médicale. De là est

1. Le Conseil de l'Ordre des Médecins qui, selon P. Guillaume, n'eut pas le loisir de s'opposer à la loi, présenta en ces termes le rôle du médecin d'entreprise : « Auprès des établissements industriels et commerciaux, [il] remplit une mission de surveillance de la santé publique et morale du travailleur. Il se consacre essentiellement aux disciplines de prévention, de protection, de sécurité et de secours d'urgence, ainsi qu'aux problèmes d'organisation scientifique, physiologique et humaine du travail. En un mot, il règle les adaptations nécessaires entre l'homme, la machine et les exigences du métier ». Il devait rapidement rappeler que sa doctrine « a toujours été que médecine de soins et médecine d'entreprise doivent être complètement distinctes. La première doit se faire en dehors des établissements de travail et être donnée par un médecin librement choisi par l'ouvrier, dénommé "médecin de famille" » (cit. par P. GUILLAUME *in op. cit.*, p. 288).

2. Rappelons que ce principe avait été reconnu par le Sénat en 1904 sous la pression du syndicalisme médical hostile à la loi du 9 avril 1898. Il avait été réaffirmé par la première loi sur les assurances sociales du 5 avril 1928 qui garantissait aux assurés les principes de la charte médicale et notamment le libre choix du médecin (article 4 & 2). Les Codes de déontologie de 1947 et de 1955 le reprendront.

3. Compagnies de travailleurs étrangers instituées par un texte d'avril 1939, transformées depuis la loi du 27 septembre sur les étrangers en surnombre en groupements de travailleurs étrangers (cf. V. VIET, *La France immigrée. Construction d'une politique 1914-1997*, Fayard, 1998, p. 54-96).

venue la nécessité d'opérer une *suma divisio* entre « main-d'œuvre flottante » (chômeurs, travailleurs indigènes, groupements de travailleurs étrangers), soumise à l'Inspection médicale de la main-d'œuvre, et « main-d'œuvre fixée », soumise à l'Inspection médicale du Travail, ces deux inspections étant coordonnées par la Direction de la Main-d'œuvre.

C'est donc uniquement à l'intérieur du volet concernant la main-d'œuvre fixée que la médecine du travail s'est développée en fonction de la mise en œuvre de la Charte du travail. C'est ainsi que les médecins d'entreprise chargés de l'hygiène et de la sécurité du travail relevaient de la Direction de l'Organisation sociale, confiée à Henri Pouillot. La Direction du Travail, dont le titulaire fut Edmond Perrin, futur directeur de l'Institut national de la Sécurité, s'occupait, quant à elle, de la réglementation sur l'hygiène et la sécurité en liaison avec la Commission d'Hygiène Industrielle et la Commission de Sécurité du Travail. La médecine du travail relevait donc soit directement, soit indirectement de trois directions ministérielles !

Avec la Relève dont les bases juridiques datent de septembre 1942 puis le Service du Travail obligatoire (STO) de février 1943, l'inspection médicale de la Main-d'œuvre, flanquée depuis mars 1943 des « services médico-sociaux de sélection et de reclassement professionnels » [1], ne se contenta plus de dépister les cas pathologiques et de retirer du marché du travail « les individus dont les capacités diminuées réclamaient le reclassement ou l'élimination momentanée ou définitive [2] » ; elle prit une part croissante aux opérations de mutations internes (déplacement des travailleurs vers les entreprises qui en faisaient la demande) et externes (organisation des départs vers l'Allemagne au titre de la Relève puis du STO). C'est ainsi que les services médico-sociaux de la main-d'œuvre (comportant une Direction centrale, des organisations régionales et départementales), rattachés à la Direction de la Main-d'œuvre, procédèrent à la sélection et à la répartition des classes d'âge concernées par le STO, au reclassement des Nord-Africains et des prisonniers de guerre rapatriés [3]. Qui plus est, le Conseil supérieur de l'ordre des Médecins et le Conseil supérieur de la Pharmacie eurent à désigner les docteurs en médecine, pharmaciens et dentistes, appelés à participer à l'encadrement sanitaire de la main-d'œuvre française en Allemagne (loi du 28 avril 1943).

1. Responsable : Dr J.-M. Giry.
2. « La Médecine du travail », *Les Documents français*, juin 1943.
3. La loi du 7 mars 1944 les plaça sous l'autorité du Secrétariat général à la Main-d'œuvre et leur confia, entre autres attributions, « la préparation et l'exploitation du fichier physio-pathologique de la main-d'œuvre ; la sélection, le placement, la répartition rationnelle et le reclassement des travailleurs suivant leurs aptitudes physiques au travail ». Ils étaient chargés de « résoudre sur le plan médical et médico-social, tous les problèmes posés par les mouvements de la main-d'œuvre, et de participer au reclassement des prisonniers rapatriés ».

Il semble bien, en définitive, que la médecine du travail ait été, sur le versant de la main-d'œuvre, détournée de sa mission de prévention. Sa compromission dans le STO entraînera d'ailleurs, sur la proposition de Henri Desoille revenu de déportation, l'épuration d'un certain nombre de médecins inspecteurs « n'ayant pas donné les preuves d'un patriotisme suffisant »[1]. De là viendra, à la Libération, la volonté de réorganiser la médecine du travail sans vraiment porter atteinte à sa doctrine et à ses finalités.

*

* *

Quelque soixante-dix années (1874-1942) auront donc été nécessaires pour que la prévention des risques professionnels prenne racine dans les entreprises. Cette étape n'a pourtant pas remis en cause le mode de développement réglementaire de la prévention : sous Vichy, comme avant guerre, le droit s'est *toujours* mesuré à l'évolution effrénée des techniques selon une spirale indéfinie. Aucune combinaison institutionnelle n'a par ailleurs empêché, durant cette période, que la prévention fasse l'objet de tentatives d'appropriation unilatérales (publiques ou privées), vite vouées à l'échec. C'est là tout le paradoxe de la prévention des risques professionnels, terrain intrinsèquement neutre, qui appartient à tous comme à personne, mais si âprement disputé ! Le legs de Vichy est, en tout cas, loin d'être négligeable : ce régime a clairement intégré cette prévention dans l'orbite de la santé publique en s'attaquant au décalage qui s'était creusé entre une réparation socialisée et une prévention qu'il n'était pas possible de limiter à une obligation générale de sécurité assignable à l'employeur. Il a en outre induit l'idée, bien française, qu'une politique de la santé publique était inséparable de la protection physique de la main-d'œuvre. La Sécurité sociale allait en prendre acte, qui devait asseoir la protection sociale sur les cotisations des employeurs et des salariés en faisant néanmoins une exception pour les risques professionnels, uniquement supportés par les employeurs.

1. CAC 880597, art. 11 : H. Desoille au ministre du Travail, 7 août 1945. CAC 760126, art. 179 : l'épuration a également concerné la CHI : ayant collaboré à la Charte du travail, les professeurs Barthe, Gros et Eck ont dû quitter leurs fonctions ; en revanche, Kohn-Abrest, rayé de la liste des membres pour raisons raciales, a été réintégré. Paul Chevallier, directeur de l'Institut national d'Hygiène a été également démis de ses fonctions pour son attitude proallemande.

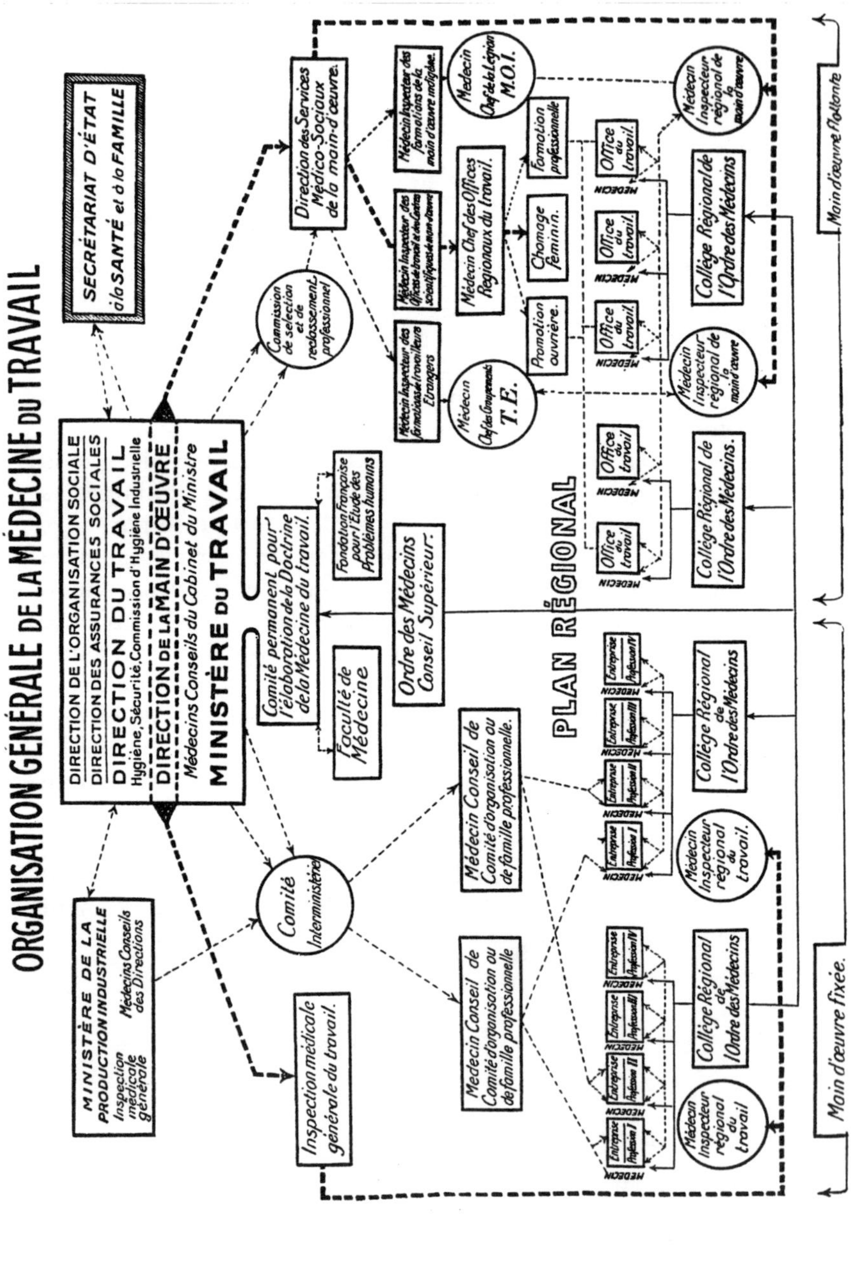

Source : « La Médecine du travail », Les Documents français, juin 1943.

DEUXIÈME PARTIE

À la recherche d’une politique de la prévention (1945-1976)

En 1945, quand la France s'oriente vers le rétablissement des institutions républicaines et retrouve la maîtrise de son destin, les artisans de son redressement organisent la protection sociale des Français sur des bases nouvelles. « La population française, comme celle de tous les pays éprouvés par la guerre, ressentait un besoin profond de sécurité pour chacun et pour tous », se souvient Pierre Laroque [1] qui appelait de ses vœux « une double transformation sociale ». Il s'agissait « d'une part de supprimer ou de réduire considérablement l'inégalité existant entre catégories sociales en libérant les travailleurs de la hantise du lendemain, d'autre part de donner aux bénéficiaires eux-mêmes la responsabilité des institutions destinées à garantir cette sécurité en créant chez eux un sens conscient de leur solidarité collective. Il s'agissait en un mot de développer notre démocratie politique en une démocratie sociale ».

L'intégration au sein de la Sécurité sociale de l'assurance des accidents du travail et les maladies professionnelles était au nombre des valeurs affirmées à la Libération. Dans un pays meurtri et ravagé par la guerre, elle pouvait sensiblement améliorer le sort des victimes du travail par un traitement plus favorable des dommages, et contribuer, dans la mesure du possible, à leur réinsertion professionnelle. L'adoption d'un statut mutualiste pour les organismes appelés à gérer les risques professionnels procédait, elle aussi, d'un souci impérieux de démocratie sociale.

Mais surtout, la prise en charge par la nation de l'assurance des accidents du travail et des maladies professionnelles instaurait un véritable lien organique et financier entre la réparation et la prévention, deux logiques qui jusque-là s'ignoraient. Bien plus, la priorité était donnée à la prévention sur la réparation. Comment un tel changement d'orientation s'est-il traduit dans les faits ?

*

1. LAROQUE (P.), « 40 ans de Sécurité sociale », *Revue Française des Affaires Sociales*, juillet-septembre 1985.

Chapitre 1

Le tournant de 1945-1947 : l'articulation prévention-réparation

Dans le domaine de la gestion des accidents du travail et des maladies professionnelles, un véritable renversement de perspective se produisit. La loi de 1898 avait incité les industriels à pallier les conséquences financières des accidents en contractant des assurances qui les prenaient en charge. Les efforts de prévention, quand ils existaient, relevaient des tâches de l'Inspection du travail et de l'initiative des employeurs ou des compagnies d'assurance, qui y voyaient le moyen de réduire leurs débours ; ils étaient en tout cas tout à fait indépendants des mécanismes de réparation.

Dans l'esprit des artisans de la Sécurité sociale au contraire, la réparation et la prévention sont intimement liées. L'indemnisation n'est que le dernier recours. La priorité doit être accordée aux mesures de prévention, à la rééducation et à la réadaptation professionnelle, pour restaurer au plus vite et au mieux la capacité de travail de la victime. La loi de 1946 donne donc la primauté à la prévention des risques professionnels et met en place un système d'incitation financière à la prévention qui vise à réduire le nombre et la gravité des accidents.

Malgré cette différence fondamentale de perspective, la mise en place des instances de la Sécurité sociale chargées de mettre en œuvre ces principes s'est également inspirée de pratiques bien ancrées. On a pris soin d'inventer sans défaire, de prendre appui sur les expériences passées, tout en faisant des paris sur l'avenir.

Inventer sans défaire

Primauté à la prévention : un principe nouveau, des pratiques éprouvées

Révolutionnaire, parce qu'il donnait à l'assurance sociale une vocation universelle, le plan français de Sécurité sociale adopté en 1945 ne s'est pas construit en faisant table rase du passé. Les artisans de la

Sécurité sociale ont conçu un système visant à tirer le meilleur parti de l'expérience passée autant qu'à inventer l'avenir. « Il y avait déjà en France des assurances pour les accidents du travail qui étaient confiées à des compagnies commerciales [...] ; il y avait également des assurances sociales. Il fallait en tenir compte et partir de tout cela pour construire. Il ne s'agissait pas de créer *ex nihilo* mais de bâtir en fonction de la situation propre à la France [1] ».

Certes, la conjoncture pèse de tout son poids : l'urgence est au relèvement du pays et à la mobilisation de toutes ses forces productives. La protection de la capacité de travail passe par la prévention des risques professionnels. D'où la nécessité de généraliser et de rendre obligatoire l'assurance AT/MP, en lui réservant un traitement plus favorable qu'aux autres branches de l'assurance sociale.

Mais la continuité est sensible à trois niveaux : celui de l'assurance sociale mise en place par les lois de 1928 et de 1930 qui, bien que le domaine des accidents du travail lui échappe totalement, assure, sous l'égide de la mutualité, la protection de la fraction la plus vulnérable des travailleurs ; celui de la reprise des méthodes et du personnel, de l'expérience acquise par les compagnies d'assurances privées en matière de prévention des accidents du travail et des maladies professionnelles, celui des missions de l'Inspection du travail dans ce domaine, qui sont anciennes et qui perdurent.

Dans le domaine des assurances sociales, la tradition française, c'était « l'entr'aide volontaire, un effort généreux et désintéressé d'assistance mutuelle : c'était la tradition de la mutualité, du syndicalisme, du vieux socialisme français des Fourier, des Louis Blanc, des Proudhon [...] ; c'était la tradition de la fraternité, et non pas (celle de) l'étatisme bureaucratique » [2]. La gestion de la loi de 1928 sur les assurances sociales avait d'ailleurs été confiée à la mutualité. Mais, l'action des sociétés de secours mutuel, fondée sur l'adhésion volontaire et la prise en mains par les intéressés de la gestion de leurs propres affaires, n'avait abouti qu'à couvrir, imparfaitement d'ailleurs, la moitié de la population. Le système prévoyait cependant d'affecter au financement de l'action préventive, sanitaire et sociale des caisses les soldes ou « bonis » de leur fonctionnement.

Les ordonnances de 1945 s'inscrivaient dans cette tradition : les organismes de Sécurité sociale seraient régis par le statut de la mutualité et gérés par des conseils d'administration composés en majorité de représentants des bénéficiaires. Le plan français de Sécurité sociale écarta donc la solution anglaise de l'étatisation pure et simple de la protection sociale. Le domaine des accidents du travail et des maladies professionnelles serait régi, comme les autres secteurs, par le principe de la gestion par les inté-

1. LAROQUE (P.), « 40 ans de Sécurité sociale », *Revue Française des Affaires Sociales*, juillet-septembre 1985.
2. *Ibid.*

ressés. En outre, on attendait du statut de droit privé des organismes de Sécurité sociale qu'il leur donne une marge d'initiative et de souplesse [1].

Lorsque les accidents du travail et les maladies professionnelles furent intégrés dans le plan français de Sécurité sociale, celui-ci mit à profit une autre expérience spécifique : celle des assurances privées qui s'étaient lancées dans l'assurance des accidents du travail à la suite de la loi de 1898. Mais la prévention était restée la parente pauvre dans les entreprises [2], bien qu'un certain nombre d'entre elles se fussent groupées en associations pour diffuser des connaissances techniques susceptibles de réduire le nombre et la gravité des accidents et des maladies professionnelles.

L'assurance sur les accidents du travail, baptisée « assurance-loi » (de 1898) représentait une manne financière pour les compagnies [3]. Celles-ci avaient compris qu'elles pouvaient encourager les entreprises contractantes à faire de la prévention en modulant les primes en fonction du taux de sinistralité. Elles avaient ainsi créé un Comité d'études Prévention et Sécurité qui s'attachait à promouvoir ces thèmes auprès des entreprises et à mener des études techniques dans ce domaine [4].

Ce comité financé par les sociétés d'assurances françaises [5] cessa d'exister quand la décision fut prise de soustraire aux compagnies l'assurance des risques professionnels. L'un des premiers soucis des fondateurs de la Sécurité sociale fut de rattacher aux nouvelles institutions [6] les spécialistes de la prévention qu'il avait formés et regroupés, dont les compétences étaient trop rares et précieuses pour être abandonnées [7]. Reste que le recrutement d'ingénieurs-conseils et de contrôleurs de sécurité s'annonçait délicat, « en raison du petit nombre de personnes compétentes existant en France » [8]. Aussi l'ordonnance du 2 novembre 1945

---

1. GALANT (H.), *Histoire politique de la sécurité sociale française, 1945-1952*, Armand Colin, 1955, p. 8.

2. « Le régime de Sécurité sociale a pu, sous ce rapport, prendre la relève de la prévoyance privée dont les efforts en France se sont révélés si souvent insuffisants » (H. GALANT, *op. cit.*, p. 8).

3. Quand l'assurance-accidents du travail cessa d'être de leur compétence pour entrer dans l'orbite de la Sécurité sociale, c'est 40 % du chiffre d'affaires des compagnies d'assurance accidents qui disparut. Seul le développement très rapide du parc automobile après guerre leur permettra, avec la croissance du chiffre d'affaires de l'assurance automobile, de compenser cette perte. Le décret du 15 mars 1948 a réglé la liquidation des opérations d'assurances contre les accidents du travail réalisées par l'assurance privée. (P.-J. RICHARD, *Histoire des institutions d'assurance en France*, Éditions de l'Argus, 1956, p. 260 et 272).

4. Devenu le comité français Prévention et Sécurité, ce comité avait, à la veille de la guerre « des groupes constitués dans les milieux industriels, syndicalistes et même dans les milieux juridiques et d'assurances ». Conseil d'administration de l'INS, 21 avril 1947.

5. Créé en 1939, il reprenait en l'amplifiant l'œuvre du Bureau central de prévention des sociétés d'assurances qui l'avait précédé.

6. L'Institut National de Sécurité (INS) devait en reprendre la plupart.

7. Les employés des compagnies d'assurance spécialisés dans le traitement des accidents du travail qui risquaient d'être mis au chômage furent aussi embauchés par la Sécurité sociale (P.-J. RICHARD, *op. cit.*, p. 260).

8. *Revue Française du Travail*, avril-mai-juin 1948.

avait-elle pris soin, dans son titre II, de fixer les règles selon lesquelles l'ancien personnel des organismes privés, ainsi que les courtiers et agents d'assurance spécialistes de ce domaine pourraient être reclassés dans les organismes de Sécurité sociale. Les besoins en formation allaient malgré tout se révéler considérables [1].

Par ailleurs, ce comité, animé avant guerre par son président Auguste Detoeuf, avait également un centre de documentation important, qui fournit une première base à l'action d'information menée par l'Institut national de sécurité (INS) [2]. La méthode de recherche et d'action qu'il avait adoptée reposait sur l'étude, par les syndicats patronaux et ouvriers réunis avec des médecins et des psychotechniciens, de statistiques et de rapports sur certains types d'accidents. À chaque étude achevée, des ingénieurs étaient chargés de la conclusion technique et proposaient des mesures de prévention pour l'avenir. Les compagnies d'assurances avaient, de surcroît, accordé aux employeurs qui faisaient des efforts de prévention des avantages financiers ; elles avaient également entrepris des opérations de « propagande » ainsi que l'éducation des ingénieurs, des contremaîtres et des ouvriers [3]. L'action du comité avait donc servi de banc d'essai au système mis en place par la Sécurité sociale.

En définitive, « le titre II de la loi du 30 octobre 1946 reprenait les conclusions d'un demi-siècle d'études, de recherches, de réalisations partielles et en prescrit l'application » [4]. Il s'inspirait des idées générales concernant la prévention exprimées à l'occasion de la 11e session de la Conférence internationale du Travail de Genève en 1928. Au total, il s'agissait d'un « retour vers de logiques conceptions de l'esprit qui, en France et à l'étranger, avaient déjà inspiré certaines réalisations et donné lieu à des succès » [5].

La continuité, c'était aussi l'action de l'Inspection du travail qui depuis un siècle faisait œuvre de prévention dans les entreprises en veillant au respect de la réglementation sur l'hygiène et la sécurité. Mais l'inspecteur du travail, ancêtre de la prévention, était « de plus en plus surchargé de tâches étrangères à la prévention » [6], occupé par quantité d'autres problèmes de nature juridique et, par conséquent, en matière de prévention, de

---

1. En 1947, première année de fonctionnement du nouveau système, les contrôleurs de la Caisse régionale de la région parisienne avaient effectué 6 944 visites d'entreprises, assisté à 483 séances de comités de sécurité, pour un effectif de 274 000 ouvriers (*Revue Française du Travail*, avril-mai-juin 1948).

2. CALONI (P.), *Échec au risque,* Paris, Société d'Éditions françaises et internationales, 1952, p. 13 et 29.

3. Rapport de M. Molin, directeur du Bureau central de prévention des Sociétés d'assurances à la Semaine nationale de sécurité de 1939.

4. CALONI (P.), *Échec au risque,* Paris, Société d'Éditions françaises et internationales, 1952, p. 30.

5. *Ibid.*

6. GOUT (E.), directeur de la CNSS, « Sécurité sociale et prévention du risque professionnel », *Travail et Sécurité,* avril 1949.

moins en moins technicien. Le BIT considérait déjà en 1928 que « le contrôle exercé par l'Inspection du travail supposerait, pour être efficace, des connaissances universelles des particularités des industries, sujettes à des changements constants » [1]. En dépit de cet élargissement des tâches en plein développement, le quasi monopole exercé de longue date sur le terrain par les inspecteurs du travail en matière de prévention, pour devoir être désormais partagé, laissera des traces profondes.

La loi de 1898 avait entériné l'idée de responsabilité pécuniaire de l'employeur en matière d'accidents du travail et de maladies professionnelles, en se fondant sur le principe que l'employeur qui tire profit du travail du salarié doit également assumer les risques inhérents à ce travail. Cette responsabilité n'était d'ailleurs que forfaitaire et partielle. L'assurance n'intervenait donc qu'à titre secondaire, comme moyen de faire face aux obligations patronales nées de la loi [2].

Avec le transfert de l'assurance accidents du travail à la Sécurité sociale, les priorités changeaient radicalement. À l'attitude passive qui mettait la réparation au premier plan, considérant l'accident comme une fatalité, la loi opposait une volonté d'action positive : l'accident doit être d'abord prévenu ; ses conséquences doivent être effacées dans la mesure du possible s'il survient malgré tout, et la capacité de travail restaurée. N'intervenant qu'en dernier recours, la réparation était donc considérée comme subsidiaire, voire comme un « pis-aller lorsqu'il n'est pas possible de faire mieux » [3]. Il s'agissait donc d'une modification profonde de l'esprit de la législation.

D'une manière générale, l'idée de prévention dans tous ses domaines d'application possibles était l'une des idées force de l'époque. Pierre Laroque voyait dans la Sécurité sociale le résultat d'une politique économique de plein emploi, de répartition des revenus en fonction des besoins, et « d'une politique d'équipement sanitaire et d'organisation médicale permettant de lutter contre la maladie en la prévenant d'abord, en la soignant ensuite dans les meilleures conditions possibles, politique qui trouve son complément naturel dans une politique d'équipement technique permettant de prévenir les accidents du travail et les maladies professionnelles » [4].

Dans les débats de l'Assemblée consultative provisoire, le projet de Sécurité sociale avait la faveur des députés de la majorité mais aussi de l'opposition. Le 20 juin 1945, plusieurs membres des partis MRP et

1. Conférence Internationale du Travail, Genève 1928.

2. Les employeurs avaient le choix entre l'autoassurance, le recours à des organismes publics comme la Caisse nationale d'assurances en cas d'accidents, à un syndicat de garantie établi à l'échelle d'une profession, à une mutuelle ou à une compagnie d'assurance privée.

3. Exposé des motifs de la loi du 30 octobre 1946 sur la prévention et la réparation des accidents du travail et des maladies professionnelles.

4. LAROQUE (P.), « De L'Assurance sociale à la Sécurité sociale : l'expérience française », *Revue internationale du travail*, n° 6, juin 1948.

radical demandèrent au gouvernement de préparer « un plan complet de Sécurité sociale associant toutes les forces vives du pays à un commun effort de solidarité et de prévention ». Ces valeurs étaient à la base du consensus provisoire qui inspirait le renouveau de la vie publique à la Libération. La deuxième Assemblée constituante entérina à l'unanimité [1] les dispositions des ordonnances du 4 octobre 1945 qui prévoyaient que la gestion des risques d'accidents du travail et des maladies professionnelles serait confiée aux caisses de Sécurité sociale à partir du 1er janvier 1947.

Sur le plan des principes, la prise en charge par la Sécurité sociale de l'indemnisation et de la prévention des accidents du travail intervenait quelques mois après la nationalisation de la moitié de l'assurance française. Cette loi d'avril 1946 intervenait après la vague de nationalisations de 1945-1946 qui avait touché la plupart des secteurs vitaux de l'économie nationale. Alors que la logique de nationalisation du secteur se fondait sur la taille des compagnies, la prise en mains par la collectivité de l'assurance des accidents du travail relevait d'une logique de branche qui impliquait un jugement critique sur son fonctionnement antérieur et une volonté de l'améliorer.

Selon l'exposé des motifs de la loi du 30 octobre 1946, « l'une des idées essentielles qui ont commandé la législation nouvelle est l'unité fondamentale de la Sécurité sociale. L'intérêt d'une protection efficace contre les facteurs d'insécurité qui menacent une famille exige, en effet, qu'on ne dissocie pas ces facteurs, mais qu'on les envisage dans leur ensemble. Qu'il s'agisse d'ailleurs d'accidents du travail ou d'une maladie professionnelle, d'un accident de droit commun ou d'une maladie ordinaire, ce sont dans une large mesure les mêmes problèmes médicaux qui se poseront, les mêmes techniques médicales qu'il faudra mettre en œuvre. » [2]

La nouvelle législation était donc fondée sur les principes de l'unicité du risque et de la caisse unique, qui en est la conséquence logique. Les organismes de Sécurité sociale, responsables de l'ensemble des familles de leur circonscription, devaient donc nécessairement assumer la charge des risques professionnels considérés comme indissociables des autres risques sociaux. En conséquence, l'assurance des accidents du travail et des maladies professionnelles devenait obligatoire. Conformément aux priorités de la France de l'après-guerre qui avait devant elle l'immense tâche du relèvement du pays, elle devra « accorder des avantages particuliers à ceux qui tombent victimes du combat pour la production, par l'octroi de prestations supplémentaires ou de prestations majorées ». [3]

1. Le vote de confiance fut acquis par 445 voix contre 0.
2. Exposé des motifs de la loi du 30 octobre 1946.
3. *Ibid.*

Le principe de la caisse unique se fondait sur des arguments techniques. « Un plan de Sécurité sociale ne peut atteindre pleinement son but que s'il repose sur une solidarité nationale aussi large que possible, autrement dit s'il englobe dans une organisation d'ensemble tous les éléments de la population et tous les aspects des efforts sociaux entrepris » [1]. La largeur de l'assise de l'assurance dans la population était en effet un gage de solidité. Si l'indemnisation des victimes était assurée, comme pour les autres risques, par les caisses primaires, l'organisation de la prévention était confiée aux caisses régionales dotées d'un service de prévention. L'échelon régional était d'autant plus indiqué que ces caisses étaient appelées à collecter les données statistiques relatives aux accidents du travail, à travailler en étroite liaison avec les comités techniques régionaux (CTR) et à moduler la tarification des risques en fonction de leur coût réel. Il fournissait à l'exploitation des statistiques une assise géographique plus large que l'échelon local – d'où l'assurance d'une certaine fiabilité –, tout en restant proche de la configuration du tissu économique environnant.

Le principe de la gestion par les intéressés reposait sur des réalités politiques. Ni les compagnies d'assurances ni le patronat en général n'avaient à la Libération un poids politique suffisant pour s'opposer à ces mesures. En revanche, l'attrait de la démocratie sociale était vif au sortir d'un régime autoritaire qui avait voulu supprimer la représentation autonome des travailleurs. Dans ces conditions, l'idée de mettre à la tête des organismes de Sécurité sociale des conseils composés majoritairement de représentants des bénéficiaires s'imposait. Par delà le régime de Vichy, on renouait avec des traditions mutualistes et syndicalistes plus anciennes [2].

Au cours des travaux préparatoires des ordonnances du 4 octobre 1945, les caractéristiques du futur système se précisèrent. Sa gestion serait confiée à « des organismes de base mutualiste, de caractère professionnel ou interprofessionnel, n'ayant aucun but de profit, comportant un large système de dégrèvement des primes en faveur des employeurs qui intensifient la prévention, et associant dans la gestion la participation des syndicats d'employeurs et de salariés et le contrôle de l'État » [3].

Les trois principes essentiels du nouveau plan de Sécurité sociale, unité de la gestion administrative, généralisation prévue du système à l'ensemble de la population et gestion des organismes par les repré-

1. Pierre Laroque, préface à Henry C. GALANT, *op. cit.*, p. XV.

2. LAROQUE (P.), *Revue internationale du travail*, n° 6, juin 1948. Il ajoutait : « Elle [la tradition mutualiste et syndicaliste] traduit aussi l'élément d'anarchie que l'on trouve toujours au fond de la conception française de la liberté, celle-ci étant dirigée, pour une large part, contre l'État, contre une collectivité considérée comme un ennemi dont il convient de se défier ».

3. CFTC, Rapport du secrétariat confédéral sur un programme général d'action ouvrière et d'organisation professionnelle, 21e Congrès national, 15-18 sept. 1945.

sentants élus des assurés eurent donc eu une incidence directe sur le traitement des accidents du travail et des maladies professionnelles. C'est au nom de sa vocation universaliste que l'assurance AT/MP devint obligatoire et fut englobée dans la Sécurité sociale ; c'est au nom de l'unité de gestion qu'elle fut gérée par les caisses régionales et locales qui couvraient l'ensemble des risques et où les représentants des assurés étaient en majorité. Bien qu'il eût rejeté l'étatisation intégrale adoptée par le système britannique, le plan français reprenait ainsi à son compte les théories essentielles de Beveridge sur l'unité, l'uniformité et l'universalité de la Sécurité sociale [1].

Pour les « préventeurs » [2] de l'entre-deux-guerres, qui comptaient avant tout sur leur force de persuasion, l'innovation majeure tenait à l'ampleur des moyens consacrés à la prévention. « Le grand mérite de la nouvelle législation, soulignait Pierre Caloni, est d'avoir permis de dégager des ressources financières qui permettent d'envisager la réalisation du plan de prévention [...]. Désormais la prévention française dispose des sommes qui lui sont nécessaires » [3]. Le mode de financement régulier et automatique de la prévention et l'importance des sommes qui lui étaient consacrées par prélèvement d'un pourcentage sur les cotisations des entreprises jouèrent en effet un rôle central dans la réforme. Elles permirent la diffusion et l'uniformisation des moyens et donc l'extension à toute la France d'un réseau d'institutions de prévention, chaque Caisse régionale de Sécurité sociale étant dotée d'un service de prévention, la coordination de l'ensemble étant assurée par la Caisse nationale de Sécurité sociale. Elles rendirent possible le fonctionnement régulier de nouvelles institutions spécialisées comme l'INS et la mise en place d'un réseau de contrôleurs et d'ingénieurs. Ce nouveau mode de financement donna donc à la prévention à la fois une implantation à la base et une superstructure à même d'orienter l'action dans ce domaine.

Le lien établi entre réparation et prévention et la prééminence donnée à la prévention se plaçaient sous le signe du progrès social. Les mesures nécessaires furent prises dans un vent d'optimisme qui fit dire au législateur : « Le progrès social est une création continue et il n'est pas douteux que la réforme proposée marque, dans cette voie, une étape décisive » [4].

1. « La Résistance avait été influencée par ses contacts avec les tendances sociales qui se faisait jour à l'étranger et notamment par le plan Beveridge » *in* GALANT (H.), *op. cit.*, p. 25.

2. Pierre Caloni, après avoir dûment consulté un philologue, a lancé ce terme pour désigner « les ennemis actifs de l'imprévu et de l'accident ». *Les préventeurs*, Paris, SEFI, 1960, p. 17 et 19.

3. *Ibid.*, p. 30.

4. Exposé des motifs de la loi du 30 octobre 1946.

Lier la prévention et la réparation : l'introduction des techniques assurancielles

L'accent mis sur la prévention était de bon sens : mieux valait prévenir l'accident que d'avoir à réparer ses conséquences, tant sur le plan humain que sur le plan financier. Mais les préoccupations de bonne gestion du nouveau dispositif mis en place étaient non moins présentes : « L'idée selon laquelle l'intérêt financier de la Sécurité sociale se conjuguait avec le souci de préserver la vie et la santé des travailleurs se fit jour ; la prévention parut inséparable de la réparation. La Sécurité sociale restait dans son ensemble une institution réparant les risques sociaux, mais la prévention s'inscrivait désormais dans la gestion financière du risque « accidents », le taux des cotisations de l'employeur étant lié à l'effort de prévention » [1].

Si « la logique contractuelle de l'assurance prévalait désormais sur la logique délictuelle de la responsabilité » [2], la Caisse nationale de sécurité sociale ne manqua pas de s'aviser de l'effet de levier que lui donnait sa position d'assureur en matière de prévention. « Dans la tâche de convaincre les chefs d'entreprise, en dehors des associations industrielles et des inspecteurs du travail, estimait Étienne Gout, directeur de la CNSS en 1948, il est une autre personne qui dispose d'une position stratégique tout à fait privilégiée : c'est l'assureur. Pourquoi ? parce que l'assureur dispose d'un argument exceptionnellement puissant, l'argument pécuniaire. Si l'assureur veut bien s'imposer d'adapter de très près la prime ou la cotisation de chaque employeur à la gravité effective du risque dans l'entreprise, il dispose par là même d'un moyen puissant pour obtenir que l'employeur fasse le nécessaire pour diminuer ce risque ». [3]

L'idée de stimuler les efforts de prévention des entreprises grâce à une incitation financière n'était pas neuve. Les compagnies d'assurances y avaient eu recours en abaissant les primes pour les entreprises qui mettaient en place des dispositifs destinés à déduire le nombre des accidents, appliquant ainsi à l'assurance des accidents du travail des techniques de réduction des risques familières à la profession [4]. Le Syndicat de garantie des chambres syndicales du Bâtiment et des Tra-

1. « Bien entendu, le législateur ne méconnaissait pas l'existence de prescriptions d'ordre public. Il demandait aux institutions de sécurité sociale un effort d'intégration dans la politique générale de prévention qui demeurait le privilège du ministère du Travail ». Rapport ANTONI, *op. cit.*

2. EWALD (F.), *Histoire de l'État providence, Les origines de la solidarité*, Grasset, 1986, p. 152.

3. *Travail et Sécurité*, avril 1949.

4. C'est ainsi qu'au XIXe siècle les compagnies d'assurances incendie baissaient les primes des entreprises qui passaient successivement, pour l'éclairage des usines, des quinquets à l'huile aux becs de gaz, puis aux lampes électriques. (RUFFAT (M.), CALONI (V.), LAGUERRE (B.), *L'UAP et l'histoire de l'assurance*, Éditions Lattès-MSH, 1990, p. 80-81).

vaux publics faisait varier la cotisation d'assurance de ses adhérents en fonction des montants d'indemnisation. Entre 1935 et 1939, il avait ainsi ristourné 35 % des cotisations versées, une fois constaté le rapport cotisation/accidents au cours de cette période [1].

Parmi ces idées figure au premier plan celle du lien entre réparation et prévention, que la loi de 1898 sur la réparation des accidents du travail ignorait totalement, à la différence du système mis en place en Allemagne par Bismarck et dans les départements français annexés. Jusque-là, seules les compagnies d'assurances avaient incité les entreprises à faire de la prévention, en faisant valoir que le montant de leur contribution à la réparation des AT/MP se réduirait d'autant plus que leurs efforts de prévention en diminueraient le nombre. Des groupements professionnels comme le Syndicat de garantie des Chambres syndicales du Bâtiment et des Travaux publics avaient également adopté un mode de fixation des cotisations qui liait des avantages financiers à la réduction des accidents [2]. Dans les débats parlementaires consacrés à l'intégration des accidents du travail dans le cadre de la Sécurité sociale, la nécessité d'adopter un mode de tarification particulier pour cette branche s'imposa : « Le taux unique appliqué aux accidents du travail n'est pas compatible avec l'accident. Étant donné la diversité des risques de chaque entreprise, ce serait décourager tout effort de prévention » [3].

En outre, dans cette volonté d'utiliser le levier de la tarification pour obtenir des résultats en matière de prévention, l'observation de l'expérience américaine semble avoir joué un rôle non négligeable. Étienne Gout en fait une analyse détaillée, qui relève qu'entre les deux guerres, la législation fédérale a imposé aux compagnies privées un plafonnement des tarifs. Elles ont alors abandonné « la méthode paresseuse » qui consiste à relever les primes ou à résilier les contrats en cas de sinistralité exagérée et se sont mises à faire de la prévention. Les résultats ont été remarquables puisqu'en 25 ans, le nombre des accidents mortels a diminué de moitié. Fort de cet exemple, « qui montre bien l'importance capitale du rôle de l'assureur en matière de prévention », il conclut : « du jour où l'assurance contre les accidents du travail a été confiée à la Sécurité sociale, celle-ci aurait été impardonnable de négliger cette position stratégique privilégiée dont elle héritait. Et voilà pourquoi la loi du 30 octobre 1946 a mis la préven-

---

1. CALONI (P.), *Les préventeurs*, *op. cit.*, p. 63. Selon son biographe, Jackie BOISSELIER, « c'est en pratiquant le métier d'assureur au Syndicat général de Garantie que l'idée de prévention germa en Pierre Caloni » (*Une guerre contre le risque. La vie et l'œuvre de Pierre Caloni*, Éd. SCHSC, 1971, p. 148). Rappelons que la Caisse syndicale d'assurance mutuelle des Forges de France avait mis au point un système de primes aux contremaîtres dont les ateliers avaient un faible taux d'accidents.

2. CALONI (P.), *Les préventeurs*, *op. cit.*, p. 62-63.

3. Intervention de Georges Savourey, Débats de l'Assemblée consultative provisoire n° 68, *J.O.* du 1er août 1945, p. 1677.

tion au premier plan de ses préoccupations [...]. On a cherché à se rapprocher le plus possible du système pratiqué aux États-Unis de « tarification d'après l'expérience ». Cette idée est au cœur du système français »[1].

L'efficacité dont la prévention était créditée pour diminuer les accidents du travail en nombre et en gravité devait entraîner une baisse corrélative de la charge financière de la branche AT/MP et, partant, contribuer à l'équilibre de sa gestion. Afin de simplifier au départ la tâche des organismes de Sécurité sociale, il avait été décidé que, pour l'année 1947, la tarification des risques serait effectuée par reconduction des taux appliqués aux primes d'assurance pour les années précédentes, c'est-à-dire par alignement sur les taux pratiqués par les compagnies avant la nationalisation de la branche, ce régime provisoire étant maintenu en attendant que des statistiques soient établies sur de nouvelles bases. Mais le passage du système de la capitalisation à celui de la répartition[2], s'il avait dans un premier temps donné plus de marge de manœuvre[3], devait s'accompagner normalement d'un accroissement des charges au fur et à mesure que la survenance des accidents donnerait lieu à des liquidations de rentes. « Toutefois, on pouvait espérer que les résultats des efforts faits en vue de la prévention iraient en s'amplifiant et compenseraient cet accroissement normal des charges »[4].

En résumé, les dispositions de la loi du 30 octobre 1946 tendaient en premier lieu à intéresser les employeurs à la prévention au moyen d'une tarification spécialement étudiée en vue de la prévention et en second lieu à les aider au maximum dans leurs efforts de prévention, et enfin à favoriser l'élaboration d'une documentation technique et d'un matériel de propagande adaptés aux besoins spéciaux de chaque profession et susceptibles d'être diffusés auprès de toutes les personnes intéressées à l'œuvre de prévention[5].

Les cotisations furent donc, conformément à l'ordonnance de 1945, partiellement individualisées en fonction du risque. « La part d'individualisation, inexistante pour les petites entreprises, où elle n'aurait eu aucune signification et se serait opposée au principe de solidarité à

1. Étienne GOUT, Directeur de la CNSS, art. cit.

2. *Ibid.* : « Dès lors que l'assurance est générale et obligatoire, et qu'elle est confiée aux organismes de Sécurité sociale, il devient inutile de recourir à la capitalisation, dont la garantie (par accumulation de capitaux) s'est avérée d'ailleurs insuffisante en raison des fluctuations économiques des temps présents » (allusion à la très forte inflation de l'après-guerre).

3. Au conseil d'administration du comité de gestion du Fonds de prévention de la CNSS du 25 mars 1947, Pierre Caloni parlait d'une « aisance momentanée » due au fait que le nouvel organisme ne prenait en charge que les accidents survenus après le 1er janvier 1947. Le service des rentes n'atteindrait donc sa pleine charge qu'après un certain nombre d'années.

4. *Revue Française du Travail*, avril-mai-juin 1948.

5. Étienne GOUT, art. cit.

la base de l'assurance, s'accroissait avec la dimension de l'entreprise. L'individualisation pouvait même devenir totale dans les très grandes entreprises qui assumaient la gestion du risque avec le concours du comité d'entreprise... Une attention particulière était accordée à l'enregistrement des déclarations d'accident du travail – lesquelles pouvaient donner lieu à enquête – aux fins de constituer des statistiques pour la prévention et de déterminer la part individualisée du taux de cotisation » [1].

La volonté de lier prévention et réparation avait plusieurs objectifs. On en attendait, d'une part, une réduction objective du nombre des accidents et, d'autre part, un allégement des charges financières que représentait leur assurance. En même temps qu'on incorporait l'assurance contre les accidents du travail dans la Sécurité sociale, on installait donc un mécanisme destiné à en maintenir le coût dans des limites raisonnables. La prévention paraissait un outil idéal pour le faire. Quant aux niveaux de tarification, ils furent provisoirement calqués sur les taux anciennement pratiqués par les compagnies, faute de disposer dans l'immédiat d'un appareil statistique nouveau qui aurait pu fonder le calcul des risques sur des bases sûres.

La gestion par les intéressés : de la théorie à la pratique

L'époque était aux idées généreuses, voire à l'utopie. Dans les grandes orientations imprimées par Pierre Laroque, la dimension éthique n'est jamais absente : « Dans la conception française, la Sécurité sociale doit, non seulement donner aux travailleurs un sentiment de sécurité, mais aussi leur faire prendre conscience que cette sécurité est leur propre fait, qu'ils en ont le mérite et la responsabilité » [2]. Les responsables du nouveau système de protection sociale étaient convaincus que, pour être efficace, « un régime doit susciter parmi ses ressortissants de l'intérêt, une volonté de coopération et une grande confiance ». Le syndicaliste Georges Buisson de la CGT voyait dans la représentation des travailleurs une « émancipation dont ils sont dignes » [3]. Néanmoins, aucune unanimité ne se faisait jour quant au meilleur moyen de rendre effective cette participation.

Deux conceptions s'opposaient dans ce domaine : la tradition mutualiste, qui reposait déjà sur le principe de la gestion par les intéressés, mais qui entrait en conflit avec la vocation universaliste de la Sécurité sociale à cause de son attachement au principe de groupement des affiliés « par affinités », et le projet syndical de mettre en œuvre la démocratie sociale. Dans les faits, la relève de la mutualité,

1. BARJOT (A.) (dir.), *La Sécurité sociale, son histoire à travers les textes,* Association pour l'étude de l'histoire de la Sécurité sociale, t. III, 1945-1981, p. 68-69.
2. LAROQUE (P.), « De L'Assurance sociale à la Sécurité sociale », art. cit.
3. GALANT (H.), *op. cit.*, p. 54.

compromise avec le régime de Vichy, fut assurée par les syndicats, qui avaient été quasiment évincés de la gestion des assurances sociales en 1928 [1].

La formule retenue par le Conseil national de la Résistance d'une gestion « par les représentants des intéressés et de l'État » ne laissait pas d'être ambiguë. S'agissait-il d'assurer la représentation de l'ensemble des parties prenantes, c'est-à-dire des assurés, des employeurs et de l'État, pour peupler les conseils d'administration des caisses de Sécurité sociale ? [2] Pierre Laroque avait une autre conception du projet : « Une de mes idées essentielles était que la Sécurité sociale fût gérée par les bénéficiaires. Pour moi, la démocratie sociale signifiait que les bénéficiaires, les *intéressés*, devaient avoir la responsabilité de l'institution créée à leur profit. Pour cela, il était souhaitable que les caisses soient le plus près possible des intéressés. J'aurais voulu qu'il y eût dans chaque département plusieurs caisses. Je l'avais proposé à Ambroise Croizat [3] qui m'a dit : « Je suis désolé, vous avez raison, mais ce n'est pas possible, nous n'avons pas des hommes en qualité et en quantité convenables pour meubler les conseils d'administration d'un tel nombre de caisses. Nous ne pouvons pas aller au-dessous du niveau du département ». Donc, conclut Pierre Laroque, « on a été obligés de se contenter de caisses au niveau départemental, sauf dans quelques départements comme le Nord, la Seine-Maritime, des départements d'Alsace et de Moselle » [4]. Par ailleurs, la volonté de circonscrire la sphère d'influence de l'État et d'assurer une marge d'autonomie aux usagers se traduisit par l'institution parallèle d'organismes de droit privé, comme les caisses régionales et les caisses primaires de Sécurité sociale, et de droit public, comme la Caisse nationale de Sécurité sociale [5].

L'Assemblée consultative provisoire fut saisie pour avis d'un projet de décret prévoyant « la gestion des caisses par les assurés, représentés par leurs organisations syndicales. Toutefois, une place sera faite aux employeurs dans les conseils d'administration » [6]. Les représentants des assurés occuperont les deux tiers des sièges dans les conseils d'administration des caisses primaires et ceux des employeurs, des associations familiales et des personnes qualifiées en raison de leurs travaux intéressant la Sécurité sociale, un tiers. Les premiers seront

1. RADELET (M.), *Mutualisme et syndicalisme, Ruptures et convergences de l'Ancien régime à nos jours,* PUF, 1991, p. 126.

2. Le bilan de la première année d'application de la nouvelle législation sur les accidents du travail, *Revue française du travail,* n° 3-4-5, avril-mai-juin 1946.

3. Ministre du Travail communiste, nommé par le général de Gaulle en 1947.

4. « La naissance de la Sécurité sociale, un entretien avec Pierre Laroque », *Le Droit ouvrier,* octobre 1995.

5. Autant dire que les caisses régionales disposeront, du fait de cette différence de statut, d'une grande liberté de manœuvre par rapport à la Caisse nationale.

6. Ce projet allait devenir le décret du 8 juillet 1945.

aussi majoritaires au niveau des caisses régionales [1]. La composition du Conseil de la caisse nationale n'est pas établie selon ces critères. Elle doit seulement comprendre des représentants de l'administration, du Conseil supérieur de la Sécurité sociale et des caisses régionales de Sécurité sociale. Le principe du paritarisme [2] fait cependant son apparition dans les comités techniques, qui sont constitués par branches professionnelles.

Les années 1945-1947 furent dominées par le débat sur les deux façons d'assurer la gestion par les intéressés : la nomination par les organisations syndicales les plus représentatives et l'organisation d'élections *ad hoc* permettant aux salariés de désigner eux-mêmes leurs représentants. « L'Administration décida de faire désigner les administrateurs des caisses par les organisations syndicales les plus représentatives – à regret, semble-t-il, car elle estimait que les élections directes constituaient une méthode plus démocratique, qui accroîtrait l'intérêt porté par les assurés à la Caisse. Considérant la proportion peu élevée des votants dans les élections aux conseils de prud'hommes, elle craignait la même désaffection dans le domaine de la Sécurité sociale et craignait aussi une politisation à l'extrême de telles élections » [3]. Quoi qu'il en fût, ce mode de désignation était fortement contesté, notamment par la majorité des membres de la Commission Delépine [4]. Le rôle de cette commission étant purement consultatif dans l'élaboration des ordonnances, le point de vue de l'administration, appuyé par la CGT, l'emporta.

L'unanimité de la classe politique autour de la Sécurité sociale explique la ratification des ordonnances de 1945 par les lois d'octobre 1946. Le projet Laroque fut défendu aussi bien par Alexandre Parodi, ministre du Travail nommé par le général de Gaulle, que par Ambroise Croizat, son successeur communiste et par le socialiste Daniel Mayer en fonctions de 1946 à 1949. C'est du reste sous le ministère de ce dernier que les lois d'octobre 1946 furent votées, la législation des accidents du travail constituant l'un de ses grands dossiers. Aussi « la compétence de

1. Les conseils d'administration des caisses régionales comprennent 14 salariés désignés par les conseils d'administration des caisses primaires parmi les représentants des travailleurs, 2 représentants du personnel désignés par les organisations représentatives, 2 praticiens choisis par le conseil de la caisse régionale sur une liste présentée par les organisations professionnelles.

2. Au sens strict, le « paritarisme » désigne un système où le conseil d'administration est composé en nombre égal de membres salariés et d'employeurs issus des organisations syndicales ou professionnelles les plus représentatives.

3. H. GALANT, *op. cit.*

4. Cette Commission, présidée par le conseiller d'État Delépine, fut instituée par arrêté du 9 juin 1945 pour donner un avis sur le projet d'ordonnance. Elle comprenait 2 délégués à l'Assemblée consultative provisoire, des représentants des ministères concernés par le projet ainsi que de la Caisse des dépôts et consignations, des syndicalistes CGT et CFTC, des représentants du patronat, des PME, de la mutualité, des unions régionales de Sécurité sociale, des caisses de compensation des allocations familiales, des associations familiales, enfin des compagnies d'assurances gestionnaires des accidents du travail.

Parodi, la volonté de Croizat et l'ardeur entraînante de Mayer »[1] se sont-elles succédé et conjuguées pour inscrire dans la législation les avancées sociales de la Libération, elles-mêmes fondées sur les grands principes issus de la Résistance.

Jusqu'aux premières élections de 1947, la CGT eut la majorité absolue dans presque tous les conseils d'administration des organismes de Sécurité sociale. « Ses représentants formaient des groupes fortement disciplinés, très dynamiques et efficaces », se souvient Pierre Laroque. « Ils ont joué un rôle prépondérant dans la mise en place de l'organisation nouvelle qui leur doit beaucoup. La contrepartie s'est trouvée dans la tendance de certains conseils à abuser parfois de leur monopole, notamment dans la solution des questions de personnel »[2]. Sans désemparer, la CGT réclamait l'autonomie des caisses aux seules mains des travailleurs[3].

Dans le domaine de la prévention des accidents du travail et des maladies professionnelles, l'administration comptait tout particulièrement sur les vertus d'entraînement de la participation des intéressés. Les réticences patronales à des mesures qui pouvaient coûter cher étaient connues, mais celles des ouvriers existaient aussi. Il importe, estimait-on à la CNSS, que « les ouvriers ne soient pas hostiles aux mesures reconnues recommandables du point de vue technique, comme c'est trop souvent le cas. Les travailleurs ont tendance à ne voir que brimades dans les consignes de sécurité qu'on leur impose, et qui parfois ont, en effet, le tort d'apporter une gêne dans le travail ou de réduire le rendement. Réduire cette hostilité est un des objectifs de la propagande pour la sécurité et, dans ce domaine, le concours des organisations syndicales ouvrières peut être d'un très grand prix »[4].

L'effort de prévention s'inscrivait naturellement à l'intérieur des modes de fonctionnement de la Sécurité sociale dans son ensemble. Or, le système mis en place donnait autorité aux pouvoirs publics sur ses modes de financement. Bien que sa gestion eût été confiée aux représentants des intéressés, la Sécurité sociale fonctionnait sous la tutelle de l'État. Le pouvoir de fixer les taux de cotisation salariale et patronale, la définition du contenu des prestations, leur taux et leurs

1. BETHOUART (B.), « Le ministère du Travail et de la Sécurité sociale : un monopole du MRP de 1950 à 1962 », *Revue d'histoire moderne et contemporaine,* 43-1, janvier-mars 1996.

2. Pierre Laroque *in* H. GALANT, *op. cit.*, p. XIX. À l'INS également, le rôle de la FNOSS était majeur dans les questions de personnel.

3. Le 28e Congrès confédéral de la CGT tenu en mai 1951 devait émettre, dans sa résolution finale, le vœu « d'une réforme dans l'administration des caisses : gestion de l'institution sans tutelle de l'État, confiée aux seuls représentants élus des travailleurs par l'élimination des employeurs », *Le Peuple*, n° 361, 1er juin 1951. Il s'agit là d'une revendication très ancienne qui remontait à la naissance de la CGT, au congrès de Limoges de 1895 : la confédération partageait les vues d'Édouard Vaillant sur la gestion autonome et ouvrière des caisses des mineurs.

4. GOUT (E.), art. cit.

conditions d'attribution relevaient du domaine réglementaire. Il en était de même pour la branche AT/MP dont l'équilibre était automatiquement assuré, puisque le taux des cotisations des employeurs était calculé de manière à couvrir la totalité des dépenses afférentes à la gestion du risque. Les caisses nationales n'étaient saisies que pour avis des textes relatifs à la Sécurité sociale. C'est donc strictement des tâches de gestion qui leur étaient confiées. Dans ces limites, le système français, mis en place à la Libération, était très décentralisé [1]. L'administration « ne pouvait pas ne pas tenir compte de la préférence manifestée tant par les syndicats que par la mutualité pour la participation des assurés à la gestion et de leur hostilité aux solutions étatistes » [2].

Les premiers administrateurs du régime général furent nommés en 1945. Compte tenu de sa forte implantation sur le terrain, la CGT, qui avait 5 millions d'électeurs, obtint la majorité. Au départ, elle avait pris, du fait de l'abstention quasi générale de la CFTC [3], une part prépondérante dans l'administration du régime. Ce monopole de gestion de la CGT provoqua en retour une pression de la part des parlementaires du MRP et d'autres partis du centre et de la droite en faveur de la désignation des administrateurs par voie d'élection. La loi du 30 octobre 1946 votée par la deuxième Assemblée constituante devait trancher dans ce sens. Les premières élections donnèrent à la CFTC une place et une influence appréciables, et la scission intervenue au sein de la CGT qui devait donner naissance à FO contribua aussi fortement à la diversification des acteurs. « À partir de 1948, l'idée paritaire est relayée par FO, dont le soutien au paritarisme est un élément de sa différenciation d'avec la CGT qui reste acquise à la gestion ouvrière, et par la CFTC qui, par ses références chrétiennes, reste sensible à des modes de gestion qui permettent une collaboration plus qu'un conflit entre patrons et ouvriers » [4].

Pierre Laroque mettra plus tard sur le compte de l'adoption du mécanisme des élections entre centrales syndicales concurrentes l'échec relatif de son projet de démocratie sociale : « À partir du moment où il y a eu la scission entre la CGT et FO (1947) et où la CFTC a vu naître la CFDT (1964), les choses ont changé. Lorsqu'on organisa des élections aux conseils d'administration des caisses, les organisations des différentes tendances se sont battues pour attirer des voix et se sont senties moins responsables que désireuses de gagner des voix. C'est humain. De ce fait, cet aspect de l'effort que nous avions entrepris n'a pas abouti » [5].

1. Un des arguments les plus couramment avancés était que seule la décentralisation était capable d'assurer un traitement rapide des dossiers.

2. GALANT (H.), *op. cit.*, p. 7.

3. La CFTC marquait ainsi son opposition au système mis en place et notamment sa préférence pour une structure plurale à dominante mutualiste.

4. POLLET (G.), RENARD (D.), « Genèses et usages de l'idée paritaire dans le système de protection sociale », *Revue française de science politique,* vol. 45, n° 4, août 1995.

5. Entretien avec P. Laroque, *Le Droit ouvrier,* octobre 1995.

Même si le principe de la gestion par les bénéficiaires avait prévalu au sortir de la guerre, la participation de tous les intéressés aux conseils d'administration des caisses entrait dans les faits. Le paritarisme s'était introduit, sans doute en raison de la technicité des questions abordées, dans la branche AT/MP par le biais des comités techniques créés pour chaque groupe de professions. À l'inverse, ce furent dans les caisses régionales, les plus proches des assurés, que fut mis en œuvre le principe de la majorité prépondérante des représentants des bénéficiaires.

L'idée paritaire faisait, en tout cas, son chemin. Le Bureau International du Travail estimait déjà, en 1928, que « le succès du mouvement [de prévention] dépendrait précisément du degré de collaboration qu'apporteraient les employeurs et les ouvriers des industries des différents pays » [1]. Il affirmait que « l'intérêt et l'effort commun des organisations d'employeurs et de travailleurs de chaque industrie et leur coopération avec l'État avaient une égale importance » [2]. Mais, en France, le paritarisme sera longtemps perçu par les organisations ouvrières comme une solution de repli par rapport à l'idéal de gestion directe qui était le leur au sortir de la guerre.

L'économie générale du nouveau système de prévention

La prévention à la confluence de trois logiques

C'est à la confluence de trois logiques différentes, nées avant guerre mais incarnées par des institutions (re)modelées entre 1945 et 1947 [3], qu'est né le nouveau système français de prévention. La première, de loin la plus ancienne, était réglementaire ; elle impliquait, de ce fait, l'exercice d'un contrôle spécifique à travers l'Inspection du travail et l'Inspection médicale. Cristallisée sous le régime de Vichy, la seconde était médico-préventive et reposait sur la médecine du travail. Rattachée à la Sécurité sociale, la troisième, dernière née, était à la fois solidariste et assurancielle ; sa mise en œuvre incombait à des institutions chargées de la réparation et de la prévention des AT/MP. Loin de fusionner, ces trois logiques auront chacune leurs institutions publiques ou privées, leurs fondements juridiques (droit du travail et droit de la Sécurité sociale) ou éthiques (déontologie du corps médi-

1. Discours du Président de la Commission de Prévention des Accidents du travail à la Conférence Internationale du Travail 31 mai 1928, Conférence Internationale du Travail, 11e session BIT, 1928, vol. 1, cité par Pierre Caloni, *Les préventeurs,* SEFI, 1960, p. 81.

2. Résolution I, Conférence Internationale du Travail, Genève 1928, vol. 1er, p. 680.

3. Aucune des institutions impliquées à un titre quelconque avant ou pendant la guerre, dans la prévention des risques professionnels ne fut épargnée par les réformes de la Libération : Inspection du travail ; Délégués du personnel ; comités de sécurité, transformés en comités d'hygiène et de sécurité (décret du 1er août 1947) ; Inspection médicale du Travail ; Services médicaux du travail (loi du 11 octobre 1946) firent tous l'objet de réaménagements.

cal), leurs agents et leurs méthodes ; leur coordination sera d'autant plus malaisée que la mise en œuvre de la prévention tiendra, dans les attributions de ces agents, une place plus ou moins grande.

La dernière née tirait sa force d'un « droit social » en cours d'affirmation, qui abolissait la frontière entre l'espace privé du travail et celui, privatif, de l'individu : célibataire ou en famille, au travail ou à la retraite, celui-ci avait désormais, du fait de sa contribution productive, droit à une protection sociale le garantissant contre les coups du sort. Inscrit dans le préambule de la Constitution de 1946, le nouveau « droit à la sécurité sociale » impliquait, en particulier, un « droit à la santé au travail », dont le régime de Vichy avait posé, en des termes d'inspiration corporatiste, les premiers jalons. Or, l'émergence de ce dernier droit laissait à penser qu'une politique publique de la prévention des risques professionnels pouvait prendre forme, très différente des pratiques mixtes (publiques et privées) ayant jusque-là prévalu. Alors qu'il s'agissait naguère de remédier *a posteriori* aux diverses formes d'insécurité (invalidité, vieillesse, maladie) qui s'attachaient, par une sorte de fatalité, au statut de nombreux salariés, il devenait à présent primordial de créer et d'entretenir les conditions d'une véritable sécurité sociale. Inversion des priorités, qui obligeait à envisager les « facteurs d'insécurité » dans leur ensemble sans les dissocier [1], à garantir notamment le meilleur, c'est-à-dire la santé au travail, afin d'éviter le pire, autrement dit l'accident du travail ou la maladie professionnelle. Prévenir plutôt que guérir, « parer à » plutôt que réparer : « Nous voulons, martelait Pierre Laroque, que dans l'avenir la réparation ne soit que subsidiaire. La législation des accidents du travail de demain doit être une législation de prévention » [2]. Du même coup, de dysfonctionnement générateur d'injustice sociale qu'il était, l'accident se transformait en anomalie, dans une société avide de chasser le souvenir du gigantesque traumatisme de la guerre.

Sans être la conséquence de ce nouvel état d'esprit, la contestation, alors très vive, du mode de gestion de l'entreprise capitaliste disposait à la réforme de son organisation interne, autour d'institutions donnant plus de sens au travail de ses membres [3]. N'avait-on pas assisté, au cours du second semestre de l'année 1944, à une floraison d'initia-

1. « Exposé des motifs de la loi du 30 octobre 1946 sur la prévention et la réparation des accidents du travail et des maladies professionnelles », *Revue française du Travail*, nov. 1946, p. 681-684.

2. Cahiers français d'information, 3 février 1946. Cité par LE GOFF (J.), *Du silence à la parole. Droit du travail, société, État (1830-1985)*, Calligrammes-La-Digitale, 1985, p. 170.

3. Dans ce sens, la déclaration de A. Garin, responsable de la CGT : « Les ouvriers sont des hommes [...] Ils veulent savoir pour qui ils travaillent. Ils ne comprennent pas que leur salaire et leur emploi dépendent de décisions dont il ne leur est dû aucun compte ou d'une politique économique à laquelle ils ne prennent aucune part [...] Faire en sorte que l'ouvrier se sente chez lui dans l'usine [...], l'associer par les syndicats à la gestion de l'économie, telles sont les réalisations qui commandent la résurrection industrielle de la France » (*Le Peuple*, 4 nov. 1944, cit. par J. LE GOFF, *op. cit.*, p. 142).

tives autogestionnaires [1] de la part des salariés, dont le trait commun – que d'aucuns jugeaient révolutionnaire – était la gestion de l'entreprise par les salariés eux-mêmes [2] ? Le programme d'action du Conseil national de la Résistance de mars 1944 reliait d'ailleurs explicitement le restauration et l'approfondissement de la démocratie politique à l'édification d'une véritable démocratie économique et sociale. Si cette double finalité conduisait à reconsidérer le rôle des salariés dans l'entreprise, artisans obligés de la reconstruction, les réformes adoptées ne furent pas à la hauteur de l'espoir suscité : l'exposé des motifs de l'ordonnance du 22 février 1945, portant création des comités d'entreprise, souligna leur rôle purement consultatif, en précisant qu'ils « ne sont pas dans le domaine économique des organes de décision », sauf en ce qui concerne la gestion des œuvres sociales de l'entreprise ; de même les délégués du personnel restèrent ces représentants élus par le seul personnel, en aucun cas désignés de l'extérieur par le syndicat, toujours interdit de séjour dans l'entreprise. À l'évidence, l'heure était moins à la démocratisation de l'entreprise qu'à la reconstruction et à la modernisation de l'économie : « Produire, clamait Maurice Thorez, c'est aujourd'hui la forme la plus élevée du devoir de classe, du devoir des Français. Hier, notre arme était le sabotage, l'action armée contre l'ennemi. Aujourd'hui, l'arme, c'est la production pour faire échec aux plans de réaction » [3]. La « Bataille de la production », qui s'engageait alors avec le soutien d'une puissante CGT réunifiée [4] conduisait de fait, au nom d'un réalisme économique prôné par le Commissariat général au Plan, à la restauration de la pleine capacité de décision des chefs d'entreprise : « Il a paru indispensable de laisser au chef d'entreprise, qui porte devant la Nation la responsabilité de l'usine qu'il dirige, l'autorité qu'implique cette responsabilité » [5].

La prévention à l'intérieur de l'entreprise : le rôle charnière de la médecine du travail et des comités d'hygiène et de sécurité

Point question pourtant de revenir sur les avancées de la prévention des risques professionnels, opérées sous le régime de Vichy : la médecine

---

1. Des exemples *in* CRAIPEAU (Y.), *La Libération confisquée, 1944-1947*, Syros, 1978.

2. Environ une centaine de comités de gestion (la gestion étant assurée par les salariés eux-mêmes) sont apparus, notamment dans les grands centres industriels de l'ancienne « zone libre », à Lyon, Marseille, Toulouse, etc.

3. Discours de Maurice Thorez à Waziers (Nord), 21 juillet 1945.

4. Au 1er Congrès confédéral d'après-guerre d'avril 1946, la CGT, forte de 5 millions de syndiqués, réaffirmera son souci, constant depuis 1944, de participer pleinement à la « Bataille de la Production » : « La CGT appelle les travailleurs à soutenir un effort de travail nécessaire pour atteindre une production maximum [...] Un salaire plus élevé doit être atteint comme fruit de ces efforts et de ce travail ». Dans *l'Humanité* du 19 septembre 1946, Monmousseau n'hésite pas à manier le paradoxe : « La grève, dans la situation présente, est l'arme des trusts contre la nation et contre la classe ouvrière ».

5. Préambule de l'ordonnance du 22 février 1945.

du travail, cette « médecine de l'homme sain »[1], et les comités de sécurité pouvaient utilement concourir au relèvement de l'économie nationale, en prenant soin d'une main-d'œuvre affaiblie par des années de restriction et toujours mal ravitaillée. N'exigeait-on pas déjà de celle-ci un effort immédiat, d'autant plus intense qu'elle était rare[2] ? Le projet de loi relatif à l'organisation des services médicaux du travail eut d'abord pour objet « de donner et de conserver à toute entreprise une main-d'œuvre qui puisse fournir le meilleur rendement aux emplois auxquels elle est attachée et de maintenir cette main-d'œuvre dans un état sanitaire satisfaisant ». Cette conception productiviste fut ensuite modifiée par le Conseil d'État dans un sens plus favorable à la prévention : « L'objet de ce texte est d'instituer une surveillance sanitaire des conditions de travail des salariés afin de veiller à ce que la santé de ceux-ci ne soit pas altérée du fait de leur travail. Le rôle des services médicaux est essentiellement préventif »[3]. C'était renouer avec une conception de la médecine d'entreprise qui s'était fixée dans l'entre-deux-guerres, et faire droit aux revendications du Conseil de l'Ordre des médecins, qui n'admettait de médecine du travail que préventive. La loi du 11 octobre 1946 relative à l'organisation des services médicaux du travail en prit acte, en précisant, dans son article premier, que le rôle « *exclusivement préventif* [4] » des médecins du travail « consiste à éviter toute altération de la santé des travailleurs du fait de leur travail, notamment en surveillant les conditions d'hygiène du travail, les risques de contagion et l'état de santé des travailleurs ». Était donc à nouveau confirmé le caractère quelque peu

1. CAC 780 084, art. 7 : BOURRET (Prof.), « Les tendances actuelles en matière de formation et de perfectionnement des médecins du travail », Conseil supérieur de la Médecine du Travail et de la Main-d'œuvre, séance du 28 mars 1969 : « La médecine du travail est une médecine de l'homme sain. Et c'est sans doute ce qu'il est le plus difficile à faire comprendre aux futurs médecins du travail que leur formation médicale de base n'a été confronté jusque-là qu'à l'expérience hospitalière dominée par l'homme malade. Son rôle est essentiellement de dépister les premiers signes de désadaptation physique ou mentale, d'évoluer ainsi dans un domaine qui n'est pas encore de la pathologie, mais qui s'écarte déjà de la normalité ».

2. Durant les deux guerres mondiales (une fois résorbé le chômage des débuts) et la période de reconstruction, les problèmes de main-d'œuvre auront été appréhendés en des termes sensiblement analogues par les pouvoirs publics.

3. CAC 880 597, art. 11 : Projet de loi relatif à l'organisation des services médicaux du travail et modifications apportées par le Conseil d'État.

4. L'expression à laquelle on avait d'abord songé était « *essentiellement préventif* ». L'article 15 du décret du 26 novembre 1946 avait toutefois prévu que le médecin du travail pouvait donner des soins aux salariés atteints d'accidents ou de maladies professionnelles donnant droit à déclaration obligatoire, « lorsque ceux-ci n'entraînent pas la cessation du travail. Mais, en aucun cas le libre choix des salariés ne devait être entravé. Cet article causa un vif émoi parmi les médecins traitants qui finirent par obtenir sa suppression (arrêt du Conseil d'État du 29 janvier 1948) avec l'appui du Conseil de l'Ordre des Médecins et de la Confédération des Syndicats médicaux français, hostiles à toute mesure légale pouvant occasionner une « dérivation de clientèle ». De là des frictions permanentes entre le comité permanent de la Médecine du Travail et de la Main-d'œuvre (devenu Conseil supérieur du même nom en 1954) et le Conseil de l'Ordre des Médecins (CAC 780 084, art. 1).

hétérodoxe d'une discipline qui, selon une définition ultérieure, s'écartait de la « médecine traditionnelle, orientée exclusivement vers le malade et la thérapeutique » : la médecine du travail « tend à préserver l'homme des lésions que peut produire son activité professionnelle, s'efforçant dans un plus haut élan de lui assurer un sort meilleur. Elle n'est pas une prophylaxie générale exclusive, ni une simple prévention dirigée selon les conditions propres à chaque établissement : elle englobe et dépasse ces préoccupations, répondant à une véritable action de société dont l'originalité et la noblesse sont de proposer à l'homme au travail l'occasion d'un complet épanouissement de sa personnalité. Médecine du travail et médecine praticienne ne sont ni opposables ni assimilables. Elles correspondent chacune à une conception différente de la biologie humaine : l'une s'efforce de panser les blessures subies dans le combat quotidien pour la vie, l'autre cherche à placer ce combat – dans son aspect professionnel – sur un terrain favorable à la limitation des dégâts [1] ».

Non sans une certaine inconséquence qui fut par la suite regrettée [2], le législateur étendit le champ d'application de la médecine du travail à toutes les entreprises sans condition de seuil, ainsi qu'aux offices publics et ministériels, aux établissements relevant des professions libérales, aux sociétés civiles et aux associations de quelque nature que ce soit occupant des salariés. Cette extension considérable souffrit néanmoins des exceptions, dues, pour certaines, à l'antériorité des régimes spéciaux (mines, entreprises de transport, fonction publique, hôpitaux publics) et, pour d'autres, à l'existence dans certaines grandes entreprises de services médicaux suffisamment structurés [3].

Allait-on conserver l'économie complexe de la médecine du travail que le régime de Vichy avait léguée ? Le funeste souvenir du STO imposait qu'on renonçât définitivement à la partition binaire des structures autour d'une main-d'œuvre fixée et d'une main-d'œuvre flottante qui n'avait pas, loin s'en faut, disparu [4] : la médecine du travail

---

1. CAC 780 084, art. 5 : FOURCADE, GUYENOT, SERRE, « Liaison et collaboration entre médecine d'entreprise et médecins-inspecteurs du travail, d'une part, organismes représentatifs de la profession médicale, de l'autre », Conseil supérieur de la médecine du travail et de la main-d'œuvre, séance des 11 et 12 juin 1954.

2. Dans ce sens, l'intervention d'Edmond Perrin, directeur de l'INS, au Conseil supérieur de la Médecine du Travail et de la Main-d'œuvre, 7 juillet 1951 : « Personnellement, j'estime que cela n'a pas été un service à rendre à la médecine du travail que de l'avoir décidée en 1946, du jour au lendemain, en disant que la médecine du travail s'appliquerait dans toutes les entreprises, quelle que soit leur situation et quelle que soit la profession exercée et quel que soit l'effectif de leur personnel » (CAC 780084, art. 5).

3. L'article 4 de la loi du 30 octobre 1946 prévoyait que certaines entreprises (occupant au moins 1 000 salariés) seraient autorisées à assumer directement la gestion des risques d'incapacité temporaire en matière d'accidents du travail (gestion confiée au comité d'entreprise sous le contrôle de la caisse primaire de Sécurité sociale, celle-ci pouvant se substituer à celui-là en cas de défaillance).

4. Cf. première partie, chapitre troisième. Le retour à la paix avait provoqué des mouvements de population de grande amplitude. Après 1948, les migrations spontanées qui se développeront entre les trois départements algériens et la métropole prendront le relais de ces mouvements.

serait une médecine d'entreprise. Il s'agissait, qui plus est, de simplifier une organisation ayant donné lieu à des chevauchements de compétences intempestifs entre les services respectifs des ministères du Travail, de la Production industrielle et de la Santé. Le professeur Henri Desoille [1] se prononça nettement pour une clarification des rôles entre les diverses administrations concernées. S'il paraissait rationnel de maintenir le régime d'exception que représentaient les services publics, les mines et carrières et les établissements travaillant pour la défense nationale, pour autant qu'ils échappaient au contrôle de l'Inspection du travail, le contrôle technique que le ministère de la Santé exerçait sur tous les services médicaux et médico-sociaux des divers départements ministériels (décret du 26 décembre 1944) ne s'imposait plus. « Il ne faudrait pas, en effet, que des médecins-inspecteurs, désignés par le ministère de la *Santé*, viennent enquêter dans les usines dépendant du ministère du *Travail*, comme le fait s'est déjà produit car cela ne peut que prêter à confusion » [2]. C'est ainsi que la surveillance des ateliers devait uniquement incomber à l'inspecteur du travail et au médecin-inspecteur du travail qui l'aide dans sa tâche. En dehors des entreprises, autrement dit pour tout ce qui ne concerne pas l'hygiène du travail, le médecin directeur régional de la Santé, relevant du ministère de la Santé, serait compétent.

Au rebours de l'évolution qui s'était dessinée sous Vichy, les services médicaux du travail dans l'entreprise furent réorganisés avant l'inspection médicale du travail. Le décret du 26 novembre 1946 imposa aux chefs d'entreprise l'obligation de s'assurer le concours d'un ou de plusieurs médecins du travail, soit en organisant un service médical autonome, soit en s'affiliant à un système interentreprises. Étant donné l'ampleur des besoins à couvrir, aucun diplôme particulier n'était requis pour exercer les fonctions de médecin du travail, mais la loi du 11 octobre 1946 prévoyait qu'un diplôme de médecin hygiéniste du travail serait ultérieurement requis [3] et que le médecin du travail devait être, dans la mesure du possible, un médecin spécialisé, employé à temps complet, « qui ne pourra pratiquer la médecine de clientèle courante » [4]. Disposant d'un crédit d'heures

1. Ce professeur, revenu de déportation, fut également chargé par le directeur général du Travail et de la Main-d'œuvre, Jacques Maillet, d'enquêter sur les structures qui avaient mis en œuvre le STO.

2. *Ibid.* Rapport du médecin inspecteur général du Travail, Henri Desoille, au ministre du Travail et de la Sécurité sociale, 7 août 1945.

3. Le Conseil de l'Ordre des médecins s'opposera longtemps à l'obligation du certificat spécialisé, excipant de l'unicité du diplôme de docteur en médecine. En juillet 1951, cette institution admettra l'obligation du certificat pour les médecins appelés à surveiller les entreprises comportant certains risques. Le certificat sera rendu obligatoire à compter du 1er janvier 1959 ; il sanctionnera alors une formation particulière.

4. En 1958, le professeur Fourcade devait déclarer : « Trop de médecins du travail à temps partiel ne le sont que par commodité, recherchant seulement dans cette activité une occupation et un salaire d'appoint » (CAC 780084, art. 7 : « Conditions actuelles de fonctionnement des services médicaux du travail et de formation des médecins du travail », juillet 1958).

variable selon les effectifs employés, les médecins du travail étaient placés sous la direction du chef d'entreprise [1] ou du président du comité interentreprises [2] et devenaient les « conseillers de la direction, des chefs de services, du comité d'entreprise, du comité d'hygiène et de Sécurité (en gestation) et du service social de l'entreprise » ; ils ne pouvaient être nommés ou révoqués que par accord réalisé, suivant les cas, entre le chef d'entreprise et le comité d'entreprise de l'établissement ou entre les chefs d'entreprise et le comité interentreprises. Si le contrôle de l'absentéisme ou la tenue du fichier physiopathologique de la main-d'œuvre leur étaient retirés [3], leur rôle en fait de prévention était sensiblement élargi, puisqu'ils avaient, en sus des attributions qu'ils détenaient depuis le régime de Vichy, à donner, pour chaque embauche, leur avis sur l'aptitude des salariés aux postes de travail [4], à remplir leur fonction de conseiller dans des domaines redéfinis (l'hygiène générale de l'entreprise, la protection des ouvriers contre les poussières et les vapeurs dangereuses et contre les accidents) ou entièrement nouveaux (adaptation des salariés au poste de travail ; amélioration des conditions de travail, notamment les constructions et aménagements nouveaux, l'adaptation des techniques de travail à la physiologie humaine, l'élimination des produits dangereux, l'étude des rythmes de travail). En leur qualité de conseillers, les médecins du travail devaient être obligatoirement consultés pour l'élaboration de toute nouvelle technique de production et tenus au courant des produits employés dans les établissements de leur ressort.

Ces nouvelles fonctions conduisaient à faire de la médecine du travail une articulation théoriquement maîtresse entre, d'une part, l'administration du Travail (l'Inspection du travail), qui n'avait jamais pu « investir » le domaine des conditions de travail autrement que par le biais des conventions collectives, et, d'autre part, les structures de la Sécurité sociale spécialisées dans la réparation et la prévention technique des risques professionnels. Le souci neuf d'occuper le terrain des conditions de travail amena d'ailleurs le ministre

1. Art. 6 du décret du 26 novembre 1946 : « Le service médical est placé sous la direction du chef d'entreprise ou du président du comité interentreprises ».

2. Ces derniers étaient tenu d'établir et de communiquer à l'inspecteur du travail ou au médecin inspecteur du travail un rapport sur l'organisation, le fonctionnement et la gestion financière du service médical.

3. La tenue du fichier physiopathologique de la main-d'œuvre était cependant confiée à l'Inspection médicale du Travail et de la Main-d'œuvre.

4. Les médecins du travail disposaient du pouvoir d'interdire (sans recours possible de la part du salarié) à un salarié d'accéder à un emploi dépassant ses capacités physiques ou, s'il était tuberculeux, d'occuper son emploi. Cette prérogative est aujourd'hui peu utilisée : en 1983, une enquête portant sur 300 000 salariés faisait état de 273 avis d'inaptitude. Parmi les raisons invoquées : « les divergences d'appréciation du médecin-conseil de la Sécurité sociale, du médecin traitant et du médecin du travail qui engendrent des conflits préjudiciables au salarié et à l'image de la médecine du travail » (*Travail et Sécurité*, novembre 1986 : entretien avec Dr P. Barre).

communiste du Travail, Ambroise Croizat, à créer, par arrêté du 14 mars 1947, un « Service d'adaptation physiologique des techniques du travail », qui, avec le recul du temps, peut être considéré comme un ancêtre possible de l'Agence nationale pour l'amélioration des conditions de travail (ANACT). Ce service, dont le personnel appartenait à l'inspection médicale générale du travail et de la main-d'œuvre, avait dans ses attributions « l'étude de l'amélioration des conditions de travail (adaptation des machines à l'homme, rythme de travail, psychologie du travail, rationalisation) » [1].

Reste que l'insuffisante formation et spécialisation des médecins du travail, les conflits doctrinaux entre le Conseil de l'Ordre des Médecins et le Comité permanent de la Médecine du Travail et de la Main-d'œuvre [2], ainsi que l'extrême difficulté à régler les relations entre médecins du travail, médecins conseils de la Sécurité sociale, médecins traitants et médecins-inspecteurs du travail eurent vite raison de l'enthousiasme des débuts. En témoigne ce bilan dressé en 1954 par les professeurs Fourcade, Guyenot et Serre : « L'ascension rapide de la médecine du travail n'est pas allée sans heurts au sein de la profession médicale [...]. Des conflits se sont bientôt élevés concernant l'exercice de la médecine du travail, nés de la difficulté d'accorder les tâches entièrement nouvelles du médecin d'entreprise avec les règles anciennes de la médecine et la déontologie classique ». Les questions qui ont « assombri les rapports de la médecine du travail et de la profession médicale sont : l'obligation pour le médecin du travail de posséder le certificat spécialisé ; l'interdiction de pratiquer la médecine de soins ; la question du contrat à passer avec l'employeur. Les relations entre médecins du travail et médecins traitants ont souffert de ces difficultés, limitant notamment leurs échanges d'informations, pourtant indispensables dans l'intérêt des ouvriers » [3].

1. Arrêté du 14 mars 1947.

2. Placé auprès de la Direction générale du Travail et de la Main-d'œuvre, ce comité était l'héritier direct du « comité permanent chargé d'élaborer la doctrine de la médecine du travail et de fixer les règles générales d'action des médecins inspecteurs du travail », créé par le régime de Vichy. À la différence de son prédécesseur, il comportait des représentants des grandes centrales syndicales, ouvrières et patronales.

3. CAC 780084, art. 5 : « Liaison et collaboration entre médecins d'entreprise et médecins-Inspecteurs du travail, d'une part, organismes représentatifs de la profession médicale de l'autre, par FOURCADE, GUYENOT et SERRE, session du 11 et 12 juin 1954. Un autre bilan, établi par le Directeur du Travail, Lambert, en 1951 fait état de 2 642 services médicaux autonomes et de 496 services interentreprises pour un total de 3 078 208 travailleurs (49 % des salariés des entreprises assujetties bénéficiaient alors de la protection médicale prévue par la réglementation sur la médecine du travail). Notons que l'administration a toléré l'organisation de services autonomes dans les établissements de plus de 50 personnes. L'organisation des services interentreprises rencontrait le plus de difficultés, les textes ayant omis de désigner les responsables de leur constitution. Les travailleurs acceptaient difficilement que les médecins de l'entreprise ne pussent leur donner aucun soin pour être dirigés, sans la moindre ordonnance, vers leur médecin traitant. Des salariés craignaient, en outre, de perdre leur emploi si la visite faisait apparaître des déficiences.

L'enfance des comités d'hygiène et de sécurité (CHS) ne fut pas non plus exempte de vicissitudes. Le ministère du Travail et de la Sécurité sociale (MTSS) entendait relier leur création à la nouvelle législation sur la Sécurité sociale qui prévoyait une articulation entre les organismes de Sécurité sociale et les comités de sécurité, créés par Vichy. Dans la mesure où le décret du 4 août 1941 comportait quelques références à la Charte du travail, mais surtout parce qu'il fallait tenir compte de la création récente des comités d'entreprise, un nouveau décret d'harmonisation, rendu le 1er août 1947, rebaptisa les « comités de sécurité » en « comités d'hygiène et de sécurité », destinés à constituer « une commission spéciale du comité d'entreprise ». Si le champ d'application visé était calqué sur celui de la médecine du travail, le seuil normal des 50 salariés, correspondant à celui des comités d'entreprise, était logiquement retenu pour les entreprises industrielles [1]. Ce seuil n'était pourtant pas intangible, puisque l'Inspection du travail gardait la faculté de mettre en demeure les employeurs d'organiser un CHS, dans les entreprises non assujetties, où sont « exécutés des travaux de nature à présenter une insécurité particulière pour le personnel en ce qui concerne les accidents du travail ou les maladies professionnelles » [2].

Composés de représentants du personnel, désormais désignés [3] par le comité d'entreprise assisté des délégués du personnel [4], les CHS se voyaient reconnaître les mêmes attributions que les comités de Sécurité institués en 1941. Était également conservée la dérogation, remontant à décembre 1942, qui permettait aux chefs d'établissements assujettis d'être dispensés, par décision de l'Inspection du travail, de l'obligation de créer un CHS, dans le cas où ils justifieraient de leur affiliation à un organisme d'hygiène et de sécurité apportant des services au moins équivalents.

Ici encore, la mise en œuvre des CHS fut des plus délicates. Établi par les services de l'Inspection du travail, un premier bilan daté de 1949 souligne « une désaffection ou une indifférence par trop fréquentes, tout en faisant état de quelques « initiatives heureuses » [5]. La pro-

1. Seuil porté à 500 pour les entreprises commerciales, offices publics et ministériels, professions libérales, sociétés civiles, syndicats professionnels et associations de quelque nature que ce soit, occupant d'une façon habituelle 500 salariés au moins.

2. Art. 2 du décret du 1er août 1947.

3. Rappelons que les représentants des comités de sécurité étaient désignés par l'autorité administrative.

4. Le nombre des membres du CHS était augmenté, mais variait suivant le nombre des travailleurs occupés. Le CHS comprenait le chef d'établissement ou son représentant (président), le chef du service de sécurité ou l'agent chargé des questions de sécurité (à défaut, un chef de service ou un ingénieur désigné par l'employeur, secrétaire), le médecin de l'établissement ou du service interentreprises, la conseillère du travail pourvu qu'elle existât, trois représentants du personnel.

5. Une analyse de ce bilan *in* « Fonctionnement des comités d'hygiène et de sécurité », *Revue française du Travail*, n° 3-4, mars-avril 1949.

portion des entreprises ayant constitué des CHS par rapport à celles qui étaient assujetties aux dispositions du décret de 1947 s'élevait environ à 70 % ; cette moyenne optimiste constituera longtemps un sommet difficile à franchir. En Alsace-Lorraine, où il n'existait pas de comités de sécurité par suite de l'instauration d'un régime spécial sous l'Occupation, la moyenne s'établissait à 38 %. Partout, l'activité des CHS laissait à désirer, sauf en Meurthe-et-Moselle, où il existait depuis les années 1920 des comités de sécurité, notamment dans les usines sidérurgiques et chimiques. Les entreprises occupant moins de 100 ouvriers ou celles employant un personnel en majorité féminin étaient celles qui manifestaient le moins d'empressement à se mettre en règle. « L'incompréhension de certains employeurs, surtout préoccupés par le souci de la production, et qui estimaient avoir fait tout leur devoir en s'affiliant à une compagnie d'assurances ou une association privée de prévention » était certes en cause, mais les délégués des CHS, dépourvus de statut protecteur, avaient « souvent des préoccupations d'un ordre plus spectaculaire » (c'est-à-dire revendicatif [1]) ou ne possédaient « pas toujours la formation et la technicité indispensables » [2].

Allait-on enfin organiser, sur des bases solides, la prévention des risques professionnels sur les chantiers du bâtiment et des travaux publics ? Sous le régime de Vichy, le premier décret sur les comités de sécurité (4 août 1941), conçu à l'attention de la grande industrie, n'avait apporté aucune satisfaction dans ce domaine. Applicable aux chantiers occupant plus de 100 personnes d'une même entreprise, ce décret méconnaissait les conditions très particulières dans lesquelles s'effectuait le travail sur chantier. On avait certes envisagé de créer des CS communs à plusieurs entreprises ayant leur personnel rassemblé – même temporairement – sur un même chantier, mais la spécialisation, la rotation des équipes, les variations dans les effectifs occupés ne s'y prêtaient guère. « Il fallait chercher autre chose, quitte à donner une entorse aux règles de droit commun. C'est alors que naquit l'idée d'un organisme unique [...] appelé à exercer son activité auprès de toutes les entreprises et sur tous les chantiers » [3]. Cette idée ne prit forme qu'au terme de deux années d'hésitations, de discussions et de mises au point, tant la difficulté était grande d'adapter un texte « conçu en vue de l'usine, de la grande industrie, des grands établissements fixes employant du personnel stable, aux conditions particulières du travail sur les chantiers du bâtiment et des travaux publics » [4]. La création, par arrêté ministériel du 1er juillet 1943, d'un

1. La politisation des CHS a suivi celle qui s'était opérée au sein des comités d'entreprises (sur cette question, EHRMANN (H.W.), *La politique du patronat français*, A. Colin, p. 378-384).

2. « Fonctionnement... », *Revue française du travail*, art. cit.

3. CALONI (P.), *Les préventeurs*, *op. cit.*, p. 98.

4. *Ibid.*

« Organisme professionnel de prévention du bâtiment et des travaux publics » (OPPBTP) finit cependant par couronner les efforts infatigables de Pierre Caloni qui avait su gagner à sa cause Edmond Perrin [1], Directeur du Travail, et Mlle Henry, chef du Bureau de l'Hygiène et de la Sécurité du Travail au ministère du Travail [2].

Quelque peu contrariée par les circonstances de l'époque, l'activité de l'OPPBTP ne devint pleinement effective qu'au lendemain de la Seconde Guerre mondiale. Réorganisé par décret du 9 août 1947, « l'OPP » conservait son organe coordonnateur, le comité national [3], et ses comités régionaux dans le ressort territorial des CRSS. Suivie par l'inspecteur divisionnaire du travail et de la main-d'œuvre ou, à défaut, un inspecteur désigné par ses soins, l'activité des comités régionaux était assurée par des délégués à la sécurité [4], chargés de visiter les établissements et chantiers, d'enquêter sur les accidents du travail, de vérifier le matériel et les conditions d'hygiène et de sécurité [5].

Sous le signe de la dualité : les deux ordres de prévention extérieurs à l'entreprise

L'organisation de la Sécurité sociale n'a pas remis en cause la prévention réglementaire qui s'exerçait par l'intermédiaire de l'Inspection du travail depuis le milieu des années 1870. C'est un fait que le nouvel ordre de prévention, créé au sein de la Sécurité sociale, ne s'est pas substitué à l'ancien et n'a pas non plus fusionné avec lui ; il s'est, au contraire, juxtaposé au précédent, en le laissant intact. Comment expliquer cette juxtaposition, qui constitue l'une des caractéristiques majeures du système français de prévention des risques professionnels [6] ? Les raisons en sont à la fois historiques et conceptuelles.

---

1. Edmond Perrin « guida les premiers pas de l'OPP qui est un des enfants administratifs du ministère du Travail » (CALONI, *op. cit.*, p. 121).

2. Cette création mettait fin au Service de prévention du Syndicat général de garantie qui existait depuis 1898 et qui avait calqué son règlement de prévention sur les statuts, datant de 1859, de la Société d'Assurance mutuelle de la Chambre de Maçonnerie.

3. Ce comité national comprenait 3 représentants des employeurs ; 3 représentants des ingénieurs, agents des cadres, agents de maîtrise et chefs de chantiers ; 3 représentants des ouvriers. Tous ces représentants étaient désignés par les organisations patronales et ouvrières les plus représentatives. Les comités régionaux étaient composés de la même façon.

4. Choisis parmi les agents des cadres ou de la maîtrise et les ouvriers justifiant de l'exercice pendant 5 ans au moins d'une profession ou d'un métier des industries du bâtiment et des travaux publics.

5. Décret du 9 août 1947 relatif à l'institution d'un OPPBTP.

6. MARTIN (H.), « La Sécurité sociale et la prévention des accidents du travail », *Revue française des Affaires sociales*, mars 1981, p. 99-105 : l'auteur note que « la plupart des États ont des systèmes légaux de protection sociale contre les AT et MP, soit autonomes, soit intégrés comme en France à des systèmes généraux de Sécurité sociale ; mais rares sont les États qui ont confié à ces institutions une fonction de contrôle sur le terrain, qui reste, dans la plupart des cas, dévolue à l'Inspection du travail où à un corps de contrôle équivalent ».

« Il importe, précisait l'exposé des motifs de la loi du 30 octobre 1946, que la législation des accidents du travail et des maladies professionnelles, n'étant plus fondée uniquement sur une idée de responsabilité, ne soit plus davantage uniquement une législation de réparation. Elle doit tendre, d'abord, à prévenir l'accident ou la maladie. Elle doit tendre ensuite, lorsque l'accident ou la maladie est survenu, à restituer à la victime sa capacité de travail par des soins appropriés, par une réadaptation fonctionnelle et une rééducation professionnelle, de manière à faire disparaître, dans toute la mesure du possible, les conséquences sociales de l'accident ou de la maladie [1] ». C'est donc sur la théorie maintenue du risque professionnel, fondée depuis 1898 sur la responsabilité objective de l'entreprise en raison des risques créés par elle, que fut assise la primauté de la prévention sur la réparation. Or, l'application de cette théorie justifiait qu'on réservât à la réparation des accidents un traitement à part, plus favorable aux victimes ou à leurs ayants droit que dans le cadre de l'assurance maladie ; elle impliquait, en outre, que la charge financière afférente à la réparation fût exclusivement supportée par les employeurs et non pas répartie, comme dans le cadre de l'assurance maladie, entre ceux-ci et les salariés [2]. De là un traitement spécifique de la réparation des risques professionnels qui revenait à conférer aux organisations patronales un droit de regard sur l'utilisation des ressources ainsi dégagées, avec cette idée force que celles-ci pouvaient financer des actions de prévention, susceptibles de faire baisser le montant de la charge patronale. Plus la prévention serait efficace, plus le coût de la réparation serait allégé.

La prévention couplée sur la réparation procédait certes d'une logique assurancielle, puisque les recettes étaient en partie [3] ajustées par rapport aux dépenses sur la base des risques effectivement générés ; mais elle était aussi issue d'un compromis entre des techniques assurancielles et une réglementation sur l'hygiène et la sécurité à laquelle devait se plier l'employeur sauf à encourir des sanctions pénales. En faisant de l'assurance des accidents du travail un élément du système général des assurances sociales et en confiant aux institutions de la Sécurité sociale chargées de la réparation un rôle préventif, le plan français de Sécurité sociale empruntait au régime alsacien-mosellan ses deux caractéristiques majeures. Mais en tirant les conséquences logiques d'une responsabilité objective qui pouvait se transformer en responsabilité pénale en cas d'infraction à des dis-

1. « Exposé des motifs de la loi du 30 octobre 1946 sur la prévention et la réparation des accidents du travail et des maladies professionnelles », *Revue française du travail*, novembre 1946, p. 681-684.

2. Autre implication : la loi du 30 octobre 1946 interdit à tout chef d'entreprise de s'assurer contre la faute inexcusable.

3. En partie, puisqu'il appartenait aux pouvoirs publics de fixer le taux des cotisations.

positions légales expressément prévues, il contribuait à singulariser le système des AT/MP au sein d'une Sécurité sociale qui mettait en œuvre une double logique, l'une réglementaire (partagée avec l'administration du Travail) et l'autre, assurancielle (lui appartenant en propre).

Reste que le seul modèle de référence alors disponible en matière de prévention était celui, réglementaire, que l'Inspection du travail mettait en œuvre depuis le milieu des années 1870. Ni l'assurance privée, ni la mutualité n'avaient démontré, dans l'entre-deux-guerres, qu'elles étaient en mesure, à elles seules, d'articuler concrètement prévention et réparation des risques professionnels. Mieux valait donc conserver un système qui, malgré ses limites, avait fait ses preuves, tout en lui adjoignant un autre, fondé sur l'incitation et la sanction financières : les deux systèmes devaient se compléter, sans nullement remettre en cause l'existence de la prévention réglementaire. À telle enseigne que la loi du 30 octobre 1946 reconnut aux caisses régionales de Sécurité sociale la faculté « d'inviter, par voie de dispositions générales, l'ensemble des employeurs exerçant une même activité dans sa circonscription à se soumettre à certaines mesures de prévention » ; le non respect de ces dispositions générales [1] pouvait même entraîner l'imposition d'une cotisation supplémentaire à la charge de l'employeur. C'était reconnaître à la prévention réglementaire, qui pouvait désormais s'alimenter à deux sources distinctes (Code du Travail et Code de la Sécurité sociale), une place forcément prépondérante. Il n'en reste pas moins que dans l'esprit du ministère du Travail *et* de la Sécurité sociale, chargé de définir la nouvelle politique de prévention des risques professionnels, le système n'était pas initialement dualiste mais complémentaire. [2]

Sur le versant Travail, les deux grands organismes consultatifs techniques de la Direction du Travail, la Commission d'Hygiène industrielle et la Commission de Sécurité du Travail, dont l'objet était d'adapter la réglementation à « l'évolution de la science et des nécessités de la pratique ou de la technique [3] », s'ouvrirent à une représentation plus grande que par le passé des grandes organisations patronales et ouvrières [4]. En outre, les prérogatives en fait de prévention de l'Inspection du travail, rebaptisée Inspection du travail et de la Main-

1. Ces dispositions générales pouvaient, par décision ministérielle, être étendues à l'ensemble du territoire.

2. La France allait du reste ratifier la Convention internationale n° 81 de 1947 concernant l'Inspection du travail, qui affirmait que la prévention des risques professionnels devait reposer sur une base législative imposant des prescriptions d'ordre public et instituait, corollaire nécessaire, un système d'inspection efficace.

3. Discours du ministre du Travail, Paul Bacon, 15 juin 1953, *Travail et Sécurité*, juillet 1953.

4. Les délégués patronaux et ouvriers pouvaient se faire représenter par des personnes possédant une compétence particulière sur certaines questions.

d'œuvre [1], furent maintenues dans leur intégralité, tandis que l'Inspection médicale du travail et de la main-d'œuvre était réorganisée sur des bases nettement plus solides que sous le régime de Vichy [2]. Les médecins inspecteurs se virent attribuer les mêmes pouvoirs que les inspecteurs du travail, mais ne pouvaient ni notifier des mises en demeure ni dresser des PV. Travaillant en liaison avec les inspecteurs du travail et les comités techniques régionaux, ils étaient chargés de contrôler les services médicaux du travail, de veiller à l'application de la législation sur l'hygiène et la sécurité et à la protection de la santé des travailleurs. Ils assuraient, en coordination étroite avec les services psychotechniques, l'examen médical des travailleurs en vue de leur orientation professionnelle, de leur reclassement et de leur envoi vers les centres d'éducation pour ceux qui étaient provisoirement inaptes. Il leur revenait, enfin, d'apprécier l'état de santé général de la main-d'œuvre par la tenue du fichier physiopathologique de la main-d'œuvre en liaison avec les caisses de Sécurité sociale, sur la base de statistiques communes. À l'instar des médecins du travail, ils étaient habilités à examiner les travailleurs et à effectuer tout prélèvement aux fins d'analyse.

Sur le versant de la Sécurité sociale, de nombreuses structures chargées de la prévention furent mises en place. Au niveau national, un établissement public, la Caisse nationale de Sécurité sociale (CNSS) eut à gérer, par l'organe d'un comité de gestion, un Fonds de prévention des accidents du travail et des maladies professionnelles, alimenté par un prélèvement maximum de 2 % sur les cotisations d'accidents du travail. « Élément moteur de la prévention [3] », ce Fonds devait, aux termes de la loi, contribuer à la prévention des risques professionnels : a) par la création ou le développement d'institutions ou d'œuvres de prévention et de recherches ; b) par l'attribution de subventions ou de prêts en vue de la prévention et de recherches [4] ;

---

1. Le décret du 27 avril 1946 chargeait les inspecteurs du travail et de la main-d'œuvre des dispositions législatives et réglementaires concernant les conditions de travail, l'hygiène et la sécurité des travailleurs, les comités d'entreprise, les conflits du travail, l'emploi de la main-d'œuvre, le placement des travailleurs, le reclassement, la sélection et la formation professionnelle, l'aide aux travailleurs sans emploi. Le cadre des inspecteurs comprenait un inspecteur général, 16 inspecteurs divisionnaires, 90 directeurs départementaux, 15 inspecteurs principaux, 237 inspecteurs et inspectrices. Ce cadre était complété par 150 contrôleurs hors classe et contrôleurs principaux, 300 contrôleurs et 450 contrôleurs adjoints.

2. Le décret du 16 janvier 1947 institua un médecin chef de service, trois médecins hors catégorie, vingt de 1re catégorie et vingt de 2e catégorie. Comme par le passé, la possibilité de faire appel exceptionnellement ou, pour des tâches temporaires, à des médecins travaillant à la vacation, était prévue.

3. Circulaire ministérielle du 5 juillet 1949 qui a défini les contours de la politique de prévention.

4. À des institutions ou œuvres à caractère national ainsi qu'aux caisses régionales de sécurité sociale, à titre de participation soit à la création d'œuvres de prévention et de recherches par ces caisses, soit au fonctionnement de ces œuvres notamment en cas de déficit.

c) par la mise en place de services, institutions ou œuvres chargées de l'étude, de l'enseignement, de la propagande et de la documentation sur la sécurité, l'hygiène du travail et la prévention des AT-MP et l'attribution de subventions à ces organismes ; d) par l'organisation de services, institutions ou œuvres chargés du contrôle de la prévention ou fournissant le concours de techniciens-conseils en matière de sécurité et d'hygiène du travail. Il était, enfin, appelé à « fournir les moyens de recourir à tous les procédés de publicité et de propagande appropriés pour faire connaître, tant dans les entreprises que parmi la population, les méthodes de prévention et exercer spécialement une action sur les travailleurs par l'intermédiaire de leurs syndicats et sur les comités [d'hygiène et] de sécurité » [1], et à favoriser l'enseignement de la prévention en liaison avec le ministère du Travail et de la Sécurité sociale, le ministère de la Santé publique et le ministère de l'Éducation nationale.

La Caisse nationale était assistée de quatorze comités techniques nationaux professionnels [2] (CTN) coiffant des comités techniques régionaux, eux-mêmes placés auprès de chacune des seize caisses régionales. Organisés sur des bases à la fois géographiques et professionnelles, les CTN et les CTR étaient chargés de centraliser et d'étudier les statistiques financières et techniques des accidents du travail, d'en dégager des directives en matière de prévention [3]. Il leur incombait notamment « de mettre sur pied un système cohérent de tarification, commandé essentiellement par le souci de prévenir les accidents du travail en assurant une répartition harmonieuse des charges qui pèsent sur les entreprises proportionnellement à la gravité des risques auxquels leur personnel est exposé » [4]. Si les CRSS pouvaient leur déléguer une partie ou la totalité de leurs pouvoirs,

1. Art. 21 de la loi du 30 octobre 1946.

2. La constitution des CTR auprès des caisses régionales avait été prévue par l'ordonnance du 4 octobre 1945, premier texte général sur l'organisation du nouveau régime de la Sécurité sociale. Les CTN ont été créés postérieurement par le règlement d'administration publique du 8 juin 1946. Coordonnés par un comité central de coordination auprès du conseil d'administration de la CNSS, ils devaient être composés d'au moins 16 membres titulaires, dont 8 représentants des employeurs et 8 représentants des salariés (remboursés de leurs frais), ayant chacun un suppléant (d'où un total d'au moins 32 membres). Les CTN étaient complétés par le directeur du Travail, l'inspecteur général du travail et, le cas échéant, par le médecin Inspecteur général du travail (membres de droit avec voix consultative) ; ils pouvaient, de surcroît, faire appel aux ingénieurs-conseils et aux contrôleurs des CRSS.

3. On estimait à trois années (1948-1950) le délai nécessaire aux CTN pour qu'ils établissent la nouvelle tarification d'après la valeur réelle du risque. Il fut convenu que la tarification des risques pour l'année 1947 serait effectuée par reconduction des taux applicables aux primes d'assurances des années 1945 et 1946. Des règles transitoires furent adoptées pour les années 1948 à 1950 (pour plus de détails : « Le bilan de la première année d'application de la nouvelle législation sur les accidents du travail », *Revue française du travail*, avril-mai-juin 1948, p. 178-197.

4. CAC 760241, Assemblée plénière des CTN, annexe au PV de la séance, 21 juin 1947.

cette faculté ne s'est pas traduite dans les faits : « Les comités techniques ont été cantonnés dans un rôle purement consultatif ; très rarement réunis, leur action est réduite au strict minimum » [1]. Du moins ont-ils pu remplir la fonction de courroie de transmission entre les comités d'Hygiène et de Sécurité et les services de prévention des CRSS.

Au niveau régional, les Caisses régionales de Sécurité sociale se dotèrent chacune d'un Service de prévention, animés par des ingénieurs-conseils et des contrôleurs de sécurité assermentés, qui disposaient, comme les inspecteurs, d'un droit de mise en demeure [2], mais qui, contrairement à eux, ne pouvaient dresser procès-verbal. Ces agents devaient être agréés par le ministre du Travail et de la Sécurité sociale ; ils pouvaient procéder à toutes enquêtes que les CRSS jugeaient utiles en ce qui concerne les conditions d'hygiène et de sécurité. Sur la base des statistiques des accidents du travail et des maladies professionnelles, ils pouvaient inviter tout employeur à prendre toutes mesures justifiées de prévention, sauf recours de la part de l'employeur devant l'Inspecteur divisionnaire du travail, statuant dans les quinze jours. Les CRSS, dont ils relevaient, pouvaient accorder des ristournes sur la cotisation ou imposer des cotisations supplémentaires pour tenir compte des mesures de prévention ou de soins prises par l'employeur ou des risques exceptionnels présentés par l'entreprise [3]. Elles pouvaient également « consentir aux entreprises des avances à taux réduit, en vue de leur faciliter la réalisation d'aménagements destinés à assurer une meilleure protection des travailleurs et qui pourront permettre une réduction de leur cotisation », et même « conclure avec des entreprises des conventions comportant une participation au financement de ces mesures » sous la forme soit « d'avances remboursables, soit de subventions, soit d'avances susceptibles, suivant les résultats obtenus, d'être transformées, en tout ou partie, en subventions » [4].

Pour compléter cet imposant dispositif, une association, constituée auprès de la CNSS, fut créée, en avril 1947, sous le nom d'Institut national de la Sécurité. Cette association reprenait les travaux du comité français d'Études de Prévention et Sécurité que les Compagnies d'assurances avaient créé en 1926 et que la CNSS avait elle-même pris en charge dès 1946. Destiné à rassembler une documentation française et étrangère, à tenir et à exploiter la statistique des accidents, à favoriser les recherches techniques et à concourir à la formation des ingénieurs-conseils et des contrôleurs de sécurité, l'institut

1. CALONI (P.), *Échec au risque*, SEFI, 1952, p. 31.

2. Le terme sera rapidement changé en « injonction » pour éviter toute confusion avec les mises en demeure de l'Inspection du travail.

3. Ordonnance du 4 octobre 1945, art. 35.

4. Art. 15 et 16 de la loi du 30 octobre 1946.

comprenait cinq membres actifs, dont les délégués formaient le Conseil d'Administration : la Fédération nationale des organismes de Sécurité sociale (FNOSS), la Confédération nationale du patronat français, la CGT, la CGT-FO et la CFTC. Son premier directeur fut Edmond Perrin [1] qui, directeur du travail sous Vichy, avait aidé Pierre Caloni à mettre sur pied le futur Organisme professionnel de prévention du Bâtiment et des travaux publics (OPPBTP). Ayant fait toute sa carrière à l'administration centrale du Travail, cet homme, qui venait d'assurer la première direction de la CNSS, incarnait la volonté de tisser des relations constructives entre les deux administrations chargées d'appliquer la nouvelle politique de prévention : le Travail (logique réglementaire) et la Sécurité sociale (logique réglementaire et assurancielle).

La prévention impulsée par la Sécurité sociale s'est donc surajoutée à celle que l'Inspection du travail et l'inspection médicale du travail assumaient dans un cadre strictement réglementaire, sans d'ailleurs remettre en cause l'activité des laboratoires d'analyse, associations et organismes privés concourant déjà à des titres divers au développement de l'hygiène et de la sécurité. Il en résultait une diversification accrue des acteurs de la prévention, regroupés dorénavant autour de deux pôles d'un même ministère : Travail et Sécurité sociale. Deux ordres de prévention extérieurs à l'entreprise donc, qui pouvaient l'un et l'autre prendre appui sur les relais internes que constituaient la médecine du travail et les comités d'hygiène et de sécurité. Cette organisation renforçait nettement l'autonomie des questions de santé au travail par rapport aux questions de santé publique, que le régime de Vichy s'était efforcé d'articuler. Aux yeux des professionnels de la santé, des décideurs politiques, mais aussi des animateurs de la prévention des AT/MP, la santé des travailleurs, l'amélioration des conditions de travail, le système de réparation des risques professionnels seront des questions situées hors du champ de la santé publique [2].

1. Edmond Perrin fut le premier directeur de la Caisse nationale de garantie avant que celle-ci se transforme en CNSS.

2. Dans ce sens, CASSOU (Pr B.), « De la difficulté à construire une problématique santé dans le domaine du travail », Le Travail humain, t. 58, n° 1/1995, p. 355-358.

L'organisation générale du nouveau système de prévention en 1949

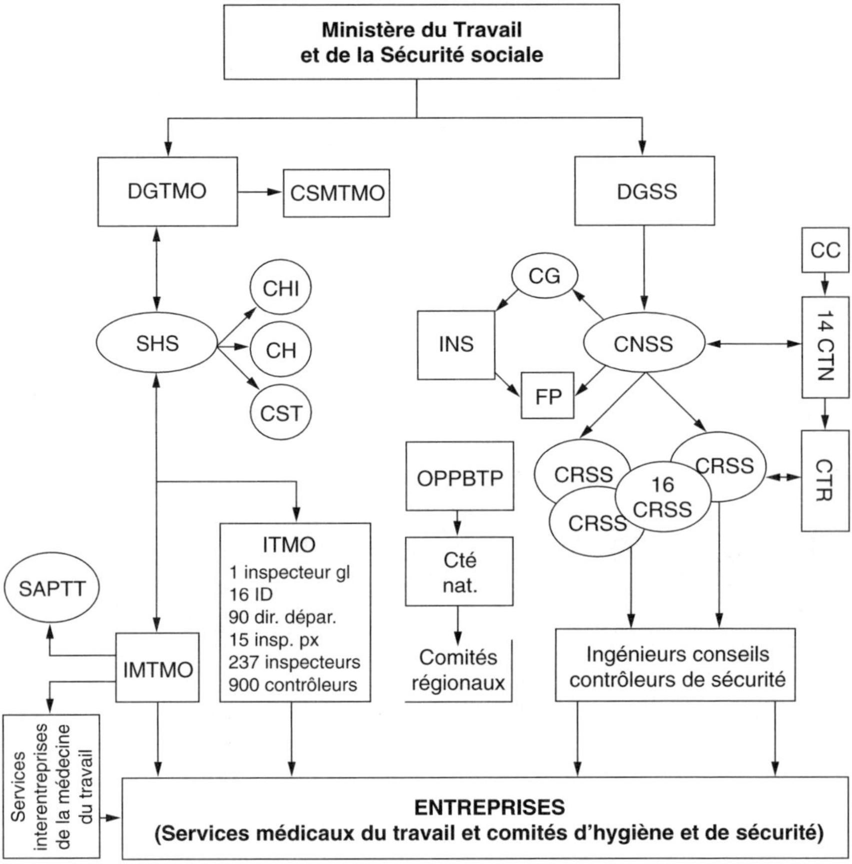

Légende :

CC : Comité technique central de coordination, CG : Comité de gestion du Fonds de prévention des accidents du travail et des maladie professionnelles, CH : Commission d'homologation, CHI : Commission d'hygiène industrielle, CNSS : Caisse nationale de sécurité sociale, CRSS : Caisses régionales de sécurité sociale, CSMTMO : Conseil supérieur de la médecine du travail et de la main-d'œuvre, CST : Commission de sécurité du travail, CTN : Comités techniques nationaux, CTR : Comités techniques régionaux, DGSS : Direction générale de la sécurité sociale, DGTMO : Direction générale du travail et de la main-d'œuvre, FP : Fonds de prévention des accidents du travail et des maladies professionnelles, IMTMO : Inspection médicale du travail et de la main-d'œuvre, INS : Institut national de sécurité, ITMO : Inspection du travail et de la main-d'œuvre, OPPBTP : Organisme professionnel de prévention du bâtiment et des travaux publics, SAPTT : Service d'adaptation physiologique des techniques du travail, SHS : Service de l'hygiène et de la sécurité.

Chapitre 2

La délimitation des territoires 1947-1967

Des structures à l'épreuve des réalités

Au terme des vingt-cinq premières années d'existence de la Sécurité sociale. Jacques Doublet, ancien directeur général de la Sécurité sociale, commente les « crises de croissance » qui ont marqué cette institution entre 1951 et 1960 et constate que « les critiques portent avant tout sur sa situation financière. Abstraction faite de la branche accidents du travail dont l'équilibre est assuré à peu près automatiquement, pendant huit ans le régime général a connu tantôt des insuffisances, tantôt des excédents de recettes, mais la branche maladie a toujours été en déficit. Seule l'existence d'une trésorerie commune aux trois législations d'assurances sociales, d'accidents du travail et de prestations familiales a permis d'assurer le service des prestations du régime général » [1] (...). En fait, les statistiques ont accusé un déficit pour la branche accidents du travail au début des années cinquante, jusqu'à ce que les taux se stabilisent vers la fin de la période. Le financement de la prévention a subi également une baisse importante en début de période, elle aussi provisoire [2].

À ces fluctuations financières s'est ajouté le contrecoup des remaniements du paysage syndical français qui ont accompagné la mise en route du nouveau système de Sécurité sociale. Les premières élections à la Sécurité sociale eurent lieu le 24 avril 1947. La CGT recueillit 59, 3 % des suffrages exprimés et la CFTC 26,4 % : le rapport de force entre les deux organisations, qui était de 1 à 7 sous le système de désignation des administrateurs par les centrales syndicales adopté en 1945

1. DOUBLET (J.), « La sécurité sociale de 1951 à 1960 », RFAS avril-juin 1970, n° spécial 25e anniversaire de la Sécurité sociale.

2. Les résultats de la gestion des AT sont largement excédentaires en 1947-48 et sensiblement équilibrés en 1949. Sauf en 1952, les années suivantes sont déficitaires jusqu'en 1956 incluse. Des excédents réapparaissent en 1957 et 1958. Le budget du Fonds de prévention accuse aussi une baisse de l'ordre de 50 % entre 1950 et 1954.

passait de 1 à 2,3 [1]. Le tripartisme qui scellait l'accord de gouvernement du PCF, de la SFIO et du MRP éclata le 4 mai. Les deux courants révolutionnaire et réformiste de la CGT se scindèrent en décembre 1947. Le courant réformiste, minoritaire, prit son indépendance sous le nom de CGT-FO et s'engagea dans la voie du syndicalisme de négociation [2]. La CFTC donna également naissance à la CFDT en 1964.

Au total, peu de modifications sont intervenues dans les structures chargées de la prévention et de la gestion des AT/MP. En fait, « à une période de croissance rapide (des institutions sociales) a succédé une ère de réflexion pendant laquelle le législateur, qui était alors l'autorité suprême [3] pour définir les droits et les obligations d'une part, les structures de l'autre, se fera rare (...). La jurisprudence plus que le législateur a pendant cette période exercé une influence dans la branche accidents du travail » [4]. Entre 1950 et 1962, le MRP gérait les affaires sociales. Le ministère du Travail et de la Sécurité sociale (1945-1966), appelé aussi en 1956 et de 1966 à 1969 ministère des Affaires sociales, était entre ses mains, ou plutôt entre celles de l'un de ses représentants, Paul Bacon, douze fois ministre du Travail sous la IVe République et trois fois sous la Ve. Deux lois seront d'ailleurs votées à l'initiative du MRP : la loi du 2 septembre 1954, qui instituait une échelle mobile pour les rentes d'accidents du travail [5] et celle du 23 juillet 1957 précisant la notion d'accident de trajet dont la reconnaissance datait de 1946. Mais dans cette relative atonie législative, les dysfonctionnements s'accumulaient dans la mise en œuvre de la prévention des AT/MP, régulièrement mis en lumière par la Cour des Comptes et l'Inspection générale de la Sécurité sociale (IGSS). Surtout, le grand projet de renversement des priorités au profit de la prévention et d'autonomie des caisses régionales, chevilles ouvrières du dispositif, allait se heurter aux réalités.

Le partage des rôles entre la CNSS, les CRSS et l'INS

Dans le dispositif mis en place en 1945 au sein de la Sécurité sociale pour promouvoir la prévention de AT/MP, les organismes polyvalents par nature comme la CNSS et les CRSS déléguaient leurs attributions spécifiques dans ce domaine à des commissions ou comités *ad hoc* qui s'y consacraient exclusivement. Mais l'hétérogénéité du système de prévention des risques professionnels se jouait de cette spécialisation. À chaque niveau se posait, en effet, mais de manière

1. ANDOFALTO (D.), L'univers des élections professionnelles, Les Éditions ouvrières, 1992, p. 175-176.
2. MOURIAUX (R.), L'unité syndicale en France, 1895-1995, Syllepse, 1997.
3. Allusion au régime d'assemblée de la IVe République.
4. BETHOUART (B.), « Le Ministère du Travail et de la Sécurité sociale : un monopole du MRP de 1950 à 1962 », *Revue d'Histoire moderne et contemporaine,* t. 43-1, janvier-mars 1996.
5. *Ibid.*

inégale selon les départements, la question de la cohabitation avec les services du ministère du Travail, c'est-à-dire principalement l'Inspection du travail, alors même que le législateur avait voulu jouer la carte de la complémentarité en introduisant, par le biais des tâches spécifiques confiées à la Sécurité sociale, deux dimensions nouvelles dans l'action publique de prévention des AT/MP, celle de l'incitation financière et celle de l'expertise technique.

Le ministère du Travail restait en effet chargé, comme par le passé, de définir la politique de prévention dans son ensemble et, par conséquent, responsable en dernier ressort de sa mise en œuvre. C'est d'ailleurs le ministre qui répondra aux observations de la Cour des Comptes, et c'est à lui que s'adresseront les rapports de l'IGAS sur la mise en œuvre de la fonction de prévention des AT/MP dans les institutions.

La Caisse nationale de Sécurité sociale

Le Fonds de prévention des AT/MP, géré par la Commission de prévention des AT/MP et doté de ressources importantes [1], finançait par son intermédiaire l'action des Caisses régionales. En effet, c'étaient les caisses régionales qui étaient en mesure d'assurer, sur le plan local, le contact avec les entreprises et les organisations ouvrières, ce qui faisait d'elles le pivot de l'action à mener en matière de prévention. Dans leur rôle d'information et d'étude, elles établissaient des statistiques qui indiquaient les causes, la fréquence et les effets des accidents du travail et des maladies professionnelles, données nécessaires à l'action préventive. Par nature, les données collectées étaient éminemment variables d'une région à l'autre, ce qui entraînait, au niveau de la Caisse nationale, la nécessité d'une action de coordination. « Si la recherche constante d'une organisation qui rapproche les services des bénéficiaires est un facteur de réussite, elle n'en présente pas moins des inconvénients qu'il convient de pallier par une certaine coordination et la prise en charge de tâches à l'échelon national. Il est en effet inutile et onéreux de procéder aux mêmes recherches, de rassembler la même documentation, de mettre au point le même matériel d'éducation et de propagande dans chacune des régions » [2]. C'était donc bien en termes d'efficacité et de complémentarité qu'était conçue l'action des organismes nationaux en matière de prévention par rapport au rôle des caisses régionales. La Caisse nationale était chargée également d'une tâche d'impulsion, de direction et de contrôle qui allait être au cœur du débat sur le partage des responsabilités en matière d'élaboration de la politique de la prévention.

1. Au début des années soixante, près de la moitié du budget dont disposait le Fonds était attribuée aux caisses régionales, un sixième à l'INS, et le resta à d'autres formes d'action et à des réserves en vue de la construction du Centre de recherche de Nancy.

2. *Travail et Sécurité*, octobre 1957.

Les Caisses régionales de sécurité sociale

Les CRSS et les caisses primaires étaient constituées et fonctionnaient conformément aux prescriptions de la loi du 1er avril 1898 sur les sociétés de secours mutuel, ce qui expliquait la relative autonomie dont elles jouissaient et les limites des attributions de la CNSS par rapport aux leurs.

Les responsabilités des Caisses régionales de Sécurité sociale étaient multiples et la prévention des AT/MP n'était qu'une facette de leurs activités. Chargées de promouvoir et de coordonner les mesures prises en matière de prévention, ces caisses avaient aussi des pouvoirs de contrôle et disposaient à cet effet d'un corps d'ingénieurs conseils et de contrôleurs de sécurité qui mettaient leur savoir au service des entreprises. À la différence des inspecteurs du travail, ces agents n'avaient pas pour mission de faire observer des textes édictés par les pouvoirs publics, mais de rechercher et de prescrire, dans chaque cas particulier, les mesures propres à réduire la fréquence et la gravité des accidents du travail et des maladies professionnelles. Leur rôle de conseiller technique de l'employeur s'accompagnait d'un pouvoir d'injonction qui leur permettait de demander à ce dernier de prendre, dans un délai déterminé, des mesures de prévention, faute de quoi, il devenait passible d'une cotisation supplémentaire.

Par voie de dispositions générales pour une branche d'activité ou d'invitation individuelle faite à telle ou telle entreprise, les CRSS devaient inciter les employeurs à prendre des mesures de prévention. La loi de 1946 permettait aussi aux caisses régionales d'accorder des ristournes aux employeurs particulièrement actifs en matière de prévention et d'imposer des suppléments de cotisations aux employeurs qui se montraient particulièrement négligents dans ce domaine [1].

Mais surtout, les caisses régionales de Sécurité sociale étaient chargées de la tarification des risques et de leur modulation en fonction du coût réel du risque. La variation de la cotisation d'accidents du travail en fonction du coût des accidents survenus dans l'entreprise était en effet une des innovations majeures de l'action publique en faveur de la prévention. Par ailleurs, le législateur avait marqué son souci de rapprocher les caisses régionales des milieux professionnels et d'adapter leur action à leur diversité. Elles pouvaient déléguer leurs attributions, pour toutes les questions relatives à la prévention des AT/MP et à la tarification des risques, à des comités techniques paritaires constitués par branches professionnelles ou groupes de branches professionnelles.

Leur rôle était assurément de convaincre avant d'utiliser ces moyens de pression, dans la mesure où le mode de fixation des cotisations de base était lui-même fondé sur un mécanisme d'incitation. La pénalité financière que pouvaient infliger les agents des CRSS au cas par cas inter-

1. Cf. un arrêté du 8 juillet 1955 également.

venait donc à la marge. Sans doute la conviction que « la sécurité est un état d'esprit, (qui) dépend au premier chef de l'accord et de la coopération de tous » [1] l'a-t-elle souvent emporté sur toute autre considération.

L'Institut National de Sécurité : la plaque tournante

L'Institut National de Sécurité était au cœur du dispositif de prévention des risques professionnels. « Organe technique central mis à la disposition de l'ensemble de l'organisation de la Sécurité sociale pour procéder aux études, à la recherche et à la diffusion de la documentation comme aux efforts de propagande qui doivent être entrepris dans le cadre national, entièrement financé par la Caisse nationale, géré en coopération par les représentants des organisations centrales ouvrières et patronales et ceux des administrations intéressées, l'INS est l'instrument essentiel de la politique de prévention des AT/MP en France » [2].

La création de l'INS témoignait de la volonté politique d'associer à la prévention tous les acteurs de la production et de promouvoir un fonctionnement paritaire avant la lettre. Aimé Texier, alors président de l'INS et secrétaire général de la FNOSS, se plaisait à souligner en 1947 le parallélisme entre la composition des Comités d'hygiène et de Sécurité, cellule de base de la prévention, les Conseils d'administration des CRSS, chargés d'impulser la prévention à l'échelle régionale, et l'Institut National de Sécurité.

Le conseil d'administration de l'INS était composé, selon les termes utilisés par le premier directeur de l'INS, « mi-partie de la FNOSS et mi-partie des représentants, en nombre égal, des organismes professionnels nationaux d'employeurs et de travailleurs » [3]. Le nombre des membres actifs étant de vingt personnes, la FNOSS avait dix représentants, soit, étant donné la composition des conseils des CRSS qu'elle reflétait, un tiers de représentants du patronat (trois membres) et deux tiers de représentants des syndicats ouvriers (sept membres). La seconde moitié étant partagée entre élus patronaux (cinq) et élus syndicaux (cinq), le conseil se composait aux trois cinquièmes de représentants syndicaux et aux deux cinquièmes de représentants patronaux [4].

Les raisons qui avaient présidé à la création de l'INS étaient claires. « Il est apparu qu'à côté des institutions existantes et des caisses de Sécurité sociales appelées, à partir du 1er janvier 1947, à prendre une large part à la prévention, il y avait place pour un organisme nouveau, de caractère technique, ne faisant pas double emploi avec elles et dont la tâche propre serait d'aider leur activité et d'en renforcer l'efficacité » [5]. Or l'Institut, en reprenant le personnel et la documen-

1. GALANT (H.), *op. cit.*, p. 24.
2. LAROQUE (P.), *Travail et Sécurité*, juillet 1963.
3. Lettre du CNPF au directeur de l'INS, 25 février 1947.
4. Voir tableau en fin de chapitre.
5. *Travail et Sécurité*, avril 1949.

tation du Comité français d'études Prévention et Sécurité, se trouvait opérationnel pratiquement dès sa création et prêt à jouer essentiellement un rôle de plaque tournante de l'information entre les producteurs d'études et de recherches concernant la sécurité et les utilisateurs. À aucun moment, il « n'entendait se substituer aux laboratoires ou aux services qui paraîtraient plus spécialement préparés pour procéder aux études et recherches nécessaires » [1]. L'une de ses premières tâches fut d'ailleurs de dresser l'inventaire des laboratoires susceptibles de mener ces recherches pour rendre le recours à leurs services plus facile et d'organiser des concours pour les équipements individuels de sécurité.

Pour Pierre Laroque, « si, juridiquement, l'INS est une association constituée entre le CNPF, les grandes centrales ouvrières et la Fédération des organismes de Sécurité sociale (FNOSS) [2], il est en réalité l'organe d'action de la CNSS » [3]. C'est en effet la Caisse nationale qui le finançait sur la dotation du Fonds national de prévention, lequel était alimenté par les cotisations des entreprises. Ses ambitions étaient vastes. Il entendait promouvoir à une large échelle « l'esprit de sécurité », considérant qu'en le développant, « on contribue à prémunir (la population) non seulement contre les dangers auxquels expose le travail, mais aussi contre ceux auxquels l'homme est exposé dans sa vie de chaque jour » [4]. L'INS donna donc assez rapidement à ses efforts de prévention une ampleur qui débordait largement les accidents du travail et les maladies professionnelles pour rejoindre des préoccupations de santé publique.

L'idée s'imposa pourtant rapidement que l'INS ne pourrait mener à bien sa tâche sans donner à son activité un fondement scientifique adéquat. Il ne s'agissait plus de se contenter de « l'évangile de la prévention, la bonne parole pleine de chaleur humaine » dont parlait Edmond Perrin dans les commencements [5]. Dès 1950, la Caisse nationale de Sécurité sociale mit à l'étude un projet de construction d'un grand laboratoire de recherche sur « l'homme au travail » [6]. La réalisation tardera à venir. La première pierre posée en 1963, les bâtiments ne sortiront de terre qu'en 1968 et l'inauguration du Centre de Vandœuvre, près de Nancy, n'aura lieu qu'en 1970.

1. *Ibid.*
2. Voir la composition du conseil d'administration en fin de chapitre.
3. LAROQUE (P.), *Travail et Sécurité,* juillet 1963.
4. *Ibid.*
5. Edmond Perrin, Note sur la prévention depuis 1947, Comité de gestion du Fonds de Prévention des AT/MP, pour la réunion du 3 décembre 1958.
6. « Dès la fondation de l'INS, le Comité de Gestion du Fonds de prévention eut son attention appelée sur la nécessité de disposer d'un laboratoire dans lequel pourraient être effectués, notamment, des essais de dispositifs de sécurité préconisés pour éviter les accidents du travail avant que leur autorisation en soit recommandée ou imposée (...). Le Comité décidait le 9 mai 1950 de proposer au Conseil d'administration (de l'INS) la création d'un Centre pour procéder à l'étude des questions soulevées par les AT/MP dans tous les domaines et notamment ceux de la mécanique, des ambiances, de la toxicologie, de la médecine préventive et de la physiologie du travail » (CNAM, Conseil d'administration du 23 janvier 1968).

Dans l'intervalle, l'INS a fait porter l'essentiel de son action sur la création et la diffusion d'informations. La prévention était depuis la Libération un thème porteur. Les textes de 1946 prévoyaient explicitement une collaboration avec le ministère de l'Éducation nationale pour l'enseignement technique. Mais la demande sociale a vite débordé ce cadre. L'INS a, par exemple, été sollicité pour fournir des instruments de « propagande » au corps enseignant, quand un décret du 28 novembre 1958 imposa l'enseignement des règles de la sécurité dans la vie scolaire, familiale ou professionnelle : « L'INS, qui est auprès du ministre du Travail et de la Sécurité sociale l'organe de propagande en faveur de la sécurité du travail, a édité un film et une brochure qui s'intitule « Sécurité d'abord ». Film et brochure ont pénétré dans toutes les écoles primaires de France grâce aux inspecteurs d'Académie » [1].

Le ministre des Affaires sociales Albert Gazier encourageait d'ailleurs une conception extensive de la prévention, n'hésitant pas à déclarer à l'occasion du dixième anniversaire de la création de l'INS : « L'étude des causes des accidents du travail, l'extension de la réglementation aux accidents de trajet conduisent tout naturellement les organismes qui s'occupent de la prévention à s'intéresser aux grands problèmes que sont, par exemple, la lutte contre l'alcoolisme et la sécurité routière. Ainsi, la Sécurité sociale apporte une utile contribution à des actions d'importance nationale qui concernent la population toute entière » [2].

Sur le plan des priorités retenues dans ces années d'après guerre, l'INS a fait porter un effort particulier sur l'étude des problèmes posés par les poussières, le bruit, la fatigue, les radiations, la silicose, et certains produits toxiques.

Les obstacles à l'élaboration d'une politique de la prévention

La chaîne des responsabilités était théoriquement claire : c'était en principe le ministre du Travail qui définissait la politique de prévention des AT/MP, mais c'était la Caisse nationale de sécurité sociale qui était chargée, selon l'expression d'un ministre du Travail dans les années 60, de « mettre au point le programme qui définit cette politique » [3]. Aux Caisses régionales revenait la tâche de mettre en œuvre ce programme. À l'INS était dévolu « le rôle d'instrument technique de la politique de prévention » [4].

Mais cette logique verticale et respectueuse de la hiérarchie était contrebalancée par une logique qui émanait de la base par le canal des

1. CALONI (P.), *Les Préventeurs*, *op. cit.*, p. 423.
2. La sécurité sociale au service de la prévention, plaquette du Xe anniversaire de l'INS, 1957.
3. Gilbert GRANDVAL, *Travail et Sécurité*, juillet 1963.
4. *Travail et Sécurité*, juillet 1963.

comités techniques. Seuls à être strictement paritaires [1] pendant cette période, ces derniers étaient en effet chargés de dégager des travaux des comités techniques régionaux et des statistiques des différentes branches d'activité un programme de prévention, mais aussi de tarification. De plus, ils prenaient l'initiative de réglementations nouvelles qui, en accord avec les services de l'Inspection du Travail et également avec l'administration centrale du Travail, faisaient progresser pas à pas la prévention dans les différentes branches d'activité. « De ces travaux, énonçait Pierre Laroque en 1963, le comité de gestion du Fonds de prévention et le conseil d'administration de la Caisse nationale s'efforcent de tirer la synthèse dans l'élaboration d'une politique d'ensemble » [2].

Les comités techniques nationaux tiraient eux-mêmes leurs informations des comités techniques régionaux, qui recueillaient les données rassemblées sur le terrain par les agents des Caisses régionales de sécurité sociale (CRSS) à partir de la réalité concrète des entreprises. Les inspecteurs du Travail et les médecins inspecteurs du Travail, qui avaient à connaître le nombre et la nature des accidents qui se produisaient sur les lieux de travail, faisaient remonter l'information par leur hiérarchie. La synthèse de ces données était ainsi rendue difficile par la multiplicité des intervenants dans ce champ « où l'élaboration et l'application (d'une politique) ne peuvent être aisément distinguées » [3].

Près de vingt ans après sa fondation, la CNSS convenait que l'INS n'avait pas reçu de directives véritables depuis ses origines. D'une part, elle considérait que son action était suffisamment définie par ses statuts et d'autre part, qu'« il fallait bien avouer qu'il était très difficile, dans un domaine neuf ne bénéficiant d'aucune expérience véritable, d'établir de véritables règles d'action » [4]. Les ambitions de la Caisse nationale étaient donc limitées dans ce domaine : il s'agissait pour elle plutôt d'établir des règles de suivi et de contrôle de l'action de l'INS que de définir des orientations générales. Elle estimait d'ailleurs « n'avoir disposé d'aucun élément précis susceptible d'orienter son action générale pour cette raison qu'aucune politique de prévention n'a été définie avec netteté sur le plan national » [5]. Cette situation devait perdurer. « La prévention des risques professionnels n'a jamais fait

1. « J'attache, pour ma part, déclarait Pierre Laroque en 1963, un prix particulier à l'action des comités techniques car leurs efforts expriment la volonté commune des représentants patronaux et ouvriers étroitement unis dans une même action, où l'intérêt de tous ne peut être différencié car ouvriers, employeurs et salariés ont les mêmes intérêts ». *Travail et Sécurité*, juillet 1963. Le CNPF assurait dès 1961 que « seule une gestion assurée paritairement peut permettre d'assurer la définition et la mise en œuvre d'une politique consciente, volontaire, équilibrée et raisonnable » (Déclaration reproduite dans la brochure « La Sécurité sociale et son avenir », supplément au *Patronat français*, juin 1965, n° 253).

2. *Travail et Sécurité*, juillet 1963.

3. *Ibid.*

4. *Directives de la CNSS pour le programme d'activités de l'INS pour l'année 1965*, Document interne.

5. Réponse du président du Conseil d'administration de la CNSS à la lettre du Président de la Vᵉ Chambre de la Cour des Comptes du 13 mars 1961.

l'objet, jusqu'à présent, d'une véritable politique » [1], concluait-on encore au milieu des années 1970.

Plusieurs hypothèses peuvent être envisagées pour expliquer la discrétion de l'autorité de tutelle sur les orientations générales de la prévention des AT/MP. On peut considérer qu'il est dans la nature même de la politique de la prévention des AT/MP de s'appuyer sur les statistiques qui peuvent être rassemblées sur le terrain, et que c'est à partir d'une synthèse de ces données, qui sont d'origines diverses et ont un degré de fiabilité non moins variable, que peut être conçue une politique. Dans cette perspective, une politique de prévention se constaterait plutôt qu'elle ne se décréterait. Les domaines dans lesquels l'effort de prévention doit se déployer seraient une résultante. L'ordre des priorités à établir entre eux se déduirait de la fréquence et de la gravité des sinistres [2]. Dès lors, l'absence d'une politique générale de la prévention viendrait de l'insuffisance des statistiques et du manque de personnel adéquat en quantité et en qualité pour les analyser [3], rendant les choix impossibles ou trop hasardeux [4].

Dans une autre perspective, les obstacles à l'établissement d'une politique de la prévention tiendraient moins à la nature de ce domaine qu'aux structures établies pour le prendre en charge. Les recouvrements de compétence, les goulots d'étranglements qui bloquaient la remontée des informations, le partage des responsabilités entre deux ministères ou deux directions assez largement indépendantes l'une de l'autre n'y seraient pas étrangères [5]. Si la politique générale en matière de prévention était définie en principe par le ministre du Travail, la CNSS était chargée, aux termes de l'article 50 du Code de la Sécurité sociale, de gérer les fonds destinés à promouvoir, sur le plan national, une politique générale de la Sécurité sociale et notamment le Fonds de prévention des AT/MP [6] qui, selon la circulaire ministérielle du 5 juillet 1949, était « l'élément moteur de la prévention ». La multiplicité des textes, leurs ambiguïtés et la séparation des responsabilités (et des moyens corres-

1. Jean-Charles LAURENT et Philippe LAURENT, *La responsabilité patronale, accidents du travail et maladies professionnelles*, Economica, 1976.

2. Une circulaire de 1958 instaure par exemple le principe des « actions concentrées » sur les entreprises « à risques ».

3. Compte-rendu de réunion avec Alain Barjot, Directeur général de la Sécurité sociale, 21 septembre 1961.

4. Comité de gestion du Fonds de prévention, séance du 15 octobre 1964.

5. « Aucun programme coordonné et efficace de prévention dans les établissements ne pourra être établi tant qu'on laissera subsister parallèlement deux réglementations différentes appliquées par des services différents » (CAC 880597, art. 6 : Réponses au questionnaire remis aux inspecteurs du travail préalablement à la circulaire du 6 mai 1965).

6. « La gestion du Fonds de Prévention conduit donc normalement la CNSS à jouer un rôle d'impulsion, de direction de l'action préventive soit en intervenant elle-même par la création ou le développement d'institutions ou de services, soit en assurant la coordination de l'action des CRSS » estime le conseil d'administration de la CNSS. Réponse du président du Conseil d'administration de la CNSS à la lettre du Président de la Ve Chambre de la Cour des Comptes du 13 mars 1961.

pondants) politiques (ministère du Travail) et financières (Sécurité sociale) en matière de prévention n'auraient pas facilité les choses.

La volonté initiale du législateur de confier la gestion des caisses aux bénéficiaires avait aussi comme corollaire de leur accorder une liberté de manœuvre assez grande. Le Comité de gestion du Fonds de Prévention a pu rappeler qu'« en fait, la CNSS n'a pas de pouvoir de direction sur les CRSS, mais seulement la possibilité d'orienter leur action préventive »[1]. Il considérait comme nécessaire de leur laisser une certaine latitude d'action[2]. Quant aux CRSS, elles ont défendu vigoureusement leur autonomie et leur droit à définir leur action à l'échelon régional[3].

Quoi qu'il en soit, et même si les autorités de tutelle n'ont pas formulé explicitement une véritable politique de la prévention au cours des quelque vingt premières années d'activité conjointe des administrations du Travail et de la Sécurité sociale dans le domaine de la prévention, on observe plusieurs constantes dans l'action menée.

Dès l'origine, la nécessité d'établir une coordination entre les divers acteurs est un *leitmotiv* dans le discours de l'autorité de tutelle. Le nouveau dispositif de prévention a eu en effet pour conséquence immédiate d'augmenter fortement le nombre des intervenants, chargés souvent de tâches multiples. C'est d'abord l'organisation de la coexistence entre les inspecteurs du travail et les contrôleurs de sécurité et les ingénieurs conseils des CRSS qui a préoccupé les Directions générales du Travail et de la Sécurité sociale. Une circulaire commune affirmait « la nécessité absolue que l'autorité des deux ordres d'agents s'appuie mutuellement sans se nuire »[4].

---

1. Comité de gestion du Fonds de prévention, séance du 19 septembre 1960.

2. « Le Conseil d'administration de la CNSS considère que dans un souci d'efficacité cet organisme devait avant tout s'efforcer d'aider les CRSS, qui subissaient déjà avec une mauvaise humeur à peine contenue des contrôles qu'elles estimaient excessifs, à jouer leur rôle en leur apportant son concours financier et en leur donnant des informations et des conseils techniques sans leur imposer pour autant une surveillance régulière qui aurait pu leur paraître une atteinte à leur autonomie ». Réponse du président du Conseil d'administration de la CNSS à la lettre du Président de la Ve Chambre de la Cour des Comptes du 13 mars 1961.

3. À l'initiative de la FNOSS, la CRSS de Montpellier avait mis en place en 1957 dans les caisses primaires 6 commissions départementales de prévention. D'une manière générale, le ministère du Travail s'opposait à ce que ces commissions aient une existence propre et voulait les rattacher aux CRSS. Elles se maintiendront cependant les années suivantes, au motif qu'« elles constituent à l'échelon départemental ou local de véritables antennes destinées à rapprocher toujours davantage de la classe ouvrière l'action de prévention définie et appliquée à l'échelon régional ». Comité de gestion du Fonds de prévention, séance du 19 septembre 1960.

4. Cette même circulaire conjointe du 5 mars 1948 de la DGSS et de la Direction du Travail, service Hygiène et Sécurité insistait encore sur « la nécessité absolue d'une collaboration étroite, constante et confiante entre les inspecteurs du travail et les contrôleurs de la Sécurité sociale. Les uns et les autres doivent, faisant abstraction de tout esprit de chapelle, de tout souci stérile de défense de ce qu'ils croient être leurs attributions propres, unir leurs actions et leurs efforts en vue de leur donner le maximum d'efficacité… Les uns et les autres s'abstiendront rigoureusement de critiquer en présence de l'employeur ou de ses représentants les initiatives qui ont pu être prises par l'un ou par l'autre ».

Pourtant, le partage des tâches était apparemment strict : « Il y a l'aspect répressif d'un côté, l'aspect conseil de l'autre » [1]. Sur le terrain, les choses n'étaient pas aussi simples. Les frictions ne manquèrent pas entre ces généralistes qu'étaient les inspecteurs du Travail et les spécialistes en prévention de la Sécurité sociale. Plusieurs facteurs y contribuèrent, notamment la surabondance de la réglementation qui faisait que souvent, au niveau de l'entreprise, celle-ci était « mal connue, donc souvent mal appliquée et mal contrôlée » [2]. Cette complexité faisait que « parfois les demandes de l'inspecteur du Travail et du contrôleur de la Sécurité sociale se complétaient, parfois se contredisaient » [3], malgré l'accumulation des circulaires [4], le principal obstacle aux efforts de coordination semblant être le manque de temps et la faiblesse des effectifs. Les appels à la coordination seront néanmoins récurrents, non seulement entre les émissaires de la Sécurité sociale et ceux du ministère du Travail, mais aussi entre ces intervenants extérieurs et les comités d'hygiène et de sécurité, qui associaient au sein de l'entreprise la direction, la maîtrise et les différentes catégories de personnel.

En 1965, le ministre du Travail Gilbert Grandval constatait : « ce qui reste à améliorer encore, c'est la connaissance réciproque des uns et des autres et leur collaboration, tant pour l'élaboration que pour la mise en œuvre, pour l'application et pour la meilleure diffusion de la législation et des méthodes de prévention. Cette collaboration doit permettre une coordination et une spécialisation des actions en vue d'un résultat plus probant en évitant les concurrences stériles et les doubles emplois » [5].

Après la création par arrêté du 29 septembre 1961 d'un comité de coordination des mesures de prévention des AT/MP, la circulaire du 6 mai 1965 instaura à cet effet des comités régionaux de coordination où siégeaient des représentants de l'Inspection du Travail ainsi que des directions et des caisses régionales de la Sécurité sociale. Son rôle essentiel était d'assurer « une liaison permanente entre les services de l'Inspection du travail, ceux de la Direction générale de la Sécurité sociale et ceux de la Caisse régionale de Sécurité sociale intéressés à la prévention ». Les rapports de l'IGAS de 1967 et 1970 estimaient cependant que cette institution n'avait pas toute l'efficacité escomptée et que les résultats étaient éminemment variables selon les régions.

---

1. Selon l'expression de M. Goehrs, ingénieur conseil national, audition à la séance du 10 mai 1978 du Conseil Économique et Social.

2. Intervention de M. Gautier au Conseil Économique et Social, séance du 10 mai 1978 sur l'hygiène et la sécurité dans le travail.

3. *Ibid.*

4. Les circulaires du 25 mars 1947, du 5 mars 1946, du 11 septembre 1963 et du 30 mai 1969 ont tenté d'harmoniser les rapports entre les deux corps. Les inspecteurs du travail et les ingénieurs conseils devaient se concerter pour établir leurs tournées de visites, se communiquer les relevés d'infraction et les rapports d'enquête ou d'injonction.

5. *Ibid.*

La mise en place du Conseil supérieur de la prévention des risques professionnels en 1976 témoignera aussi plus tard de cette préoccupation, tout comme la loi du 6 décembre 1976 qui prévoyait notamment l'échange de documents entre les agents du ministère du Travail et ceux de la Sécurité sociale.

L'autorité de tutelle n'ignorait pas qu'« un renforcement de la coordination permettrait de définir une véritable doctrine commune de la prévention des risques professionnels (qui) renforcerait l'autorité de la France dans les réunions internationales consacrées au sein de la CEE ou du BIT à l'examen des questions d'hygiène et de sécurité » [1]. Néanmoins, sur le long terme, c'est la tendance à la multiplication parallèle en « échelle de perroquet » des structures de prévention et des instances de coordination qui l'a emporté.

Autre tendance lourde, la volonté politique, plus ou moins suivie d'effet, de renforcer le projet initial de tarification en fonction du risque. Sans que cette politique soit jamais annoncée, on observe au cours de cette période une tendance, qui ne fera que se renforcer par la suite, à modeler les tarifs en fonction du risque, conformément d'ailleurs à l'intention initiale du législateur. De 1946 à 1948, les taux appliqués antérieurement par les assureurs avaient été purement et simplement reconduits. Puis, en 1948 et 1954, un nouveau mode de calcul fut instauré pour stimuler les efforts de prévention par un système d'incitations financières. Les taux de cotisations étaient alors calculés en fonction des statistiques concernant le solde des cotisations et des indemnisations pour la dernière période triennale écoulée, par branches professionnelles et suivant la taille des établissements.

Le système mis en place restait commandé par la double logique assurancielle et solidariste qui avait inspiré la prise en mains par la Sécurité sociale des AT/MP. Les établissements étaient classés en trois catégories. Ceux qui occupaient moins de 10 salariés cotisaient selon un taux national en vertu du principe de solidarité. À l'inverse, le taux appliqué aux entreprises de plus de trois cents salariés était calculé en fonction du coût réel de leurs risques professionnels : c'est la logique assurancielle. La catégorie intermédiaire se voyait appliquer un taux forfaitaire, le coût de leur risque d'incapacité temporaire étant supposé égal à la moitié du coût total de leurs risques [2].

La réforme de 1954 associa plus étroitement encore les deux logiques : le principe de solidarité était étendu aux entreprises qui occupaient jusqu'à vingt salariés et la tranche des entreprises de plus de trois cents salariés continuait à cotiser selon le coût réel de leurs risques. La tranche intermédiaire se voyait appliquer un taux « mixte »

---

1. Note au ministre du Travail, Sous-Direction de l'Hygiène et de la Sécurité du Travail, Service du Travail, Direction générale du travail et de l'Emploi, s. d. (1971 ?).

2. Paul ENCELLE, « Accidents du travail : financement et prévention », *Revue française des Affaires sociales,* avril-juin 1977.

qui visait à concilier solidarité et normes assurancielles en combinant le risque particulier de l'entreprise et le risque collectif de la branche. La réforme de la tarification du 1er octobre 1976 accentuera plus nettement encore la prise en compte du risque propre de chaque entreprise. Il s'agissait donc d'une tendance lourde encouragée par l'autorité de tutelle. Cependant, les difficultés techniques tout comme les réticences des acteurs feront obstacle à la mise en œuvre de ce principe.

La faible utilisation des incitations financières particulières telles que les majorations et les ristournes reflète-t-elle la conviction, énoncée déjà par le premier directeur de l'INS, que « la prévention est un domaine où il s'agit moins de contraindre que de persuader et de convaincre ? » [1] Tient-elle à la nature d'une institution qui, en instaurant le face à face entre partenaires sociaux, peut entraîner des phénomènes de blocage [2] ? Est-elle la conséquence de la difficulté à se fonder sur des statistiques suffisamment sûres pour calculer les tarifs [3] ? Serait-ce la complication des procédures qui découragerait l'application de pénalités ou de ristournes [4] ? ou le reflet de l'autonomie des caisses qui semblent avoir mené des politiques différentes dans ce domaine d'une région à l'autre [5] ? Il est vraisemblable que tous ces facteurs ont joué à des degrés divers.

Toujours est-il que ce principe de l'incitation à la prévention par le biais de la tarification, conçu au départ comme la pierre angulaire du système et régulièrement affiné dans ses modalités, n'a pas débouché

1. Note sur la prévention depuis 1947, Comité de gestion du Fonds de Prévention des AT/MP, pour la réunion du 3 décembre 1958.

2. En relevant « l'extrême timidité des comités techniques régionaux à l'égard des incitations financières », le rapport annuel de l'IGAS de 1967 estimait que « trop souvent, les administrateurs, notamment les salariés, s'opposent par principe aux avances et aux subventions ».

3. « Le caractère prioritaire de certaines recherches ne peut être apprécié qu'à partir de la source inégalable d'information que constitue l'étude statistique des accidents et des maladies professionnelles. Or, en 1947, aucun élément réellement valable n'était à notre disposition. Lorsqu'en 1953 les services techniques de l'Institut ont participé à la mise au point du code qui est utilisé depuis 1954 pour établir les statistiques nationales ou régionales, ils ont contribué à forger l'instrument fondamental de toute action préventive dûment organisée » (Jean-Pierre LEVY, 1947-67, « L'INS au service de la prévention, Vingt années d'études techniques », *Travail et Sécurité*, n° 200, mars 1967.

4. Les ingénieurs conseils devaient solliciter l'autorisation du conseil d'administration des CRSS pour augmenter les taux de cotisations.

5. Dans les premières années, les CRSS avaient décidé de pratiquer une politique de persuasion, de conseil et de propagande, qui excluait presque complètement les mises en demeure et les sanctions, selon une enquête des directeurs régionaux de la sécurité sociale. Cette politique était encore suivie en 1960 par quelques caisses (Paris, Limoges, Strasbourg) D'autres CRSS reconnaissaient la plus grande efficacité des mises en demeure et augmentaient leur nombre (Clermont Ferrand, Rouen, Dijon, Orléans. La Cour des Comptes, qui jugeait notoirement insuffisante l'attribution de ristournes et l'imposition de cotisations supplémentaires en déduisait que le cadre régional n'était pas souhaitable pour la prévention. Comité de gestion du Fonds de Prévention des AT/MP, Séance du 28 septembre 1960.

sur des résultats probants. N'est sans doute pas étrangère à cet échec « la contradiction entre le vieux principe de l'assurance, qui veut que la charge du risque soit répartie entre le plus grand nombre possible de personnes, indépendamment de la nature et de l'importance que (ce risque) peut revêtir pour chacun, et un principe nouvellement introduit dans notre législation de 1946, qui veut fixer la charge de la réparation à la mesure de l'effort de prévention fait par chaque entreprise et tend par conséquent à l'individualisation du risque » [1].

Autre constante, la reconnaissance des vertus consensuelles de la politique de prévention, qui sont régulièrement invoquées, indépendamment de leur contenu. Selon Gilbert Grandval, ministre du Travail, « le domaine de la prévention est probablement celui qui permet le plus large accord des organisations patronales et ouvrières » [2]. À cet égard, le fonctionnement des comités techniques et du conseil d'administration de l'INS préfigure le schéma ultérieur d'action conjointe des partenaires sociaux qui devait se généraliser. Dans ses réponses aux critiques exprimées par la Cour des Comptes en 1958, le président du conseil d'administration de la CNSS écrivait au ministre du Travail que « l'apport peut-être le plus important de la législation de la Sécurité sociale à la prévention des AT/MP a consisté dans l'association étroite des représentants patronaux et ouvriers aux efforts préventifs » [3]. En 1964, Mlle Raffalovich, directeur adjoint pour le Travail, exprimait la forte sensibilité des pouvoirs publics au thème du paritarisme en observant qu'« une réglementation doit être élaborée paritairement car l'efficacité d'un texte dépend essentiellement de la libre adhésion des milieux professionnels aux mesures qu'il prescrit » [4].

Mais la tendance la plus marquante de la période reste la reprise en mains progressive et régulière, par l'État, d'une institution dotée en 1946 d'une assez large autonomie, mais dont la viabilité restait en dernier ressort de la responsabilité des pouvoirs publics. L'autorité de tutelle, « imprégnée de la tradition française de centralisme, se défiera d'une institution autonome et plus encore d'une gestion syndicale et cherchera, en tissant un réseau de contraintes, à récupérer des attributions accordées dans une conjoncture politique donnée (celle de la Libération) » [5]. Ce sont en définitive les rapports de la Cour des Comptes

1. CAC 880597, art. 6 : Exposé de M. Jaussaud, inspecteur général de la Sécurité sociale, réunion au ministère du Travail, 5 octobre 1964.

2. *Travail et Sécurité*, juillet 1963.

3. Il poursuivait « Dans ce domaine où les intérêts patronaux et ouvriers sont concordants, l'action d'un organisme technique national doit reposer sur les efforts des meilleurs techniciens des deux milieux pour dégager les mesures à prendre et en suivre l'application. Ce résultat n'est possible que dans le cadre d'un organisme comme l'INS qui a été conçu précisément à cette fin » (Lettre du président du conseil d'administration de la CNSS au ministre du Travail en réponse à son courrier du 25 mars 1959).

4. CAC 880597, art. 6 : réunion du 5 octobre 1964.

5. Antoinette CATRICE-LOREY, *Dynamique interne de la Sécurité sociale, Du système de pouvoir à la fonction Personnel*, CRESST, 1980.

et ceux de l'IGSS qui auront eu l'impact le plus marquant sur les structures de la prévention pendant les vingt premières années d'exercice des attributions de la Sécurité sociale dans ce domaine.

Les critiques du fonctionnement du système de prévention

Les critiques de la Cour des Comptes s'exprimèrent dès 1952 et se concentrèrent essentiellement sur le fonctionnement de l'INS. Tout d'abord, la Cour prit une position de principe, « regrettant que la CNSS ait transféré une partie de ses attributions à une association privée ». La pratique est courante et ne cessera d'ailleurs de se développer. Les raisons qui ont conduit l'INS à y recourir ont été clairement énoncées, mais la Cour ne cessera pas de porter la critique à un niveau plus général, au nom du démantèlement du service public [1]. En 1952, le ministère du Travail prit la défense de l'INS en déclarant : « Dans une matière où l'éducation des hommes compte plus que l'aménagement des choses, il faut s'attacher moins aux solutions en apparence les plus rationnelles qu'à celles qui ont été les plus efficaces. L'organisation de l'INS, à la lisière de l'administration, paraît être de ces dernières ». Mais quelques années plus tard, c'est le ministère lui-même qui fera appel à la Cour « en l'absence d'un pouvoir d'investigation direct dans (sa) gestion » [2].

La Cour s'élevait contre l'orientation de l'action de l'INS, trop absorbé à son sens par la propagande « grand public » au détriment de l'éducation et de la formation des personnels de prévention [3], ce qu'elle considérait comme une dérive par rapport à sa mission initiale. Deux ans plus tard, la Cour réclamait un contrôle effectif des opérations financières de l'Institut [4]. Constatant un certain laxisme dans la gestion de l'INS, ce qui d'ailleurs renforçait le premier argument, elle exprimait le souhait que cet organisme disparût et que ses tâches fussent reprises par la CNSS [5]. Le ministre du Travail ne fut pas parti-

1. Selon le rapport de la Cour des Comptes de 1963, « l'insuffisance fonctionnelle de l'administration est invoquée dès qu'il s'agit de recherche, de propagande, d'information, d'accueil, de « relations publiques » (...). Le cloisonnement des services publics est présenté comme un mal sans remède chaque fois qu'une liaison « horizontale » est nécessaire, ou qu'il faut s'élever au-dessus des tâches quotidiennes pour concevoir une action d'ensemble répondant à un besoin d'orientation et de coordination (...). Dès qu'une difficulté apparaît, qu'un problème inhabituel se pose, le même réflexe joue de la part des administrations : faire naître une association, une société ou un organisme « sui generis » (...). Ces arguments ne sont pas sans valeur, et certains démembrements paraissent défendables (...). Cependant, ce sont les fondements mêmes du service public qui se trouvent mis en cause » (Rapport de la Cour des Comptes au Président de la République pour les années 1960-1961, *J.O.* du 6 juin 1963).

2. « Faute de pouvoir agir lui-même, le Ministre s'est décidé à faire appel à la Cour et à solliciter un contrôle le 19 septembre 1958 » (Lettre du Ministre du Travail au président de la Cour des Comptes, 17 juillet 1959).

3. Par référé du 15 novembre 1954.

4. Par référé du 26 octobre 1956.

5. Conseil d'administration de la CNSS du 23 janvier 1968.

san de solutions aussi radicales et fit valoir que « les critiques formulées par la Cour ne tiennent pas suffisamment compte de l'œuvre accomplie par l'Institut et n'apportent aucune solution constructive au problème évoqué (la prévention des AT/MP) (...) Le maintien de l'Institut est nécessaire, sous réserves de réformes » [1].

La construction d'un laboratoire de recherches était la condition essentielle d'une réorientation de l'INS vers les problèmes techniques de la prévention des AT/MP. Une fois le CERPAT mis en chantier, la question se posa de savoir à quel organisme sa gestion serait confiée. La Cour des comptes estimait qu'il fallait, en bonne logique, en charger la CNSS. « S'appuyant sur certaines faiblesses de fonctionnement de l'INS et sur la nécessité d'une réorganisation de cet organisme, l'Inspection générale de la Sécurité sociale conseillait, en vue notamment d'éviter une dispersion des services ou des équipements de technique préventive, le transfert à Nancy de l'INS qui serait alors tout indiqué pour assurer sur place la gestion du CERPAT » [2].

Le conseil d'administration de la CNSS, appelé à se prononcer sur le principe d'une gestion unifiée de l'INS et du CERPAT et à choisir entre le statut d'établissement de la CNAMTS et celui d'association dans le cadre de la loi de 1901 pour le futur organisme opta pour le second, « dont il résulterait, en principe, une plus grande souplesse d'administration que celle dont bénéficient les administrations publiques et même les établissements de la Caisse ». Et de rappeler que la CNSS avait provoqué la création de l'INS « pour assurer la réalisation des tâches qu'une association de caractère privé pouvait remplir dans de meilleures conditions qu'un établissement public » [3]. En définitive, le statut d'origine sera reconduit pour le nouvel Institut, les considérations de mise à niveau des rémunérations pour assurer le recrutement de personnel qualifié ayant sans doute joué un rôle. Le nouvel Institut, en dépit de son statut d'association régie par la loi de 1901, sera soumis, compte tenu de sa mission de service public, au contrôle financier de la Cour des Comptes.

La première mesure de redressement préconisée par la Cour était l'extension des pouvoirs des directeurs « auxquels il conven(ait) de confier des responsabilités accrues notamment envers l'autorité de tutelle (...). Les liens qui exist(aient) entre les directeurs et cette autorité devraient donc être renforcés » [4]. En fait, la loi du 22 août 1950 qui venait de rendre obligatoire la nomination d'un directeur dans toutes les caisses contenait en germe la limitation des attributions du conseil d'administration au profit des directeurs. Ceux-ci étaient nommés par les Caisses, mais sous condition de l'agrément de l'autorité de

1. Lettre du ministre du Travail au président de la Cour des Comptes, 17 juillet 1959.
2. *Ibid.*
3. *Ibid.*
4. Alain Barjot et *al.*, *op. cit.*, p. 358.

tutelle. Cette indépendance accrue des directeurs par rapport à l'autorité des conseils d'administration s'accompagnait donc d'un resserrement de leurs liens avec l'autorité de tutelle [1]. Cette tendance était renforcée par le développement des techniques de management et la montée en puissance des gestionnaires par rapport aux détenteurs traditionnels du pouvoir dans les entreprises.

Les organisations syndicales s'élevèrent avec vigueur contre cette réforme, qui réduisait les pouvoirs des administrateurs et leur paraissait aller à l'encontre du principe de la gestion des caisses de Sécurité sociale par les représentants des assurés. FO rappelait « son hostilité à toute étatisation et à toute fonctionnarisation des caisses » [2]. La CGT s'élevait, en particulier, contre l'idée d'un service public de la Sécurité sociale et critiquait un projet qui « port(ait) atteinte aux pouvoirs des conseils d'administration des caisses déjà battus en brèche et en recul constant depuis 1947 » [3].

Cependant, le fonctionnement des caisses de Sécurité sociale n'était pas exempt de reproches. « Quoique parfois grossies par des commentaires mal intentionnés, les critiques soulevées par la gestion des conseils d'administration rendaient inévitables l'intervention du gouvernement » [4]. Le fonctionnement de l'INS lui-même, marqué par des malversations dénoncées par la Cour des Comptes, devait être redressé.

D'autres critiques tenaient au fonctionnement global des structures de prévention et notamment à l'exercice de la tutelle. « La Cour, constatait le président du conseil d'administration de la Caisse nationale de Sécurité sociale en 1961, estime que la CNSS a adopté une attitude d'expectative alors qu'il lui appartiendrait de remplir un rôle essentiel d'impulsion, de direction et de contrôle de l'action préventive ainsi que d'élaborer une doctrine dans le domaine technique » [5].

En 1973, l'Inspection générale des Affaires sociales (IGASS) fit état dans son rapport d'« une impression globale de stagnation des résultats statistiques (concernant les AT/MP), de lassitude et même de découragement des esprits et de stagnation dans les méthodes, cette situation n'étant d'ailleurs pas propre à la France ». Les auteurs du rapport plaidaient pour une amélioration des méthodes et une meilleure orientation des interventions. La loi du 27 décembre 1973 s'engageait dans la voie de l'amélioration des conditions de travail en

---

1. « Au-delà des atteintes au principe d'autonomie de gestion, les conseils élus y voient la menace d'une étatisation de la Sécurité sociale », Antoinette CATRICE-LOREY, *op. cit.*

2. *Force ouvrière*, n° 739 du 11 mai 1960 in A. BARJOT, *op. cit.*, p. 361.

3. *Le Peuple*, n° 600, 1er mars 1960.

4. Michel VOIRIN, « La nouvelle répartition des attributions entre les directeurs et conseils d'administration dans les caisses du régime général de la Sécurité sociale », *Droit social*, n° 7-8, juillet-août 1960 et n° 9-10, septembre-octobre 1960.

5. CAC 760241, art. 2 : Réponse du président de la CNSS au président de la Ve Chambre de la Cour des Comptes, document préparatoire, septembre 1961.

créant l'ANACT. Le rapport Sudreau conseillait en 1975 de « transposer en matière d'hygiène et de sécurité du travail les principes de gestion qui se sont imposés avec efficacité dans la conduite économique et financière de l'entreprise, tels que la définition d'objectifs précis et le contrôle de leur réalisation en fonction du programme établi au préalable » [1].

En même temps que se développaient les dysfonctionnements institutionnels, des germes de renouveau apparaissaient dans les conceptions en matière de prévention. « Un effort d'innovation paraiss(ait) se dessiner. Il se substitu(ait) à l'immobilisme relatif qui av(ait) caractérisé la prévention des risques professionnels au cours du dernier quart de siècle » [2]. Un courant de réflexion s'était amorcé également après la publication à la fin de 1970 du rapport général du VIe Plan qui plaçait pour la première fois la question des conditions de travail dans le cadre de la politique de l'emploi. À partir de 1971, l'UIMM multiplia les créations d'équipes de recherche d'amélioration des conditions de travail (ERACT).

Mais c'est du renouvellement de la doctrine en matière de prévention que devait venir l'élan décisif. « Chacun est convaincu aujourd'hui que l'accident du travail ne saurait avoir une cause unique et que les actions de prévention ne peuvent être conçues que comme des actions menées par des équipes pluridisciplinaires tenant compte de tous les facteurs possibles d'accident qu'ils soient techniques, médicaux, psychologiques ou relationnels, concluait une enquête de l'École Nationale d'Administration. On peut donc espérer que la coordination des différents organismes qui n'a pu être réalisée par l'institution de modalités de collaboration pourra l'être dans un avenir pas trop lointain grâce à cette vision globale des problèmes de prévention. » [3]

L'évolution des conceptions en matière de prévention

Les conceptions en matière de prévention soulèvent bien des interrogations : d'où naissent-elles ? à quelles sources s'alimentent-elles ? sont-elles récurrentes ? infléchissent-elles le métier de « préventeur » ? s'ajoutent-elles ou se succèdent-elles ? Si la prévention des risques professionnels constituait une discipline scientifique dotée d'outils et de méthodes d'analyse, ces questions n'auraient pas lieu d'être : des résultats, exploitables ou non, découleraient d'expérimentations faites en fonction d'hypothèses mûrement pesées. Mais en fut-il ainsi ? Dans la période considérée (1947-1967), la prévention n'était pas en mesure de reproduire dans un cadre expérimental les conditions du travail industriel ; elle ne pouvait, dans un souci de simulation scientifique, faire varier ou influencer les multiples paramètres qui influençaient les conditions d'hygiène et de

1. SUDREAU (P.), *La réforme de l'entreprise*, La Documentation française, 1975.
2. Jean-Charles LAURENT et Philippe LAURENT, *op. cit.*, p. 26.
3. Jacques VIEU, *Coordination des organismes et institutions chargés de la prévention des accidents du travail et maladies professionnelles,* ENA 1975, p. 37.

sécurité : état des techniques, situation de l'emploi, modes de production, organisation du travail, etc. L'aurait-elle pu qu'elle eût rencontré l'inertie des comportements humains face aux risques professionnels, lors même que la technologie évoluait plus rapidement que les mentalités ou les attitudes.

Les acquis du passé lui étaient assurément nécessaires, mais ils étaient insuffisants face à une réalité mouvante qui l'obligeait à s'adapter. Sa véritable finalité était, en fait, elle-même, car c'était surtout « l'esprit de sécurité » qu'elle cherchait à faire prévaloir. Comme enfin sa vocation était de protéger le travailleur sans gêner l'efficacité productive de l'entreprise, elle empruntait volontiers la voie de l'optimisation des contraintes : comment améliorer un système qui génère des risques sans altérer sa capacité à créer des richesses et donc à faire vivre ?

Art de l'optimisation, la prévention est aussi une « fonction sociale », car sa mise en œuvre implique, depuis le début du XXe siècle, des structures, des experts, des techniciens, des ingénieurs, des opérateurs privés et des fonctionnaires, des chercheurs et des enseignants, qui sont loin de s'exprimer à l'unisson. Or, tous ces acteurs ne sont pas regroupés au sein d'une même institution ; les idées qu'ils animent s'expriment de manière diffuse, sans toujours converger vers les lieux où elles seraient le plus utiles. Surtout, il existait, bien avant 1946, des courants scientifiques qui s'intéressaient à la prévention des risques professionnels, sans pour autant l'inscrire au cœur de leur réflexion [1]. Dans la mesure où la branche AT/MP ne s'est pas donné les moyens, du moins jusqu'à la fin des années 1960 [2], de mener ses propres recherches dans le domaine de la prévention, il importait de les mettre en perspective, quitte à sortir du strict cadre institutionnel de la prévention des risques professionnels.

Depuis la Première Guerre mondiale, trois courants scientifiques s'intéressaient à la prévention des risques professionnels : la « psychologie industrielle » ; la « physiologie du travail » et « l'hygiène industrielle ». Les deux premiers seront étudiés conjointement, car leurs interactions ont tôt provoqué l'émergence d'un courant « psychophysiologique », tandis que le troisième présente suffisamment de particularités pour être traité à part. Tous ces courants se sont, à la charnière des années 1950 et 1960, enrichis d'un quatrième, l'ergonomie, qui s'est affirmée sous l'effet conjugué de multiples facteurs, sans renier les acquis scientifiques du passé.

1. Retracer l'histoire des conceptions en matière de prévention des risques professionnels constitue de ce fait une entreprise délicate : la prévention ne formant pas à elle seule un corpus scientifique, force est de se tourner vers l'histoire de disciplines qui l'ont influencée mais qui ne faisaient pas de la prévention l'objet exclusif de leur réflexion.

2. L'INS, dont l'activité était centrée sur l'information, la propagande, la documentation et la formation, sous-traitait les activités de recherche auprès de laboratoires de recherche publics ou privés.

Premières influences sur la prévention jusqu'à la fin des années 1950

Le courant psychophysiologique

Le courant psychophysiologique est, en fait, issu d'une rencontre entre la physiologie professionnelle et la psychologie industrielle. Cette rencontre s'est opérée sous les auspices de la « Commission chargée de préparer un programme d'études relatives à la physiologie du travail professionnel, aux conditions de l'existence, aux aptitudes professionnelles et à leur formation, dans les familles ouvrières et paysannes »[1]. Créée par décret du 17 mai 1913, à l'initiative du ministère du Travail et de la Prévoyance sociale[2], cette commission était née sous le signe d'une grande inquiétude nataliste face à « l'exubérance » démographique que connaissait alors l'Allemagne. Dans la mesure où il avait des répercussions directes sur la population active (pénurie de main-d'œuvre qui obligeait à recourir à l'immigration), le déclin démographique français[3] poussait à prendre des mesures tendant à économiser ou à utiliser aussi rationnellement que possible la main-d'œuvre, de même qu'il obligeait à lutter par tous les moyens contre les fléaux sociaux (alcool, tuberculose, mortalité infantile) qui grevaient la mortalité française.

La convergence que l'on observe, dès ce moment, entre la psychologie industrielle et la physiologie professionnelle est assurément tributaire des interrogations de la société française sur son avenir démographique et sur sa capacité à résoudre les problèmes sociaux ; mais elle est aussi fonction de l'influence que des personnalités, comme Édouard Toulouse[4], figure dominante de la psychiatrie française,

1. AN F22/526 : cette commission associait plusieurs grands noms de la classe politique, comme Albert Thomas, Alexandre Ribot, Léon Bourgeois (président du conseil d'administration du CNAM), Paul Painlevé (président du Conseil de perfectionnement du CNAM) ; des fonctionnaires (Bouquet, directeur du CNAM, Fontaine, March) à l'étroite communauté des physiologistes du travail (Chauveau, Richet, Imbert, Amar, Langlois). Y siégeait également le physicien Henry Le Châtelier (1850-1936) qui fut l'introducteur en France des méthodes nouvelles d'organisation du travail de l'américain Taylor.

2. L'intérêt précoce que l'administration du Travail a porté à la physiologie professionnelle est attesté par les subventions qu'ont reçues certains laboratoires, comme ceux du Docteur Armand Imbert professeur à Montpellier, et par de nombreuses publications de physiologistes dans le *Bulletin de l'Inspection du travail*.

3. Ce déclin remontait à l'extrême fin du XVIIIe siècle, la France ayant entamé sa transition démographique un siècle plus tôt que dans les États voisins.

4. Édouard Toulouse était directeur à l'École des Hautes Études et médecin en chef de l'Asile de Villejuif. Il soumit un projet de « laboratoire du travail » à la Direction du Travail, le 8 juillet 1905. Influencé, comme Richet, par les thèses de Darwin, il s'en démarquait en voulant identifier et dénombrer des spécificités biologiques, convaincu que « les bons résultats d'une industrie ne sont que l'expression d'un juste rapport entre la machine industrielle et la machine humaine qui la dirige ». Cette condition ne pouvait être remplie que « si le travailleur a été préparé à sa tâche par une éducation professionnelle convenable, s'il possède les meilleures aptitudes pour sa besogne particulière, enfin, s'il est placé dans un milieu hygiénique propre à maintenir l'équilibre de ses fonctions

ainsi que Charles Richet [1] et Louis Lapicque [2], tous deux physiologistes, ont exercée sur de jeunes esprits déjà exercés, comme Henri Laugier (25 ans en 1913), Henri Piéron [3] (32 ans) ou Jean-Marie Lahy (41 ans) [4]. Laugier travaillait depuis 1912 sous la direction de Charles Richet à l'Institut Marey, tandis que Piéron venait de prendre la succession d'Alfred Binet à la tête du laboratoire de psychologie de la Sorbonne après avoir travaillé onze années au laboratoire de psychologie expérimentale de Villejuif, dirigé par Édouard Toulouse [5]. Très influencés par ce dernier, Laugier, Piéron et Lahy, qui furent dès 1912 en relations constantes, étaient convaincus que la science pouvait contribuer à résoudre de manière décisive les problèmes sociaux. Ils pouvaient aussi bien se reconnaître dans les thèses défendues par l'un des rapporteurs (avec Jules Amar) de la Commission de physiologie et d'enquêtes relatives au travail, le docteur Armand Imbert : « Ces données [de la physiologie expérimentale] seront toujours au nombre des plus sûres et des plus impartiales ; en les faisant intervenir, on institue une sorte d'arbitrage scientifique au-dessus de tout soupçon devant lequel tous doivent loyalement s'incliner et dont les arrêts, qui

---

(Suite de la note 4 page 136) physiologiques ». Considérant que « les grèves sont des états économiques morbides qui s'éclaireraient souvent puissamment à la lumière d'enquêtes directes conduites par les mêmes méthodes », Toulouse proposait de développer trois axes de recherche : 1) « L'instruction professionnelle » dont « le but final est toujours de former de bons travailleurs dans les diverses professions intellectuelles et manuelles » ; 2) « Le recrutement des travailleurs » qui requiert une série d'enquêtes, dans divers milieux professionnels, sur notamment « les résistances et aptitudes comparées » des hommes, des femmes, adolescents et jeunes gens ou sur leurs « aptitudes sensorielles et intellectuelles » ; 3) « les conditions hygiéniques du travail » qui sont « au point de vue économique les plus importantes », et dont l'amélioration porterait remède aux affections dont souffre l'économie (AN F22/514 : projet d'un Laboratoire du Travail présenté par le Dr TOULOUSE, 8 juillet 1905).

1. Dans son ouvrage plusieurs fois réédité avant guerre, La sélection humaine, Charles Richet développait un constat pessimiste sur les progrès de la médecine, estimant que la lutte contre des maux, comme les démences, la tuberculose, les cancers, etc. ne pouvait être le fait des médecins confrontés à leurs propres limites. Seule la sélection naturelle des êtres humains pouvait, dans une perspective darwinienne, contribuer à conjurer ces maux.

2. C'est Louis Lapicque qui amena, semble-t-il, Henri Laugier à adhérer aux Compagnons de l'Université nouvelle au lendemain de la Grande Guerre. Ce mouvement de réforme de l'enseignement voulait « rapprocher l'école de la vie, l'université de la science en train de se faire, et les techniques des producteurs », avec cette idée que l'orientation pouvait mettre fin à la sélection par l'argent ou l'origine sociale (Cf. biographie d'H. Laugier, établie par P. JAKOB et Ch. MORELLE in Les professeurs du Conservatoire national des arts et métiers, dictionnaire biographique, 1994, t. 2, p. 50-60).

3. Une nécrologie établie par M. REUCHLIN in Le Travail humain, n° 1-2, janvier-juin 1965, p. 1-2.

4. Jean-Marie Lahy qui succéda à Henri Piéron au Laboratoire de Villejuif. Une nécrologie écrite par PACAUD (S.) *in* Le Travail Humain, n° 1-2, janvier-juin 1952, p. 338-342).

5. Piéron avait rejoint Toulouse, en 1901, sur les conseils de Louis Lapicque. Il avait été chargé de perfectionner les techniques utilisées lors des examens individuels. À la Sorbonne, il développera et systématisera la psychologie quantitative telle que Binet l'avait inaugurée par ses tests psychotechniques et résumée en une formule : « l'intelligence, c'est ce que nos tests mesurent ».

ne sauraient constituer une victoire pour les uns, une défaite pour les autres, puisqu'ils se réduiront à la simple affirmation d'une vérité scientifique, ne doivent susciter ni colère, ni projet de représailles pour l'avenir. (...) Pour toute grève mettant en cause la proportionnalité du salaire au travail, c'est à la physiologie, à ses méthodes, à son outillage, qu'il faudra avoir recours pour obtenir une catégorie de renseignements très spéciaux sans doute et considérés en général, mais cependant indispensables pour le règlement équitable des conflits » [1].

Chargé de dresser un Tableau méthodique des professions qui appellent des recherches et de « préciser la nature de ces recherches », Imbert avait d'emblée posé l'alternative suivante : « Devra-t-on utiliser dans les recherches les sujets les plus habiles ou les plus résistants, les virtuoses en quelque sorte de chaque profession, ou sera-t-il préférable de procéder aux déterminations sur des sujets d'habileté et de résistance moyenne » ? Et de mettre en garde : sélectionner les virtuoses de chaque profession n'aurait de sens « au point de vue collectif » que si les « éliminés d'une profession » étaient dirigés vers un autre métier « pour lequel il posséderaient à leur tour une aptitude spéciale ». Un tel parti pris serait envisageable si la possibilité existait de déterminer précocement des aptitudes individuelles. Mais, outre qu'il n'existe « aucune notion précise sur cette question », « bon nombre d'organismes, la grande majorité probablement, sont de médiocres intellectuels et physiques, c'est-à-dire des travailleurs incapables de fournir plus qu'un rendement moyen dans quelque profession que s'exercent leurs qualités physiques ou leurs facultés intellectuelles ». Mieux vaut donc choisir des sujets d'habileté et de résistance moyenne « en vue de déterminer les conditions d'un rendement maximum compatible avec l'intégrité absolue de l'organisme » [2].

C'était poser les fondements d'une démarche humaniste, désireuse de déboucher sur des applications pratiques, mais surtout attentive aux limites physiques du « moteur humain » (Jules Amar [3]) dont le

1. AN F22/526 : IMBERT (Dr A.), *Tableau méthodique des professions qui appellent des recherches et nature de ces recherches,* 1913.

2. *Idem.*

3. AMAR (J.), *Le Moteur humain et les bases scientifiques du travail professionnel.* H. Dunod et E. Pinat, 1914. Dirigeant depuis 1913 un laboratoire de recherche sur le travail professionnel au CNAM, Jules Amar avait, comme Lahy, émis un jugement réservé sur le taylorisme : « Disons qu'il fut reproché à ce système d'être une entreprise de surmenage et d'exploitation ouvrière, reproche très grave s'il était fondé. Nous croyons qu'il n'en est rien, pourvu que les principes de Taylor soient appliqués par des gens de savoir et d'expérience, et qui en soient profondément pénétrés. (...) La réserve que nous nous permettrons à cet égard est relative au diagnostic de la fatigue quand elle atteint le seuil du surmenage. Taylor ne possède là-dessus aucune donnée objective ; et de quelque prudence qu'il se soit toujours inspiré, quelque « flair » qu'il ait – et il en a – la pratique des exercices professionnels où l'activité humaine se déploie veut autre chose de plus précis et de plus concret : un procédé d'investigation qui révèle l'instant où l'organisme va franchir ses limites physiologiques » (AN F22/526 : AMAR (J.), « Inventaire des faits acquis dans l'étude physiologique du travail professionnel », 1913).

« rendement » varie avec l'âge et le sexe des travailleurs. Le souci de la personne humaine et de son intégrité physique conduisait, en fait, à isoler le travailleur « moyen » du reste de l'atelier pour étudier ses gestes et ses postures (« biodynamique ») ; à appréhender la relation singulière de l'homme à sa machine, sans faire cas des interactions pouvant naître du travail collectif en atelier. On tiendra notamment compte du rythme de croissance de l'enfant, des fonctions naturelles des femmes (référence aux travaux de Pinard), de la fatigue nerveuse (Richet, Lahy, Laugier) et physique (Amar, Chauveau), des conditions ambiantes du travail (Langlois), des conditions « collatérales » du travail (alimentation), des temps de récupération, mais aussi de la durée du « repos consécutif ». Car, pour apprécier scientifiquement et pratiquement un travail professionnel, il ne suffit pas d'en considérer la durée et l'intensité, il faut aussi examiner le temps que le travailleur met à réparer ses forces. La durée du repos nécessaire permettra de « préciser le maximum absolu de tel ou tel travail professionnel que l'organisme est en état de fournir. Ce maximum sera atteint à partir du moment où le long repos de la nuit sera insuffisant pour que disparaisse toute trace de fatigue professionnelle ». Au-delà de ce maximum commence le surmenage « avec pour conséquence une diminution passagère ou permanente de l'énergie professionnelle totale et un accroissement des charges sociales d'assistance » [1] (référence aux travaux de Ioteyko, Langlois, Lahy, Amar).

Fortement imprégnée de positivisme, la physiologie résonnait alors de valeurs limites, d'optima et de maxima, établis sur des bases scientifiques ; elle se réclamait d'une démarche volontariste, soucieuse de tirer les leçons de l'étude expérimentale des « conditions de l'activité des travailleurs (...), de juger la valeur de ces techniques, de les modifier et d'en créer de nouvelles » [2]. Optimiser, c'est-à-dire rechercher la meilleure adéquation entre les besoins de la société et la satisfaction des travailleurs, telle était la finalité qu'elle s'assignait alors avec la psychologie quantitative : « L'idéal social, estimait notamment Édouard Toulouse, paraît être une organisation où le travail, loin d'être, comme aujourd'hui, une cause de maux physiques et moraux, serait, par son adaptation exacte à l'organisme humain, un moyen pour l'individu d'atteindre son complet développement physique et mental. La science expérimentale nous apparaît comme le seul moyen d'atteindre à ce haut idéal. Et c'est pour cela qu'il est nécessaire de poursuivre ces recherches avec les méthodes rigoureuses employées en Biologie, soit en Physiologie générale, soit en Anthropométrie, soit en Psychologie » [3].

1. AN F22/526 : IMBERT (Dr A.), Tableau..., rap. cit.
2. LAHY (J.-M.), « Recherches sur les conditions de travail des ouvriers typographes composant à la machine dite linotype, *Bulletin de l'Inspection du travail*, 1-2, p. 45-110.
3. AN F22/514 : projet d'un Laboratoire du travail, présenté par le Dr TOULOUSE, 8 juillet 1905 (souligné dans le texte).

Si l'angle d'attaque était donc résolument physiologique, la psychologie n'était pas en reste ; elle pouvait contribuer à déterminer les aptitudes professionnelles dès le plus jeune âge et atténuer ainsi la crise bien française de l'apprentissage. Connaissant les caractères psychophysiologiques des professions, à supposer que l'on puisse déterminer dès l'école les aptitudes professionnelles des enfants (« l'une des questions les plus difficiles mais l'une des plus importantes en raison de son intérêt pratique »), il sera, en effet, possible de « diriger les futurs ouvriers vers des métiers auxquels ils sont les plus aptes et dans l'exercice desquels ils bénéficieront d'un salaire plus élevé » [1].

Fait majeur, la Première Guerre mondiale allait confirmer la montée en puissance de la psychologie industrielle, désormais identifiée à la psychotechnique. C'est désormais en interaction ou en synergie constantes que psychotechnique et physiologie du travail évolueront. Rendent compte de cette inflexion aussi bien les circonstances politiques et économiques que les affinités intellectuelles entre les principaux animateurs de ces deux disciplines.

Que la psychotechnique [2] se soit développée n'est guère surprenant, si l'on songe que le premier conflit mondial a contraint les pouvoirs publics à s'intéresser de très près aux techniques de sélection et d'orientation professionnelle pour répondre aux exigences d'une économie de guerre. Commune aux principaux pays belligérants [3], cette option était d'autant plus facile à suivre qu'elle dispensait d'agir sur les conditions de travail, l'objectif étant de placer *the right man at the right place*, dans le triple intérêt du travailleur (y compris de sa sécurité), de l'employeur et de la collectivité. Rien d'étonnant donc, si l'Association internationale de psychotechnique, fondée en 1920 par Édouard Claparède, consacra son premier congrès de Genève à la « psychotechnique appliquée à l'orientation professionnelle ». L'orientation professionnelle qui s'est ensuite développée, à la fois par imitation de l'Allemagne et sous la pression des nécessités de la reconstruction, a conduit les psychotechniciens à offrir leurs services à la grande industrie [4] comme aux pouvoirs publics [5].

---

1. AN F22/526 : IMBERT (Dr A.), Tableau…, rap. cit.
2. Ce terme désignera une fois pour toute la psychologie industrielle.
3. GERMAIN (Dr J.), « Passé, présent et avenir de la psychotechnique », *Le Travail humain,* n° 1-2, janvier-juin 1954, p. 149-172 : la psychologie industrielle se met alors au service de la sélection professionnelle. L'armée américaine y aura largement recours.
4. Celle-ci se dotera de laboratoires psychotechniques destinés à sélectionner son personnel, d'où une certaine convergence entre le « courant gestionnaire » et le « courant psychophysiologique ».
5. SIMON (F.), « Les services psychotechniques du ministère du Travail », *Le Travail humain,* n° 1-2, janvier-juin 1954 : la crise des années 1930 a nettement rapproché les psychotechniciens des services extérieurs de l'administration du Travail. La formation professionnelle accélérée, créée en 1936 pour le reclassement des chômeurs, aura ses propres services psychotechniques. Certaines Caisses régionales de sécurité sociale en seront, après guerre, dotées.

Les convergences intellectuelles n'en sont pas moins éclairantes. Piéron, Laugier [1] et Lahy ont tous été formés par Édouard Toulouse [2] qui leur a légué le goût de la biométrie humaine [3]. Or, c'est à « dégager une élite réelle, issue de la société tout entière et non pas bornée par la « fortune et la caste » [4], qu'ils voulaient s'employer, en organisant la sélection sur des bases scientifiques [5]. Avec Henri Piéron et Jules Fontègne, inspecteur de l'orientation professionnelle, Laugier créa, en 1928, l'Institut national d'orientation professionnelle (INOP), laboratoire qui allait exploiter et diffuser les recherches de Piéron et de Lahy. C'est aussi la même année que le futur premier directeur du CNRS fut nommé à la chaire de « physiologie du travail, hygiène industrielle et orientation professionnelle » [6] du Conservatoire national des arts et métiers, dotée d'un « Laboratoire de Physiologie du Travail ». Jusque-là, la physiologie professionnelle n'avait été abordée que sous l'angle de l'hygiène industrielle [7] ou sous celui de « l'organisation technique du travail humain » [8]. Spécialement créée à l'intention de Laugier [9], cette chaire offrait l'occasion de prendre en compte les acquis de la psychotechnique et d'arrimer la physiologie du travail, jusque-là cantonnée dans l'étude expérimentale du travail humain, aux réalités du monde du

1. Sur Laugier, cf. CREMIEUX-BRILHAC (J.-L.), PICARD (J.-F.) (dir.), *Henri Laugier en son siècle*, CNRS éditions, 1995.

2. Henri Laugier a pris, en 1923, la direction du laboratoire de physiologie appliquée à la prophylaxie mentale, à l'hôpital Henri-Rousselle, qui relevait d'Édouard Toulouse.

3. Qui, selon Laugier et Lahy, avait pour but de « caractériser par des indices, des coefficients, l'état des différentes fonctions de l'organisme, de différencier ainsi les individus au point de vue de leurs aptitudes, et de déterminer les conditions optima du fonctionnement de ce moteur infiniment plus complexe et délicat que tout autre, le moteur humain » (Avant-propos du n° 1 du Travail humain, 1933).

4. JAKOB (P.) et MORELLE (Ch.), « Henri Laugier (1888-1973) in *Les professeurs du Conservatoire national des arts et métiers, dictionnaire biographique*, 1994, t. 2, p. 50-60.

5. À partir d'une batterie de tests, l'analyse factorielle était utilisée pour dégager des corrélations significatives.

6. Cette chaire ne consacrait qu'un nombre minime de leçons sur les principes très généraux de l'hygiène industrielle, qui ne revenaient qu'une fois tous les deux ou trois ans.

7. Rappelons que la chaire d'hygiène industrielle avait été créée en 1912 (titulaire : F. Heim) ; elle s'était transformée en chaire d'hygiène générale dans ses rapports avec l'industrie, en 1922 (titulaire : Dr Jean-Henri Pottevin).

8. L'organisation technique du travail humain recouvrait, selon l'expression de François Simiand, « l'étude et la détermination des moyens d'organisation industrielle qui conduisent au meilleur rendement ». Une chaire du même titre avait été créée en 1920 et confiée au physiologiste Jean-Paul Langlois. À la mort de celui-ci (1923), un débat s'engagea : les conseils du CNAM estimaient que l'approche physiologique avait trop largement prévalu et qu'il convenait d'orienter l'enseignement vers les méthodes et les techniques d'organisation destinées à l'usage des responsables industriels. Mais il leur semblait aussi nécessaire de « préserver l'apport spécifique des physiologistes français, à savoir la prise en compte de la fatigue ouvrière et des autres facteurs d'environnement visant à éviter le surmenage des ouvriers » (BAYART (D.), « Jean-Paul Langlois (1862-1923) », *Les professeurs du Conservatoire national des arts et métiers, dictionnaire biographique*, 1994, t. 2, p. 36-40).

9. L'assemblée des professeurs du CNAM était souveraine pour décider de la création d'une chaire, dont le contenu et les tâches étaient soumis à définition et révocation ponctuelles.

travail [1]. C'est grâce au rayonnement de son enseignement et non pas, curieusement, à celui de la chaire de prévention des accidents du travail (1929), que les premières théories explicatives sur les accidents du travail seront élaborées. Née, on l'a vu [2], de l'impuissance des préventeurs, privés et publics, à enrayer la progression vertigineuse du nombre des accidents du travail, la chaire de prévention des accidents du travail dispensait un enseignement essentiellement pratique (réglementation sur l'hygiène et la sécurité, protection individuelle, protection des machines, organisation des comités de sécurité et des services médico-sociaux dans les grandes entreprises qui en éprouvaient le besoin) qui ne se prêtait guère à une tentative de modélisation ou de théorisation.

Reste que la psychophysiologie a longtemps évité la confrontation avec les problèmes posés par l'organisation du travail dans l'industrie, préférant se pencher sur les professions où la relation entre l'opérateur et sa machine paraissait échapper aux influences du milieu industriel. L'homme était bien placé au centre du système analysé, mais le souci premier de l'orienter vers un métier correspondant à ses aptitudes [3] dispensait de s'interroger sur les effets que ce métier pouvait avoir sur sa santé et d'envisager par là même une modification préventive des conditions du travail industriel. Significativement, les industries converties au taylorisme n'auront pas retenu l'attention des psychophysiologistes. Seule revue scientifique française à s'intéresser avant guerre aux problèmes du travail, *Le Travail humain* (fondée par Laugier et Lahy en 1933) n'a publié, jusqu'en 1940, que de très rares travaux sur des professions directement liées à la grande industrie, n'abordant qu'à titre exceptionnel les problèmes de productivité [4]. « À part une étude sur les fourches à ballast (Faillie, 1933) et un article intitulé « Le facteur humain dans les chantiers de travaux

1. Ce dernier point intéressait tout particulièrement Laugier, car « il lui semblait que le monde du travail, avec la formidable diversité des activités modernes, à l'époque de leur mécanisation, imposait aux physiologistes des tâches nouvelles. Il ne suffisait plus à la physiologie de décrire un ensemble de caractères ou de constantes du vivant, il fallait au contraire voir quelles variations précises induisaient, dans l'épaisseur biologique de l'individu, les diverses situations du travailleur moderne » (JAKOB (P.) et MORELLE (Ch.), biogr. cit.).

2. Cf. Première partie, chapitre deuxième.

3. C'est durant la Seconde Guerre mondiale, avec la mise en œuvre d'une politique de la main-d'œuvre très dirigiste, que la thématique de « l'adaptation de l'homme à son métier » (titre d'un ouvrage de BONNARDEL publié en 1943) deviendra prépondérante.

4. JARDILLIER, « La psychotechnique face au milieu industriel », *Le Travail Humain*, juillet-déc. 1960, p. 207-340 : l'auteur fait justement remarquer que le champ d'expérimentation de la psychotechnique (en fait, la psychophysiologie) a été, durant l'entre-deux-guerres, les services de transport de l'État, secteur où la notion de prix de revient n'était pas considérée comme primordiale. En 1933, Laugier est chef du laboratoire de physiologie du travail à la Société des chemins de fer de l'État, d'abord à St Lazare, puis de 1936 à 1938, au laboratoire de biométrie du CNRS à Viroflay, qui servira de centre d'analyse psychotechnique pour la sélection des aviateurs en 1939-1940 ; chargé, en 1924, par la Société des transports en commun de la région parisienne du recrutement des conducteurs de tramways (STCRP), Lahy parviendra à rendre quasi négligeable le nombre des accidents de circulation, en dépit de l'explosion du trafic après la Première Guerre mondiale.

publics » (Cristofaro, 1935) où les problèmes de rendement sont directement abordés et qui s'appliquent à des manœuvres, les professions les plus fréquemment étudiées (pilotes, conducteurs automobiles et de transports en commun, aiguilleurs, égoutiers, dactylographes) n'appartiennent pas au secteur industriel »[1] !

Aussi les études sur les accidents du travail[2], centrées sur l'individu, ne pouvaient-elles reposer que sur une différenciation des causes sans examen des interactions possibles entre elles. Dans ce sens, Studencki a pu établir que les accidents pouvaient être causés « soit par une perturbation dans le fonctionnement de la machine ou un défaut dans sa construction, soit par des facteurs inhérents au milieu : organisation du travail ; soit enfin par le caractère même du travailleur »[3]. La conviction n'était pas moins forte que l'accident pouvait être évité pourvu que le travailleur fût placé dans des situations que sa constitution – appréciée par les tests psychotechniques – pouvait tolérer. L'influence de la psychologie donnait, enfin, depuis la fin de la Première Guerre mondiale, la part belle au concept de « prédisposition individuelle », au point d'en faire souvent un principe d'explication unicausale. Il semble d'ailleurs que les premiers travaux statistiques sur les causes des accidents du travail aient subi cette influence, en s'efforçant de démontrer ce que Greenwood et Woods (1919) appelaient « la tendance initiale inégale aux accidents »[4]. Si, dès 1937, Lahy et Korngold[5] ont bousculé cette approche, en établissant des liaisons entre les causes techniques, les « causes humaines inhérentes à l'organisation de la production » et les « causes humaines inhérentes à la conduite des ouvriers »[6], le concept de prédisposition individuelle est resté dominant jusque dans les années 1950. Sa cristallisation apparaît, en fait, liée à la place centrale que la psychotechnique réservait à l'homme, en l'occurrence la victime de l'accident du travail. C'est au fond toute la thématique de l'adaptation de l'homme à son travail (ou « technopsychologie ») qui se confirme ici, le travail étant une donnée que l'on ne songe guère à

1. RESCHE-RIGON (Ph.), « 50 ans de Travail humain. Histoire d'une revue : évolution d'une discipline », *Le Travail Humain*, n° 1, 1984, p. 5-17.

2. *Idem*. Ces études ont représenté 7 % des articles du Travail humain de 1933 à 1940. Sur l'évolution des conceptions de l'accident du travail, MONTEAU (M.), PHAM (D.), « L'accident du travail : évolution des conceptions » in LEVY-LEBOYER, SPERANDIO (dir.), *Traité de psychologie du travail*, PUF, 1987, p. 703-727.

3. STUDENCKI (M.), « Étude psychologique de l'affiche de sécurité », Le Travail Humain, n° 2-3, 1934, p. 320-337.

4. Selon P. GOGUELIN, ces deux auteurs ont montré statistiquement que le fait d'avoir eu un accident augmentait les chances d'en avoir plus que les autres au cours des périodes suivantes et ceci, indépendamment du lieu du travail (GOGUELIN (P.), *La prévention des risques professionnels*, PUF, 1996, p. 23).

5. LAHY (J.-M.), KORNGOLD (S.), « Recherches expérimentales sur les causes psychologiques des accidents du travail, *Le Travail humain*, n° 4, janvier 1938, p. 1-64.

6. Et d'invoquer le « manque de plasticité fonctionnelle », c'est-à-dire « le manque d'aptitude à réaiguiller une attitude psychomotrice et mentale en face d'une excitation nouvelle se présentant brusquement à l'individu ».

transformer. Dans ce cadre, la prévention ne pouvait que se confondre – non sans certains succès [1] – avec la sélection et l'orientation professionnelle, ce qui faisait passer au second plan l'action sur les ambiances de travail dangereuses et pénalisait le développement des principes de prévention en hygiène et sécurité du travail [2].

Il est clair, en définitive, que le courant psychophysiologique n'a pas su ou pu donner à la prévention une assise théorique qui lui aurait permis d'innover. Qu'il ait fait progresser les analyses de l'homme au travail en faisant preuve d'une remarquable curiosité à l'égard des réalisations étrangères, qu'il ait posé les fondements scientifiques de l'orientation professionnelle et esquissé les contours de l'accidentologie moderne sont là choses certaines ; mais sa contribution directe à l'œuvre de prévention a, somme toute, été modeste. C'est surtout avec des recettes éprouvées de longue date que la prévention a cheminé jusqu'à la fin des années 1960, recettes aussi bien techniques (dispositifs de protection individuelle, appareils protecteurs) que réglementaires. S'il importait néanmoins de mettre ce courant en perpective, c'est parce que l'ergonomie française s'est ultérieurement définie grâce à lui mais aussi contre lui, en voulant adapter le travail à l'homme. Or, c'est bien cet enrichissement (et non ce renversement [3]) de perspectives, contemporain d'une approche de plus en plus systémique et dynamique du travail, qui ouvrit de tout nouveaux horizons à la prévention.

L'hygiène industrielle

L'hygiène industrielle fut-elle d'un plus grand soutien ?

L'apport théorique de cette discipline à la prévention des risques professionnels est, à vrai dire, délicat à cerner, tant la confusion a régné dans les sphères savantes françaises depuis la révolution industrielle. Ici encore, une mise en perspective s'impose. À la fin du XXIIIe siècle, une remarquable concordance existait entre les savoirs pratiques et les savoirs scientifiques : ouvriers ou artisans raisonnaient dans les mêmes cadres d'interprétation de la relation travail-santé que le médecin italien Bartolomeo Ramazzini [4], auteur d'un

1. Comme en témoignent les résultats spectaculaires auxquels avait abouti J.-M. Lahy à la STCRP (cf. note *supra*).

2. Dans ce sens, SASS (R.), CROOK (G.), « Accident proneness : science or non-science ? », *International Journal of Health Services*, n° 11, février 1981, p. 175-190.

3. RESCHE-RIGON (Ph.), art. cit. : « En fait, le renversement de la formule "l'adaptation de l'homme au travail" en "l'adaptation du travail à l'homme" ne s'articule pas complètement dans la contradiction qu'elle suggère apparemment si on la compare terme à terme. Il s'agit, en effet, plus d'un déplacement du point d'articulation du champ d'investigation que du renversement pur et simple de la solution proposée aux problèmes du travail industriel ». Autrement dit, les deux approches ne se contredisent pas, même si l'adaptation du travail à l'homme ouvre des horizons théoriques beaucoup plus larges.

4. Cf. VALENTIN (M.), *Travail des hommes et savants oubliés. Histoire de la Médecine du Travail, de la sécurité et de l'ergonomie*. Éd. Docis, 1978.

Traité des maladies des artisans (1700) [1]. C'est-à-dire que chacun rapportait l'état de santé aux caractères particuliers de chaque métier. Une telle correspondance était doublement favorisée par la diffusion alors très rapide du savoir médical et par les médecins eux-mêmes qui fondaient leurs observations sur les coutumes, les pratiques et les réflexions élaborées au sein des professions ouvrières [2].

Or, cette harmonie fut remise en cause par la révolution industrielle qui transforma progressivement les conditions de travail, introduisit de nouveaux rythmes et parcellisa les tâches notamment dans l'industrie manufacturière. « L'accroissement de vitesse d'usure des ouvriers », illustré par l'évolution des âges de droit à la pension au sein des sociétés ouvrières de secours mutuels, est alors devenu, comme l'attestent les enquêtes parlementaires de 1837, 1873-1876 et de 1884-1886, un objet d'inquiétude pour la classe politique. Sans la récuser, les manufacturiers imputaient volontiers cette usure à l'intempérance, aux conditions de logement et à l'imprévoyance des ouvriers, toutes choses qui semblaient relever de la sphère extra-professionnelle. Dans ce débat récurrent, les hygiénistes auraient pu apporter un éclairage plus serein, en calculant les espérances de vie selon les milieux sociaux, les sexes et les branches d'activité. Pourtant, rien de tel ne se produisit. Alors qu'il avait su, dans le droit fil de l'enseignement de Villermé, tirer profit de la grande vague d'enquêtes sociales des années 1830-1851, le courant des hygiénistes français proches du pouvoir se désintéressa jusqu'au seuil du XXe siècle des questions de santé au travail, faisant preuve d'une singulière atonie ; dans le même temps, le service statistique officiel de Sa Majesté en Grande-Bretagne publiait régulièrement, depuis 1861, des tables de mortalité par professions. Selon Alain Cottereau, cette régression [3] n'aurait même

1. RAMAZZINI (B.), *De morbis artificum diatriba*, Modène, A. Capponi, 1700. Rappelons que ce traité a été traduit en France par de FOURCROY (*Essai sur les maladies des artisans, avec des notes et des additions par M. de Fourcroy*, Paris, Moutard, 1777), puis par PATISSIER (Traité des maladies des artisans et de celles qui résultent des diverses professions, d'après Ramazzini, Paris, J.-B. Baillère, 1822. PATISSIER mentionne, dans son introduction, les recherches que Villermé effectuait alors sur la mortalité et la morbidité dans les prisons : « Il serait utile de faire chaque année des tableaux semblables à ceux de M. Villermé, médecin aussi instruit que zélé pour la science »).

2. COTTEREAU (A.), « Usure au travail, destins masculins et destins féminins dans les cultures ouvrières, en France, au XIXe siècle », *Le Mouvement social,* n° spécial 124 consacré à l'usure au travail, juillet-septembre 1983, p. 71-112.

3. *Idem* et LECUYER (B.-P.), « Les maladies professionnelles dans les Annales d'hygiène publique et de médecine légale ou une première approche de l'usure au travail », p. 45-69. L'atonie de l'hygiène professionnelle en France tiendrait à plusieurs facteurs. Profondément influencés par l'approche ramazzinienne, les médecin-hygiénistes se sont pendant longtemps, à l'image d'Alexandre Parent-Duchâtelet, Pierre-Jean d'Arcet ou François Mélier, surtout intéressés aux professions artisanales. Très proches du pouvoir, ils ont abordé les questions d'insalubrité interne en fonction de l'insalubrité externe des établissements industriels. « C'est, en tout cas, clairement au titre de la responsabilité de tutelle de la puissance publique sur les activités industrielles que le médecin hygiéniste est intervenu ».

jamais été rattrapée depuis lors, et l'épidémiologie française de la santé au travail serait restée dans un état de « sous-développement » chronique. Quoi qu'il en soit, médecins hygiénistes et statisticiens démographes (jusqu'aux travaux de Jacques Bertillon à la Statistique Générale de France) se livrèrent jusqu'à la fin du XIXe siècle à une « pure et simple dénégation de l'influence des conditions de travail industriel sur la dégradation de la santé ouvrière, avec des arguments d'autorité et de « bon sens » bourgeois, sans souci de confrontation avec la réalité sociale » [1]. Par la suite, le développement d'une réglementation sur l'hygiène et la sécurité contribuera certes, comme il a été dit, à asseoir l'hygiène industrielle, comme nouvelle discipline, en renforçant notamment les liens entre l'administration du Travail et les médecins hygiénistes de l'industrie, mais la spécialisation croissante des ministères sociaux [2] fera obstacle au développement croisé de l'épidémiologie de la santé au travail et de la santé publique hors travail. Si l'on veut bien admettre que la recherche fut et reste, en France, tributaire des institutions qui l'impulsent, une étude qui apprécierait l'impact des variations des configurations ministérielles (et des organismes de recherche qui en dépendent) sur les recherches dans le domaine segmenté de la santé, serait de la plus grande utilité ; elle éclairerait sans aucun doute la manière dont sont envisagées par la société française des questions qui, malgré leur parenté, sont abordées et traitées séparément, soit au nom d'une certaine rationalité administrative, soit en vertu de constructions juridiques opérées à des moments différents.

Quoi qu'il en soit, le recul qui s'est produit des années 1850 jusqu'au début du XXe siècle est d'autant plus étonnant que les travaux de certains hygiénistes, comme ceux de Louis-René Villermé ou de Jean-Pierre Thouvenin [3], avaient totalement renouvelé l'approche ramazzinienne de la santé au travail, en examinant, pour la première fois, les conditions de travail dans la grande industrie. Bien plus, Villermé avait initié une approche de la condition ouvrière qui reposait sur le principe de « causalité conditionnelle » [4]. Dans son esprit, toutes les composantes de la condition ouvrière étaient intimement liées, en interaction permanente, sans qu'il fût possible d'imputer tel ou tel aspect de cette condition à un facteur exclusif. Ainsi le machinisme qui provoquait la division du travail n'était pas l'agent unique

1. *Idem* et CHANLAT (J.-F.), « Usure différentielle au travail, classes sociales et santé : un aperçu des études épidémiologiques contemporaines », *Le Mouvement social*, n° 124, juillet-septembre 1983, p. 153-169.

2. Création en 1920 d'un Ministère de l'Hygiène, de l'Assistance et de la Prévoyance sociales, mais surtout, création en 1930, d'un ministère de la Santé publique.

3. Tous les deux furent inspecteurs du travail des enfants sous le régime de la loi du 22 mars 1841. Villermé fut inspecteur du travail dans l'île de la Cité de 1841 jusqu'en 1843, date de sa démission.

4. L'expression est d'Alain COTTEREAU.

du dépérissement physique et moral de l'ouvrier. La ville que l'on rendait volontiers responsable de la dissolution des mœurs des classes ouvrières n'en était pas non plus la cause directe et exclusive : « Mais supposons que le séjour des villes corrompe seul les mœurs des classes ouvrières, toujours est-il que les ateliers en ont une grande part en agglomérant autour d'eux la population partout où ils existent, en créant ainsi des villes et souvent des villes très populeuses. Et qu'importe alors que le mal provienne directement des manufactures, ou indirectement, s'il n'en est pas moins la conséquence ? Que dis-je ? dans cet exemple, l'effet indirect s'ajoute à l'effet direct, et ils se fortifient l'un par l'autre »[1]. Villermé s'opposait, en fait, à toute analyse causale directe entre profession et santé. « C'est, disait-il, d'une manière indirecte, médiate, ou par les conditions de nourriture, de vêtement de logement, de fatigue, de durée du travail, de mœurs, etc., dans lesquelles se trouvent les ouvriers, que des professions agissent le plus souvent en bien ou en mal sur leur santé ou sur celle de leur famille. Cette règle doit être regardée comme générale. Le danger des poussières pour certains ouvriers qui les respirent dans les filatures de coton ne saurait la détruire, non plus que les accidents assez fréquents qui arrivent pendant la durée du travail ». « Aucune maladie n'appartient exclusivement à certains ateliers des manufactures, mais il y en a qui sont plus fréquentes, lorsque les conditions dans lesquelles vivent les ouvriers en favorisent le développement »[2].

Cette approche aux résonances très actuelles eut pour conséquence paradoxale de remettre en cause le rôle d'expert traditionnellement dévolu à l'hygiéniste. De spécialiste qu'il était des questions industrielles, celui-ci s'exposait à devenir un généraliste désarmé. Car si le mal était aussi diffus que le prétendait Villermé, si les symptômes étaient trompeurs, si les causes que l'on parvenait à identifier en dissimulaient d'autres, l'hygiéniste était porté à reconnaître sinon son incompétence du moins son impuissance ; et plus rien ne le séparait de l'homme politique qui jusque-là le considérait comme un expert. C'est au fond toute l'expertise scientifique en fait d'hygiène industrielle qui s'en trouvait affectée, sauf en ce qui concerne les enquêtes de *commodo* et d'*incommodo,* destinées à apprécier les nuisances des établissements classés sur le voisinage. Aussi comprend-on mieux pourquoi les médecins hygiénistes se sont, jusqu'à la révolution pastorienne des années 1880, détournés de l'enseignement de Villermé, préférant cautionner l'idée que les conditions du travail n'exerçaient aucune influence fâcheuse sur la santé des travailleurs. Ce furent significativement des ingénieurs et des inspecteurs du travail (eux-mêmes souvent ingénieurs), moins soucieux de leur crédibilité ou de

1. VILLERME (Dr L.-R.), *Tableau de l'état physique et moral des ouvriers employés dans les manufactures de coton, de laine et de soie,* Paris, J. Renouard, 1840, t. 2, p. 114-115.
2. *Idem*, t. 2, chap. 8 : « Santé des ouvriers », p. 258 et 243.

leur position sociale, qui reprirent le flambeau de la prévention [1] sous le double rapport de l'assainissement industriel et de la protection des machines [2].

Avec la révolution pastorienne, l'hygiène industrielle connut certes un second souffle, grâce au couplage de la physiologie sur une bactériologie, mais une nette démarcation se dessina entre ingénieurs et médecins hygiénistes. Les premiers s'intéressèrent à la protection des machines et aux techniques d'assainissement ; les seconds, convertis à la bactériologie, se penchèrent sur les pathologies professionnelles et sur les agents susceptibles de les favoriser. De là un certain cloisonnement des compétences que Frédéric Heim, dans son enseignement d'hygiène industrielle [3] au CNAM (1905-1922) puis à la Faculté de Médecine de Paris, voulut briser. N'entendait-il pas « assurer pour l'assainissement industriel la coopération constante du médecin hygiéniste spécialisé, de l'hygiéniste industriel et du réalisateur des dispositifs qui devront assurer cet assainissement » [4]. Faire travailler ensemble des médecins, des ingénieurs et des techniciens dont les compétences complémentaires pouvaient être mises au service d'un objectif commun, former des hommes appelés eux-mêmes à former, voilà bien deux idées maîtresses que l'INRS reprendra bien plus tard avec profit. En créant, en 1923, l'Institut de Technique sanitaire qui formait des techniciens appelés à collaborer avec des médecins hygiénistes, Frédéric Heim a bien assis l'idée qu'il était possible de tirer de l'expérimentation scientifique des enseignements pratiques ou de transformer la recherche fondamentale en recherche appliquée. Cette orientation le rendait bien plus attentif que les psychophysiologistes aux effets du milieu industriel sur la santé des travailleurs. C'est à lui qu'on doit notamment la « notion d'intoxication professionnelle inapparente » (« pré-saturnisme, pré-benzénisme », etc.), que le législateur, avec bien du retard [5], entérinera en 1945 à propos de la

1. CAC 76126, art. 179 : HEIM de BALSAC (F.), Le stade actuel de l'évolution de l'assainissement industriel, 1937.

2. La protection des machines avait été abordée par VILLERME (L.-R.) : *Des accidents produits dans les ateliers par les appareils mécaniques,* 1851. Dans cette brochure, VILLERME indique « que la visite des ateliers est l'unique moyen de constater la fréquence, la gravité des accidents, d'en vérifier toutes les causes sur les lieux mêmes où ils se produisent et d'en déduire les préservatifs ».

3. Pendant 80 années, le conseil de perfectionnement du CNAM s'était opposé à la création d'un cours d'hygiène industrielle. Les propositions de Trélat (1827), Arago (1847) et Tardieu (1848), oncle du futur Président du Conseil, avaient été notamment écartées au motif qu'un tel cours « traitant en général des circonstances plus ou moins dangereuses qui accompagnent les travaux industriels, présenterait de graves inconvénients en permettant à l'exagération de s'emparer des résultats les plus fâcheux pour égarer l'opinion des ouvriers et répandre de funestes alarmes ».

4. CAC 76126, art. 179 : HEIM de BALSAC (F.), Le stade actuel de l'évolution de l'assainissement industriel, 1937.

5. Depuis 1921, la silicose était reconnue comme maladie professionnelle dans un grand nombre de pays.

silicose [1] : « Cette notion permet, par le dépistage précoce, d'assurer la surveillance médicale de la population ouvrière d'un atelier, d'une usine, d'établir des statistiques de morbidité professionnelle, en fonction des conditions hygiéniques propres à chaque atelier ou usine. Ces mêmes considérations peuvent s'appliquer aux réactions de l'organisme vis-à-vis des facteurs du milieu, autres que les facteurs toxiques. Le coefficient de morbidité, déterminé par le contrôle du médecin hygiéniste d'industrie à l'aide des tests cliniques et de laboratoire, apporte le contrôle médical de la valeur des dispositifs d'assainissement, réalisés par le technicien sanitaire » [2].

Que, dans ces conditions, l'hygiène industrielle ait entretenu des liens très étroits avec la médecine d'entreprise, dont les représentants les plus en vue dans les années 1920 et 1930 étaient très proches de Frédéric Heim, n'est guère surprenant. Mais on peut se demander si cette discipline n'a pas perdu, dès la fin des années 1920, sa vocation à réunir, dans un seul champ de compétences, les questions d'hygiène et de sécurité. Deux signes paraissent l'attester : d'une part, la création, au Conservatoire des Arts et Métiers, d'une chaire exclusivement consacrée à la prévention des accidents du travail et, par là même, spécialisée dans l'étude des moyens techniques propres à les éviter (1929) ; d'autre part, l'affirmation d'une médecine du travail dont l'essor s'est fait aux dépens du (mais aussi grâce au) « mouvement d'hygiène industrielle [3] ». La médecine du travail, définie par le professeur Duvoir, comme une « médecine sociale technique », s'est certes ouverte à la toxicologie industrielle, au dépistage des maladies professionnelles, et même à la sélection et à l'orientation professionnelle, mais elle n'a pas fait et n'aurait su faire de la prévention technique des accidents du travail l'un de ses domaines d'intervention [4]. Celle-ci est restée du res-

1. Ordonnance du 2 août 1945 « relative aux réparations dues aux victimes de la silicose considérée comme maladie professionnelle » : « Un des caractères particuliers de la silicose, à savoir la grande lenteur de son évolution, a conduit à fixer un long délai de responsabilité qui, en période normale, sera de cinq ans, ensuite à porter de trois à huit ans le délai de révision, enfin de subordonner le droit aux indemnités, non seulement à l'exécution habituelle des travaux figurant au tableau, ce qui est la condition normalement exigée par la loi de 1919, mais également à une durée déterminée d'exécution desdits travaux. Il s'agit là d'une notion entièrement nouvelle, celle de l'exposition au risque ». D'où une dérogation remarquable au droit commun des maladies professionnelles qui consistait en une « radiographie de départ » à laquelle l'employeur pouvait soumettre l'ouvrier cessant d'être occupé aux travaux réputés dangereux énumérés au tableau. « Cette mesure pouvait dégager la responsabilité de l'employeur à l'égard des employeurs ultérieurs ; elle pouvait, au contraire, faire apparaître cette responsabilité ».

2. *Idem.*

3. Cf. XARDEL (N.), *Le Mouvement d'hygiène industrielle. Son historique, son aspect scientifique, ses réalisations en France et à l'étranger,* thèse, Paris, Dunod, 1925.

4. La remarque reste valable pour la période qui suit la Seconde Guerre mondiale : dans sa leçon inaugurale de la première chaire de médecine du travail, le 18 mars 1949, Henri Desoille estimait que le rôle principal du médecin du travail était d'améliorer les conditions de travail (le texte de cette conférence in « 40 ans de médecine du travail », *Travail et Sécurité*, novembre 1986.

sort des inspecteurs du travail, des ingénieurs, des contremaîtres, chefs d'atelier ou chefs d'entreprise qui avaient assisté, en grand nombre, au cours de Frédéric Heim et qui, désormais, fréquentaient celui d'André Salmont, titulaire de la Chaire de prévention des accidents du travail.

De là une certaine séparation entre les questions d'hygiène et les questions de sécurité qui ne favorisait guère, au plan théorique [1], une approche globale et interactive de la prévention [2], mais qui répondait à un souci de spécialisation, lui-même commandé par le progrès des connaissances scientifiques et techniques.

Le tournant conceptuel des années 1960

Comment ces legs du passé ont-ils été assumés par les institutions de la Sécurité sociale concernées par la prévention des risques professionnels ?

Encouragée par le ministère du Travail qui, depuis le chômage des années 1930, se préoccupait de l'orientation et de la formation professionnelle accélérée des adultes (FPA) [3], la psychotechnique est restée très prégnante jusqu'à la fin des années 1960 [4]. À l'instar de l'Association nationale interprofessionnelle pour la formation rationnelle de la main-d'œuvre (ANIFRMO), certaines Caisses régionales de la Sécurité sociale (CRSS) avaient ainsi leurs propres centres psychotechniques [5]. S'ils n'effectuaient pas, en principe, les examens de sélection préalables

1. Dans la pratique les choses se présentaient différemment : chaque établissement appelait, selon les inspecteurs du travail, un traitement particulier. Si les contraintes légales étaient les mêmes, une sorte de péréquation pouvait être envisagée. Dans les villes, où l'espace faisait défaut, il était difficile d'obtenir la largeur réglementaire entre les machines ; les locaux étaient peu élevés, le volume d'air y était réduit au minimum. Dans les campagnes en revanche, l'espace était en général « plus que suffisant », les ateliers indépendants des maisons d'habitation, les machines plus espacées, l'aération plus grande, l'évacuation des déchets plus facile. Il est évident que l'inspecteur ne pouvait imposer le même régime à ces différents ateliers. D'où l'idée de compenser le manque d'espace par un nettoyage plus fréquent ; d'imposer une ventilation ou un système d'aération là où le volume d'air rapporté au nombre d'ouvriers était trop restreint ; d'exiger la plus grande propreté et l'évacuation des déchets et des poussières là où l'espace entre les machines ne pouvait être augmenté. L'hygiène et la sécurité se prêtaient à de multiples accommodements qui tenaient aussi compte de la situation financière de l'industriel et de l'activité qu'il exerçait.

2. Cette séparation, placée sous le signe de la spécialisation, n'avait nullement été prévue par le droit du travail qui avait, depuis 1841, explicitement couplé l'hygiène et la sécurité.

3. La FPA assura en 1939 la formation de la main-d'œuvre de guerre et contribua, en 1946, au reclassement des démobilisés en fonction des nécessités économiques déterminées par le plan Monnet.

4. CAC 760241 : Comité de gestion du Fonds de Prévention, séance du 23 février 1966 : Excipant du fait que l'enseignement de la prévention est partie intégrante de la formation professionnelle, Edmond Perrin insiste pour que la Direction générale du Travail et de l'Emploi et la Direction générale de la Sécurité sociale invitent l'Inspection du travail et les services de prévention des CRSS à collaborer étroitement dans le domaine de la psychotechnique.

5. Celles de Bordeaux (depuis 1951), Strasbourg (1957), Toulouse (1948). En 1964, la CNSS donna son accord pour que celles de Dijon et de Marseille aient le leur.

à l'embauche qui relevaient de l'ANIFRMO, ces centres avaient pour but d'apprécier les aptitudes individuelles en relation avec la sécurité (vigilance, sûreté de main, promptitude des réflexes, etc.)[1] ; ils « s'adressaient à du personnel déjà embauché, dont le ministère du Travail désirait vérifier l'aptitude au poste occupé, ou à du personnel pour lequel une mutation définitive ou provisoire [était] prévue à l'intérieur de l'entreprise »[2]. De là une certaine répartition des rôles entre les centres psychotechniques des CRSS s'occupant de prévention et ceux de la FPA, spécialisés dans l'orientation professionnelle. Qu'il s'agisse des CRSS ou des services déconcentrés du ministère du Travail, tous restaient dans les cadres de pensée de la psychotechnique qui réservait une place centrale au concept de « prédisposition individuelle ».

Cette traduction institutionnelle de la psychotechnique allait en fait dans le sens d'une demande sociale (celle des pouvoirs publics, des employeurs et des CRSS) qui se souciait moins de recherche théorique que d'applications concrètes. Parmi les dix laboratoires ou organismes de recherche[3], liés par une convention à l'Institut national de Sécurité (et donc financés par le Fonds de Prévention) dans les années 1950 et 1960, trois seulement se livraient à des recherches « originales »[4] : le Laboratoire de la Préfecture de Police, le Centre de physiologie du travail de Strasbourg, créé en 1955 et dirigé par Bernard Metz, et le Centre de physiologie de Paris dont le directeur était Camille Soula[5], titulaire depuis 1946 de la chaire de physiologie du travail au Conservatoire national des Arts et Métiers. Tous les autres, à dimension régionale, procédaient à l'analyse de produits, à des examens de malades ou à des tests. À deux exceptions près (le Laboratoire de contrôle des rayonnements ionisants en milieu de travail et l'Institut de Médecine du Travail de Lyon), ces laboratoires se désintéressaient, comme alors la psychotechnique ou la physiologie du travail, des problèmes d'ambiance physique (émanations, bruits et vibrations, électricité, rayonnements, éclairage, etc.) ou de la protection des machines[6] dont le ministère du Travail faisait pourtant une priorité.

1. Forts des résultats des tests, les services extérieurs du Travail donnaient aux employeurs un avis sur le bien-fondé d'une affectation ou d'une mutation envisagée. Aucun examen ne devait entraîner pour le salarié un préjudice pécuniaire et *a fortiori* son licenciement. Sinon, l'Inspection du travail intervenait.

2. CAC 760241, art. 4 : Le directeur de la CNSS aux présidents des CA des CRSS, 18 mars 1965.

3. Exception faite des centres psychotechniques et des laboratoires d'analyse rattachés à certaines CRSS (Paris, Marseille, Bordeaux).

4. Selon l'expression de la Commission permanente d'Études et de Recherches qui donnait son avis sur la pertinence scientifique des contrats de recherche passés avec les laboratoires.

5. SCHERRER (J.), « Soula, Camille (1888-1963), professeur de physiologie (1946-1958) » in Les professeurs du Conservatoire national des arts et métiers, dictionnaire biographique, 1994, t. 2, p. 581-591.

6. CAC 760241, art. 3 : Note sur les observations générales faites par la Commission permanente d'Études et de recherches, 8 février 1962.

Est-ce à dire à dire que « l'INS n'a jamais pu jouer pleinement le rôle qui aurait pu être le sien, notamment dans le domaine de la recherche, faute de moyens techniques et de laboratoires spécialisés » [1] ? Il semblerait plutôt que l'héritage de l'entre-deux-guerres ait été inégalement assumé. La prégnance de la psychotechnique conduisait à accorder au « facteur humain » une importance prépondérante au point de reléguer dans l'ombre la prévention technique et l'action sur l'environnement de l'homme au travail. Comment aurait-il pu en être autrement, quand la réglementation était, depuis sa naissance et malgré sa précision, impuissante à régler de manière satisfaisante la « protection » des machines actionnées à la main, comme celles qui se rencontraient dans l'industrie du bois ou des métaux, ou les problèmes d'ambiance sonore ou thermique ? C'est cette impuissance qui faisait dire à Edmond Perrin : « On en revient constamment à considérer que c'est le « comportement humain » au sens le plus large de l'expression qui importe et surtout dans toute politique de prévention. Faisons de la prévention technique, encore de la prévention technique avec toutes les études et recherches que cela comporte, mais des deux volets du diptyque, le technique et l'humain, je suis, pour ma part, tenté de dire que c'est vers le second qu'il faut le plus souvent porter le regard » [2]. Était-ce néanmoins une bonne raison de renoncer à la synergie que Frédéric Heim avait voulu induire entre techniciens et ingénieurs, d'un côté, et médecins hygiénistes, de l'autre ? Faute d'avoir créé un centre de recherche regroupant des chercheurs de formation différente [3] et placés dans l'incapacité de coordonner l'activité des laboratoires ou organismes de recherche [4], la CNSS et l'INS n'ont pu aller plus avant dans la voie qu'avait tracée l'hygiène industrielle. En particulier, la toxicologie s'est cantonnée dans l'analyse des substances toxiques sans se tourner vers une prévention qui aurait pu devenir l'une de ses raisons d'être. De là vient l'idée que le recours systématique par l'INS à la sous-traitance dans le domaine de la recherche ne suffisait pas à lui donner une crédibilité scientifique. Si fondées soient-elles, les justifications produites, en 1961, par la CNSS en réponse aux critiques de la Cour des Comptes ne font que refléter les défauts d'un système peu propice aux avancées scientifiques : les difficultés rencontrées sont « inhérentes à la recherche elle-même, à son caractère personnel, à l'incertitude de sa durée comme des résultats, à l'orienta-

---

1. Intervention de Jean-Marie Cavé, lors de l'inauguration du centre de Vandœuvre, 15 octobre 1970 (*Travail et Sécurité*, n° 3, mars 1971).

2. CAC 760241, art. 5 : Edmond Perrin au directeur de la CNSS, 13 février 1965.

3. La création du CERPAT était cependant programmée depuis pratiquement la naissance de l'INS.

4. La coordination de l'activité des différents laboratoires est un thème qui a toujours été agité par le Comité de Gestion du Fonds de Prévention, ancêtre de la Commission AT-MP, sans déboucher sur des mesures convaincantes. En 1962, ce Comité estimait qu'elle était « impossible tant que le CERPAT ne serait pas opérationnel ».

tion des laboratoires vers d'autres problèmes que ceux de la prévention, au petit nombre de chercheurs disponibles, faute de salaires suffisants » [1].

En revanche, et le fait mérite d'être souligné, l'INS a bien pris date avec la physiologie du travail en nouant, par deux laboratoires interposés, des liens solides avec, d'une part, le CNAM, pôle d'accueil traditionnel de cette discipline, et, d'autre part, le CNRS [2]. Or, de cette discipline est venue la remise en cause des conceptions qui accordaient au facteur humain une place prépondérante dans l'explication des accidents. Bernard Metz était convaincu que le concept de prédisposition individuelle ne pouvait rendre compte, à lui seul, des accidents, la répartition des accidents du travail obéissant de toute façon à une distribution aléatoire [3] (loi de Poisson). L'avenir était aux études portant sur « l'interaction du facteur humain avec les conditions techniques du travail : milieu, moyens et méthodes de travail [4]. D'une certaine façon, le mariage équilibré entre la psychotechnique et la physiologie du travail, dont Laugier et Piéron s'étaient fait les entremetteurs, tendait dans les années 1950 à se déséquilibrer : forte au plan institutionnel, la psychotechnique s'essoufflait sur le plan scientifique au profit de nouvelles orientations qui la débordaient ; d'une application pratique beaucoup moins évidente, la physiologie du travail prenait, au contraire, la mesure des innovations conceptuelles de son temps.

Les débuts de l'ergonomie

Impossible, en tout cas, de comprendre le tournant conceptuel des années 1960 dans le domaine « périphérique » de la prévention, sans tenir compte à la fois des orientations nouvelles prises par la psychologie et la physiologie du travail dans les années 1950, et de la convergence de forces plus profondes à l'œuvre dans la société française.

Sur le premier point, il est clair que les années 1950 ont vu se creuser un net décalage entre une « psychotechnique institutionnelle », repliée sur des recettes datant des années 1930, et les recherches très novatrices de Jean-Marie Faverge au sein du Centre d'Études et

---

1. CAC 760241, art. 2 : le président du CA de la CNSS au président de la Ve Chambre de la Cour des Comptes, mars 1961.

2. Ce dernier organisme avait décidé, le 4 décembre 1945, de créer à Paris un « Centre d'études scientifiques de l'homme », dont la direction avait été confiée à Camille Soula, converti à la double nécessité d'adapter le travail à l'homme et d'amender l'ambiance et l'environnement Considéré par la CNSS et l'INS, comme un « centre de physiologie du travail », ce laboratoire avait élu domicile rue Gay Lussac, à proximité… de l'INOP, siège de la psychotechnique. C'est dans ses locaux que sera fondée la Société d'ergonomie de langue française (SELF) au début des années 1960.

3. Du fait même de cette distribution aléatoire, les polyaccidentés étaient forcément concernés par les accidents.

4. CAC 830514, art. 6 : « L'adaptation du travail à l'homme, facteur de sécurité », conférence de B. METZ aux Comités techniques de la CRSS de Strasbourg, 29 mai 1957.

Recherches psychotechniques (CERP) qui relevait de l'ANIFRMO [1]. D'abord centrées sur l'application des méthodes statistiques aux techniques de sélection utilisées en FPA [2], ces recherches se sont démarquées de « l'analyse psychologique du travail » en s'ouvrant, dès 1951 [3], à « l'ergonomie du travail ». Il s'agit là, à n'en pas douter, d'un glissement important, car les deux approches, pour être complémentaires, n'en sont pas moins différentes. « L'analyse psychologique vise essentiellement à analyser les mécanismes de l'activité mis en jeu en situation de travail. L'analyse ergonomique, elle, vise à analyser la situation de travail en vue de la transformer, et la psychologie n'est qu'une de ses dimensions, pas nécessairement la principale » [4]. « Il s'agit davantage d'une manière nouvelle d'aborder les problèmes de l'aménagement du travail en fonction des possibilités psychophysiologiques du travailleur que d'une science véritablement nouvelle ayant son autonomie propre » [5].

Fort conscient de la nécessité de valider sur le terrain les conclusions obtenues en laboratoire, Faverge que Jacques Leplat [6] avait rejoint dès 1953, se défiait de la conception anglo-saxonne de l'*Human Engineering* qui appréhendait l'homme comme un simple élément du système productif parmi d'autres. « C'est en fonction des caractéristiques de l'homme que doit être conçu et réalisé le poste de travail » [7], affirmait-il souvent. Si *« L'adaptation du travail à l'homme »* (publié en 1958 avec Leplat et Guiguet) prenait donc le relais de L'analyse du travail (1955), la prise en compte des conditions de travail restait, pour les mêmes raisons que par le passé (prévalence du couple homme-machine) fort timide.

Celles-ci ne commencèrent de s'imposer à l'esprit des chercheurs qu'avec les recherches impulsées par la Communauté européenne du Charbon et de l'Acier à partir de 1958. Encouragée par le succès d'un programme expérimental sur la médecine du travail (1955-1957), la Haute Autorité de la CECA avait décidé de lancer une série de recher-

---

1. Association nationale interprofessionnelle pour la formation et le reclassement de la main-d'œuvre, ancêtre de l'AFPA. Titulaire d'un diplôme de l'Institut de Psychologie de l'Université de Paris et du diplôme d'État de Psychotechnicien, Jean-Marie Faverge est entré, comme chargé d'études, au CERP auprès du professeur Ombredane, en 1947.

2. Cf. « Le Centre d'études et recherches psychotechniques », *Revue française du Travail*, juillet-septembre 1966, p. 79-108.

3. Avec l'équipe « Analyse du travail – Ergonomie ».

4. LEPLAT (J.), « L'analyse psychologique du travail : quelques jalons historiques », *Le Travail humain*, t. 56, n° 2-3, 1993, p. 115-131.

5. GIVRY (Jean de), « L'évolution des relations entre employeurs et travailleurs au plan de l'entreprise », Revue internationale du travail, n° 1, vol. 99, janvier 1969, p. 1-38.

6. Ayant succédé à Faverge, Jacques Leplat a dirigé le CERP de 1958 à 1967, année de sa nomination au poste de directeur du Laboratoire de Psychologie du Travail à l'École pratique des hautes études, fonction qu'il quitta en 1989. « Nombre de ses collaborateurs et chercheurs qu'il a formés et qui l'ont entouré dans ses deux laboratoires ont "essaimé" prenant des responsabilités dans divers organismes de recherche et d'enseignement (CNRS, Université, CNAM, INRIA, INRS, etc.) ». (Cf. L. BAINBRIDGE et A. WEILL-FASSINA, « En hommage à Jacques Leplat », *Le Travail Humain*, t. 56, n° 2-3, 1993, p. 109-111).

7. Cité par R. BROWAEYS, « J.-M. Faverge au CERP », *Le Travail Humain*, t. 45, n° 1, 1982, p. 33-37.

ches concernant la sécurité, financées sur les fonds prévus par l'article 55 du traité de la CECA. C'est dans le cadre du premier programme « Facteurs humains – Sécurité », doté d'un crédit de 30 millions de francs, que fut menée une recherche dont les résultats, exploités par Cuny, Leplat et Salengros, allaient totalement renouveler l'analyse des causes des accidents du travail [1]. L'objet de cette recherche était d'étudier « globalement le déroulement de l'activité professionnelle et ses perturbations possibles ainsi que les facteurs susceptibles d'intervenir dans la genèse de l'accident (Faverge parlait de « constellations de facteurs ») avec, comme le prévoyait le projet, la compréhension, l'adhésion et la collaboration active de tous les intéressés, y compris le personnel [2] ». « On était ainsi amené à concevoir l'accident comme une expression du mode de fonctionnement du système industriel étudié, le système étant défini, d'une manière générale, comme une fraction plus ou moins étendue de l'entreprise » [3]. Cette appréhension globalisante des facteurs de sécurité au travail se réclamait de « l'ergonomie des systèmes » (l'entreprise est un « système sociotechnique »), fondée sur l'observation des interactions des différents éléments d'un appareil de production et sur la volonté de définir la meilleure répartition possible des tâches entre opérateurs et outils, celle des machines et les conditions de fonctionnement optima de l'ensemble.

Ces travaux furent d'une grande importance : d'une part, ils laissaient entrevoir la possibilité de créer une Europe de la sécurité au travail [4], fondée sur une action scientifique et politique commune (les années 1980 et 1990 y seront consacrées) ; d'autre part, ils levaient l'obstacle conceptuel que représentait, depuis les années 1930, le concept de prédisposition individuelle (sans pour autant éluder le facteur humain [5]), en plaidant vigoureusement pour une approche interdisciplinaire des conditions de travail. Sur le plan scientifique, les avancées qui en résultèrent furent des plus fécondes : l'accident n'était plus ce « phénomène

---

1. La recherche, dont les grandes lignes avaient été fixées par Faverge, Lejeune et Carpentier, se déroula pendant trois années dans 11 entreprises (4 charbonnages, 2 mines de fer, 5 entreprises sidérurgiques) et donna lieu à une exploitation des résultats étalée sur deux années.

2. CARPENTIER (J.), « J.-M. Faverge : un animateur de la recherche dans la communauté européenne », *Le Travail Humain*, t. 45, n° I, 1982, p. 39-42.

3. « Le Centre d'Études et de Recherches psychotechniques », *Revue française du Travail*, juillet-septembre 1966, p. 79-107.

4. Des missions de sécurité, organisées aux États-Unis dans le cadre du programme d'Assistance technique et sous les auspices de l'Economic Cooperation Administration, avaient permis aux délégations françaises (composées des professionnels de la prévention : membres de l'INS, inspecteurs du travail, ingénieurs-conseils, etc.) de se documenter sur les moyens employés outre-Atlantique pour créer, entretenir, et développer « l'esprit de sécurité » Occasion, également, de comprendre tout l'intérêt d'une Europe de la sécurité restant à construire, *Travail et Sécurité*, février 1952).

5. Dans le sillage de cette enquête s'est développée, à partir de 1966, la Recherche communautaire ergonomique qui deviendra, en 1974, l'Action communautaire ergonomique et constituer l'un des principaux instruments de travail dans la Communauté dans ce domaine.

négatif, étroitement circonscrit », mais « l'expression d'un certain mode de fonctionnement du système » (ou réseau de facteurs multiples en interaction), dont il était possible *a posteriori* de décliner les séquences. En conséquence, l'étude de l'accident devait renvoyer à celle des « caractéristiques de fonctionnement susceptibles d'engendrer les inadaptations dont les accidents ne sont qu'un symptôme parmi d'autres » [1].

L'arbre des causes : de la recherche fondamentale à la recherche appliquée

L'INRS s'appuiera, au début des années 1970, sur les travaux de Faverge pour mettre au point « une méthode pratique de recherche des facteurs d'accident » [2]. Cette méthode dite de « l'arbre des causes » invite à comparer la situation de travail ayant donné lieu à un accident à celle que l'on aurait pu observer, si l'accident ne s'était pas produit ; elle suppose l'existence de processus transformant des « facteurs potentiels d'accident » (ou facteurs de risque) en facteurs réels d'accident. L'analyse de l'accident « consiste donc à reconstituer ce processus accidentel en identifiant non seulement les facteurs de l'accident, mais également leurs liaisons logiques (enchaînements, disjonction, conjonction) et en utilisant l'algèbre de Boole » [3]. D'une certaine façon, et nonobstant sa formalisation mathématique, l'arbre des causes n'est pas sans évoquer les analyses de Villermé en matière de santé, qui reposaient sur le principe de causalité conditionnelle. Le mérite revient, en tout cas, au tout jeune INRS du début des années 1970, d'avoir su transformer en méthode pratique pour les entreprises des résultats issus de l'expérimentation : bel exemple de conversion d'une recherche fondamentale en recherche appliquée.

De telles novations ont bénéficié en France d'un contexte intellectuel et socio-économique très favorable à leur épanouissement. Impossible à cet égard de passer sous silence les convergences qui se dessinaient alors entre les différentes « sciences du travail », confrontées aux mutations des formes de production. Attentif aux reconversions industrielles qui s'opéraient, le Directeur général du Travail et de la Main-d'œuvre, Pierre Laurent [4], avait, de concert avec le Commissariat général du Plan d'équipement et de la productivité [5], diligenté un certain nombre d'enquêtes visant à rechercher « dans quelle mesure

1. MONTEAU (M.), PHAM (D.), « L'accident du travail : évolution de ses conceptions » *in* LEVY-LEBOYER, SPERANDIO, *Traité de psychologie du travail,* PUF, 1987, p. 703-727.
2. Méthode mise au point par KRAWSKY, CUNY et MONTEAU.
3. MONTEAU (M.), PHAM (D.), art. cit. Une présentation critique de cette méthode *in* GOGUELIN (P.), *La prévention des risques professionnels*, PUF, 1996, p. 58-66.
4. Entretien avec PIERRE LAURENT, 31 mars 1995.
5. Lequel avait créé un groupe de travail « Ergonomie ».

les modifications des conditions générales de travail qui en résultent ont une incidence favorable ou défavorable sur la santé et le bien-être des travailleurs »[1]. L'organisation des études avait été confiée à la Commission 28-IIs dite « Étude et Normalisation du travail humain », qui relevait du Conseil supérieur de la Recherche scientifique et du progrès technique, placé auprès de la Présidence du Conseil. Présidée par Henri Laugier, cette commission fut l'un des tout premiers organes officiels à faire appel à des experts jusque-là négligés : les sociologues. Alain Touraine et Michel Crozier furent ainsi chargés d'une étude sur le « développement et la coordination des recherches sur les attitudes au travail et les motivations du travail en fonction des types d'organisation ». Aux psychologues, aux physiologistes et aux médecins du travail s'ajoutaient donc les sociologues qui avaient eu jusqu'alors quelque difficulté à se faire entendre sur un terrain déjà fortement occupé. La parution, en 1961, du *Travail en miettes* de Georges Friedmann allait confirmer leur montée en puissance et l'orientation de plus en plus marquée des sciences du travail vers l'interdisciplinarité, c'est-à-dire vers l'une des formes de collaboration intellectuelle les plus délicates à mettre en œuvre.

Quels enseignements tirer de cette évolution ? Les conceptions en matière de prévention sont bien nées des interrogations de disciplines qui n'inscrivaient pas la prévention au cœur de leur réflexion. Elles ne se sont pas succédé mais additionnées au fil du temps sans nullement se contredire. Sans doute les termes « hygiène industrielle » ou « psychotechnique » ont ils quasiment disparu du vocabulaire scientifique, mais les apports des courants qu'ils ont incarnés continuent d'innerver la recherche. De manière récurrente, toutes ces conceptions se sont référées explicitement ou implicitement à un certain humanisme attaché à l'intégrité physique et morale de l'individu. Or, cet humanisme était, comme il a été dit, au fondement même de l'école française des sciences du travail qui s'est toujours refusé à considérer l'homme comme un rouage parmi d'autres du système productif. Sans doute faut-il voir dans cet « anthropocentrisme » tout à la fois le reflet d'une philosophie des Lumières attachée aux valeurs individuelles et l'effet induit d'un déclin démographique remontant à la fin du XVIIIe siècle qui faisait du travailleur français un bien des plus précieux.

De manière fort symptomatique, les conférences sur l'adaptation du travail industriel à l'homme faites au cours de l'année 1962 sous le patronage du Commissariat général du Plan d'équipement et de la productivité et à la demande de l'Association française pour l'accroissement de la productivité se réclameront de cette filiation structurante qui aura autant freiné que favorisé les progrès conceptuels de la prévention : « Ces conférences, pouvait ainsi dire Bonnardel (pourtant

1. Une liste de ces enquêtes dans CAC 760131, art. 8.

auteur en 1943 d'un ouvrage intitulé *L'adaptation de l'homme à son métier*), faites sous l'égide d'un organisme officiel de productivité, sont orientées essentiellement vers un humanisme du travail où priment non seulement le souci de la santé physique du travailleur, mais surtout – par delà les contraintes caractérisant le travail – sa santé morale, insistant en particulier sur la recherche des conditions favorables au développement de sentiments de bien-être et de confort dans l'exécution des tâches » (...) « La recherche de la productivité ne peut humainement se concevoir que concurremment à une amélioration des conditions de travail » [1].

Il est aussi clair que l'organisation institutionnelle de la prévention des risques professionnels dans le giron de la Sécurité sociale ne s'est pas accompagnée jusqu'au milieu des années 1960 de la volonté politique de créer les conditions d'émergence d'une science de la prévention. Sur le plan scientifique comme sur le plan institutionnel, la prévention s'est constamment trouvée à la jointure de préoccupations qui lui étaient en grande partie étrangères. Cette position lui a certes permis de se nourrir des acquis des sciences de l'homme au travail, mais elle ne lui a conféré aucune légitimité scientifique. Pouvait-il en être autrement ? Le développement de plus en plus interactif de ces sciences, dont l'ergonomie constitue une sorte de syncrétisme [2], laisse à penser qu'elle était de toute manière vouée à l'interdisciplinarité. À la fin des années 1960, la prévention se trouvait donc à la croisée des chemins : ou bien elle acceptait de manager et de fédérer des savoirs, des compétences et des talents très divers au service d'un objectif commun ; ou bien elle restait, au risque de stagner, tributaire de disciplines qui n'avaient pas vocation à poursuivre ses propres buts.

1. « L'adaptation de l'Homme à son travail », titre générique du numéro spécial du *Travail Humain*, 1962.

2. Nous n'avons pas ici abordé la « psychopathologie du travail » dont la percée remonte à une quinzaine d'années. Cette discipline est née au sortir de la Seconde Guerre mondiale autour de l'équipe de L. LE GUILLANT, composée de praticiens-chercheurs. Son nouvel essor, dû notamment aux travaux de l'équipe de Christophe DEJOURS (CNAM, Laboratoire de psychologie du travail) a conduit récemment à lui préférer l'appellation « d'analyse psychodynamique des situations de travail », encore dénommée par simplification « psychodynamique du travail ». La place assignée à la souffrance est centrale dans cette discipline qui se propose de montrer pourquoi le travail peut être « tantôt pathogène, tantôt structurant. Le résultat n'est jamais donné d'avance. Il dépend d'une dynamique complexe dont les principales étapes sont identifiées et analysés par la psychodynamique du travail » (C. DEJOURS, *Souffrance en France. La banalisation de l'injustice sociale,* Seuil, 1998, p. 19, et, du même auteur, *« De la psychopathologie à la psychodynamique du travail »*, addendum à la 2e édition de *Travail, usure mentale*, Paris, L'Harmattan).

L'évolution au Conservatoire national des Arts et Métiers des chaires concernant l'homme au travail

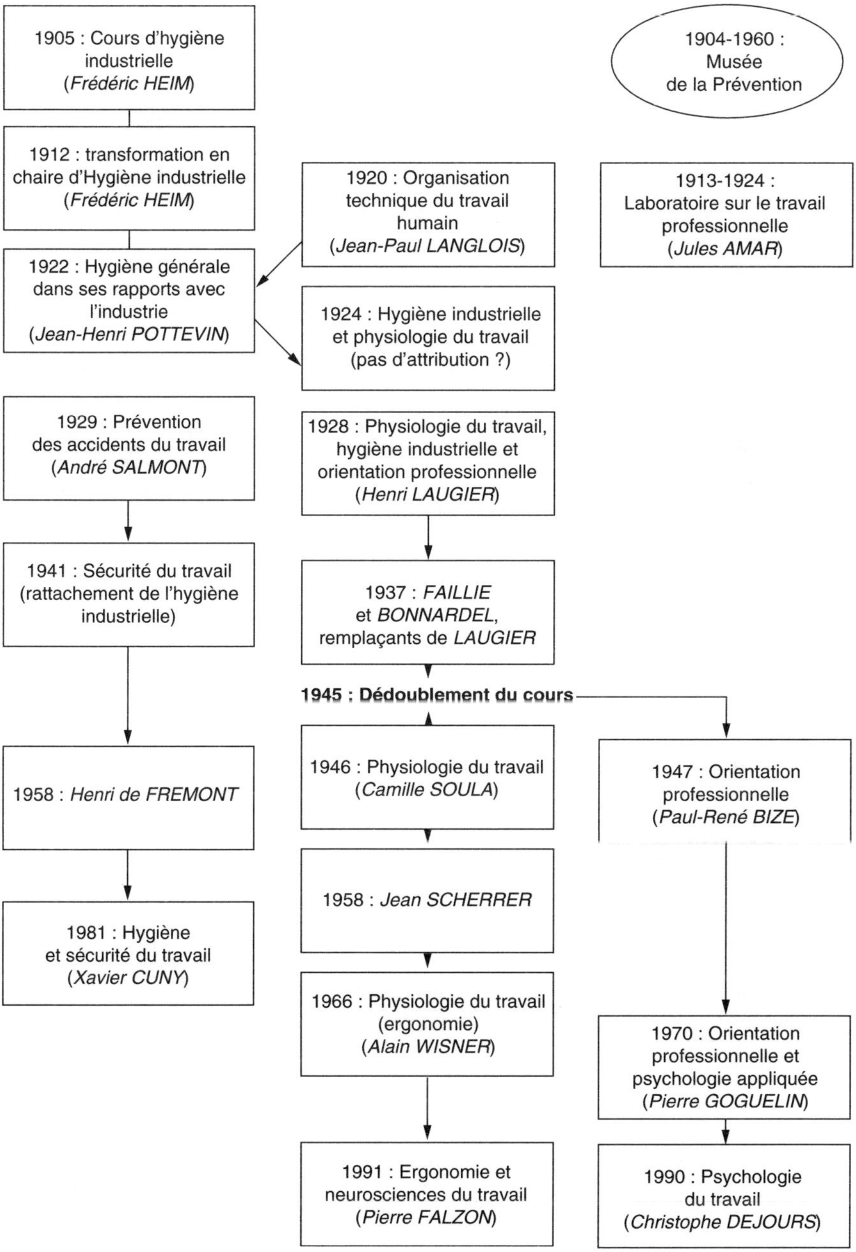

La table ronde de l'INS

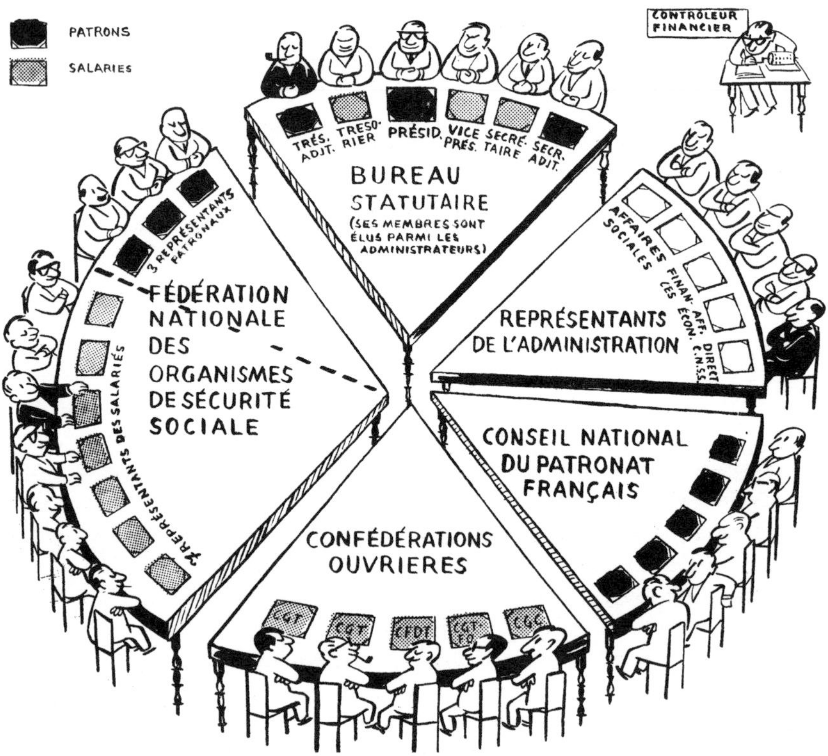

Source : INS, 21-12-1966.

Cette table « éclatée » donne une image du Conseil d'administration de l'INS.
Les membres actifs (FNOSS, CNPF, Confédérations ouvrières) sont représentés par vingt administrateurs ; les administrations par cinq.
Le Bureau statutaire est paritaire.
Le directeur et le directeur adjoint de l'INS sont nommés par le Conseil d'administration et agréés par le ministre.
Un contrôleur d'État est chargé d'assurer le contrôle financier de l'Association.

Chapitre 3

La prévention à l'heure de la réforme de la Sécurité sociale (1967-1976)

Le système français de prévention des risques professionnels avait été depuis 1945 confronté à des problèmes de délimitation des territoires, principalement entre les services centraux et déconcentrés du ministère du Travail et les organismes de prévention de la Sécurité sociale. La transformation de l'Institut National de Sécurité en Institut National de Recherche et de Sécurité en 1968 et le vote de la loi de 1976 sur la « sécurité intégrée » [1] furent l'occasion pour la Sécurité sociale d'affirmer son rôle en matière de prévention des risques professionnels, tant au niveau des moyens que des méthodes.

Cette embellie s'est produite au moment où les structures de la Sécurité sociale connaissaient avec les ordonnances de 1967 une réforme qui éloignait cette institution des intentions premières du législateur ou lui enjoignait de les atteindre par d'autres voies. Le vieillissement de la population, les progrès de la médecine, le gonflement spontané des dépenses de santé lié à l'élévation générale du niveau de vie contribuaient à l'évolution divergente des recettes et des prestations. L'équilibre financier de l'édifice mis en place en 1946 s'en trouvait menacé. La remise à plat des structures était inévitable.

La voie du redressement passait par la clarification des comptes par branches. La Caisse Nationale de Sécurité Sociale fut donc scindée en trois caisses nationales qui se voyaient attribuer respectivement la gestion de chacune des grandes branches, famille, vieillesse, maladie et accidents du travail. C'était la remise en cause du dogme de l'unicité de la Sécurité sociale, déjà entamé par la multiplication des régimes et le développement des caisses complémentaires.

1. Le concept de « sécurité intégrée » est en effet associé à la loi du 6 décembre 1976 dont l'intitulé exact est : loi « relative au développement de la prévention des accidents du travail ».

L'autre grande nouveauté de la réforme de 1967, l'instauration d'une représentation égale des syndicats de salariés et des organisations patronales, tranchait l'équivoque entretenue à la Libération entre l'idée de gestion par les bénéficiaires, c'est-à-dire par les salariés, et celle de gestion par les intéressés, c'est-à-dire par toutes les parties prenantes. À la solution adoptée alors d'une majorité de représentants des salariés dans les conseils d'administration des organismes de la Sécurité sociale se substituait celle d'une représentation paritaire du patronat et des syndicats, qui se voyaient attribuer un nombre de sièges correspondant à leur implantation respective dans le pays. L'élection était abandonnée au profit de la nomination des membres par leurs organisations.

Quelles furent les incidences de ces nouvelles orientations sur le fonctionnement de la branche AT/MP et sur celui des structures de prévention ?

La modification du cadre institutionnel (CNAM, CRAM, INRS)

Les années 1960 furent une période de gestation pour des réformes désireuses d'accroître l'efficacité gestionnaire des institutions de la Sécurité sociale. Les décrets de 1960 étendirent les pouvoirs des directeurs des organismes et élargirent, ce faisant, le champ d'intervention de la tutelle dont ils relevaient. D'une manière générale, le rôle des techniciens et des managers eut tendance à s'accroître aux dépens de l'influence des politiques.

Dès 1965, le rapport Piketty avait exposé les positions du CNPF en préconisant la séparation des risques, la clarté financière et le paritarisme. Il recommandait de revenir aux principes de l'assurance et rejetait la compensation financière entre branches. Constatant « la spécificité irréductible de chacun des quatre grands risques (maladie, vieillesse, prestations familiales, accidents du travail et maladies professionnelles) artificiellement groupés dans l'appareil administratif de la Sécurité sociale », l'organisation patronale avait proposé dès 1961 de distinguer les diverses branches de la Sécurité sociale : « L'intercompensation financière créée entre des risques de nature si différente décourage tout effort des gestionnaires et crée une irresponsabilité dont les conséquences sont chaque jour plus ruineuses. Chacun des quatre grands risques doit donc faire l'objet d'une organisation administrative propre et jouir d'une autonomie financière interdisant la compensation de risque à risque » [1].

1. CNPF, « La sécurité sociale et son avenir : pour une politique adaptée à l'expansion économique et au progrès social » Supplément à la revue *Patronat français* de juin 1965.

Le gouvernement devait reprendre à son compte une bonne partie des thèses du rapport Piketty. Les ordonnances de 1967 instituèrent un système assez voisin de celui que le CNPF avait préconisé. La scission de la Caisse Nationale de Sécurité Sociale se traduisit par la création de trois caisses distinctes, la nouvelle Caisse Nationale d'Assurance-Maladie des travailleurs salariés (CNAMTS) prenant en charge, d'un côté, les assurances maladie, maternité, invalidité et décès et de l'autre, les accidents du travail et maladies professionnelles. Les attributions de l'ancienne Caisse Nationale de Sécurité Sociale en matière de prévention des AT/MP se trouvaient donc transférées à la nouvelle Caisse Nationale d'Assurance Maladie, sans que le fonctionnement des structures de prévention elles-mêmes s'en trouve modifié.

Les fluctuations dans les attributions respectives des ministères du Travail et de la Santé, qui assurèrent successivement la tutelle de la Sécurité sociale [1], n'étaient pas non plus de nature à modifier les rapports entre les services à propos de la politique menée dans le domaine des AT/MP et encore moins en matière de prévention. D'une configuration ministérielle à l'autre, les problèmes de coordination restaient entiers entre la Direction de la Sécurité sociale, chargée de la tutelle de la CNAM, et la Direction générale du Travail et de l'Emploi, devenue Direction des Relations du Travail en 1975 et chargée notamment des services de l'Inspection du travail et de l'élaboration de la politique de prévention des AT/MP.

Cependant, la volonté d'autonomisation et de clarification de la gestion de la Sécurité sociale se manifesta tout particulièrement dans le secteur des AT/MP, dont la loi du 31 juillet 1968 organisait la gestion distincte et prescrivait l'équilibre financier. Mais dans les années 1970, le déficit de l'assurance maladie et de l'assurance vieillesse se creusa progressivement en raison du vieillissement de la population, de la diminution corrélative de la part des actifs et de la récession économique. Parallèlement, des mécanismes instituant une « compensation généralisée » furent mis en place par la loi du 24 décembre 1974. L'assurance accidents du travail, régulièrement excédentaire, devait être forte-

1. En 1969, le ministère des Affaires sociales fait place à un ministère du Travail, de l'Emploi et de la Population et à un ministère de la Santé publique et de la Sécurité sociale. En 1972, un ministère des Affaires sociales (Travail, Emploi, Sécurité Sociale) réapparaît. En 1973, on trouve Travail et Emploi d'une part, Santé et Sécurité sociale, de l'autre. Après les élections présidentielles de 1974, c'est le ministère du Travail qui est chargé de la Sécurité sociale. En 1977, elle passe à nouveau sous l'égide du ministère de la Santé. « La politique générale de prévention est alors définie par le ministre du Travail de l'Emploi et de la Population *en collaboration* avec le ministre de la Santé et de la Sécurité sociale. Un Comité de coordination composé du directeur général du ministère du Travail et du directeur de la CNAM est chargé d'en préparer les lignes générales et d'assurer la coordination entre les mesures de prévention prévues par le code du Travail et celles prévues par le Code de la Sécurité sociale » (J. BOISSELIER, *Traité d'hygiène et de sécurité du travail*, éd. la Société corporative d'hygiène et de sécurité dans les chantiers, 1978).

ment mise à contribution. La volonté de rigueur gestionnaire et de transparence exprimée par des ordonnances de 1967 se heurtait donc au poids grandissant des contraintes budgétaires.

Sur le plan général, le schéma initial qui avait fait de la CNSS un établissement public à caractère administratif était reconduit pour la CNAM, qui assurait, comme le faisait auparavant la CNSS, la tutelle des caisses publiques et régionales, organismes de droit privé. Les 16 caisses régionales d'assurance maladie (CRAM) prenaient la suite des CRSS et poursuivaient la même mission de coordination et de développement de la prévention des accidents du travail. Quant aux services de prévention des Caisses régionales, leur statut restait inchangé. Comme par le passé, « les directions des caisses primaires étaient surtout préoccupées par la liquidation et le paiement des rentes, ce qui se conçoit aisément, et la prévention, sauf exception, n'occupait pas une place éminente dans leurs soucis » [1].

La réforme aux conséquences les plus visibles sur le dispositif de prévention fut l'introduction du paritarisme dans les conseils d'administration de ses instances, qui concernait au demeurant l'ensemble des organismes de Sécurité sociale. Lorsqu'elle mit au point les statuts de l'INRS au début de l'année 1968, la CNAM posa en principe « qu'ils devraient prévoir, *comme pour les organismes de Sécurité sociale*, un conseil d'administration paritaire » [2]. Autant dire que l'INRS conservait, pour des raisons pratiques, son statut d'association régi par la loi de 1901, tout en restant dans la mouvance des institutions de la Sécurité sociale.

L'instauration du paritarisme dans les conseils d'administration des caisses entraîna le recul du rôle des syndicats ouvriers qui avaient été les plus actifs dans la gestion de la Sécurité sociale depuis la Libération [3]. En signe de protestation, la CGT et la CFDT, qui voyaient leur représentation numérique se réduire et la majorité des voix leur échapper, se retirèrent des postes de responsabilité. Cette attitude devait profiter à FO, qui assura pendant près de trente années la présidence de la CNAM avant d'être supplantée à cette fonction par la CFDT en 1996.

L'effet de ces changements sur l'exercice effectif du pouvoir, au sein de l'INRS fut cependant mineur. Le remplacement d'Aimé Texier

1. IGSS, *Les services de prévention des accidents du travail et des maladies professionnelles*, 1962, p. 213.

2. Conseil d'administration de la CNAM du 23 janvier 1968.

3. Jean-Jacques Dupeyroux considère que le paritarisme, c'est-à-dire l'association, à parts égales, dans les conseils d'administration des représentants des employeurs et des représentants des salariés instauré en 1967 a été faussé parce que « associé à une suppression des élections, il a été conçu comme une machine de guerre contre les organisations syndicales les plus représentatives (CGT et CFDT), auparavant majoritaires dans les conseils, et, après la réforme, infiniment minoritaires. Dans ces conditions, cette réforme ne pouvait susciter qu'une grande amertume chez les plus grandes centrales de travailleurs, qui ne pouvaient pas ne pas avoir l'impression qu'elles avaient été mises à l'écart par dessein, et que leurs représentants étaient condamnés à faire de la figuration ». (*Droit de la Sécurité sociale*, Dalloz, 1980, p. 304-305).

(délégué de la FNOSS, CGT-FO [1]) par Jean-Marie Cavé (CNPF, ancien directeur du service Hygiène et Sécurité de l'UIMM) à la présidence de l'INS en 1964 était surtout dû aux irrégularités de gestion constatées par la Cour des Comptes au cours des années précédentes. Les observations de la Cour avaient alors entraîné une rapide succession des directeurs au tournant des années cinquante. Toujours est-il que la vice-présidence de l'INRS échut, en 1967, à Maurice Brugerre (FNOSS-CFTC), tandis que la présidence de la CNAM passait entre les mains de FO, sous la houlette de Maurice Derlin. De même, Robert Charpin puis Paul Malnoé, de FO, prirent le relais de Maurice Brugerre à la vice-présidence de l'INRS, Jean-Marie Cavé (CNPF) conservant de 1964 à 1978 son poste de président, qui resta par la suite acquis au CNPF.

Le conseil d'administration, appelé à se prononcer sur le renouvellement du mandat du président Jean-Marie Cavé, se réunit le 15 mars 1967. La décision du Conseil des ministres de déposer un projet de loi concernant la Sécurité sociale et l'autorisant à agir par voie d'ordonnances interviendra un mois plus tard, le 26 avril 1967. On est alors loin, bien que Maurice Derlin ait affirmé en mars que « 1967 sera l'année de la Sécurité sociale », de connaître la substance du projet qui ne prendra force de loi que le 22 août 1967. Le prolongement du mandat de Jean-Marie Cavé est donc voté, malgré le principe de l'alternance, presque six mois avant que les nouvelles règles concernant la composition des conseils d'administration des organismes de Sécurité sociale soient connues.

Un système savamment équilibré se mettait en place, où la présidence de la CNAM revenait à FO, celle de la Commission de prévention des AT/M et celle de l'INS au CNPF. La réforme de 1967 de la Sécurité sociale entérina donc un mode de gestion du système de prévention théoriquement paritaire mais où, grâce au soutien de FO, le patronat prit en mains l'organisation de la prévention des AT/MP au sein de la Sécurité sociale.

Le poids grandissant de l'État dans le fonctionnement de la Sécurité sociale relativisait néanmoins la portée de la réforme de 1967. C'est ainsi que la fixation du niveau des cotisations et des prestations, prérogative essentielle, restait du ressort de l'État, qui conservait la faculté d'opposer un droit de veto aux décisions de la CNAM et d'autoriser des péréquations budgétaires entre branches. Le niveau des prélèvements

---

1. « Après la naissance de la CGT-FO résultant de la scission de la CGT, les responsables des problèmes de Sécurité sociale au sein de la nouvelle confédération étaient souvent les mêmes que ceux qui avaient exercé les mêmes responsabilités à la CGT en 1945-46. La création de la nouvelle centrale s'inscrivait en réaction contre une excessive politisation du syndicalisme et les responsables revendiquaient une totale indépendance à l'égard des partis politiques. Dans les organismes de Sécurité sociale, la position FO se concentra sur la défense de la législation de 1945-46 et l'attachement à l'autonomie des caisses. Le maintien d'Aimé Texier à la présidence de l'INS s'inscrit parfaitement dans ce schéma. » (BARJOT (A.), *La Sécurité sociale, son histoire à travers les textes*, t. III, 1945-1981, p. 123).

consacrés à la prévention restait d'autre part inchangé, ne variant qu'en fonction du montant du budget global des AT/MP. L'intervention des partenaires sociaux restait cantonnée aux tâches de gestion.

L'article 2 de l'ordonnance du 21 août 1967 définissait, parmi les responsabilités fondamentales de la CNAM, celle d'« assurer sur le plan national, en deux gestions distinctes, le financement d'une part des assurances maladie, maternité, invalidité, décès, et d'autre part des accidents du travail et maladies professionnelles et [celle de] maintenir l'équilibre financier de chacune des deux gestions » (art. 1).

Prise à la lettre, cette disposition prescrivait donc une clarté plus grande des comptes et la gestion indépendante des divers risques, en fixant pour objectif l'équilibre des recettes et des dépenses pour chacun d'eux. Mais la création d'une Agence centrale des organismes de Sécurité sociale (ACOSS), dotée d'un pouvoir de direction et de contrôle sur les unions de recouvrement maintenait l'étroite unité des circuits de recouvrement et de trésorerie au point de limiter singulièrement l'autonomie des branches.

Au total, les ordonnances de 1967 eurent peu de répercussions sur le fonctionnement de la branche AT/MP [1]. Selon l'article 2 de ses statuts, la CNAM avait notamment pour mission de « promouvoir la prévention des AT/MP ». Ses attributions étaient les mêmes que celles de la CNSS en matière de prévention et de tarification des risques [2] ; la primauté de la prévention sur la réparation était sauvegardée dans son principe et la tarification établie en fonction des résultats dans chaque activité et chaque entreprise devait fonctionner selon les mêmes règles [3]. Son fonctionnement fut toutefois affecté par les changements qui se produisirent dans les structures, notamment au niveau de la composition des conseils d'administration.

La gestion du Fonds national de prévention des AT/MP était assurée, dans le cadre de la CNSS, par un Comité de gestion constitué auprès du Conseil d'administration de cette Caisse. Dans le cadre de la CNAM, cette gestion fut confiée directement au conseil d'adminis-

1. *Revue française des affaires sociales*, avril-juin 1970, p. 117.

2. Aux termes de l'article 2 de l'ordonnance du 26 août 1967 relative à l'organisation administrative et financière de la Sécurité sociale, la CNAM a notamment pour rôle d'assurer sur le plan national le financement des AT/MP, de maintenir l'équilibre financier de cette gestion et de contribuer à la prévention des AT/MP. Conformément à l'article premier du décret du 22 décembre 1967 portant application des dispositions de cette ordonnance, la CNAM gère un Fonds national de prévention des AT/MP, dont les ressources sont comme auparavant constituées par un prélèvement de 2 % sur les cotisations à l'assurance AT/MP et dont les attributions sont les mêmes, en vertu de l'article L429 du Code de la Sécurité sociale. Enfin, aux termes de l'article 4 du même décret, les Comités techniques nationaux prévus à l'article 430 du Code de la sécurité sociale siègent auprès du conseil d'administration de la CNAM (Rapport d'activité, CNAM, exercice 1967).

3. « Cette tarification se justifie par la nécessité d'équilibrer la couverture d'un risque qui est le fait du travail, créé par l'activité industrielle et dont le financement incombe exclusivement à l'employeur. Elle est justifiée aussi et plus encore par l'objectif primordial de cette assurance qui est la prévention avant la réparation ». (ibid.)

tration, les questions concernant la prévention étant cependant préalablement étudiées par une Commission dite de gestion du Fonds national de prévention, habilitée à donner des avis au Conseil ou à lui faire des propositions de décisions.

La principale modification dans les structures de prévention est en fait venue d'une décision antérieure aux ordonnances de 1967, qui allait transformer l'INS en INRS par absorption du CERPAT. La CNAM entérina cette décision en prorogeant le statut particulier de l'Institut et en s'impliquant résolument dans un projet qui tendait à amplifier ses missions et à moderniser sa vocation.

De l'INS à l'INRS : le cap sur la recherche

Les critiques dont l'INS avait été l'objet dans les années cinquante et soixante avaient abouti en 1964, après une période troublée où les directeurs s'étaient succédé sans résultat notable, à l'élection de Jean-Marie Cavé (CNPF) à la présidence de l'INS. Ce dernier était convaincu de la nécessité de professionnaliser la gestion de l'INS et d'orienter résolument ses activités vers la recherche appliquée, en rénovant les concepts de base de la prévention. « La partie la plus importante (des activités de l'INRS), déclara-t-il d'emblée, et celle qui est le plus tournée vers l'avenir est l'activité de recherche (...) Nous ne devons pas considérer un problème de risque professionnel comme résolu définitivement parce qu'on aura trouvé un équipement individuel permettant de le réduire. Les protecteurs, les carters, les masques, tout cela, c'est encore un peu « la sécurité de papa ». Ces solutions se réfèrent souvent à une vue trop simpliste du problème et en résolvant le problème de cette façon, on masque parfois le problème réel qui se trouve à la source du danger » [1].

Il devenait évident que la prévention dépendait d'une multitude de facteurs comme l'organisation rationnelle des circuits de travail, l'ambiance des ateliers, la modernisation des locaux et surtout l'éducation des cadres et du personnel. L'Inspection générale de la Sécurité sociale soulignait dès 1962 qu'il s'agissait là d'un véritable tournant dans la conception de la prévention et qu'il aurait des conséquences sur la conception même des services et de la place qu'ils occupaient dans les organigrammes des Caisses [2].

La nécessité d'intégrer la prévention des accidents à tous les stades de la fonction productive, dans la conception des locaux, des machines et des outils, l'orientation et la formation des personnels, l'organisation et l'exécution du travail fut mise en évidence par l'IGAS (successeur de l'IGSS depuis 1967) en 1973. « Il ne faut pas se dissimuler que ce principe d'intégration, qui découle d'un élémentaire bon sens,

1. Conseil d'administration de l'INS du 27 avril 1964.
2. Rapport de l'IGSS pour l'année 1962.

impose une évolution des conceptions législatives qui, à l'origine, ont concentré toutes les responsabilités en matière de prévention sur l'employeur et sur lui seul [1]. Sans créer une dilution des responsabilités qui irait à l'encontre du but poursuivi, il faut, pour développer la prévention, faire place aux responsabilités que peuvent avoir, d'une part les architectes, fabricants de matériels et fournisseurs de produits utilisés par les entreprises, d'autre part au sein de l'entreprise, aux agents d'encadrement et aux travailleurs eux-mêmes » [2]. De même, l'impulsion des services centraux devrait devenir plus active [3].

L'approche technicienne qui privilégiait le repérage des machines dangereuses et l'installation de dispositifs de sauvegarde ou la protection des ouvriers eux-mêmes par des équipements spéciaux faisait place à une démarche plus systématique, qui mettait en lumière la multiplicité des causes et de leurs interactions. Face à la difficulté de contrôler tous ces paramètres, une idée s'imposait : l'intégration de la prévention en amont, dès la conception des machines elles-mêmes. La loi de 1976 relative au développement de la prévention des accidents du travail entérinera ce changement radical de perspective en rendant obligatoire la prise en compte de la sécurité à tous les stades du processus de fabrication des outils de production.

Cette révolution conceptuelle entraîna un véritable enrichissement des tâches dans les organismes de prévention. Dans la mesure où il s'agissait désormais de prendre en compte les multiples facteurs intervenant dans la genèse de l'accident pour neutraliser celui-ci à la source, la nécessité de croiser des disciplines variées ayant des contributions de nature très différentes devenait impérative.

La transformation de l'INS en INRS, Institut National de Recherche et de Sécurité précéda de peu les événements de mai 1968 : le conseil d'administration de l'INS décida de dissoudre l'association le 17 avril 1968. Deux jours plus tard, eut lieu la première réunion du conseil d'administration de l'INRS. Sa composition reflétait les modifications survenues dans l'équilibre des forces entre partenaires sociaux, qui avaient touché l'année précédente tous les conseils des organismes de

1. « En concentrant les responsabilités à ce seul échelon de décision, le législateur s'inspirait d'une vision « taylorienne » de l'entreprise poussée jusqu'à la caricature : il sous-estimait la part de liberté – et donc de responsabilité – qui est conservée, dans l'organisation et dans l'exécution du travail, par les cadres, les agents de maîtrise et les travailleurs eux-mêmes, qui ne sont heureusement pas des robots dont chaque acte serait prédéterminé (...). Cette évolution se produit au moment où « le principe même de l'autorité hiérarchique est mis en contestation », au moment où « l'amélioration des conditions de travail, l'assouplissement du travail à la chaîne, l'enrichissement des tâches... cherchent à développer la part d'autonomie des travailleurs dans leur activité professionnelle. » (...) « Pour améliorer la sécurité du travail, il faut pouvoir, le cas échéant, ajouter la contrainte à la persuasion à tous les échelons de la hiérarchie des entreprises [et] réintégrer les cadres et les agents de maîtrise dans leurs responsabilités en matière d'hygiène et de sécurité du travail. » (Rapport annuel de l'IGAS, 1973, p. 36, 37).

2. IGAS, *Rapport annuel,* 1973, p. 35.

3. *Ibid.* p. 214.

Sécurité sociale. Jean-Marie Cavé était confirmé dans ses fonctions, et le vice-président de l'ex INS, Maurice Brugerre, élu de la FNOSS et membre de la CFTC, passa la main à Robert Charpin de FO. En outre, parallèlement au renforcement des pouvoirs du directeur des caisses régionales, la direction de l'INRS s'étoffa. À sa tête figurait désormais un directeur général, flanqué d'un directeur général adjoint et d'un directeur de la recherche qui dirigeait le laboratoire de Nancy et prenait un poids en rapport avec la montée en puissance de la fonction recherche.

En ajoutant à son sigle un « R » comme « Recherche », l'INS changeait de vocation. Depuis les origines, l'absence d'un laboratoire de recherche était soulignée tant à l'intérieur qu'à l'extérieur, et le projet de créer un grand centre d'études et de recherches pour la prévention des AT/MP (CERPAT) était en gestation. Mais l'idée de regrouper en une seule structure l'ancien INS et le nouveau CERPAT ne se cristallisa véritablement qu'au début de l'année 1968 [1]. « Le caractère complémentaire des deux activités, recherche à Nancy, exploitation et diffusion de la recherche à Paris y conduisait tout naturellement (...) Tous les administrateurs se retrouvèrent d'accord pour estimer que cette fusion s'imposait » [2].

La vocation de recherche de l'INRS se trouva ainsi projetée au premier plan sans remettre en cause ses activités traditionnelles d'information, de formation et de sensibilisation à « l'esprit de sécurité ». Le vigoureux renouvellement de la réflexion sur les voies et moyens d'améliorer la prévention déboucha, dans la foulée des travaux menés par Jean-Marie Faverge, sur la mise au point de la méthode d'analyse dite de « l'arbre des causes ». Cette méthode reposait sur la recherche systématique et interactive des origines des accidents à travers « l'arbre » de leurs causes, c'est-à-dire en partant des principaux facteurs de risque, l'individu, la tâche, le matériel et le milieu [3].

L'expérimentation de la méthode commença dans les mines de fer de Lorraine en 1974. Elle fut intégrée à partir de 1976 dans les programmes de formation, au niveau des services prévention des CRAM, de

1. Le Comité de gestion du Fonds de prévention avait envisagé l'année précédente de confier la gestion du CERPAT à la CNAM et opté en fait pour cette solution « au moins en ce qui concerne les premières années de l'établissement » dans sa séance du 21 février 1967. Le conseil d'administration de la CNAM s'était aligné sur cette position le 21 mars 1967. Mais il devait revenir sur cette décision le 23 janvier 1968, en stipulant au contraire que le CERPAT et l'INS seraient réunis dans un seul organisme constitué dans la cadre de la loi de 1901 sur les associations (*Rapport d'activité de la CNAM, Exercice 1967*, p. 251).

2. J.-M. CAVE, *Travail et Sécurité,* juin 1968.

3. Chacun de ces facteurs étant croisé avec les trois autres, on obtient 16 couples de situations dans lesquelles une composante active peut avoir perturbé la composante avec laquelle elle est en relation. À chacune de ces situations on oppose des types d'intervention, systématiquement recensés et décrits, qui visent à supprimer ou à réduire les causes d'accidents qui ont été identifiées. Il en résulte un tableau général des effets et des causes, qui constitue un guide pour l'inventaire des risques et la mise au point rationnelle de programmes de prévention. Cette méthode a été définie et progressivement affinée

l'Inspection du travail, des entreprises, des écoles d'ingénieurs et des les universités. Elle fit l'objet de communications dans les congrès nationaux et internationaux, et la revue de l'INRS, *Travail et Sécurité*, créa, en 1977, une rubrique consacrée à « L'arbre des causes du mois » [1].

L'importance de cette contribution à l'avancement de la recherche fut reconnue en France et à l'étranger, mais se heurta à des résistances internes. Elle rencontra de prime abord « une opposition indignée » [2] et majoritaire au sein du conseil d'administration de l'INRS. Les syndicats redoutaient en effet une attribution possible des responsabilités des accidents aux travailleurs. De son côté, le patronat craignait de voir remettre en cause la doctrine du risque professionnel, reposant depuis la loi de 1898 sur la prise en charge limitée des risques par l'employeur, au profit d'une recherche systématique des responsabilités patronales [3]. L'administration elle-même y voyait un risque de confusion des rôles : la recherche des causes pourrait déboucher trop facilement sur l'attribution des responsabilités [4], qui n'est pas du ressort des organismes de Sécurité sociale. Comment isoler la démarche préventive de la sanction des fautes ? Les partenaires sociaux s'ingénièrent à freiner la mise en œuvre de la méthode jusqu'à obtenir l'interdiction provisoire de la diffusion de la brochure qui en vantait les mérites [5].

Aussi l'exploitation de la méthode échappa-t-elle en grande partie à l'INRS, alors qu'elle se diffusait rapidement dans les entreprises [6].

(Suite de la note 3 page 169) de 1970 à 1982, dans une série de publications, dont on peut faire remonter l'origine à :

– X. CUNY (École Pratique des hautes Études) et G. KRAWSKY (INRS), « Pratique de l'analyse d'accidents du travail dans la perspective socio-technique de l'ergonomie des systèmes », *Travail humain,* vol. 33, n° 2, 1970.

– G. KRAWSKY, M. MONTEAU et X. CUNY, « *Méthode pratique de recherche des facteurs d'accidents. Principes d'application* », Rapport INRS, n° 24 RE, 1972.

– Rapport INRS n° 70 RE, « Les risques professionnels, essais de méthodologie pour l'inventaire des actions de prévention », 1973.

– Publication de la méthode dans *Travail et Sécurité*, décembre 1976, conformément à la décision prise en conseil d'administration le 16 novembre 1976.

1. Michel MONTEAU, *La méthode Arbre des causes*, Dossier de formation, INPACT (Institut pour l'Amélioration des Conditions de Travail), 1986.

2. Dominique MOYEN, « Les évolutions en prévention et gestion des risques », *in* François EWALD et Jean-Hervé LORENZI, *Encyclopédie de l'assurance*, Economica, 1998.

3. Rappelons que la loi de 1898 avait remplacé l'indemnisation, théoriquement intégrale mais aléatoire parce que soumise à l'appréciation par les tribunaux, de la responsabilité patronale par l'indemnisation forfaitaire mais systématique des victimes.

4. Christian Prieur, Directeur de la CNAM, introduisait un distinguo subtil entre la recherche des responsabilités et celle des causes, qui ne doivent pas se confondre. *Droit social,* mars 1977.

5. Le conseil d'Administration du 30 juin 1977 décide de surseoir à la diffusion de la brochure n° 551 et d'interrompre la publication de la rubrique « L'arbre des causes du mois » dans *Travail et Sécurité.* Il était décidé néanmoins d'étendre l'expérimentation de la méthode en entreprise en y associant plus étroitement les partenaires sociaux. La CNAM devait par lettre du 21 juillet 1977 manifester son opposition aux décisions précitées et donner instruction d'attendre les résultats des essais en cours, sans les étendre à d'autres entreprises que celles où des essais de ce type étaient déjà engagés ou programmés.

6. Notamment à Usinor, EDF, Rhône-Poulenc, Charbonnages de France, Pont-à-Mousson, etc.

En 1979, le conseil d'administration de l'Institut revint sur ses positions et demanda la reprise de « la poursuite de la collecte d'informations sur les accidents, leur analyse approfondie et la définition, à partir des enseignements dégagés par l'analyse, de méthodes pratiques adaptées à la branche d'activité, à l'entreprise ou à l'atelier, qui permettent de dégager les facteurs de risques et de suggérer des démarches préventives appropriées [1] ». Les études sur le terrain reprirent. Dans les années 1980, la méthode était tombée dans le domaine public [2] et le rôle éminent de l'institution comme pôle de recherche sur la sécurité était consacré : l'INRS avait pris sa vitesse de croisière.

La création du centre de recherches de Nancy ouvrait concrètement de nouveaux horizons pour l'INRS. Installé sur un terrain de 15 hectares et doté de bâtiments couvrant une surface de 15 000 mètres carrés, ce centre allait progressivement comporter des laboratoires de physiologie, de chimie, de physique, de mécanique, et des bancs d'essais pour les machines dangereuses en vue de l'homologation ou pour les équipements individuels de protection. « La recherche fondamentale n'est pas *a priori* complètement écartée, avait déclaré Jean-Marie Cavé, mais tout l'accent sera mis sur la recherche appliquée permettant de déboucher rapidement sur des réalisations concrètes utiles aux travailleurs. L'effort portera donc en priorité sur les domaines où le risque est le plus grave et où des solutions rapides peuvent être trouvées » [3].

Signe d'une maturité enfin acquise, l'INRS cessa d'être la cible des critiques dont l'INS avait été l'objet. En 1976, une enquête administrative mentionnait pour mémoire les rapports de la Cour des Comptes de 1952, 1956 et 1959 et concluait que « ces critiques seraient aujourd'hui sans objet. Si l'INRS absorbe une part importante du budget de prévention de la CNAM, l'emploi de ces fonds paraît donner toute satisfaction et l'INRS joue un rôle important en matière de recherche des causes d'accidents et des moyens de prévention et de protection » [4]. En 1982, le rapport Buhl-Lambert devait confirmer ce diagnostic en estimant que « dans ses douze années d'existence et malgré des difficultés sérieuses tenant aux modalités de sa gestion (conseil d'administration paritaire), aux défaillances de la volonté politique en matière de recherche sur les conditions de travail et la prévention des risques professionnels, l'INRS a apporté la preuve de son entière raison d'être et de ses incontestables potentialités » [5].

Tandis que l'INRS recentrait son activité sur la recherche, un courant de réflexion, issu des turbulences de mai 1968, se dessinait sur le

1. Conseil d'Administration du 28 juin 1979.
2. Michel MONTEAU, *op. cit.*
3. *Ibid.*
4. Jacques VIEU, *Coordination des organismes et institutions chargées de la prévention des AT/MP*, ENA, 1976.
5. Rapport BUHL-LAMBERT, p. 312.

rôle et la place de l'entreprise dans la société, faisant une place de plus en plus grande au thème de l'amélioration des conditions de travail. Cette préoccupation allait se traduire par la création à l'initiative du ministère du Travail, en 1973, d'une nouvelle institution, l'Agence Nationale pour l'Amélioration des Conditions de Travail (ANACT). D'un côté, l'INRS se spécialisait, de l'autre le champ virtuel de la prévention s'élargissait.

Un nouveau chantier : l'amélioration des conditions de travail

Les événements de mai 1968, postérieurs à la réforme de la Sécurité sociale, avaient été pour partie à l'origine d'un mouvement de réflexion sur l'entreprise, les rapports d'autorité en son sein et les conditions de travail, toutes choses qui auront sur le champ de la prévention une incidence certes indirecte mais bien réelle.

La situation générale en matière de prévention des AT/MP laissait à désirer au début des années 70. Le rapport annuel de l'IGAS de 1973 soulignait que « des enquêtes faites sur la prévention des risques professionnels dans le secteur industriel et commercial, on retire une impression globale de stagnation des résultats statistiques, de lassitude et même de découragement des esprits et de routine dans les méthodes : stagnation, lassitude et routine qui paraissent être étroitement liées entre elles et s'entretenir mutuellement »[1]. D'une manière générale, l'entreprise était la cible de critiques qui dénonçaient ses dysfonctionnements et les archaïsmes qui l'entravaient. Le rapport Sudreau sur la réforme de l'entreprise[2] en témoignait, qui proposa des mesures pour « transformer la vie quotidienne dans l'entreprise » et répondre à « l'aspiration [des salariés] à un changement profond des conditions de travail »[3]. Il relevait au passage que le nombre des accidents du travail avait cessé de régresser depuis le début des années soixante[4].

La création par la loi du 27 décembre 1973 de l'Agence Nationale pour l'Amélioration des Conditions de Travail, établissement public fonctionnant dans l'orbite du ministère du Travail, fut l'écho de ces préoccupations. Son rayon d'action potentiel était vaste. Le décret d'application paru l'année suivante stipulait que l'Agence devait « entreprendre et favoriser toute action tendant à améliorer les conditions de travail », notamment dans les domaines de « l'organisation du travail et du temps de travail, de l'environnement physique du travailleur et de l'adaptation des postes et locaux de travail »[5]. La loi de 1976 sur la sécurité du travail allait, de surcroît, confier à l'ANACT la

1. IGAS, *Rapport annuel,* 1973, p. 5.
2. Pierre SUDREAU (dir.), *La Réforme de l'entreprise*, Rapport du Comité présidé par Pierre Sudreau, La Documentation française, 1975.
3. *Ibid.*, p. 51.
4. Il y avait à l'époque 1 200 000 accidents du travail par an, accidents de trajet exclus.
5. Article 1er du décret du 22 avril 1974.

mission de coordonner l'activité des organismes d'hygiène et de sécurité constitués dans les branches d'activité à haut risque.

Il lui incombait également de « coordonner la recherche des causes des accidents du travail et de faire connaître les remèdes susceptibles d'en diminuer la fréquence et la gravité » [1]. Pour autant, son champ de compétences par rapport aux organismes qui existaient déjà dans ce domaine n'apparaissait pas clairement, sinon par défaut : « L'ANACT n'est pas un organisme à vocation de contrôle ou de réglementation. Elle n'est pas non plus un « Conseil supérieur « spécialisé dans la proposition ou l'appréciation des mesures à prendre par le législateur pour la prévention des accidents du travail, par exemple. Elle n'est pas un laboratoire de recherches entièrement consacré à son objet d'études comme l'INRS (...). Elle n'est pas un organisme en amont des politiques publiques de prévention (...). Elle est parmi les premières agences nationales instituées par les pouvoirs publics sur le versant à la fois incitatif et thématique [2] ».

Le rapport Sudreau se bornait à constater que « des réalisations aussi remarquables que celles de l'Institut National de Recherche sur la Sécurité (étaient) encore mal connues » et rappelait une fois de plus que « les caisses d'assurance-maladie sont amenées à exercer des fonctions de contrôle et d'enquête (en matière de prévention des accidents du travail) qui devraient être coordonnées avec celles de l'administration du Travail » [3].

Le rapport Delafosse sur le coût et le rendement des services publics de 1977 fut, sur ce point, plus précis : « L'ANACT n'est pas un organisme d'études, mais un organisme d'incitation. Les accidents du travail ne représentent qu'une partie de son champ d'activité, qu'elle doit appréhender en tant qu'élément des conditions de travail » (...) « Il paraît [ainsi] souhaitable que l'ANACT s'insère dans le réseau des organismes qui participent à l'effort de prévention en menant à bien quelques actions concrètes et originales » [4].

L'équivoque n'était pas levée pour autant. « Pendant près de deux années, un bruit insistant évoqua la perspective d'une fusion de l'ANACT avec l'INRS. La question fut même clairement évoquée à l'Assemblée nationale par A. Simon-Lorrière lors de la discussion du budget 1976. S'adressant au ministre du Travail, ce dernier demanda : « Accepteriez-vous une fusion entre les services de l'INRS et l'Agence,

1. Article 7 de la loi du 27 décembre 1973.

2. René CHILIN, Aimée MOUTET, Martine MULLER, *Histoire de l'ANACT*, Syros, 1994, p. 57-59. Les « agences » à vocation interministérielle, inspirées de leurs homologues anglo-saxons et mises en place comme instrument d'une politique publique, se répandirent par la suite dans le paysage administratif.

3. Pierre SUDREAU, rap. cit., p. 63-64.

4. Rapport DELAFOSSE, L'organisation des services chargés de la prévention des accidents du travail, Comité central d'enquête sur le coût et le rendement des services publics, 1977, p. 70.

ce qui procurerait à celle-ci davantage de moyens financiers et surtout permettrait de la doter de services régionaux ? » [1].

Si l'ANACT se déployait sur un terrain en partie déjà occupé par l'INRS, c'est qu'en réalité la conception même de la prévention changeait. Les limites de la prévention technique et ergonomique étaient désormais atteintes. La réduction du nombre et de la gravité des accidents dépendait désormais, au sens large, de l'amélioration des conditions de travail dans leur ensemble. L'INRS ayant pris un virage vers la recherche, c'est-à-dire la spécialisation technique, et le champ de la prévention s'élargissant au contraire, la création d'un autre organisme à vocation plus large était logique. Les nombreux contacts entre les états-majors [2] et l'ampleur du champ à couvrir créeront d'ailleurs les conditions d'une coexistence pacifique entre les deux institutions [3].

La faible incidence de la réforme de la Sécurité sociale sur la branche des AT/MP en général et sur le fonctionnement des organismes chargés de la prévention en son sein inclinerait à conclure à une relative insularité de ces questions par rapport aux grands courants de la vie économique et politique. En fait, dans cette période de relatif marasme pour les questions de prévention dans leur ensemble, des issues sont recherchées dans l'élargissement de l'angle d'approche et dans le renouvellement des conceptions de la prévention.

La loi de 1976 sur la sécurité intégrée en sera le signe le plus visible. Elle sera aussi le reflet d'un autre idée dans l'air du temps, celle de « traduire dans le domaine des conditions de travail les principes de gestion qui se sont imposés avec efficacité dans la conduite économique et financière des entreprises » [4]. En effet, la diffusion de cette idée a été portée par l'introduction parallèle dans les entreprises des méthodes de gestion par objectifs qui s'y répandirent dans les années 1970. Malgré tout, et même si les sources du renouvellement des questions de prévention sont exogènes, le creusement des déficits de la Sécurité sociale devait accentuer la pression sur les finances structurellement saines de la branche AT/MP. L'ensemble de ces facteurs devait donner à la question de la prévention des accidents du travail et des maladies professionnelles une actualité renouvelée.

1. Assemblée nationale, Séance du 4 nov. 1975.

2. En 1974, Jean-Michel Cavé, qui a longtemps été à la présidence de l'INS, alors directeur du service Sécurité et amélioration des conditions de travail à l'Union des industries métallurgiques et minières, s'investira à titre personnel dans les actions concrètes menées par l'ANACT (René CHILIN et *alii*, *op. cit.*, p. 51).

3. Le Comité de l'Emploi et du Travail a fait établir pour la préparation du VIIIe Plan un bilan de l'activité de l'ANACT et de l'INRS.

4. Pierre SUDREAU, rap. cit., p. 54.

TROISIÈME PARTIE

Prévention des risques professionnels et crise de la Sécurité sociale (1976-1998)

La sécurité était, jusqu'au milieu des années 1970, ce domaine à part ou cette nécessaire contrainte dont la rentabilité pour les entreprises était encore incertaine. La loi du 6 décembre 1976 allait bousculer cette idée reçue en imposant l'idée – ancienne mais peu répandue – que sécurité pouvait se conjuguer avec production. Du même coup, la prévention élargissait son champ de réflexion et se fixait de nouvelles priorités, comme l'intégration de la sécurité dans la formation professionnelle, l'évaluation des risques *a priori*, la recherche d'une adéquation étroite entre ses propres impératifs et les objectifs de l'entreprise. Bien plus, elle prenait ses distances par rapport à une réglementation qui l'avait jusque-là façonnée.

Impossible, toutefois, d'évoquer l'histoire de la prévention durant les deux dernières décennies, sans se heurter à un paradoxe : si la précarité n'a fait qu'empirer sous l'effet d'un chômage en extension continue depuis 1974 ; si les salariés eux-mêmes, par crainte du lendemain, refoulent leurs revendications ; si l'amélioration des conditions de travail se fait attendre, les exigences en matière de sécurité, elles, n'ont pas décru. Bien au contraire ! Un droit à la sécurité, au sens le plus large du terme, fondé sur l'idée que l'intégrité physique et psychologique de l'individu forme un tout indissociable, tend à s'affirmer. C'est là sans doute l'une des grandes victoires de la Sécurité sociale qui se refusait originellement à séparer les risques sociaux. Ce succès est cependant intervenu au moment même où la récession économique rendait difficilement supportables les déséquilibres structurels de la Sécurité sociale : comment, à taux de couverture inchangés, éviter les déficits dans les différentes branches de la Sécurité sociale, si l'assiette des cotisations se réduit à mesure que s'étend le chômage et que vieillit la population ? Si le risque « accident du travail » semble épargné par cette évolution, la réparation des maladies professionnelles est désormais soumise à de très vives tensions : la délimitation du caractère professionnel de certaines maladies devient un enjeu en même temps qu'une pomme de discorde entre les partenaires sociaux. C'est, d'une certaine façon, la répartition des rôles entre le régime général de l'assurance maladie, lequel est gravement déséquilibré, et celui de l'assurance des risques professionnels à la charge exclusive des employeurs qui est aujourd'hui en cause.

Faut-il, pour autant, réduire l'histoire récente de la prévention des risques professionnels à ces enjeux politiques et économiques ? La nouveauté majeure de ces deux dernières décennies vient incontestablement de l'irruption d'une réglementation et d'une « normalisation » européennes qui accordent désormais une place centrale à l'évaluation des risques. Ces deux phénomènes dessinent les contours d'une prévention européenne des risques professionnels, qui, d'une certaine façon, prend le relais du rôle normatif que l'Organisation internationale du Travail avait activement joué dans les années 1920 et 1930. Cette nouvelle prévention des risques professionnels tracerait-elle aujourd'hui l'une des voies possibles d'une Europe sociale plus souhaitée qu'assumée ?

Chapitre 1

Le concept de sécurité intégrée et le courant de démocratisation de l'entreprise

La prévention des risques professionnels a connu, dans son histoire, un tournant décisif avec la loi du 6 décembre 1976 qui constitue le premier texte exclusivement consacré à la prévention des accidents du travail [1]. Pour la première fois, la prévention devenait objet de droit à part entière et, fait nouveau depuis la loi du 30 octobre 1946, elle se démarquait de la réparation et de la réglementation sur l'hygiène et la sécurité. De nouveaux acteurs (maître d'ouvrage, architectes, constructeurs) étaient gagnés à sa cause ; la nécessité de former le personnel et l'encadrement des entreprises à la sécurité était posée ; l'intégration de la sécurité dans la conception des immeubles, des chantiers et des matériels et au stade de la fabrication des produits était érigée en ligne de conduite. Faut-il s'étonner, dans ces conditions, qu'un droit de la sécurité du travail et qu'une certaine autonomie de la prévention par rapport à la réparation en aient résulté ? « Relative au développement de la prévention des accidents du travail », cette loi procédait en fait d'un double souci : relancer la lutte contre un fléau qui frappait de manière très inégale les catégories socioprofessionnelles ; inscrire la prévention dans le courant de démocratisation de l'entreprise que mai 1968 avait initié.

La prévention des risques professionnels dans l'impasse

Durant trente années, la politique de prévention s'était déclinée à coup de décrets, d'arrêtés ministériels, de circulaires, sans que le législateur y trouvât à redire. Des réformes de la Sécurité sociale opérées en 1967, le système français de prévention des risques professionnels était

1. Rappelons que la loi du 12 juin 1893 concernait l'hygiène et la sécurité des travailleurs, et que la loi du 30 octobre 1946 portait sur la prévention et la réparation des accidents du travail et des maladies professionnelles.

sorti quasiment intact [1]. Et pourtant, à l'intérieur comme à l'extérieur de ce cadre inchangé, bien des choses bougeaient, bien des certitudes vacillaient. Mai 1968 avait brutalement révélé un profond hiatus entre les valeurs traditionnelles issues du XIXe siècle qui continuaient de modeler dans ses comportements la société française et les réalités nouvelles que croissance et consommation nourrissaient depuis une quinzaine d'années. De ce hiatus était née une contestation diffuse et brouillonne des « dégâts » du progrès économique, prenant volontiers la forme outrancière d'une dénonciation des formes de production capitaliste [2].

De telles turbulences, sur fond de conjoncture favorable, étaient assurément propices à une approche nouvelle des conditions de travail, nettement plus qualitative que par le passé : l'amélioration des conditions de travail, objet du rapport Delamotte [3], fut l'une des priorités consensuelles du début des années 1970. Elle impliquait notamment le renforcement de la protection physique des salariés, dans la mesure où « l'accident du travail [était] bien toujours l'un des indicateurs les plus dramatiques de l'insécurité de la condition ouvrière en France et dans le monde, et, au-delà, de l'inégalité qui continue de marquer notre société » [4]. Prévenir efficacement les risques professionnels, c'était en effet contribuer à réduire les inégalités [5], réconcilier le travailleur avec son activité et les Français avec les tâches manuelles, travailler, en bref, à une cohésion sociale dont les événements de mai 1968 avaient révélé la fragilité.

Or, la politique de prévention des risques professionnels marquait, selon la jeune Inspection générale des Affaires sociales (IGAS), des signes d'essoufflement certains [6]. Avec plus d'un million cent mille acci-

1. IGAS, rapport annuel, 1970, p. 182 : « Il apparaît assez étonnant qu'alors que l'organisation de la Sécurité sociale faisait l'objet de réformes importantes depuis 1945, il n'ait pas été apporté de modifications notables au régime de prévention des accidents du travail et des maladies professionnelles tel que la loi l'a fixé en 1946 ».

2. Climat délétère, peu favorable à l'image de marque d'un patronat français qui s'était cru guéri des grandes peurs de 1936 et de la Libération. Selon une enquête de l'IFOP, en 1972, 70 % des salariés estimaient que les dirigeants d'entreprise français étaient « moyens ou mauvais » contre 17 % qui croyaient qu'ils étaient « bons ou très bons ».

3. Publié en 1972, ce rapport analyse notamment les implications d'une réforme des conditions de travail : implications techniques (remise en cause du matériel et importance d'une formation professionnelle appropriée), sociologiques (remise en cause du rôle traditionnel de la hiérarchie, nécessité d'un large consensus psychologique et réticences des chefs d'entreprise et des salariés eux-mêmes).

4. CAILLE (R.), BONHOMME (M.), *Rapport fait au nom de la Commission des Affaires culturelles, familiales et sociales sur le projet de loi relatif au développement de la prévention des accidents du travail,* Doc. n° 2266, Assemblée Nationale, annexe au PV de la séance du 5 mai 1976.

5. *Ibid.* En 1971, les ouvriers (parmi lesquels une forte proportion de travailleurs étrangers, surtout nord-africains) avaient supporté 85 % des accidents, alors qu'ils représentaient 56 % des salariés.

6. La prise de conscience très nette des insuffisances de la politique de prévention des risques professionnels s'est traduite, au début des années 1970, par une avalanche de rapports officiels dont les plus importants sont ceux de l'IGAS (1970 et 1973) et le

dents avec arrêt de travail [1] (près de 120 000 graves et 2 500 décès) pour 13 millions de salariés, la France se situait sans doute à un niveau « honorable » parmi les pays industrialisés, mais les progrès réalisés depuis 1954 (décroissance du nombre absolu des accidents du travail et diminution de 25 % du nombre des accidents mortels [2]) s'accompagnaient d'une augmentation générale de la fréquence des accidents graves, d'une stagnation du nombre des accidents mortels dans de nombreux secteurs (sauf dans la chimie : – 19 %) et de grandes disparités entre les divers secteurs d'activité et même entre les entreprises d'un même secteur [3]. Si les contradictions entre résultats globaux et résultats sectoriels étaient, semble-t-il, liées à l'évolution structurelle de la population salariée (augmentation du secteur tertiaire, net recul du secteur primaire et érosion du secteur secondaire), les contrastes inter-entreprises ou intrasectoriels montraient, à l'évidence, qu'il existait une marge de réduction possible des accidents du travail. Mais comment la mettre à profit ?

Compte tenu des difficultés rencontrées par les pouvoirs publics à coordonner l'ensemble du système de prévention des risques professionnels, la tentation était forte de procéder à sa refonte complète. C'est en 1970 que fut officiellement envisagée la suppression pure et simple de la dualité le caractérisant. De deux choses l'une : ou bien l'on revenait à la situation de 1945 où l'Inspection du travail était seule chargée du contrôle de la réglementation d'hygiène et de sécurité ; ou bien l'on décidait de confier aux seuls organismes de Sécurité sociale le soin d'assurer la prévention des accidents du travail et des maladies professionnelles. Or, chacune de ces deux options se heurtait à des habitudes ancrées dans les mentalités.

Suivre la première option, c'était aller « à l'encontre de l'esprit même de la Sécurité sociale qui ne se conçoit pas comme un simple appareil distributeur de prestations et doit légitimement, même du seul point de vue de l'assureur, chercher à prévenir les risques qui ne sont pas iné-

---

(Suite de la note 6 page 178) rapport remis, en avril 1974, au ministre du Travail, de l'Emploi et de la Population par le Groupe d'études sur les accidents du travail comprenant Louis Bougnol (IGAS), Claude Chambet, Jacques Lévy, Jeanne Netter, Georges Brats et Michel Darmon.

1. En 1972, le coût direct de l'indemnisation des accidents du travail était estimé à 8 milliards de francs. 29 millions de journées avaient été perdues en incapacité temporaire et l'équivalence des IPP et des décès faisait monter ce nombre à 124 millions de journées de travail perdues.

2. Une décroissance analogue avait déjà été enregistrée de 1911 à 1951, puisque le nombre des décès immédiats avait été réduit d'environ moitié en quarante années, malgré un accroissement de plus de 10 % de la population salariée non agricole.

3. Un bilan statistique des accidents du travail in Rapport annuel de l'IGAS, 1973, p. 5-14. Les effectifs des assurés sont passés de 7,8 millions de personnes en 1947 à 11,6 millions en 1967, 13,8 en 1977. L'enquête sur l'ensemble des accidents mortels, réalisée en 1971 par l'Inspection du travail, établissait que les deux tiers de ces accidents auraient pu être évités en respectant les règles de sécurité en vigueur.

luctables »[1]. C'était également dissocier fonctionnellement la prévention de la réparation, en renouant avec une démarche exclusivement réglementaire dont les insuffisances avaient précisément motivé, en 1946, la création d'un nouvel ordre de prévention fondé sur les principes de l'assurance et de la solidarité. Quant à mettre le corps d'ingénieurs et de techniciens des services de prévention des CRAM à la disposition d'une Inspection du travail[2], la mesure eût « dépossédé les conseils d'administration des Caisses de responsabilités directes dans une œuvre à laquelle ils se sont toujours montrés très attachés et dans laquelle l'intérêt de leur participation personnelle est si importante qu'elle a déterminé le législateur de 1945 »[3]. Cette fois, c'étaient les fondements paritaires ou plutôt tripartites de la Sécurité sociale qui faisaient obstacle à une « révolution », dont le coût politique et psychologique, deux années après la tourmente de mai 1968, était clairement mesuré.

La seconde option heurtait des principes de droit français : on ne pouvait confier aux ingénieurs conseils et aux contrôleurs de sécurité des CRAM, agents de droit privé, des pouvoirs coercitifs donnant lieu à des sanctions pénales. Une telle solution eût d'ailleurs été contraire à la Convention internationale n° 81 de 1947 concernant l'Inspection du travail, qui disposait dans son article premier que « chaque membre de l'OIT doit avoir un système d'inspection du travail dans les établissements industriels », et qui investissait les inspecteurs du travail d'une autorité publique en matière d'hygiène et de sécurité[4] (article 13). Elle revenait aussi à réduire la prévention des risques professionnels à des aspects purement techniques, alors que la nouvelle appréhension des conditions de travail commandait une approche globale. Ne valait-il pas mieux, dans ces conditions, privilégier la vocation généraliste de l'Inspection du travail par rapport à celle, essentiellement technicienne, des services de prévention des CRAM[5] ? « L'Inspection du travail joue d'autant

1. IGAS, rapport annuel, 1970, p. 197.

2. L'Inspection du travail souhaitait depuis longtemps disposer d'un corps de techniciens-conseils dans les diverses branches de la mécanique, de l'électricité ou de la chimie. En Italie, l'ENPI, institut doté de techniciens et de centres de recherche, était un organisme de droit public qui concourait directement à l'action préventive de l'Inspection du travail.

3. IGAS, rapport annuel, 1970, p. 197.

4. Cette convention définissait les conditions minimales que devait remplir un service d'Inspection pour assurer l'application effective des normes, nationales ou internationales, régissant les relations et conditions de travail.

5. En 1973, l'Inspection du travail comprenait 620 inspecteurs et contrôleurs, tandis que les services de prévention des CRAM comportaient 380 ingénieurs et contrôleurs de sécurité. Ministre du Travail, de l'Emploi et de la Population, Georges Gorse aura à cœur d'augmenter sensiblement les effectifs de l'Inspection du travail avec la création de 282 emplois nouveaux dans le budget de l'année 1974. Signe d'une revalorisation de la fonction d'inspecteur, il fut même question d'aligner le niveau de recrutement sur celui de l'ENA. Par décret du 21 avril 1975, l'Inspection du travail deviendra un corps interministériel par fusion des corps de l'Inspection du travail et de la main-d'œuvre, de l'Inspection des lois sociales en Agriculture, de l'Inspection du travail et de la main-d'œuvre et des Transports.

mieux son rôle en matière d'hygiène et de sécurité que l'étendue de ses attributions dans le domaine social lui permet d'avoir une vue globale des problèmes de l'entreprise ». « Une inspection ayant une connaissance de tous ces problèmes et des possibilités d'intervention sur l'ensemble des conditions de travail confère à l'action préventive une unité et une profondeur indispensables » [1]. C'était là chose nouvelle, si l'on songe que le législateur de 1946 avait précisément argué du caractère généraliste de l'Inspection du travail pour asseoir la spécialisation technique des services de prévention. Au nom d'une approche globale des conditions de travail, c'est toute l'argumentation produite en 1946 qui se renversait : les services de prévention étaient trop spécialisés pour faire face aux défis que soulevait l'amélioration des conditions de travail, alors que l'Inspection du travail y était mieux préparée. Ce retour de balancier laissera des traces, dans la mesure où les attributions et les pouvoirs de l'Inspection du travail dans le domaine de la prévention ne cesseront, par la suite, de s'étoffer, alors que celles des ingénieurs et des contrôleurs de sécurité resteront les mêmes, tout en évoluant vers des fonctions de conseil et vers une pratique contractuelle de la prévention.

N'existait-il donc pas d'autre solution que d'amender, trente années après son instauration, le système de prévention des risques professionnels ? Le problème le plus urgent, selon l'IGAS, était « d'aboutir à la coordination et à la coopération de [ses] composantes telles que les ont voulues les textes » [2] ; le système n'était pas en soi mauvais, pourvu que la politique de prévention fût une, globale et cohérente et que chacun remplît « le rôle spécifique » qui lui était dévolu [3]. Soit, mais n'avait-on pas déjà tenté, à plusieurs reprises et sans grand succès, d'améliorer le fonctionnement général du système en coordonnant l'action des divers ordres de prévention ? Ce n'était pas de palliatifs que la politique de prévention avait besoin, mais bien d'une impulsion et d'une conviction nouvelles. Ayant à l'évidence épuisé toutes les recettes connues [4], la politique de prévention des risques professionnels se trouvait bel et bien dans l'impasse.

1. IGAS, rapport annuel, 1970, p. 183.

2. *Ibid.*, p. 210.

3. *Ibid.*, p. 180. Cette conception était également partagée par la Division de l'Hygiène et de la Sécurité, sous-Direction des Conditions de Travail : « Les conditions d'une action utile à la prévention ne sont réalisées que lorsqu'on prend conscience de l'aspect total du problème et du fait que l'accident du travail est un phénomène global que les mesures réglementaires n'appréhendent qu'insuffisamment et qu'il est lié à l'ensemble des conditions de travail » (CAC880597, art. 3 : Note sur les problèmes de prévention des risques professionnels, 20 avril 1966).

4. BOUGNOL (L.) et *alii*, *Les accidents du travail,* Rapport remis au ministre du Travail, de l'Emploi et de la Population, avril 1974, p. 2.

La sécurité intégrée, vecteur de la relance

La nouveauté est venue du concept de « sécurité intégrée » qui présentait l'originalité d'être compatible avec la culture d'entreprise. La formulation et la transposition de ce concept dans le droit français auront eu, à elles seules, plus d'incidence sur la politique de prévention que toutes les tentatives menées jusque-là pour coordonner l'ensemble des acteurs. Elles ont, en effet, « acclimaté » l'idée que les problèmes posés par la sécurité ne constituaient pas une catégorie à part, mais qu'ils étaient consubstantiels au fonctionnement de l'entreprise. Le message était limpide : au lieu de les aborder indépendamment des autres aspects du fonctionnement de l'entreprise, par référence à des données techniques et à une réglementation fixant les obligations de l'employeur, les questions de sécurité devaient prendre place dans l'organisation générale de l'entreprise. Il en résultait une conséquence fort importante : la politique de la prévention devait moins se définir à l'échelon national qu'au niveau de l'entreprise, désormais chargée de mettre en œuvre sa propre politique de sécurité en tenant compte des obligations réglementaires lui incombant.

L'idée de « sécurité intégrée » n'était pas nouvelle. D'essence managériale, elle cheminait depuis les années 1930 dans les rangs des grandes organisations patronales [1], défiantes à l'égard de toute immixtion des pouvoirs publics dans les affaires internes des entreprises [2]. Elle rencontrait pourtant, depuis 1946, de grandes difficultés à s'imposer et à s'élargir dans le cadre d'un système institutionnel français qui réservait aux deux ordres de prévention externes, l'Inspection du travail et les Services de prévention des Caisses régionales, un poids prépondérant. C'est du reste contre cette conception, bien enracinée, d'une sécurité de contrôle, définie à l'extérieur du contexte de la production que Jean-Marie Cavé [3] était parti en guerre. Entré à l'UIMM en 1946, directeur du Service Prévention [4] de cette organisation, puis président de l'INS/INRS de 1964 à 1978, cet homme prêchait en vain, depuis

1. Cf. Première partie, chapitre deuxième. Notons que le titulaire de la Chaire de Prévention des accidents du travail au CNAM, André Salmont, avait lui aussi mis en avant ce concept.

2. Les pouvoirs publics s'y étaient partiellement convertis depuis le vote de la loi du 24 juin 1939 transcrivant la recommandation n° 32 de l'OIT (1929). Cette loi, rappelons-le, avait posé le principe que « les machines ou parties dangereuses pour les ouvriers et pour lesquelles il existe des dispositifs de protection d'une efficacité reconnue ne pourront être mises en vente sans être munies de ces dispositifs ».

3. À l'initiative de Jean-Marie Cavé, l'UIMM avait créé, en 1948, « l'Association d'assistance et d'entraide » pour venir en aide aux chefs d'entreprise prévenus d'avoir commis la « faute inexcusable » prévue par la loi du 30 octobre 1946. L'association pouvait aider pécuniairement les chefs d'entreprise, et assurer leur défense devant les tribunaux (Cf. Sécurité 87, Colloque « Sécurité, qualité, production », UIMM, Sophia-Antipolis, 6-7 mars 1987, p. 73).

4. Signe d'une attention plus grande portée aux conditions de travail, ce service sera rebaptisé au début des années 1970 : « Service sécurité et conditions de travail ».

1956, que la sécurité, compte tenu des « coûts directs » (prestations) et « indirects » (désorganisation, perte de production, dégradation du climat social, conséquences pénales et civiles, imposition d'une cotisation supplémentaire, etc.) des accidents du travail, pouvait être un facteur de performance économique pour les entreprises et même « un élément révolutionnaire du progrès industriel » [1]. Production et sécurité n'étaient nullement antinomiques, pourvu que la sécurité fût intégrée dans la gestion de l'entreprise et non pas mise à part : une entreprise « n'est pas faite pour fabriquer de la sécurité ; elle doit, pour vivre et faire vivre tous ceux qui y travaillent, fabriquer de bons produits à des prix compétitifs » [2]. Pour réaliser « cette fusion [3] indispensable des problèmes de production et de sécurité » [4], le président de l'INRS plaçait tous ses espoirs dans l'ergonomie (de conception et non de correction), « science multidisciplinaire de l'adaptation du travail à l'homme » [5].

La « sécurité intégrée » ne s'imposa pourtant qu'au début des années 1970. Impossible de comprendre la soudaine et tardive fortune de ce concept, sans avoir présent à l'esprit le souci neuf et conjoint des organisations patronales et des pouvoirs publics de contribuer à l'amélioration des conditions de travail. En accédant à des revendications qui paraissaient légitimes à l'opinion publique, comme le rattrapage du SMIG, le droit syndical dans l'entreprise ou la réduction annoncée de la durée du travail, les accords de Grenelle avaient accrédité l'idée que la crise sociale aurait pu être évitée si les chefs d'entreprise avaient pris, dans les années passées, des mesures « préventives ». Or, au lieu d'engendrer, comme en 1936, une réaction de repli corporatiste ou même une volonté de revanche [6], la remise en cause de l'entreprise et de ses fondements a provoqué, dans les rangs patronaux, un « aggiorna-

1. CAVE (J.-M.), « La sécurité intégrée : élément révolutionnaire du progrès industriel », Communication à l'Académie des Sciences morales et politiques, 9 mai 1966. *A contrario*, et pour reprendre les conclusions de la CECA citée à l'appui des thèses de l'UIMM, « la présence de très nombreux accidents dans une entreprise doit être considérée comme le symptôme d'une maladie de l'entreprise ; et lorsque ce symptôme existe, il est fréquent que l'on trouve dans la même entreprise d'autres symptômes de la même maladie ».

2. Intervention de Jean-Marie Cavé au colloque sur « l'amélioration des conditions de travail » organisé par l'UIMM, les 15 et 16 octobre 1971, Travail et Sécurité, janvier 1972, p. 5.

3. Fidèle à sa démarche, Jean-Marie Cavé souhaitait remplacer le titre de la revue de l'INS, « Travail et Sécurité », par « Travail en sécurité » (entretien avec J.-M. Cavé, 17 octobre 1997).

4. CAVE (J.-M.), « La sécurité intégrée : élément révolutionnaire du progrès industriel », brochure cit.

5. *Ibid.*

6. Les grèves du Front Populaire avaient provoqué un vif durcissement du patronat, marqué par la constitution de la CGPME contre « la capitulation » du grand patronat face aux occupations d'usine, d'une part, et par la démission forcée du président libéral de la CGPF, René-P. Duchemin qui avait signé les accords de Matignon au profit du journaliste Claude-Joseph Gignoux, champion du corporatisme autoritaire, d'autre part. À l'inverse, le Centre des Jeunes Patrons, fondé en 1938 par Jean Mersch, a pris ses distances sans pouvoir imposer ses idées influencées par le catholicisme social.

mento culturel »[1]. Cette rénovation, illustrée par l'élection de François Ceyrac à la présidence du CNPF en décembre 1972, fut menée par l'organisation « Entreprise et Progrès » qui s'était fixée comme principaux objectifs de « réconcilier les entreprises avec les Français » et d'asseoir le pouvoir patronal non plus sur la propriété mais sur la compétence[2].

D'inspiration chrétienne, cette organisation développa avec succès une conception humaniste de l'entreprise qui s'insérait parfaitement dans le projet de « nouvelle société » défendu, au même moment, par le Premier ministre, Jacques Chaban-Delmas[3] : « La production du profit, quoique indispensable, ne constitue pas sa finalité unique, qui est avant tout sociale ». Surtout, la nouvelle entreprise mesure et intègre « la montée du facteur humain dans l'économie ». Elle fait droit « au besoin de reconnaissance » qui anime les salariés modernes. « Elle prend acte de la crise irréversible du taylorisme et s'efforce d'éliminer en son sein, avec l'aide de l'État et même de la CEE, le travail à la chaîne. De même, elle s'efforce de combiner concentration économique de l'entreprise et décentralisation technique en de multiples établissements à effectifs réduits, eux-mêmes organisés en une fédération souple d'ateliers où l'on cherche à restituer autant que possible au travail un sens créateur »[4].

En faisant de l'amélioration des conditions de travail la condition majeure de l'humanisation des entreprises, cette approche contractuelle et éthique a permis d'enrichir et même d'élargir la notion de « sécurité intégrée ». Celle-ci se réclamait, depuis les années 1930, d'une méthode de management destinée à diffuser les réflexes de sécurité du haut vers le bas, c'est-à-dire en respectant scrupuleusement la hiérarchie interne de l'entreprise. Au service exclusif de la production, cette démarche *top-down* n'entendait pas associer le personnel de l'entreprise aux questions de sécurité, sinon par des actions de formation très ciblées ; elle ne cherchait pas à humaniser les conditions de travail, mais à définir, à tous les niveaux de production et de hiérarchie, des règles de sécurité qui fussent compatibles avec un meilleur rendement. Or, la primauté nouvelle donnée aux conditions de travail conduisait à renverser l'ordre des priorités : « Se dégageant de la "sécurité" au sens étroit du mot, il faut atteindre l'amélioration des conditions de travail qui met en cause l'environnement sous tous ses aspects, l'adaptation des postes de travail, l'organisation des processus de travail dans l'entreprise[5] ».

---

1. L'expression est d'Henri WEBER, *Le parti des patrons. Le CNPF, 1946-1990*, Seuil, 1991, p. 216. Les conjonctures économiques étaient bien sûr très différentes en 1936 et en 1968.

2. Dix propositions d'« Entreprise et Progrès » pour l'orientation du CNPF, mai 1972. Cette organisation patronale aura réalisé une véritable « OPA » idéologique sur le CNPF.

3. Les idées d'Entreprise et Progrès étaient alors au diapason de celles de Joseph Fontanet, ministre du Travail, de l'Emploi et de la Population, dans le gouvernement Chaban-Delmas.

4. *Idem*. Cité par Henri WEBER, *op. cit.*, p. 226-227.

5. Colloque sur « l'amélioration des conditions de travail » organisé par l'UIMM, les 15 et 16 octobre 1971, *Travail et Sécurité*, janvier 1972, p. 5.

C'est donc en diminuant la pénibilité du travail, en offrant des perspectives de promotion sociale, en intégrant la sécurité dans la formation professionnelle (et non plus dans des cours spécialisés de sécurité), en développant l'action des services de sécurité, en « associant les travailleurs – et tout particulièrement leurs représentants au comité d'hygiène et de sécurité – à tous les problèmes de prévention de l'entreprise [1] » que la sécurité avait le plus de chances de retentir heureusement sur la production. Améliorer les conditions de travail, c'était notamment faire de la prévention. Il en résultait pour la direction des entreprises l'obligation morale de définir et d'assumer pleinement « une politique de sécurité intégrée » qui introduise « dans toutes les techniques la préoccupation de l'homme » [2]. S'inspirant de ces principes, le CNPF diffusera une charte de la prévention, dont les deux premiers articles reprennent fidèlement le credo de Jean-Marie Cavé : « L'amélioration de la sécurité et des conditions de travail n'est pas une matière à part. Elle est l'un des aspects du progrès industriel. Elle doit être intimement et indissolublement intégrée à tous les problèmes de production ». « La Direction de l'entreprise, au niveau le plus élevé, doit considérer la promotion de la sécurité et l'amélioration des conditions de travail comme une partie essentielle de ses fonctions. Elle doit diffuser clairement son état d'esprit à l'ensemble du personnel, de préférence par écrit, et par l'intermédiaire de tous les échelons hiérarchiques » [3].

En cette période de politique contractuelle [4] sur fond de conjoncture euphorique, cette analyse rencontrait un écho favorable auprès des organisations syndicales qui avaient signé l'accord du 17 mars 1975 sur l'amélioration des conditions de travail, dont l'article 20 était ainsi libellé : « Le développement de la sécurité des travailleurs, élément essentiel des conditions de travail, doit être au centre de tous les problèmes de production et d'organisation du travail. Dès le stade de la conception et des études, qu'il s'agisse des machines, des produits et procédés de fabrication ou des installations, la sécurité doit être intégrée dans lesdits problèmes et bénéficier de tous les apports du progrès technique et scientifique. Priorité doit être donnée aux impératifs de protection. C'est en mettant en œuvre des moyens positifs (...) et en associant les travailleurs et leurs représentants aux actions de prévention, que le développement de la sécurité sera assuré » [5]. Si elles

1. *Ibid.*
2. *Ibid.*
3. Cité *in* CHSCT. Missions et moyens d'action des représentants du personnel, 1995, Éd. Force Ouvrière, 1995, p. 10.
4. La période 1969-1972 fut particulièrement faste pour la politique contractuelle : accord sur la sécurité de l'emploi (février 1969) ; accord sur la mensualisation des salaires (avril 1970) ; accord sur le droit à la formation continue (juillet 1970), etc. Comme le note Henri WEBER, « le contraste est frappant avec l'immobilisme social et la politique des "portes closes" du début des années 1960 ».
5. Art. 20 de l'accord du 17 mars 1975 sur l'amélioration des conditions de travail.

s'étaient gardées, pour des raisons de principe [1], de signer cet accord, la CGT et la CFDT n'en étaient pas moins acquises à la nécessité d'intégrer la sécurité à l'ensemble du processus de production, en agissant sur la conception des bâtiments, des machines, des modes opératoires, etc.

La position des pouvoirs publics, sur le point de s'engager dans un programme d'action prioritaire visant à « transformer les conditions de travail et à revaloriser le travail manuel [2] », était plus complexe. Soucieux d'encourager la politique contractuelle, le gouvernement Chaban-Delmas ne souhaitait pas développer l'aspect répressif de la lutte contre les accidents du travail, au moment où « l'affaire Chapron » défrayait la chronique (1975) [3]. Mais il n'entendait pas non plus diminuer la portée des sanctions prévues, fussent-elles pénales ou financières, en cas d'infraction au Code du travail ou au Code de la Sécurité sociale. Ces atermoiements le conduiront d'ailleurs à appuyer des mesures quelque peu contradictoires : la loi du 6 décembre 1976 rendra bien l'indemnisation des accidents du travail plus onéreuse [4] en cas de faute inexcusable de l'employeur, mais, revenant sur un principe fixé en 1946, elle autorisera parallèlement les employeurs à s'assurer contre les conséquences des fautes inexcusables. Sans doute eût-il été, comme l'avait déclaré

1. La position exprimée par la CGT dans son mémoire intitulé Pour une redéfinition de la politique actuelle de prévention des accidents, n'était guère éloignée de l'esprit de l'accord du 17 mars 1975 : « L'essentiel de l'effort doit consister à placer le travailleur lui-même dans des conditions telles qu'il soit effectivement en sécurité, c'est-à-dire soustrait aux situations dangereuses ». Mais cette centrale estimait par principe que « la responsabilité fondamentale est celle du patronat dans son ensemble et du pouvoir qui en assume les intérêts ». Quant à la CFDT, elle considérait que « s'il y a accident, c'est bien parce que le travailleur est placé dans une situation dangereuse du fait de la conception des lieux, de la technologie, de la machine et du fait des contraintes que l'organisation du travail fait peser sur lui » ; mais cette confédération ne démordait pas de l'idée que « l'accident du travail a d'abord des causes sociales qui résident dans la monopolisation du pouvoir à des fins de profit ». (Citations tirées du Rapport CAILLE et BONHOMME, fait au nom de la Commission des affaires culturelles, familiales et sociales sur le projet de loi relatif au développement de la prévention des accidents du travail, A.N., annexe au PV de la séance du 5 mai 1976).

2. Le souci de revaloriser le travail manuel se traduira par la nomination, en janvier 1976, d'un secrétariat d'État chargé des conditions des travailleurs manuels confié à Lionel Stoléru.

3. L'instruction d'un accident, survenu le 23 janvier 1975, à l'ouvrier Roland Wuillaume, avait été confié à Patrice de Charrette, juge d'instruction à Béthune. En septembre 1975, après avoir déclaré à ses collègues du Parquet que le nombre des accidents du travail diminuerait si les chefs d'entreprise comparaissaient devant les tribunaux correctionnels, ce dernier inculpait Jean Chapron, directeur d'entreprise et le mettait en détention provisoire. F. Ceyrac estima « profondément choquant qu'un magistrat, chargé de l'instruction d'une affaire se prononce avant que les juges aient pu parler sur le fond des choses, en disant, comme à Béthune, qu'un accident du travail était assimilable à un meurtre avec préméditation » (*Le Figaro*, 2 oct. 1975).

4. Dans le droit antérieur, et dans le cas de la faute inexcusable, il était uniquement question de majorer les revenus de remplacement (les rentes) destinés à indemniser la victime (ou ses ayants droit) de la réduction ou de la perte du salaire. Avec la loi de 1976, les autres préjudices sont désormais réparés : on réintroduit l'idée de responsabilité civile.

Georges Gorse, ministre du Travail, de l'Emploi et de la Population dans le dernier gouvernement Messmer, « au moins aussi nécessaire d'appliquer les lois existantes que d'en imaginer de nouvelles »[1]. Conscients de l'impasse où se trouvait la politique de prévention des risques professionnels, les pouvoirs publics cherchaient, en tout cas, à ménager un double équilibre entre l'incitation et la répression[2], d'une part, entre la prévention réglementaire exercée par l'Inspection du travail et une « sécurité intégrée », d'autre part. Le renforcement des pouvoirs de l'Inspection du travail se justifiait, selon eux, par l'action générale – répressive et persuasive – que ce corps, devenu interministériel depuis avril 1975, exerçait dans le domaine aux contours controversés des conditions de travail. Il était, en outre, envisagé, dans un souci d'efficacité et de coordination, de regrouper toutes les commissions consultatives de prévention[3] en un « Conseil supérieur de la prévention des risques professionnels », chargé de proposer au ministre du Travail les lignes générales de la politique de prévention et d'examiner les mesures qui en permettent la mise en œuvre.

La loi de 1976 et les retombées de l'obligation générale de sécurité

Issue de ces réflexions, la loi du 6 décembre 1976 innove sur de nombreux points, tout en imposant des obligations nouvelles aux employeurs, aux entrepreneurs, aux maîtres d'ouvrage et aux architectes. Elle inscrit, tout d'abord, la formation à la sécurité dans la formation professionnelle, alors que les textes antérieurs ne prévoyaient de façon précise qu'une obligation d'information relative aux dangers résultant de l'utilisation des machines et aux précautions à prendre. La sécurité était intégrée dans la conception des immeubles[4], des chantiers et des matériels et au stade de la fabrication des produits. Innovation majeure dont le délégué à la sécurité du travail auprès du ministre du Travail,

1. Préface de Georges Gorse au rapport de Louis BOUGNOL, rap. cit.

2. La loi du 6 décembre 1976 affirme le caractère personnel de la faute pénale de l'employeur ou de ses préposés quand ceux-ci ont reçu délégation de pouvoirs.

3. Le Conseil supérieur des risques professionnels remplaçait la Commission d'hygiène industrielle (créée en 1900), la Commission de sécurité du travail (1939), le Conseil supérieur de la médecine du travail et de la main-d'œuvre et la Commission d'homologation des dispositifs de sécurité. Sa composition est quadripartite : présidé par le ministre du Travail ou, à défaut, par le président de la section sociale du Conseil d'État, il se compose de 14 membres représentant l'administration, 10 représentants des organisations syndicales les plus représentatives, 10 représentants des organisations professionnelles (CNPF, CGPME, notamment) et de 15 personnalités désignées pour leur compétence dont 5 spécialistes de médecine du travail.

4. Par lettre du 6 juin 1973, Georges Gorse avait donné mission à un groupe de travail de « procéder à une étude exploratoire sur les moyens qui permettraient (...) de faire prévaloir la dimension sociale au moment où les usines sont encore sur plan ». Cette lettre estimait « souhaitable que les projets de création d'usines et d'ateliers puissent être examinés en pensant à ce qu'y seront les conditions de travail, de même que l'on pense à l'effet de ces créations sur l'emploi et sur l'environnement naturel ».

André Nutte, avait fait ressortir tout l'intérêt du point de vue de la prévention : « Une politique de sécurité résolument novatrice ne doit pas se borner à protéger *a posteriori* les salariés contre les dangers liés à la nature des immeubles ou des chantiers dans lesquels ils travaillent, des matériels qu'ils utilisent ou des produits qu'ils manient ; elle doit tendre à intégrer la sécurité dès la conception des immeubles, des chantiers et des matériels et au stade de la fabrication des produits » [1]. Quant à la procédure d'homologation des appareils ou machines dangereuses, elle était complétée par des interdictions frappant la vente, l'importation, la location et la cession d'appareils, de machines, de protecteurs de machines et de dispositifs, équipements ou produit de protection présentant des risques pour les salariés. Qui plus est, les fabricants, importateurs et vendeurs de substances et préparations dangereuses, se voyaient imposer la production d'informations permettant d'apprécier les risques qu'elles comportent pour la santé des travailleurs. Autant de dispositions nouvelles, dont le caractère contraignant visait moins les industriels que les acteurs périphériques de la production.

La loi de 1976 procédait donc à une redistribution plus équitable des responsabilités en associant, à l'effort général de prévention, des acteurs qui jusque-là n'étaient pas tenus de s'en préoccuper [2] ; elle apportait des garanties et plus de souplesse aux chefs d'entreprise qui pouvaient désormais, sur des bases plus fiables, mener une politique interne de sécurité. C'était bien la première fois qu'un concept d'origine managériale recevait, en matière de sécurité, une traduction légale et que la prévention des risques professionnels débordait aussi nettement le cadre de la fabrication ; c'était aussi la première fois que la sécurité prenait ses distances par rapport à la réglementation ou à la logique assurancielle et solidariste mise en œuvre par la Sécurité sociale, en devenant une composante qualitative de la gestion des entreprises, un élément performant en même temps qu'un indicateur de « bonne santé » de l'entreprise. Surtout, la prévention faisait une entrée discrète dans l'organisation du travail, c'est-à-dire dans un domaine jusque-là du ressort exclusif de la direction des entreprises : les décrets d'application de la loi de 1976 relatifs aux entreprises intervenantes et aux grands chantiers prescriront des mesures exclusivement organisationnelles. Ces apports essentiels, qui relevaient d'un « élémentaire bon sens » [3] mais aussi du souci neuf de prendre globale-

1. NUTTE (A.), « Pour un développement de la prévention des accidents du travail », Cahiers de l'OPPBTP, 1977 (Cité par D. LEJEUNE, *Évaluation des risques et santé au travail. Continuité et évolution du rapport Villermé aux directives européennes,* Ministère du Travail et des Affaires sociales, 1996, p. 39-40).

2. D'où le risque d'une certaine dilution des responsabilités. Le principe d'intégration imposait une évolution des conceptions législatives qui, depuis l'origine, avaient concentré toutes les responsabilités en matière de prévention sur l'employeur et sur lui seul.

3. IGAS, rapport annuel, 1973, p. 35.

ment en compte la technique, l'organisation et l'humain, coïncidait avec le... centième anniversaire de la réglementation sur l'hygiène et la sécurité, dont les premiers décrets remontaient à 1875.

Si les attributions des services de prévention des CRAM restaient inchangées, le pouvoir de sanction financière des Caisses était étendu [1] pour tenir compte des « risques exceptionnels » (infractions aux dispositions générales ou au Code du travail) constatés soit par les agents des CRAM, soit par les inspecteurs du travail. Ces derniers voyaient leurs attributions s'élargir sensiblement [2], puisqu'ils pouvaient désormais intervenir en toute occasion, pourvu qu'il y ait un risque et quelle que soit la nature de ce risque. Visant les accidents du travail occasionnés par le manque d'ordre, d'organisation ou même de propreté ou dus à la circulation des ouvriers, à la manutention manuelle au stockage, etc. [3], cette disposition comblait une lacune importante, dans la mesure où, depuis la loi du 9 mars 1931, les inspecteurs du travail ne pouvaient notifier de mises en demeure que dans les cas expressément prévus par la réglementation [4]. En outre, en cas de « risque grave ou imminent pour l'intégrité physique des travailleurs », la procédure de mise en demeure n'était plus nécessaire, et l'inspecteur pouvait, en conséquence, verbaliser contre l'employeur [5]. Enfin, les dispositions générales, permettant aux CRAM d'imposer une cotisation supplémentaire aux employeurs qui ne les respectaient pas, pouvaient désormais servir de base à une action pénale de l'Inspection du travail. Conçue pour renforcer la coordination entre les deux ordres de prévention, cette mesure allait mettre un terme à l'action normative des CRAM, les représentants des organisations patronales s'opposant dorénavant à l'élaboration de nouvelles dispositions qui pouvaient être pénalement sanction-

1. Les CRAM peuvent imposer des cotisations supplémentaires en fonction des risques exceptionnels révélés par l'inobservation des mesures préventives obligatoires ou par des infractions pénales constatées par l'Inspection du travail : majoration pouvant atteindre 25 %, être doublée en cas de récidive ou non-réalisation dans un délai de 6 mois des mesures prescrites, être portée à un taux de 200 % de la cotisation normale à l'expiration d'un nouveau délai de 6 mois, lorsque l'employeur continue de refuser la réalisation des mesures prescrites.

2. Cf. CHETCUTI (Cl.), « L'Inspection du travail et la prévention des accidents du travail ». *Droit social*, n° 3, mars 1977, p. 59-70.

3. Qui représentaient, selon le rapport Bougnol, plus de la moitié des accidents du travail et plus du tiers des accidents graves.

4. Ministre du Travail, Michel Durafour s'en était expliqué, le 9 mars 1976 : « Actuellement, l'Inspection du travail ne peut intervenir que dans le cas où un règlement de sécurité est violé. L'élaboration de ces règlements est lente et un hiatus s'établit donc systématiquement entre l'évolution de la technologie et l'organisation du travail d'une part, et les obligations juridiques d'autre part. Désormais, l'inspecteur du travail pourra intervenir même lorsque aucun règlement n'aura été violé ». *Travail Informations*, n° 7-8, 14 mars 1976.

5. Dans le régime antérieur, l'inspecteur n'était pas habilité à verbaliser contre l'employeur dont un salarié avait été accidenté, lorsque l'infraction était de celles pour lesquelles la procédure de mise en demeure était prévue. Dans le cas de risque sérieux d'atteinte à l'intégrité d'un travailleur, il ne pouvait que saisir le juge des référés (depuis la loi du 5 juillet 1972).

nées [1]. L'extinction des dispositions générales signifiait du même coup la mise en veilleuse des Comités techniques nationaux et des Comités techniques régionaux qui ne pouvaient plus qu'émettre des avis sur des recommandations dépourvues de valeur juridique [2]. S'épuisait ainsi une force de proposition, pourvue d'un personnel très nombreux (entre deux à trois mille personnes), qui avait été conçue dans le but d'associer plus étroitement les employeurs et les salariés à la gestion du risque professionnel en tenant compte des évolutions de la technologie et des comportements sociaux [3].

Au total, la loi de 1976 n'aura pas réformé en profondeur le système français de prévention des risques professionnels dont la dualité intrinsèque est restée entière. Non que la coordination n'ait pas fait l'objet de mesures particulières : les Caisses régionales étaient désormais tenues de communiquer aux directeurs départementaux du travail les résultats des enquêtes effectuées par leurs agents et les renseignements inhérents aux risques d'accidents du travail et des maladies professionnelles dans les entreprises ; en retour, les services de l'Inspection du travail devaient fournir aux CRAM les renseignements et la documentation en leur possession. Mais, comme le fit remarquer le directeur de la CNAMTS, cet arrangement n'était pas sans inconvénient : « Il pourra arriver que des inspecteurs du travail utilisent les renseignements qui leur seront fournis pour sanctionner les entreprises. Or l'action des Caisses régionales est fondée sur la confiance des chefs d'entreprises : elles ne recherchent pas les responsabilités en cas d'accident mais, ce qui est peut-être plus important, la cause de l'accident pour mettre en place les moyens d'en éviter le retour ; cette action risque d'être menacée et la substitution progressive de la prévention/répression à la prévention/concertation rendra de plus en plus difficile, sinon impossible, cette recherche des causes réelles » [4]. Autant dire que ces nouvelles obligations ne furent pas, dans la pratique, suivies de tous les effets qu'elles auraient pu avoir.

Survenant près de quarante années après la loi du 24 juin 1939 qui posait le principe que « les machines ou parties dangereuses pour les ouvriers et pour lesquelles il existe des dispositifs de protection d'une

---

1. Il n'y aura plus, en conséquence, de nouvelles dispositions générales annexées au Code de la Sécurité sociale (entretien avec Jackie BOISSELIER, 20 octobre 1997).

2. Comme leur nom l'indique, les recommandations sont de simples préconisations énonçant ce qu'il est humainement et techniquement possible de faire dans un domaine donné.

3. Rappelons que ces comités paritaires sont chargés d'assister le conseil d'administration de la CNAM dans l'étude technique de toutes les questions relatives à la prévention, aux statistiques, à l'assurance et à la tarification des risques. Ils effectuent à cet effet des études sur les risques de la branche professionnelle qu'ils représentent. Ces études servent de support à l'élaboration de textes qui définissent des règles de prévention générale.

4. PRIEUR (Ch.), « Prévention et Sécurité sociale », *Droit social,* n° 3, mars 1977, p. 20-25.

efficacité reconnue ne pourront être mises en vente sans être munies de ces dispositifs », la loi de 1976 est intervenue à la fois tardivement [1] et trop tôt. Son application effective supposait, comme l'avait fort bien compris Jean-Marie Cavé, une approche pluridisciplinaire des problèmes de sécurité : architectes, importateurs de produits et de machines, ingénieurs, médecins, chefs d'entreprise, physiologistes du travail, psychologues… auraient dû travailler de concert. Or, la mise en œuvre de cette loi, dont les dispositions étaient potentiellement favorables au développement de la recherche scientifique sur la prévention [2], ne s'est accompagnée d'aucune structure favorisant leur coopération [3]. D'application jugée lourde et sans doute coûteuse par les chefs d'entreprise, l'ergonomie de conception n'a pas reçu tous les développements qu'impliquait le principe de sécurité intégrée. Il n'est pas sûr non plus que les préoccupations relatives à la sécurité se soient rapidement inscrites dans la gestion des entreprises. C'est, en fait, avec l'apparition des politiques de la qualité (« globale » ou « totale ») visant à neutraliser les facteurs de défaut des pièces fabriquées (de mauvaises conditions d'hygiène et de sécurité peuvent entraîner un taux de défaut important) que la sécurité a fait son entrée dans la gestion des entreprises [4]. Inspirées d'un « modèle japonais » très à l'honneur dans les années 1980, ces politiques ont mis fin au cloisonnement des fonctions qui caractérisait la gestion de la plupart des entreprises ; elles auront, de ce point de vue, repris à leur compte les apports de l'ergonomie des systèmes, en instaurant une gestion globale des dysfonctionnements de l'entreprise [5].

Nullement envisagées par les promoteurs de la loi de 1976, les conséquences juridiques du concept de « sécurité intégrée » auront été importantes. Depuis le milieu des années 1870, « une sorte de présomption tout à fait irrationnelle fondait l'existence de la sécurité du travail

1. SEILLAN (H.), « Sécurité du travail et ordre public », *Droit social,* n° 5, mai 1989, p. 369-375 : « Il est assez surprenant qu'il ait fallu attendre 1976 pour que cette analyse soit faite par le législateur. Jusque-là les différents textes avaient principalement procédé par voie d'interdits ».

2. En se proposant d'agir tout à la fois sur la technique, l'organisation du travail et le facteur humain (par le biais de la formation à la sécurité intégrée dans la formation professionnelle), la loi de 1976 renforçait le lien entre les questions de sécurité et les sciences du travail.

3. De telles équipes auraient pu être mises sur pied au niveau des CRAM et de l'INRS. L'orientation vers l'ergonomie ou l'approche pluridisciplinaire de la sécurité reste encore aujourd'hui l'un des axes de recherche possibles de l'INRS qui pourrait notamment définir des méthodes de travail en groupe ou de confrontation des résultats adaptées aux besoins particuliers des entreprises.

4. Comme le note Guillaume DUVAL, « la qualité est devenue un des vecteurs essentiels de la recherche de productivité par les entreprises, le moyen privilégié de diminuer leurs coûts » (G. DUVAL, *L'entreprise efficace à l'heure de Swatch et MCDonald's. La seconde vie du taylorisme,* Syros, Alternatives Économiques, 1998, p. 52).

5. Cette démarche qualitative s'est progressivement appuyée sur l'outil informatique qui permet d'assurer le suivi des machines, de repérer les incidents techniques et d'opérer à temps les révisions nécessaires.

sur l'application des règlements »[1] ; dans cette perspective, l'entreprise se préoccupait moins d'étudier les conditions nécessaires à la sécurité que de respecter les dispositions réglementaires en vigueur. Dans la mesure où les incitations et sanctions financières prévues en 1946 par le Code de la Sécurité sociale n'avaient pu tenir lieu d'alternative efficace ou crédible[2], on restait dans une logique essentiellement réglementaire. Or, il était impossible de tirer de celle-ci des enseignements juridiques sur le plan de la prévention, étant entendu que seuls les mécanismes de l'imputabilité (établir la preuve de l'infraction et sanctionner son auteur) retenaient l'attention des juristes. En clair, les décisions de condamnation n'avaient aucune signification sur le plan de la prévention. Mais en amenant les employeurs à gérer eux-mêmes leur politique de sécurité, le principe de « sécurité intégrée » aboutissait, comme le reconnut en 1982 la Cour de cassation[3], à une obligation générale de sécurité, indépendante des « dispositions réglementaires techniques précises » du Code du travail ayant désormais valeur d'obligations minimales[4]. Autrement dit, l'absence de disposition réglementaire spéciale ne dispensait pas l'employeur de prendre les mesures d'application de la réglementation générale en vigueur[5]. Il en résultait au moins deux choses : les sanctions pénales pouvaient se fonder sur d'autres éléments que la réglementation, c'est-à-dire sur l'obligation générale de sécurité ; d'obligations exclusives, les prescriptions techniques devenaient des « obligations particulières subordonnées à la réalisation d'une obligation plus fondamentale qui fixe la sécurité pour objectif »[6].

D'une certaine façon, cette évolution que le droit européen de la sécurité a depuis lors confortée, a distendu le lien historiquement très ancien qui unissait la sécurité à la réglementation, en créant un droit de la sécurité du travail fondé sur l'interprétation des textes de portée géné-

---

1. SEILLAN (H.), « L'entreprise et la sécurité du travail. La sécurité intégrée », *Revue française des Affaires sociales,* n° 1, janvier-mars 1984, p. 77-102.

2. Sauf en ce qui concerne les grandes entreprises tarifées au taux réel.

3. Cass. Crim. 10 mars 1981, 3 février 1982.

4. *Ibid.* : la Cour de cassation a rejeté, en 1982, l'argument selon lequel seules les dispositions réglementaires techniques précises peuvent être pénalement sanctionnées. Ce revirement a cependant peu de portée pratique, en raison de la faiblesse des poursuites et des sanctions pénales et du fait que l'inspecteur du travail ne peut dresser procès-verbal s'il n'y a pas eu violation d'une mesure réglementaire (sauf cas de danger grave et imminent).

5. SUPIOT (A), « La réglementation patronale de l'entreprise », *Droit social,* n° 3, mars 1982, p. 215-226 : « Non seulement la réglementation patronale se trouve ici dotée d'une base légale, mais elle est définie comme une pièce intégrée à la réglementation publique. Le pouvoir de l'employeur est alors réglementaire au sens le plus précis que le droit constitutionnel donne à ce terme : celui d'un pouvoir d'édicter des règles qui complètent les dispositions générales arrêtées par une autorité normative de niveau supérieur, et qui s'intègrent ainsi dans l'ordre juridique ».

6. *Ibid.* Selon H. SEILLAN, l'existence de l'obligation de sécurité a pour effet de redonner à la réglementation technique une importance qu'elle avait pu perdre (H. SEILLAN, « Le droit de l'hygiène et de la sécurité du travail après les lois Auroux », 2e colloque Hygiène et sécurité du travail, Bordeaux, juin 1983).

rale. Jusqu'en 1976, l'interprétation des obligations des chefs d'entreprise était simplifiée à l'extrême, puisque ces obligations découlaient pour l'essentiel de prescriptions techniques précises. Il importait seulement de savoir si les chefs d'entreprise étaient techniquement en infraction ou en conformité avec les prescriptions en vigueur. Depuis 1976, la reconnaissance de la valeur juridique complète des textes de portée générale permet, en fondant une obligation générale de sécurité, de couvrir toutes les situations et partant, de donner libre cours à l'interprétation juridique. La question est dès lors de savoir si cette évolution, qui ne fait qu'illustrer la « juridicisation » de la société française sur le modèle anglo-saxon, est en accord ou, au contraire, en discordance avec le courant de démocratisation de l'entreprise amorcé depuis la fin des années 1960. D'un côté, en effet, ce courant pousse à confier aux salariés ou à leurs représentants un droit de regard et même d'expression sur la gestion de l'entreprise et les questions de sécurité ; de l'autre, l'obligation générale de sécurité entretient le personnel dans le rôle de sujet et non pas d'acteur de la politique de sécurité de l'entreprise.

Cette contradiction n'a pas été franchement résolue par les lois Auroux de 1982 qui se proposaient tout à la fois de « donner au salarié une dimension plus grande et plus responsable dans son entreprise ; de reconnaître à chaque acteur de la vie sociale (employeur, cadres, travailleurs, organisations syndicales) son rôle propre et ses missions ; de confier à la négociation et au contrat l'organisation des relations du travail » [1]. Dernier wagon du train, la loi du 23 décembre 1982 a eu une incidence importante sur le fonctionnement des institutions de prévention à l'intérieur des entreprises, en opérant la fusion des CHS et des Commissions pour l'amélioration des conditions de travail [2]. Il en découlait pour les CHSCT, dont le cadre d'action s'agrandissait (le seuil passe de 300 à 50 salariés), des missions élargies : protection de la santé et de la sécurité des salariés ; amélioration des conditions de travail et contrôle de l'observation des prescriptions législatives et réglementaires. Ces missions étaient toutefois purement consultatives, le législateur ayant choisi de faire des comités une institution représentative du personnel [3], plus qu'un organisme à vocation technique. Était enfin renforcée la protection légale des membres des CHSCT qui se voyaient attribuer un crédit d'heures minimum pour exercer leur mission.

1. « Les réformes : un nouveau droit du travail », *Droit social,* n° 1, janvier 1983 : introduction de Jean Auroux.

2. Que la loi du 27 décembre 1973 avait instituées dans les entreprises de plus de 300 salariés.

3. Présidé par le chef d'établissement, le CHSCT n'est composé que de représentants du personnel parmi lesquels doit être choisi le secrétaire. La délégation du personnel n'est pas élue directement par l'ensemble du personnel, mais désignée comme auparavant par un « collège constitué par les membres élus du comité d'entreprise ou d'établissement et les délégués du personnel ».

Si la loi du 23 décembre 1982 a bien accordé le droit pour les travailleurs de se retirer d'une situation de travail qu'ils jugent dangereuse [1], elle n'est pas allée jusqu'à reconnaître aux membres des CHSCT, titulaires d'un droit d'alerte depuis 1947 [2], la possibilité de décider l'interruption d'un travail dangereux ou, plus généralement, d'être associés à la définition (et non pas seulement à l'application) de la politique de sécurité de l'entreprise. Reste que la violation du droit à la sécurité des salariés engage la pleine responsabilité civile de l'entreprise. S'il est victime d'un accident ou contracte une maladie professionnelle, alors que l'employeur avait été informé du danger grave et imminent par l'exercice du droit de retrait, un salarié bénéficiera de plein droit des conséquences de la faute inexcusable de l'employeur : il sera totalement indemnisé du préjudice subi. La reconnaissance par la loi de 1982 d'une faute inexcusable de droit constitue donc une innovation importante et même un progrès du point de vue la sécurité individuelle, mais l'ignorance fréquente du droit de retrait chez les salariés jette un doute sur cette forme juridique de prévention [3].

L'apparition, depuis 1976, d'un droit de la sécurité du travail [4] a cependant des causes plus profondes que la seule mise en œuvre du concept de sécurité intégrée. Elle est intimement liée à la résurgence, sous le septennat de Valéry Giscard d'Estaing, d'un courant libéral qui s'était quelque peu assoupi depuis 1946, et à la démocratisation de la société française. Le rejet de « l'État instituteur » et de la réglementation a, de fait, coïncidé avec la remise en cause générale des modèles traditionnels d'autorité, au nombre desquels figurait l'entreprise. Cette évolution aura pourtant moins affecté l'organisation institutionnelle de la prévention que son mode d'expression et ses canaux de diffusion. Après avoir emprunté pendant plus d'un siècle la voie réglementaire, doublée, depuis 1947, d'une voie solidariste et assurancielle, la

1. Cette disposition ne faisait que reprendre le contenu de l'article 13 de la Convention n° 155 de l'OIT, adoptée par la France en 1981. Le droit de retrait peut être exercé lorsque des dispositifs obligatoires de sécurité sont défectueux ou inexistants, mais aussi simplement chaque fois que les circonstances laissent un motif raisonnable de croire à un danger grave et imminent pour la vie ou la santé du salarié.

2. Cette procédure d'information avait été mise en place dès la loi du 8 juillet 1890 relative aux délégués à la sécurité des ouvriers mineurs, avant d'être étendue, en 1947, aux CHS. Une enquête immédiate réalisée par un représentant du chef d'établissement, en compagnie du représentant du personnel ayant signalé le danger, fut imposée par le décret du 19 septembre 1974. L'exercice du droit d'alerte et de retrait par un salarié peut être relayé par le droit d'alerte reconnu aux membres du CHSCT. L'avis du représentant du personnel, consigné par écrit, entraîne une inspection obligatoire, contradictoire, immédiate. En cas de divergence sur la réalité du danger ou les mesures de prévention, le CHSCT est réuni d'urgence, dans un délai de moins de 24 heures. L'inspecteur du travail et l'agent du service de prévention de la CRAM sont immédiatement informés et peuvent assister à la réunion.

3. CHAUMETTE (P.), « L'activation du lien réparation-prévention », *Droit social*, n° 9-10, sept.-oct. 1990, p. 724-733.

4. Qui participe d'un mouvement plus général de juridicisation de la société française (droit de la consommation, etc.).

prévention s'essayait à de nouvelles approches, compatibles avec l'expérience qu'elle avait accumulée. Elle s'insinuait dans des domaines dont l'accès lui était naguère refusé, comme la gestion de l'entreprise, l'organisation du travail, les conditions de travail ; son horizon s'élargissait à la conception des machines et des installations, ses modes d'expression se diversifiaient. Or, ce décloisonnement s'opérait au moment même où le marasme économique s'installait et où la crise du financement de la Sécurité sociale devenait un problème national…

Les incidences de la loi du 6 décembre 1976 relative au développemen de la prévention des accidents du travail

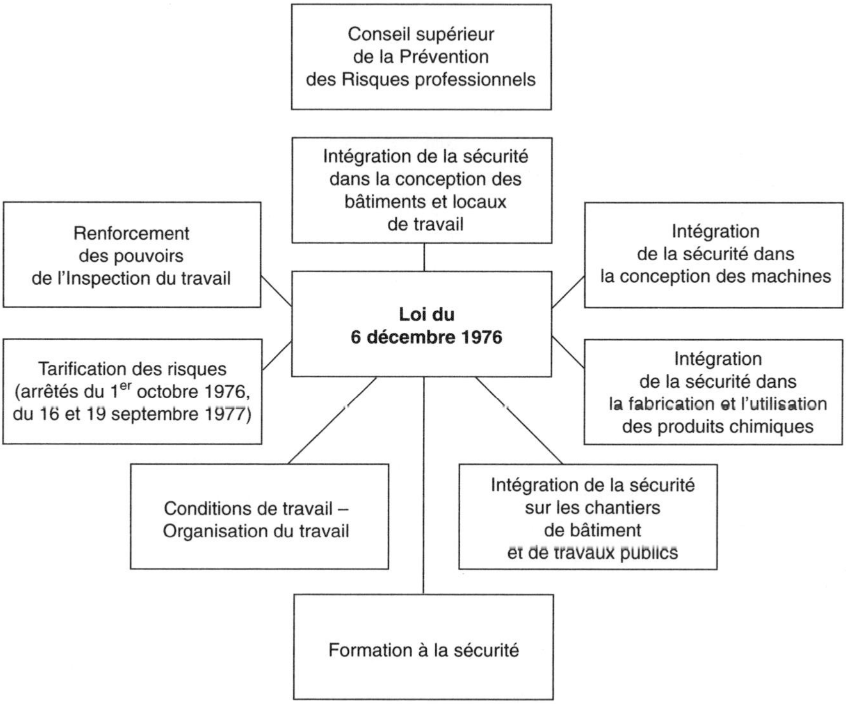

Chapitre 2

La cristallisation d'une « institution Prévention » au sein de la Sécurité sociale

C'est au cours des années 1980 qu'une « institution Prévention », intégrant les principales instances de la Sécurité sociale concourant à la prévention des risques professionnels, s'affirma comme entité politique. De cette consolidation allaient naître de nouvelles pratiques : les entreprises de moins de 300 salariés appartenant à des secteurs d'activité déterminés [1] purent, à partir de 1987, bénéficier d'un système d'avances financières de la part des caisses régionales et générales de Sécurité sociale, sous réserve de souscrire à une convention d'objectifs fixant un programme de prévention propre à leur branche d'activité. Fait majeur, l'impulsion de cette politique n'est pas venue du ministère du Travail après consultation du Conseil supérieur de la Prévention des Risques professionnels, mais bien de la CNAM et de la Commission de Prévention des accidents du travail et des maladies professionnelles, amenées par là même à tracer des objectifs qui fédèrent et mobilisent. Cette orientation contractuelle constitue une inflexion décisive, si l'on considère que les structures de la Sécurité sociale exerçaient jusque-là leur activité en ordre dispersé, sans réelle coordination. D'où vient donc cette cristallisation après plus de quarante années de pratiques quasiment inchangées ?

1. Il revient à la caisse nationale et aux caisses régionales de déterminer les activités avec lesquelles il convient de passer une convention et de fixer les objectifs de prévention ainsi que les types d'action qui seront proposés aux entreprises.

Genèse d'une politique contractuelle de la prévention

La place de la prévention des risques professionnels dans la Sécurité sociale

C'est en 1976 que les anticipations s'inversèrent [1] : à l'évidence, la récession que l'on croyait passagère s'enracinait. Avec elle se posait avec acuité le problème de la situation financière du régime général de l'assurance maladie. Non que celui-ci fût nouveau – il était récurrent depuis... 1950 –, mais la forte croissance économique des années passées et l'inflation qui l'avait accompagnée [2] en avaient masqué et amorti la gravité. Pas moins de cinq plans de redressement seront mis en œuvre sous le septennat Giscard d'Estaing pour renflouer une protection sociale, dont la généralisation, c'est-à-dire l'extension à l'ensemble de la population, poursuivait son cours [3].

Dans la mesure où les ressources des diverses branches de la Sécurité sociale proviennent pour l'essentiel des cotisations assises sur les revenus professionnels (sur les salaires avant tout), le développement du chômage ne peut que générer des difficultés financières, bien qu'il fasse l'objet d'un traitement à part, c'est-à-dire, distinct des risques couverts par la Sécurité sociale *stricto sensu* [4]. La protection sociale est de plus en plus sollicitée pour amortir les conséquences déstructurantes d'un fléau dont les dernières manifestations, en temps de paix, datent de la grande crise des années 1930 : il en va de la cohésion comme de la « sécurité » sociales. Penser que le chômage est seul en cause serait néanmoins erroné : cela faisait longtemps que l'assurance maladie accusait des déficits record, les dépenses de santé s'envolant au rythme de la médicalisation, du progrès scientifique et du vieillissement de la population depuis 1964. Ce dernier facteur renforce du reste le besoin de sécurité et rend de plus en plus insupportables les inégalités devant la mort du fait, partiel ou total, d'une activité professionnelle.

1. Au début de l'année 1976, les experts, ayant constaté que le premier choc pétrolier avait été amorti, tablaient encore sur une reprise de l'activité économique. Les anticipations, fortement conditionnées par le souvenir des taux de croissance élevés des décennies précédentes, se sont inversées quelques mois plus tard.

2. DUMONT (J.-P.), *La Sécurité sociale toujours en chantier. Historique, bilan, perspectives*, Les Éditions ouvrières, 1981, p. 208 : durant les années de forte croissance, l'inflation avait pour effet de « gonfler les recettes de la Sécurité sociale », puisque les cotisations évoluaient au même rythme que les salaires. Les prestations, notamment familiales, étaient au contraire freinées pour dégager des excédents susceptibles de couvrir le déficit de l'assurance maladie.

3. Loi du 4 juillet 1975 supprimant, à compter du 1er juillet 1978, toute condition d'activité pour l'affiliation aux prestations familiales et loi du 2 janvier 1978 instituant la généralisation soit par affiliation à un régime obligatoire soit par l'assurance personnelle (maladie, maternité).

4. Les chômeurs continuent, en effet, tant qu'ils reçoivent des indemnités, à être couverts au regard de la maladie, de la maternité, de l'invalidité ; leurs cotisations, comme du reste celles des retraités, sont symboliques.

Comment ne pas voir, en outre, que l'effort et l'efficacité de la prévention sont rétifs à toute évaluation précise ? L'effort de prévention ne saurait, par exemple, se réduire aux seules dépenses engagées par la Sécurité sociale, puisqu'il recouvre en outre la contribution de l'Inspection du travail, des CHSCT et de la médecine du travail. Quelle part revient ainsi aux structures de la Sécurité sociale ? aux structures publiques et privées qui participent à la prévention ? aux efforts des chefs d'entreprise, au progrès de l'idée de prévention dans les mentalités... ? Autant d'inconnues que l'examen malaisé des courbes des accidents du travail et des maladies professionnelles est loin de dissiper [1]. Enfin, qu'une mesure de prévention ait pu éviter un accident ou qu'elle puisse en éviter le retour (à supposer que les techniques restent relativement stables, ce qui est loin d'être évident), est indémontrable : les techniques de prévention se prêtent mal à l'évaluation de leur efficacité, ce qui n'enlève rien à la nécessité de les mettre en œuvre.

L'image de la Sécurité sociale n'est pas non plus exempte d'ambiguïté. Se souvient-on aujourd'hui que la primauté de la prévention sur la réparation était inscrite dans la loi du 30 octobre 1946 sur la prévention et la réparation des accidents du travail et des maladies professionnelles ? Il est clair que la notion de réparation est plus facilement accolée à la Sécurité sociale que celle de prévention. Qui plus est, la séparation des risques sociaux opérée en 1967 n'a nullement réduit l'équivoque née, à la Libération, de l'association entre solidarité et assurance [2] : la « Sécu » reste après 1967 pensée tantôt comme un ensemble indissociable dont les parties seraient solidaires (les risques sociaux sont liés), tantôt comme un ensemble de branches différenciées en quête d'une autonomie de fonctionnement et de financement (les risques sociaux doivent être distingués). C'est bien du reste cette ambivalence qui autorise des stratégies contradictoires, également « légitimes » : d'un côté, les pouvoirs publics invoquent « à bon compte » la solidarité pour recourir ouvertement (et légalement depuis 1974), à des mécanismes de compensation inter-branches destinés à « sauver » un dispositif dont les charges dites « indues » ne cessent de croître ; de l'autre, et depuis que l'autonomie des branches est érigée en principe [3] (1967), les partenaires sociaux, gestionnaires des

1. Pour ne prendre qu'un exemple, la baisse du taux de fréquence des accidents doit être fortement corrigée par le recul des activités dans les secteurs primaire et secondaire.

2. Comme le note Nicolas DUFOURCQ, « personne n'est parvenu depuis quarante ans à définir les périmètres relevant de l'assurance collective, d'une part, de la solidarité, d'autre part » (« Sécurité sociale : le mythe de l'assurance », *Droit social*, n° 3, mars 1994, p. 291-297).

3. Depuis les ordonnances de 1967, la séparation administrative des risques et la création de trois caisses autonomes était censée interdire les transferts inter-branches, c'est-à-dire, en clair, le sauvetage de la branche assurance maladie par les excédents de la branche prestations familiales. « Mais cet espoir fut aussitôt anéanti par la création

diverses branches campent sur une position assurancielle, fondée sur l'idée que seules les cotisations peuvent donner droit à des prestations, ce qui freine la fiscalisation de la Sécurité sociale. Entre ces deux positions, le relèvement, jugé longtemps indolore, des cotisations sociales, a bien souvent tenu lieu, malgré ses évidentes limites financières, de compromis politique [1], avec pour conséquence pernicieuse une érosion continue du pouvoir d'achat.

À l'abri des tendances démographiques et des conséquences directes du chômage, la branche AT/MP serait, en apparence, mieux lotie. La fixation par l'État des taux de cotisations lui assurerait (au sens propre du terme) un équilibre financier constant, puisque les cotisations, à la charge des seuls employeurs, sont calculées de manière à couvrir la totalité des dépenses afférentes à la gestion du risque et de la prévention [2]. L'observation doit être pour le moins nuancée. D'une part, les pouvoirs publics se réservent la possibilité de se démarquer de la vérité des coûts, en gonflant le taux des cotisations dans le but de dégager artificiellement des excédents [3]. Le régime des AT/MP est ainsi utilisé, comme celui des allocations familiales, pour couvrir une partie du déficit de l'assurance maladie.

D'autre part, la branche AT/MP est soumise à de fortes contraintes de gestion qui risquent à terme de s'accentuer avec l'augmentation du nombre des déclarations de maladie professionnelle ouvrant droit à réparation. C'est ainsi que le coût direct [4] des accidents du travail, bien qu'il ait augmenté à un rythme inférieur à celui des autres branches, n'a cessé de croître de 1960 à 1988, alors que la tertiarisation de l'économie française, la baisse du nombre des accidents du travail et des accidents de trajet et l'expansion du chômage auraient dû logiquement se traduire par sa réduction [5]. Pareille contradiction s'explique essentiellement par le poids grandissant des rentes allouées aux victimes (66 % du total des prestations en 1988), qui contraint les gestionnaires à réviser à la hausse les coefficients de calcul du montant des

(Suite de la note 3 page 198) d'une agence centrale des organismes de sécurité sociale (ACOSS), destinée à assurer une trésorerie commune de l'ensemble ». Rien n'empêchait donc une caisse déficitaire de puiser dans cette trésorerie commune et d'utiliser à son profit, comme auparavant, les excédents de la branche prestations familiales (J.-J. DUPEYROUX, *Droit de la Sécurité sociale*, Précis Dalloz, juillet 1982, p. 302-303).

1. *Ibid.* : « Jamais la Sécurité sociale ne s'est équilibrée par les seules cotisations sociales ».

2. Même si les pouvoirs publics se réservent à cet égard une marge de manœuvre en fixant eux-mêmes les taux de cotisation.

3. Sur ce point, *La situation financière de la branche accidents du travail du régime général de la Sécurité sociale*, Rapport du groupe présidé par Pierre BOUGON, La Documentation française, juillet 1989.

4. Le coût indirect des AT était classiquement estimé entre 3 à 4 fois le coût direct, soit 120 à 200 milliards de francs en 1988.

5. Le coût direct des AT/MP a, de 1960 à 1988, été multiplié par 22, contre 25 pour les allocations familiales, 56 pour l'assurance maladie et 70 pour l'assurance vieillesse (en francs courants).

cotisations [1]. Or, cette révision pénalise, en l'absence d'inflation, les petites et moyennes entreprises (88 % des entreprises ont moins de 20 salariés et occupent 32 % des salariés), souvent dépourvues de CHSCT, qui ont relevé jusqu'en 1995 d'un système de cotisation collectif dont le pouvoir incitateur était très faible. Comme le nombre des PME [2] augmente par rapport à celui des grandes entreprises, tarifées au taux réel, le système de tarification établi en 1946 [3] perd une grande partie de sa force de persuasion ; sa double fonction d'incitation et de sanction individualisée, fondée sur l'intérêt financier, s'émousse [4]. La tarification remplit de plus en plus une fonction de mutualisation, destinée à couvrir les dépenses de la branche AT/MP par des recettes en rapport [5].

La loi de 1987 : conventions d'objectifs et contrats de prévention

Ces tendances de fond obéissent-elles à une chronologie ? Au milieu des années 1980, la sécurité intégrée était encore sur toutes les lèvres ; il était même question de lui redonner vigueur en prenant rendez-vous avec les entreprises qui se tournaient, depuis quelques années, vers des méthodes de gestion par objectifs. Cette nouvelle démarche managériale, fondée sur la délégation d'un ensemble de responsabilités à des unités indépendantes organisées en « centres de résultats », en « centres de profit » ou en « directions par objectifs » (selon le principe de « divisionnalisation ») pouvait, en effet, contribuer à faire de la sécurité l'un des moyens *obligés* d'atteindre, pour chaque unité responsable, un objectif formalisé. Autre façon d'intégrer la sécurité dans l'activité productive de l'entreprise, divisée en unités ou départements spécialisés

1. CHOTARD (Y.), *Comment sauver la Sécurité sociale ?*, Economica, 1987, p. 237-238 : à cela s'ajoute le relèvement du coefficient de charges générales prévu pour répondre aux frais de gestion administrative, de contrôle médical et d'action sanitaire et sociale.

2. En 1987, le tissu économique français était constitué à 90 % d'établissements de moins de 50 salariés. Les entreprises de moins de 200 salariés formaient 92 % de l'ensemble, employant les 2/3 des salariés.

3. Rappelons que le système de tarification (plusieurs fois amendé), mis en place pour assurer le financement de la branche, s'efforce depuis 1946 de proportionner les cotisations versées par chaque entreprise au coût du risque : tarification collective par activité professionnelle ou par groupe d'activités pour les petites entreprises ; tarification individuelle réelle, en fonction du risque propre à l'établissement ; tarification mixte qui est une combinaison, dans une proportion variant en fonction de l'effectif global de l'entreprise, du taux collectif de l'activité exercée par l'établissement et du taux individuel réel. Malgré ces efforts, « si le taux brut a tendance à baisser en suivant le nombre des accidents du travail, le taux net payé finalement par les entreprises a, lui, tendance à demeurer relativement élevé » (Y. CHOTARD, *op. cit.*, p. 328).

4. Bernard Vrillon reliera ce phénomène à l'attitude des pouvoirs publics : « On constate que la tarification est de moins en moins incitative, en raison de la manipulation, par les pouvoirs publics, des taux de chargement faussant les coûts réels des accidents et, d'autre part, que les interventions des contrôleurs laissent de côté de nombreuses PME/PMI puisqu'elles ne touchent que 4 % de la population totale des entreprises » (*Travail et Sécurité*, n° 7 et 8, 1992, p. 434).

5. Entretien avec Gilles EVRARD, 22 janvier 1998.

par produits, marchés, etc., et d'en faire, tout à la fois, un objectif, un critère de gestion et une condition nécessaire [1].

Si donc le moment paraissait opportun de redonner vigueur au principe de sécurité intégrée, l'épineux problème de coordination entre les divers organismes de la Sécurité sociale impliqués dans la politique de prévention des risques professionnels restait entier. Les bilans dressés en 1985 et en 1986 à l'initiative des membres de la CFDT [2] et de CGT-FO [3] de la Commission de Prévention des AT/MP et de la CNAM sur l'activité des structures de la Sécurité sociale en fait de prévention, avait permis, pour la première fois depuis 1946, d'engager une réflexion de fond sur les faiblesses du dispositif. Il en était ressorti que la CNAM, établissement public, éprouvait de grandes difficultés à coordonner les CRAM de droit privé, se bornant à contrôler leur budget et leur rapports annuels d'activité, sans fixer le cadre général des priorités. Qu'il s'agisse des CTN et des CTR [4], des CRAM ou CGSS au comportement très variable ou de l'INRS, chaque organisme « suivait son orbite » [5], sans souci de définir son action en cohérence avec celle des autres structures. L'impression prévalait, en outre, que les sommes affectées à la prévention étaient, en l'absence de vue d'ensemble, dépensées sans réel discernement [6]. En clair, cette « grosse machine » aux organes découplés, que formait la « Sécu » dans le domaine de la prévention, accusait un rendement très en deçà de sa puissance potentielle. Est-il enfin besoin d'ajouter que son bâti reposait sur des bases « technico-juridiques » [7] qui conditionnaient encore fortement le comportement des

1. Selon ce nouveau principe de management, chaque unité, qu'elle soit de production, de direction, de conseil en organisation, de formation, etc. doit vendre ses services aux autres unités de l'entreprise qui peuvent éventuellement préférer et choisir un partenaire extérieur, si ce dernier, à qualité égale, coûte moins cher. Cette forme de gestion pousse chacune des unités à valoriser son image auprès des autres et à s'imposer de fortes contraintes et une autodiscipline pour se maintenir.

2. L'idée de ce bilan est née d'une réflexion menée par André Thiollent sur l'activité des CTN et des CRAM à partir des bilans dressés par ces organismes. Cette réflexion faisait ressortir « un résultat faible au plan des dispositions générales en regard de l'importance des moyens mis en œuvre ; la lenteur apportée à l'élaboration de ces textes (entre 2 et 7 ans) ; une très grande dispersion des approches allant du particulier au général ; une absence d'évaluation et d'appréciation des effets en retour sur les entreprises et leurs salariés ; une lourdeur de fonctionnement ». (Cf. « Questions et propositions à partir d'une analyse des bilans CTN et CRAM 1983 », annexe au PV de la Commission de Prévention du 6 mars 1985 et entretien avec André THIOLLENT, 29 octobre 1997).

3. « Examen du rapport d'activité des services de prévention des CRAM et des CGSS au cours de l'année 1984 », intervention de Paul Malnoë (CGT-FO) *in* PV de la Commission de Prévention des AT/MP, 26 février 1986. C'est au cours de cette séance que le président de l'INRS, J. Claire, proposa d'étendre le bilan à deux autres acteurs : le service de prévention de la CNAM et l'INRS. Cette proposition fut adoptée, et le bilan global qui en résulta fut présenté et discuté, le 25 juin 1986.

4. Dont le rôle s'amenuisait depuis le net déclin des dispositions générales.

5. Entretien avec André THIOLLENT, 29 octobre 1997.

6. En particulier, les ristournes, souvent accordées sur la base d'une réduction du nombre des accidents de trajet, profitaient essentiellement aux entreprises familières des procédures d'octroi de financement.

7. L'expression est d'A. Thiollent.

services de prévention des CRAM ? Dans la mesure où les cotisations supplémentaires à 100 ou même à 200 %, les ristournes ou les avances inégalement accordées par les caisses régionales accusaient d'évidentes limites, le contrôle l'emportait fréquemment sur le conseil [1], ce qui faisait double emploi avec l'action, bien plus efficace dans ce domaine, de l'Inspection du travail [2].

Les directeurs et les ingénieurs conseils en chef des CRAM furent invités à donner leur avis sur le bilan global dressé en 1986 [3]. De cette consultation se dégagèrent quatre axes prioritaires : 1) « volonté nette et précise de promouvoir une politique de prévention propre à chaque entreprise, adaptée à ses problèmes et à ses besoins, découverte et élaborée par elle et mise en œuvre avec son personnel » ; 2) « priorité des activités engagées à l'intention des PME » ; 3) « volonté d'améliorer le service rendu » ; 4) « volonté d'améliorer l'image de marque des services de prévention et de l'idée de prévention » ; 5) rénovation des CTN et les CTR ; 6) amélioration du système de tarification pour le rendre plus « dynamique et plus incitatif à la prévention » [4].

Si ces propositions marquaient la volonté de « changer de cap », bien des hypothèques restaient à lever. Ce qu'il était encore prématuré d'appeler « l'Institution Prévention », c'est-à-dire l'ensemble des structures de la Sécurité sociale vouées à la prévention des risques professionnels, connaissait, en effet, des vicissitudes : les partenaires sociaux ne cachaient pas leur intention de reprendre les rênes de l'institution depuis le départ anticipé de Jean-Marie Cavé (décembre 1978) et de Michel Darmon, directeur général de l'INRS (mai 1979). À l'heure des restrictions budgétaires, quand tout plaidait en faveur d'un assainissement des comptes de la Sécurité sociale, la polémique rebondissait sur l'opportunité de développer les moyens de l'INRS face au courant de normalisation européenne [5]. D'aucuns souhaitaient développer les activités de recherche [6] de cet institut, d'autres, au contraire, voulaient limiter sa contribution aux besoins techniques des entreprises [7]. Se ralliant aux vues de Jacques Chérèque (ancien dirigeant CFDT) qui avait reçu la lourde tâche de relever la Lorraine de la crise sidé-

1. Dès 1979, le président de la Commission Prévention, Bermard VRILLON, avait dit « qu'il serait souhaitable de changer le vocable de contrôleur de sécurité en celui de contrôleur-conseil de sécurité ».

2. C'est ainsi que les injonctions notifiées par les services de prévention des CRAM se référaient, dans leur grande majorité, aux textes issus du Code du travail.

3. Réunion du 10 juin 1986 tenue à la CNAM.

4. PV de la Commission de Prévention des AT/MP, séance du 25 juin 1986.

5. Dans son discours prononcé à Neuves-Maisons, le 23 septembre 1987, le ministre des Affaires sociales et de l'Emploi, Philippe Seguin, insista sur l'enjeu que représentait la normalisation dans la construction européenne.

6. Directeur de l'INRS, M. Darmon souhaitait créer une animalerie nouvelle, développer les équipements pour la recherche en sécurité machine et en systèmes électroniques et renforcer l'activité bancs d'essais, visas d'études techniques (prévention en amont).

7. De 1980 à 1987, le budget du Fonds de Prévention et celui de l'INRS ont été multipliés par 2 en francs courants.

rurgique [1], le gouvernement Laurent Fabius arbitra en faveur de la création d'un nouveau centre à Neuves-Maisons, plus spécialement consacré à la formation à la sécurité. Ce fut l'occasion de créer des emplois locaux et de soulager le centre de Vandœuvre, tout en faisant droit à l'inquiétude qu'inspirait la crise de la sidérurgie aux trois ministres lorrains [2] du premier gouvernement de cohabitation (mars 1986-mai 1988) [3]. L'extension avait donc eu lieu, mettant fin aux remous que le projet avait suscités au sein du Conseil d'administration de l'INRS : une page se tournait, une autre s'ouvrait, pleine d'interrogations.

La définition d'une politique de prévention des risques professionnels par la CNAM et la Commission de prévention des AT/MP n'était concevable que dans le cadre d'un programme d'ensemble fixant des objectifs à moyen terme, sur au moins trois années : une politique ne saurait, en effet, – c'est un truisme – s'inscrire dans le très court terme. Encore fallait-il composer avec le Budget qui ne reconnaissait que le principe de l'annualité budgétaire dont l'application contrariait depuis 1946 toute réflexion prospective et rendait aléatoire toute tentative de coordination [4]. Le pli ne sera pris qu'en novembre 1986 avec l'établissement de programmes d'actions pluriannuels, officiellement formalisés par la Direction des Risques professionnels de la CNAM et la Commission de Prévention des AT/MP à partir de 1992, mais sans traduction budgétaire parallèle.

Ce fut, semble-t-il, la CFDT (FO n'était cependant pas hostile au projet), favorable à une « politique participative par branche associant les organisations professionnelles d'employeurs et de salariés », qui suggéra de contractualiser la prévention [5]. Fidèle à l'esprit de la loi du 30 octobre 1946 [6], cette idée offrait de nombreux avantages, tant du point de vue de la politique de prévention que du point de vue de la gestion des entreprises. Elle permettait non seulement de simplifier le

1. Jacques Chérèque était alors commissaire de la République délégué auprès du préfet de la région lorraine, chargé du redéploiement industriel de la Lorraine.

2. Philippe Seguin, ministre des Affaires sociales et de l'Emploi ; Gérard Longuet, ministre chargé des P et T, François Guillaume, ministre de l'Agriculture.

3. Sur la création de ce centre, discours de Philippe Seguin, Neuves-Maisons, 23 septembre 1987. L'ouverture d'un nouveau centre, destiné à former des formateurs, permettait de spécialiser le centre de Vandœuvre dans les activités de recherche. À cette date, l'INRS consacrait déjà 40 % de ses moyens aux études et recherches et 60 % à la formation, à l'information et à des prestations d'assistance technique diverses.

4. Le Budget n'admettait pas le report des résultats positifs, sauf à verser dans le fonds de réserve de la branche maladie.

5. Il existait une certaine cohérence de vues entre André Thiollent de la CFDT et Bernard Vrillon du CNPF sur le terrain présenté comme consensuel de la prévention.

6. L'article 16 de cette loi disposait que « la Caisse régionale de Sécurité sociale, en vue de réaliser, à titre d'expérience et sous son contrôle, certaines mesures de protection et de prévention, peut conclure avec des entreprises des *conventions comportant une participation au financement de ces mesures*. Cette participation peut prendre la forme soit d'avances remboursables, soit de subventions, soit d'avances susceptibles, suivant les résultats obtenus, d'être transformés, en tout ou partie, en subventions ».

système traditionnel des aides et incitations financières individuelles aux entreprises, mais aussi et surtout de planifier l'effort de prévention sur plusieurs années, en fonction des objectifs formalisés par les entreprises de moins de 300 salariés. La contractualisation ne pouvait se concevoir que dans la planification et l'anticipation. N'assurait-elle pas une correspondance effective entre les orientations générales de la prévention des risques professionnels et les objectifs pluriannuels des entreprises ? « La prévention exige une politique de longue haleine qui doit tenir compte des évolutions des technologies, des matériels industriels et des produits sur le marché » (...) « Au regard de la prévention, on ne peut avoir qu'un projet d'entreprise, portant par définition sur une période de temps définie à l'avance, que l'on doit gérer sur une base évolutive et adaptable couvrant plusieurs années (...). Tant que cette exigence absolue ne sera pas comprise, la prévention ne jouera pas le rôle qui doit être le sien dans un monde en constante évolution »[1]. La contractualisation était également l'un des modes d'expression naturels des entreprises qui acceptaient bien d'être conseillées, mais admettaient difficilement d'être contrôlées[2].

L'idée qu'on pût faire des avances aux entreprises pour qu'elles améliorent leur niveau de sécurité heurtait néanmoins les habitudes acquises. À commencer par celles des contrôleurs de sécurité qui contrôlaient plus qu'ils ne conseillaient, se prêtant par habitude et par formation à une approche réglementaire de la sécurité. Une démarche contractuelle les obligeait, au contraire, à nouer des contacts étroits avec la direction des entreprises, à remplir une fonction de conseiller et d'expert et à suivre la mise en œuvre des mesures de prévention dans les entreprises ayant signé un contrat de prévention. Elle impliquait la restauration d'un climat de confiance entre les CRAM et les entreprises, appelées à fixer d'un commun accord les objectifs à atteindre. Traduction pratique de ceux-ci, mais adapté aux particularités de l'entreprise, le contrat de prévention reposait sur un cahier des charges qui engageait aussi bien la responsabilité (morale et technique) des services de prévention des CRAM que celle des entreprises. Mais comment convaincre le ministère du Travail dont les services estimaient qu'un « principe républicain » serait bafoué, si des sommes étaient versées à des employeurs qui se trouvaient en infraction avec

1. CHOTARD (Y.), *Comment sauver...*, *op. cit.*, p. 245-246.

2. Bernard Vrillon en était fort conscient qui souhaitait réhabiliter et développer la fonction « conseil » des ingénieurs et des contrôleurs de sécurité des CRAM : « Je voudrais rappeler aux CRAM que les services de prévention ont des missions que j'énoncerai très simplement en quelques mots : mission d'information pour développer l'esprit de sécurité, non seulement au lieu de travail mais à l'extérieur, formation à la sécurité, une des actions les plus importantes et les plus nécessaires, clé principale d'une prévention efficace, mission de conseil de sécurité, mission capitale, moteur de leur activité, car elle est la plus riche en prolongements bénéfiques pour l'entreprise et les hommes au travail » (Discours à La Rochelle, Journées régionales des CRAM, 19 juin 1985).

la réglementation sur l'hygiène et la sécurité ? Chargé depuis le début des années 1970 de mettre en œuvre une politique d'amélioration des conditions de travail, ce ministère s'était déjà engagé par l'intermédiaire de l'ANACT et du FACT (Fonds d'Amélioration des Conditions de Travail) dans une politique contractuelle, mais dans le cadre réglementaire, uniquement au titre de l'amélioration des conditions de travail et pour des opérations limitées qui se voulaient exemplaires : une chose était, selon ce Département, d'aider les entreprises dans cette voie, une autre était de les aider financièrement à se mettre en conformité avec la réglementation sur l'hygiène et la sécurité.

En tout état de cause, le projet ne manquait ni de cohérence ni d'attraits. N'en attendait-on pas des effets multiplicateurs induits par les sommes engagées (les entreprises, liées par un contrat de prévention, étant tenues d'investir, ce qui ne pouvait qu'avoir des conséquences heureuses sur l'économie nationale) ? une meilleure prise en compte des besoins des PME ? une relance, enfin, de la négociation au niveau de l'entreprise ou de la branche d'activité, qui pouvait compenser une partie du déficit des relations sociales ? Ne proposait-on pas enfin une alternative à une prévention réglementaire qui semblait s'essouffler ? Sensible à ces arguments, le gouvernement Chirac finit par se rallier au projet.

Les modalités de la contractualisation, retenues par la loi du 27 janvier 1987, firent l'objet de règles précises, établies par le ministère des Affaires sociales et de l'Emploi : la CNAM ou la CRAM doit s'adresser en premier lieu à une branche d'activités comportant des risques importants [1] ; elle propose ensuite aux instances professionnelles de cette branche de conclure avec elle une convention d'objectifs nationale ou régionale, fixant un programme d'actions de prévention spécifique. Lorsqu'une entreprise relevant du secteur d'activité choisi manifeste la volonté d'améliorer son niveau de sécurité, l'agent de la CRAM procède à une analyse des risques existants, puis dresse la liste des mesures de prévention qui lui paraissent indispensables. Sur la base de cette étude, l'entreprise peut se voir proposer un contrat de prévention qui lui permettra de recevoir une avance transformable en subvention pour investissement étalée sur trois années maximum. L'aide est modulée en fonction de la nature et de l'importance du risque (15 à 70 % du total de l'investissement). Dans tous les cas, les avis du CHSCT (à défaut, celui des délégués du personnel) et de la Direction régionale du travail et de l'emploi qui dispose d'un mois pour donner sa réponse, sont requis. Une évaluation, pratiquée en fin de contrat, détermine si l'avance sera définitivement acquise à l'entreprise ou remboursée par celle-ci, soit partiellement, soit totalement.

1. La contractualisation venait compléter « l'action concentrée » définie par une circulaire du 17 septembre 1958 qui engageait les caisses à exercer une action particulière en direction des entreprises présentant un risque particulièrement élevé.

Ciblée sur les PME, la pratique des conventions d'objectifs et des contrats de prévention suppléait partiellement à l'absence de négociation collective sur la prévention, tant au niveau interprofessionnel qu'au niveau des branches d'activité, dans les entreprises de moins de 300 salariés où la fréquence des accidents est élevée. Mais elle ne relève pas de la négociation collective *stricto sensu*, puisque les parties contractantes ne sont pas les employeurs et les salariés (relations professionnelles), ni même l'État et les organisations professionnelles d'origine patronale ou salariée (relations sociales), mais bien des structures paritaires (la CNAM et les CRAM) et des entreprises. C'est d'ailleurs un fait que la prévention s'est fort peu développée, en France, par le biais des conventions collectives [1], en raison du faible intérêt porté aux questions d'hygiène et de sécurité et d'un déficit récurrent des relations sociales et professionnelles [2]. D'une certaine façon, l'abondance des textes réglementaires peut s'apprécier comme l'une des conséquences directes de l'absence de négociation dans le domaine de la prévention. Si elles avaient constitué un objet *autonome* [3] de revendication ou figuré au nombre des revendications prioritaires des travailleurs salariés, les questions d'hygiène et de sécurité auraient pu, dans une certaine mesure, être traitées différemment, tant au niveau des branches d'activité qu'au niveau des établissements, et la négociation collective aurait alors régulé l'inflation du nombre des textes réglementaires [4]. C'est en réalité le phénomène inverse qui s'est produit : l'administration du Travail a disposé d'une

1. L'accord, déjà évoqué, du 17 mars 1975 portant sur l'amélioration des conditions de travail (conclu au terme de 35 réunions plénières) encourageait bien au développement de la négociation de branche sur les thèmes qu'il abordait, mais ses dispositions sombrèrent vite dans l'indifférence. Il fallut attendre l'accord du 20 octobre 1989, présenté comme un avenant au texte de 1975 pour que soit repris le processus : seulement quatre branches d'activités s'y référeront : l'industrie de la chaussure (1989), l'industrie chimique (1990), la production et la transformation du papier carton (1990) et la chimie (1992).

2. Les lois Auroux ont bien tenté de relancer la négociation collective, mais cette tentative s'est soldée par un échec par suite de la division et de la faiblesse du mouvement syndical français.

3. Tous les exemples (présentés comme « d'heureuses exceptions ») de conventions collectives donnés par la Revue *Travail et Sécurité*, montrent clairement que les questions d'hygiène et de sécurité, lorsqu'elles sont abordées, sont intégrées dans des accords généraux (Cf. *Travail et Sécurité*, juin 1957, août 1971, octobre 1971, février 1972).

4. Ce défaut de négociation n'avait pas échappé, au début des années 1970, à la rédaction de *Travail et Sécurité* : « Il est rare que les rédacteurs des conventions collectives de travail, qu'il s'agisse de conventions d'établissement ou de conventions nationales, fassent la part belle aux clauses relatives à l'hygiène et à la sécurité. Trop souvent encore, on se borne à reproduire la réglementation applicable en la matière ou l'on se contente de faire référence aux "dispositions législatives et réglementaires en vigueur" Ce fait assez navrant, nous le déplorions déjà dans un numéro de *Travail et Sécurité* vieux de quatorze ans. L'un des avantages essentiels du régime conventionnel, rappelions-nous, c'est justement « qu'une convention collective peut mentionner des dispositions plus favorables aux travailleurs que celles des lois et règlements en vigueur. Ces accords pourraient donc constituer, en matière d'hygiène et de sécurité, une source non négligeable d'améliorations des conditions de travail » (*Travail et Sécurité*, août 1971, p. 465).

latitude très large pour élaborer des réponses réglementaires à des questions qu'employeurs et travailleurs salariés jugeaient à part et, sans doute même, secondaires.

La politique de contractualisation n'a pris son véritable essor qu'au cours des années 1990-1992. Au 30 juin 1993, 4 889 contrats avaient été signés, qui représentaient un montant d'avances de 897 millions de francs. La part moyenne du montant pris en charge par la Sécurité sociale dans l'investissement total des entreprises était de 19,7 %, et plus de 4,5 milliards de francs avaient, depuis 1988, été investis, de façon matérielle ou immatérielle, dans la prévention. Le nombre moyen de salariés par contrat était de 45 [1] et l'action avait concerné 220 000 salariés, appartenant pour l'essentiel à des secteurs à risques (métallurgie : 51,4 % du total des contrats ; BTP : 18 % ; Bois : 12,6 % ; transports-manutentions : 4,9 %). L'effort des CRAM impliquées dans le suivi des contrats a surtout porté sur les nuisances chimiques (poussières et aérosols : 28,7 %), les opérations de manutention/circulation (24,4 %), les risques mécaniques (10,6 %), l'ergonomie (7 %) et les actions de formation (5,3 %). Plus de 9 000 contrats auront, au total, été signés de 1989 à 1996 inclus (d'un montant moyen de 0,2 million de francs par contrat), représentant une avance totale de la part des caisses de près de 1,8 milliard de francs et un budget annuel de 250 millions. Cette incitation financière représente une part moyenne de 22,5 % des dépenses engagées, ce qui correspond à un investissement total de plus de 8 milliards de francs incombant aux entreprises.

Au regard du champ visé, constitué de 1,2 million de PME, le nombre de contrats de prévention conclus, en l'espace de huit années, apparaît modeste. Les détracteurs de la politique conventionnelle et contractuelle de la prévention des risques professionnels s'empresseront d'affirmer qu'un tel système habitue les entreprises à être financées pour des actions relevant de la responsabilité de l'employeur ; fausse la concurrence en permettant aux entreprises bénéficiaires d'améliorer à bon compte leur potentiel technique aux frais de la Sécurité sociale ; oblige les entreprises bien gérées à payer pour les autres et rend caduque la mission de contrôle légalement assignée aux agents des CRAM. Et de faire remarquer qu'une réforme de la tarification aurait pu être tentée avant d'engager une politique susceptible, par son faible impact, de se heurter aux mêmes écueils que les ristournes et les avances. Face à ces critiques de fond, les partisans des contrats de prévention ne manquent pas non plus d'arguments : les contrats sont la manifestation tangible du changement de mentalité

1. Les contrats avaient donc bénéficié à de petites entreprises, majoritairement non soumises à l'obligation de constituer un CHSCT. Le montant moyen des contrats était de l'ordre de 184 000 francs et atteignait 19,7 % de l'investissement total de l'entreprise en matière de prévention.

dans les rapports entre la Sécurité sociale et les entreprises ; ils démultiplient l'effort de prévention des entreprises et s'entourent de toutes les précautions nécessaires, puisqu'ils prévoient des clauses obligatoires (abaissement de l'exposition aux nuisances, formation à la sécurité, etc.) et le contrôle des résultats. En somme, le contrat a pour effet « d'encadrer », de normaliser et de rendre transparent le système des avances et subventions en lui fournissant une assise juridique et technique [1].

Replacée dans l'histoire institutionnelle et conceptuelle de la prévention, cette orientation contractuelle confirme le tassement, amorcé depuis 1976, de l'approche réglementaire de la prévention ; elle montre aussi qu'il est possible de mettre en œuvre des mécanismes financiers, susceptibles de compenser les faiblesses d'une tarification dont l'efficacité diminue à mesure qu'augmente le poids des rentes et que diminue la taille des entreprises ; elle participe, enfin, d'un mouvement de différenciation des méthodes entre les deux ordres de prévention extérieurs à l'entreprise, l'Inspection du travail et les services de prévention des CRAM. Cette fameuse dualité à l'œuvre depuis 1946, qu'aucun texte (loi, arrêté, règlement et circulaire) n'avait pu transformer en véritable complémentarité, s'en trouvait, du même coup, atténuée ou « normalisée » par une réforme dont personne, au milieu des années 1970, n'avait prévu qu'elle serait le fait des structures de la Sécurité sociale. Une nouvelle prévention s'affirmait, d'origine institutionnelle et d'essence contractuelle, voire partenariale (Sécurité sociale et entreprises), distincte des formes de prévention mises en œuvre par l'Inspection du travail et par l'Inspection médicale du travail, mais aussi différente de la prévention intégrée que le courant managérial avait contribué à promouvoir. Il y aura désormais une (parmi d'autres) politique de prévention des risques professionnels propre à la Sécurité sociale, qui formulera ses concepts et sera capable de définir son action par rapport aux autres acteurs de la prévention.

Témoigne de cette affirmation, le concept de « maîtrise du risque » [2] défini, pour la première fois, par la Commission de Prévention en novembre 1986. S'il paraît emprunter sa terminologie à la culture

1. L'étude qualitative, réalisée à la demande de la CNAM par la SOFRES en décembre 1992, faisait apparaître que : 1) les industriels, dont le personnel était exposé à des risques professionnels, connaissaient assez bien le système des conventions et des contrats ; 2) les contrats avaient permis l'acquisition de matériels et de machines plus performants au même titre que l'achat de matériels permettant d'améliorer directement les conditions de travail ; 3) les contrats avaient eu un effet d'accélération sur les investissements et avaient renforcer la sensibilisation du personnel (et des employeurs). La SOFRES en concluait toutefois qu'il était difficile d'évaluer « si la sensibilisation à la prévention est purement conjoncturelle ou si l'entreprise a intégré, à la conclusion du contrat, une véritable "culture" de prévention » (*Évaluation qualitative du système des conventions d'objectifs et des contrats de prévention*, Rapport de synthèse, SOFRES/CNAMTS, décembre 1992).

2. Sur ce concept, se reporter au chapitre suivant.

d'ingénieur, ce concept est surtout « politique », puisqu'il est mis au service d'une démarche volontariste, soucieuse de fixer des objectifs réalistes et de définir les moyens et les méthodes pour y parvenir. C'est bien du reste la première fois que l'organisation de la prévention au sein de la Sécurité sociale inventait un concept fédérateur susceptible de rallier à sa cause ses diverses structures, les partenaires sociaux, les employeurs et leur personnel. Le titre donné au document reproduisant la délibération du 20 novembre 1986 marque, sans ambiguïté, le souci de créer un espace de réflexion et d'initiatives, dans la durée : « Politique de prévention des accidents du travail et des maladies professionnelles à moyen terme à mise en œuvre progressive » [1]. Après avoir rappelé que l'exigence d'une politique de prévention est « la seule voie » pour améliorer les conditions de travail des hommes dans les entreprises et pour réduire le coût des AT/MP, « l'une des cinq faiblesses de la compétitivité des entreprises au niveau international », ce document affirme que la prévention « doit s'inscrire dans le cadre d'une politique globale cohérente, fondée sur la maîtrise du risque ». « L'objectif est de parvenir à la maîtrise complète du risque professionnel – ce que l'on appelle le risque zéro – et ceci, à tous les stades de la production et des processus de travail » [2]. Force est de constater que la Commission de Prévention, présidée par Bernard Vrillon, ne cherchait pas encore [3], à la fin de l'année 1986, à isoler la prévention des risques professionnels de la prévention globale des risques sociaux [4] : « La séparation [administrative] fait croire qu'il y a plusieurs types de prévention, alors qu'il n'y a qu'une prévention sans frontières et un seul et même esprit de sécurité, un seul et même esprit de prévention » [5]. « Hors du temps consacré au travail (de 25 à 30 % du temps total d'une année), l'homme affronte d'autres risques et l'on sait qu'une enquête dans quarante pays, diligentée en 1984, a montré que sur 100 accidents, 55 concernent la vie privée, 38 la circulation, contre 7 l'activité au travail ». Et d'en conclure : « La prévention ne peut être que globale » [6].

1. Délibération du 20 novembre 1986, Commission de Prévention (document interne).

2. *Ibid.*

3. Le pas sera vite franchi avec la remise en cause du « risque zéro » par le directeur général de l'INRS, Dominique Moyen, et le directeur du Département Prévention des AT/MP au sein de la CNAM, Jean-Luc Marié qui plaideront pour la « maîtrise du risque » (Cf. chapitre suivant).

4. En raison des changements intervenus depuis 1969 dans les configurations interministérielles (la Sécurité sociale relevant tantôt de la Santé publique, tantôt du Travail, de l'Emploi et de la Population, l'IGAS avait été amenée, dans son rapport annuel de 1973, à examiner, pour la première fois en France, le fonctionnement des organismes menant des actions de prévention en général, avec cette assertion significative : « Il existe des politiques sectorielles en matière de prévention. Il n'existe pas en fait de politique générale de la prévention » (Rapport annuel, IGAS, 1973, p. 369).

5. B. Vrillon, discours à La Rochelle, Journées régionales des CRAM, 19 juin 1985.

6. Délibération du 20 novembre 1986, Commission de Prévention.

La démarche est d'autant plus remarquable qu'il n'existait pas (comme il n'en existe toujours pas) de politique globale de la prévention. Sauf, sous le régime de Vichy, en des circonstances autrement dit exceptionnelles et selon des modalités trop complexes pour avoir été opérantes et éclairantes, la France n'est jamais parvenue à articuler les questions de santé publique et les questions de santé au travail. Il est vrai que les partitions ministérielles ne se sont guère prêtées à une telle orientation, puisque l'action préventive de la Sécurité sociale dans le domaine général de la santé (hors et dans le travail) n'a pas, pendant longtemps, relevé du ministère de la Santé publique chargé de définir et de mettre en œuvre la politique de la santé publique [1]. D'une part, la prévention des risques professionnels, mise en œuvre par la Sécurité sociale, est toujours restée au nombre des attributions du ministère du Travail, habilité à définir la politique de prévention des risques professionnels ; d'autre part, l'action sanitaire et sociale que les organismes de Sécurité sociale ont pu promouvoir, s'est longtemps exercée indépendamment de la politique de santé publique définie par le ministère du même nom [2]. Certes, à partir de 1969, le bloc « Sécurité sociale » fut rattaché parfois au Travail, plus fréquemment à la Santé publique [3], mais la tutelle éclatée [4] de ses diverses branches et l'orientation technique de la Direction générale de la Santé [5] ont rendu fort aléatoire la définition de politiques publiques prenant appui sur seulement une partie de ses structures. Comment du reste intégrer la dimension prévention de la branche dans une politique générale de la prévention, sans casser les fondements assuranciels de cette branche, c'est-à-dire sans dissocier la prévention de la réparation des accidents du travail et des maladies professionnelles ? Les instruments d'une politi-

1. Cf. FRIOT (B.), « Les ministères sociaux et leurs services centraux depuis 1946 », *Revue française des Affaires sociales*, n° 1, janvier-mars 1996, p. 141-171.

2. Les organismes de Sécurité sociale n'étaient pas associés à la définition de la politique de la Santé publique, alors que la CNAM avait pour rôle de « contribuer à la prévention des accidents du travail et des maladies professionnelles », la loi du 31 juillet 1968 lui confiant même le soin de « promouvoir la prévention ».

3. La Direction de la Sécurité sociale dépendit du Travail en 1972-1973 et de 1974 à 1977. « Ce n'est qu'à partir de 1979 que les préoccupations de sécurité sociale deviennent centrales au ministère de la Santé, jusqu'à prendre le pas sur cette dernière depuis 1981 » (FRIOT, art. cit.).

4. La prise de tutelle de la Sécurité sociale par le ministère de la Santé (à partir de 1969 et sauf rattachement épisodique au Travail) s'est accompagnée d'une distinction très nette entre l'assurance maladie, d'un côté, les allocations familiales et l'assurance vieillesse articulées davantage au pôle « action sociale » (la nouvelle direction de l'Action sociale ayant reçu compétence en 1970 pour l'action sociale des caisses), de l'autre. En 1981, la création d'un ministère de la Solidarité a remis en cause cette distinction en entraînant le regroupement des compétences relatives à l'action sociale et aux migrations autour de la tutelle de la Sécurité, cependant que la Santé se recentrait sur les dimensions techniques de la fonction.

5. « Dans les ministères des Affaires sociales des années 1980, c'est la fonction Sécurité sociale, devenue inséparable de la fonction Population déclinée dans de multiples secrétariats d'État, qui prend le pas comme fonction politique » (FRIOT, art. cit., p. 156).

que globale de la prévention existent assurément, mais leur utilisation sélective aboutirait inéluctablement à briser la cohérence interne des diverses branches de la Sécurité sociale.

Aussi n'est-il guère étonnant que l'affirmation première d'une institution Prévention de la Sécurité sociale ait pu coïncider avec une approche globale de la prévention. Tout s'est passé comme si cette affirmation « endogène » s'était opérée par référence aux principes fondateurs de la Sécurité sociale, qui ne séparaient pas, en 1946, la prévention et la réparation de tous les risques sociaux. Mais on peut aussi interpréter la revendication d'une politique globale de la prévention comme l'un des effets de la liaison particulière entre l'assurance maladie et le régime des AT/MP : la parenté existant entre la maladie et la maladie professionnelle, entre l'accident hors travail et l'accident du travail (les causes sont différentes, mais les effets sont perçus comme analogues) était suffisamment forte pour cimenter une cause commune sous le signe de la prévention. L'idée s'imposait, en tout cas, que l'émancipation de la branche AT/MP ne pouvait se faire que dans ou avec l'assurance maladie, alors même que les déficits de celle-ci tranchaient avec les excédents de celle-là. C'est contre les prélèvements indus, entraînés par son assimilation à la branche maladie que la branche AT/MP devait se prémunir. Cette contrainte, ressentie comme une lourde menace d'absorption [1], allait se traduire par l'effacement de la notion de prévention globale au profit d'un recentrage sur la spécificité et la compétence de la prévention des AT/MP : « Le concept de prévention globale vise à combattre les causes de certaines atteintes à la santé en agissant sur tous les domaines dans lesquels l'homme évolue. Mais plutôt que de parler de prévention globale, mieux vaudrait s'inscrire dans une démarche globale de prévention, dans laquelle l'action de chacun, dans son domaine de compétence, permettrait de concourir à un même but dans le cadre d'une action coordonnée » [2].

La prévention des risques professionnels pouvait, de ce point de vue et malgré ses faibles effectifs, se prévaloir d'une longue expérience de contrôle et de conseil dans les entreprises [3], comme d'une avance historique et scientifique sur la prévention mise en œuvre dans le domaine de la santé publique. En servant de levier à la restructuration de la branche AT/MP, l'organisation Prévention de la Sécurité sociale devait faire valoir ses différences et continuer, conformément aux textes en vigueur, à concentrer son action sur les entreprises. De ce double point de vue, les atouts ne lui faisaient pas défaut : ses fondements étaient,

1. Entretien avec Jean-Luc MARIE, 13 février 1998.

2. *Risques professionnels, les orientations de la politique de prévention 1993-1996*, CNAMTS.

3. L'organisation « prévention » de la Sécurité sociale disposait alors de 2 970 personnes (dont 750 ingénieurs et contrôleurs) pour 1,5 million établissements.

contrairement aux autres branches, plus assuranciels que solidaristes ; ses assurés étaient des entreprises ; la recherche constituait le point fort de l'activité de l'INRS. C'est donc logiquement en revendiquant une autonomie financière articulant prévention, tarification et réparation, en manifestant la volonté de créer un partenariat de plus en plus étroit avec les entreprises et en faisant valoir son potentiel de recherche, que la branche AT/MP allait s'émanciper politiquement de l'assurance maladie, sans pour autant quitter son orbite.

La restructuration de la branche AT/MP

Le rôle catalyseur de l'Institution Prévention

Ce processus d'émancipation allait recevoir une première traduction symbolique avec l'invention d'une expression, visant à créer un sentiment d'appartenance commune : « Institution Prévention des Risques Professionnels [1] ». Recouvrant les principales instances de la Sécurité sociale qui concourent à la prévention des risques professionnels (CNAM, CRAM, CGSS [2], INRS, EUROGIP [3]), l'appellation fut discrètement introduite en 1993 [4] et confirmée avec emphase, en 1996 : « Carrefour associant l'intérêt des hommes et celui des entreprises, l'œuvre de prévention requiert une politique globale cohérente, édifiée et appliquée par tous les acteurs impliqués, notamment les instances paritaires des organismes de Sécurité sociale qui constituent l'Institution de Prévention des Risques Professionnels » [5]. Se cristallisait enfin une institution dont les structures, en place depuis près de quarante années, n'avaient eu entre elles que des liens très lâches.

Une étape complémentaire fut franchie avec la création, au sein de la CNAMTS, d'un Département Prévention des AT/MP, confié à Jean-Luc Marié et directement rattaché au directeur de la Caisse, Gilles Johanet [6] (1990). Innovation décisive, si l'on songe que la prévention des

---

1. À noter l'usage des majuscules qui ajoute au caractère « institutionnel ». Cette expression fut lancée pour montrer que « tout cela formait un tout cohérent et que l'on était rassemblés parce qu'on était d'accord à une très large majorité avec nos partenaires syndicaux, autour d'orientations et des choses à faire au cours d'une période » (entretien avec J.-P. PEYRICAL, 2 octobre 1997).

2. Équivalents des CRAM dans les DOM.

3. Cf. chapitre suivant.

4. Sous la forme d'une note de renvoi, intégrée dans *Risques professionnels : 1993-1996. Les orientations de la politique de prévention* : « Par souci de simplification, on entend par « Institution Prévention des Risques Professionnels » qui sera dans la suite du document appelée l'Institution : la CNAMTS – les CRAM – les CGSS – l'INRS – EUROGIP ».

5. *Les priorités pour demain. Politique de prévention des risques professionnels*, CNAM, (DRP), 1997.

6. Ce dernier, d'accord avec Bernard Vrillon et André Thiollent, avait parfaitement compris la nécessité d'afficher clairement l'existence de deux branches (maladie et AT/MP) au sein de la CNAM. Et de revenir sur la politique de son prédécesseur, qui avait peu mis en avant la gestion des risques professionnels en la confiant à une simple division (Entretien avec J.-L. MARIE, 13 février 1998).

risques professionnels relevait jusque-là d'une simple Division de la Prévention des AT et des MP, noyée au milieu des huit divisions d'une Direction de la Gestion du Risque devenue tentaculaire. Quelque temps plus tard, en février 1992, le Département Prévention des AT/MP se transformait en Direction de la Prévention et des Risques professionnels, distincte de la Direction de la Gestion du Risque et « intermédiaire privilégié entre les partenaires sociaux et l'administration »[1]. Ainsi s'affirmait une instance, chargée « de concevoir et de mettre en œuvre les propositions qui, après validation par les instances délibérantes de la CNAMTS, constituent la base de la politique de prévention des accidents du travail et des maladies professionnelles du régime général »[2]. Tâche combien délicate, puisqu'il s'agissait rien moins que de matérialiser ou de solidariser l'Institution Prévention au sein de la CNAM et des CRAM, de créer en somme un lien vertical qui assure la pérennité administrative et politique de la prévention, sans porter ombrage à l'autorité des directeurs de caisse régionale. De simple projet politique, l'Institution Prévention se dotait d'un organe moteur[3], sur lequel pouvait enfin s'appuyer la Commission Prévention des Accidents du travail et des Maladies professionnelles, confortée dans son rôle d'instance politique.

Présidée depuis sa création par des personnalités issues du monde patronal (surtout de l'UIMM dont l'expérience en matière de prévention remontait à 1928[4]) et gestionnaire du Fonds national de Prévention des AT/MP, cette dernière instance aura su, en définitive, grâce à la clairvoyance de ses membres, tirer parti de l'absence de cohésion interne entre les structures de prévention et de réparation de la Sécurité sociale pour affirmer son poids politique, y compris par rapport à la CNAMTS dont elle fut jusqu'en juillet 1994 une simple éma-

1. *Idem.*

2. *Rapport d'activité 1992*, CNAMTS, p. 151. À ce titre, la DPRP élabore et assure le suivi du budget du Fonds national de Prévention. Elle prépare les décisions des 16 Comités techniques nationaux et du Comité technique central de coordination par la réalisation d'études, de travaux techniques et statistiques relatifs à la prévention et à la tarification et assure le secrétariat de ces instances. Elle coordonne les activités des services Prévention-tarification des CRAM et des CGSS, notamment par le biais de leur informatisation. Elle collecte et met en forme les données concernant les statistiques financières et technologiques.

3. La DPRP est en fait la cheville ouvrière de l'ensemble, puisqu'elle prépare mais surtout répercute les orientations de la Commission de Prévention au niveau des CRAM et des CGSS. Elle fonctionne comme une double courroie de transmission entre la Commission de Prévention et les CRAM/CGSS, entre la CNAMTS et les CTN.

4. Tous les présidents de l'INRS depuis 1968 sont issus de cette organisation patronale (J.-M. Cavé, J. Claire, J. Dumaine et F. Duvernoy). Avant d'être directeur de la protection sociale au CNPF, B. Vrillon était passé par l'UIMM ; son successeur, à la tête de la Commission des AT/MP, J.-P. Peyrical est, lui aussi, issu de cette organisation au sein de laquelle il assure actuellement la direction du service Sécurité, Conditions de travail et Environnement, succédant à J.-M. Cavé. La prépondérance de l'UIMM dans le domaine de la prévention a plusieurs causes : ses affiliés appartiennent à des secteurs à risques ; cette organisation a accumulé, depuis 1928, une solide expérience technique et juridique. Le CNPF dispose d'une Commission Santé et Sécurité, animée par Valérie Corman, elle-même ancienne collaboratrice de l'UIMM (entretien avec J.-P. PEYRICAL, 2 octobre 1997).

nation [1]. Elle, qui n'était naguère qu'un organe charnière entre la CNAMTS et le Fonds de Prévention, était devenue le cerveau de « l'Institution Prévention » en même temps que son porte-parole vis-à-vis des pouvoirs publics. S'érigeant, sans la caution de textes juridiques [2], en gardienne vigilante de l'équilibre financier de la branche AT/MP, elle n'allait cesser, avec le soutien juridique et technique de l'UIMM [3] et l'appui des syndicats de salariés [4] (très attachés à l'autonomie financière de la branche AT/MP), de dénoncer la propension des pouvoirs publics à détourner, au profit des autres branches, le « trésor de guerre [5] » accumulé depuis des années. De 1984 à 1989, pas moins de six recours [6] furent formés devant le Conseil d'État à l'initiative de l'UIMM, pour obtenir « l'annulation des arrêtés fixant les coefficients de chargement des taux bruts de cotisation d'accidents du travail et de maladies professionnelles qui permettaient de dégager, annuellement, des excédents indûment [7] détournés de la branche des risques professionnels » [8]. Ni les annulations prononcées par la haute juridiction, en 1992 [9] et en 1993, des bases réglementaires des tarifications de 1988 et de 1989, ni les propositions du rapport Bougon [10] en faveur d'une plus grande transparence des comptes n'inversèrent la tendance. Le gouvernement Balladur obtint même du Parlement qu'il valide, en 1994, les

1. La Commission de Prévention était, en effet, une émanation du Conseil d'administration de la CNAMTS.

2. Avant la loi du 25 juillet 1994, le lien entre prévention et réparation des AT/MP était très lâche, et l'Institution Prévention n'avait pas de prise sur la réparation.

3. Cette organisation souhaitant, comme le CNPF dans son ensemble et comme la CGPME, mettre à profit les excédents de la branche AT/MP pour abaisser le niveau des charges pesant sur les entreprises.

4. La Commission de Prévention n'était pas un organe totalement paritaire, puisqu'elle était composée de 5 représentants de salariés et de trois employeurs.

5. L'expression est de J.-P. PEYRICAL.

6. Par la suite, d'autres recours (au total plus de 10) ont été formés par l'UIMM et d'autres branches du mouvement patronal.

7. Compte tenu de l'article L. 251-3 du Code de la Sécurité sociale : « Si les ressources de la gestion des assurances maladie, maternité, invalidité et décès excèdent le montant des charges, les excédents constatés à l'issue de chaque exercice sont affectés à un fonds de réserve propre à cette gestion ».

8. Article de Jean-Pierre PEYRICAL, président de la CATMP, destiné à la revue *Droit social*, août 1997.

9. Cf. PEYRICAL (J.-P.), « Vers une gestion enfin équilibrée du risque des accidents du travail et des maladies professionnelles ? », *Droit social*, n° 5, mai 1992, p. 509, et : C.E. 26 février 1992 – Jurisp. Soc. UIMM n° 92-549). À la suite de cette annulation, le législateur, sur proposition du gouvernement Bérégovoy, décida un abattement forfaitaire de 4 % sur les taux de cotisations de 1993 à titre compensatoire.

10. Les réactions des organisations de salariés annexées au rapport BOUGON (1989) étaient, dans l'ensemble, hostiles aux excédents : la CFTC considérait que « les coefficients de chargement devaient être définis de sorte à ne plus provoquer un accroissement des excédents » ; la CGT était contre la baisse des cotisations (mesure peu incitatrice, selon elle) que semblait impliquer l'existence d'excédents et réclamait plus de moyens afin que la CNAM, les CRAM, l'INRS se dotent des moyens d'une « véritable politique de prévention » ; s'appuyant sur l'expérience « Signalement de maladies à caractère professionnel » menée dans les Pays de la Loire, FO estimait anormal que « tous les risques liés au travail ne soient pas pris en charge par le Fonds national de Prévention ».

taux de cotisations d'accidents du travail notifiés aux entreprises pour 1989, sur la base des textes réglementaires de 1988 censurés par le Conseil d'État et ce, sans aucune mesure compensatoire [1].

Que de symboles dans cette partie de bras de fer opposant l'Institution Prévention aux pouvoirs publics ! La tarification, qui formait la clef de voûte du système français de prévention et de réparation des accidents du travail et des maladies professionnelles, était devenue un point névralgique entre deux logiques qui, se complétant à l'intérieur de la branche AT/MP, semblaient s'exclure dans les autres branches. Tandis que celle-là revendiquait plus d'assurance, celles-ci réclamaient plus de solidarité ; tandis que l'une se représentait comme un tout cohérent se suffisant à lui-même, les autres se représentaient ou étaient présentées comme les parties solidaires d'un tout formé par la Sécurité sociale. Affrontement d'autant plus subtil que la branche AT/MP était obligée de se définir par rapport à la branche maladie dont elle était financièrement, mais non pas organiquement distincte ; de rechercher en somme les conditions de son autonomie dans l'interdépendance, alors qu'il était de plus en plus question de conférer au Parlement une compétence sur le financement de la Sécurité sociale. Se tournait-on enfin vers le rameau prévention qu'une autre contrainte, cette fois plus ancienne, se faisait toujours sentir : l'Institution Prévention ne pouvait définir sa politique que dans la cadre de la réglementation et des orientations définies par le ministère du Travail, après avis du Conseil supérieur des risques professionnels [2].

L'intégration sans l'autonomie financière

C'est dans ce contexte mouvementé que fut votée la loi du 25 juillet 1994 affirmant la séparation des quatre branches du régime général, principe qui impliquait la suppression d'une trésorerie commune dont l'existence était déjà en contradiction avec l'esprit des ordonnances de 1967. Cette loi accordait aux partenaires sociaux [3] de la seule [4] branche AT/MP d'importants pouvoirs de gestion. Conscient d'avoir forcé la main à la branche AT/MP, le gouvernement Balladur consentait à

1. Cette proposition fit l'objet d'une validation législative par l'article 67 de la loi du 18 janvier 1994 relative à la santé publique et à la protection sociale. Saisi d'un recours en annulation de cette décision, le Conseil constitutionnel considérera, par décision du 13 janvier 1994, que cet article n'est pas contraire à la Constitution. Au total, la contribution annuelle moyenne de la branche AT/MP aux autres branches déficitaires de la Sécurité sociale et, notamment, à la maladie peut être estimée à 27,256 milliards de francs pour la période 1983-1996, soit 1,95 milliard de francs par an.

2. Observons que siègent dans cet organisme et dans les nombreuses commissions qui s'y rattachent des représentants de l'Institution Prévention, représentant les organisations patronales et les syndicats de salariés.

3. « Le projet de loi leur a été présenté au mois de mars 1994 par le cabinet de Mme Veil, et donc certains n'étaient pas contents, parce qu'ils n'avaient pas participé à sa préparation » (Entretien avec J.-L. MARIE, 13 février 1998).

4. S'appuyant sur les incompatibilités que prévoyait le projet de loi, les Caisses de la Sécurité sociale avaient clairement émis un avis défavorable.

lui reconnaître, à titre exceptionnel, une autonomie financière qui était censée, depuis 1967, être la règle pour chacune des branches de la Sécurité sociale. « C'était [en fait] un troc : on ne vous a pas rendu le surplus que l'on devait vous rendre, mais on vous accorde l'autonomie financière. Mais pour nous, c'était un immense progrès, car si l'on examine non seulement la lettre mais aussi l'esprit de la loi, l'idée était bien : 1) de reconnaître d'une façon définitive la séparation des quatre branches de la Sécurité sociale ; 2) de réaffirmer l'autonomie de la branche AT/MP en prévoyant désormais que les partenaires sociaux pourront fixer le budget annuel de la branche et donc, notamment, les taux de cotisation des accidents du travail, sous réserve de ne pas mettre en péril l'équilibre financier de la branche » [1]. Comment ne pas se rallier à cette interprétation, quand désormais la tarification, la prévention et la réparation relevaient d'une même gestion au sein d'une même branche ? À défaut d'une pleine autonomie (les pouvoirs publics pouvant toujours se substituer en cas de défaillance des partenaires sociaux), la branche AT/MP réalisait son intégration financière.

La Commission de Prévention se transformait, du même coup, en Commission des accidents du travail et des maladies professionnelles (CATMP), compétente comme auparavant sur la prévention et la tarification, mais aussi, et désormais, sur la réparation des AT/MP ; de simple émanation du conseil d'administration de la CNAM, cette commission devenait un organisme totalement distinct, tenant ses compétences de la loi elle-même. Sur proposition du gouvernement, le parlement lui donna une forme strictement paritaire [2] : cinq représentants des salariés et autant pour les employeurs, alors que la composition de l'ancienne commission comprenait cinq représentants de salariés et trois représentants d'employeurs. Concourant à la détermination des recettes nécessaires au maintien de l'équilibre financier de la branche AT/MP, la CATMP était, en toute logique, chargée d'établir les taux des cotisations des entreprises à partir des prévisions de dépenses et des hypothèses d'évolution de la masse salariale, tâche qui relevait jusque-là du gouvernement et de son administration. Conséquence de l'intégration financière de la branche AT/MP, le montant du Fonds national des accidents du travail et des maladies professionnelles était, non plus voté par la Commission de Prévention puis soumis au vote du conseil d'administration de la CNAM, mais *uniquement*

1. Autant dire que la tutelle des pouvoirs publics restait entière : « Pour 1995, on a eu une certaine marge de manœuvre, mais cela s'est gâté en 1996. Aujourd'hui (1997), nous sommes sous curatelle, puisque la ponction est désormais programmée pour aboutir à un pseudo-équilibre de l'ensemble de la Sécurité sociale » (Entretien avec J.-P. PEYRICAL, 2 octobre 1997).

2. La CATMP comprenait également des représentants de l'État (commissaires du gouvernement représentant le ministère chargé de la Sécurité sociale et le ministère chargé du Budget ainsi que le contrôle d'État auprès de la CNAM), et, pour ce qui concerne les questions relatives à la prévention, des représentants de la sous-direction des Conditions de travail (ministère chargé du Travail), l'INRS et Eurogip.

voté par la CATMP appelée à le déterminer dans le cadre d'une enveloppe fixée par un arrêté interministériel. De la même façon, la Direction de la Prévention et des Risques professionnels de la CNAM prenait le nom de Direction des Risques professionnels, héritant, pour la réparation, des compétences jusque-là assumées par la Direction de Gestion du Risque ; elle devenait ainsi « l'interface privilégié et le support technique et administratif de la commission »[1], tout en continuant d'assumer, en fait de prévention, les tâches de l'ancienne Direction de la Prévention et des Risques professionnels.

Cette intégration n'aura pas conduit à l'autonomie financière de la branche AT/MP. Revenant sur ce principe légalement réaffirmé, le gouvernement s'est appuyé sur la première loi de financement de la Sécurité sociale[2] du 27 décembre 1996, pour instituer « à la charge de la branche accidents du travail et maladies professionnelles, au profit de la branche maladie, maternité, invalidité, décès du régime général, un versement annuel pour tenir compte des dépenses supportées par cette dernière branche au titre des affections non prises en charge »[3]. Dans la mesure où les dépenses indues supportées par l'assurance maladie au titre des maladies professionnelles non déclarées étaient loin d'être connues avec exactitude, l'institution d'un versement annuel ne pouvait que créer une nouvelle catégorie de maladies professionnelles, qualifiées ironiquement par Jean-Pierre Peyrical de « putatives ». Instituée par la loi du 27 décembre 1996 et mise en place en mai 1997, la Commission Deniel allait s'attacher, en réaction, à établir les modalités de calcul du versement annuel mis à la charge de la branche AT/MP du régime général. Ses investigations, faites à partir de « données reposant exclusivement sur des études médicales et scientifiques au caractère indiscutable »[4], l'ont conduite à évaluer le montant de ce versement entre 888 et 904 millions de francs, soit une estimation étonnamment proche du versement provisionnel fixé à 1 milliard de francs pour 1997. Plongée à son corps défendant dans cette nouvelle bataille, dont l'enjeu pour la branche AT/MP est la reconnaissance pure et simple de l'autonomie financière, l'Institution Prévention a vu se réduire sa marge de

1. *Travail et Sécurité*, n° 534, mars 1995, p. 160.

2. Le 20 décembre 1995, le Conseil des ministres adoptait un projet de loi constitutionnelle instituant la loi d'équilibre de la Sécurité sociale prévoyant que, chaque année, le Parlement serait saisi d'un projet de loi présentant les orientations générales de la politique de protection sociale et déterminant, en conséquence, les conditions générales de l'équilibre financier prévisionnel de la Sécurité sociale. « L'objectif de cette réforme est de confier aux représentants de la Nation des responsabilités dans la définition des grands choix sociaux qui se présentent au pays et de la politique de la santé (...) Elle ne remet pas en cause les prérogatives des organismes de Sécurité sociale et ne préjuge pas de leur mode de gestion ». La loi constitutionnelle du 23 février 1996 instituera les lois de financement de la Sécurité sociale.

3. *Rapport de la Commission instituée par l'article 30 de la loi du 27 décembre 1996 de financement de la Sécurité sociale pour l'année 1990*, Ministère de l'Emploi et de la Solidarité, octobre 1997.

4. *Ibid.*

manœuvre, et sa situation est même devenue critique à l'automne 1997, quand le CNPF a entamé une politique de « la chaise vide » qui devait suspendre, pendant plusieurs mois, le vote des décisions à la Commission des AT/MP.

Reste que sont réunies, depuis le 1er janvier 1995, prévention et réparation, deux activités qui faisaient jusque-là l'objet, au sein de la CNAM et des CRAM, d'un traitement séparé. Dans ce recentrage sur la fonction assurancielle de la branche, le pôle prévention aura joué un rôle déterminant. C'est en effet à son initiative et autour de lui que s'est structurée une branche qui existait bien financièrement (la tarification liant la prévention à la réparation) mais qui, sur le plan administratif, n'avait qu'une existence virtuelle. Le couplage financier de la prévention et de la réparation, fondé sur une logique assurancielle et solidariste, recevait ainsi une traduction politique et administrative cohérente. Encore l'intégration financière de la branche AT/MP est elle, d'un point de vue strictement administratif, inachevée. Elle aurait pu, en effet, aboutir à la création d'une caisse nationale spécifique, distincte de la CNAM et à la constitution de caisses régionales, elles-mêmes affranchies des CRAM [1]. Un tel processus eût toutefois sérieusement entamé le rôle de *leadership* politique que l'Institution Prévention avait exercé pendant près de quinze années, en rendant probable la « dilution » de l'Institution Prévention dans les AT/MP. La combinaison retenue la met-elle à l'abri d'un tel risque ? S'il est encore prématuré de se prononcer, certains signes laissent à penser que la prévention peut en fait tirer parti d'un processus d'intégration auquel elle a largement contribué. C'est ainsi que des orientations stratégiques peuvent désormais être définies sur le long terme et inspirer, à l'échelon régional, des plans d'action en matière de prévention [2].

L'intégration financière de la branche AT/MP s'est néanmoins traduite par la disparition du terme « prévention » dans l'intitulé de ses structures. Désormais solidaire de la réparation, le rameau prévention est confronté *volens nolens* aux enjeux financiers et juridiques qui se rattachent principalement [3] aux maladies professionnelles. Ces enjeux tiennent pour l'essentiel à la délimitation du caractère professionnel de certaines affec-

1. Cette construction fut écartée au motif que la branche AT/MP ne pesait pas d'un poids suffisamment lourd (notamment par rapport à l'assurance maladie), pour créer ses propres caisses.

2. Cf. *Priorités pour demain*, CNAMTS/CAT, 1997. Ce document définit les orientations stratégiques de l'Institution Prévention qui ont été soumises par la Direction des Risques professionnels de la CNAMTS, dirigée par Gilles Evrard, à la CAT et adoptées par celle-ci dans sa séance du 5 mars 1997. Elles sont appelées à durer aussi longtemps que la branche des AT/MP ne subira aucune inflexion majeure.

3. Les accidents du trajet sont également concernés. Excipant du fait que loi du 5 juillet 1985 sur les accidents de circulation protège mieux les victimes d'accidents dans lesquels se trouve impliqué un véhicule à moteur, que la loi du 9 avril 1898 ne protège les victimes d'accidents du travail, le rapport DORION de juillet 1991 proposa d'instituer un régime spécifique de réparation des accidents du trajet. Une critique en règle de cette proposition par Yves Saint-Jours à l'annexe de ce rapport.

tions non inscrites aux tableaux fixés réglementairement, à la multiplication des pathologies déclarées et constatées (surdité, troubles musculo-squelettiques, etc.) et même à la nature de la réparation consentie.

Que la délimitation entre maladies professionnelles et maladies relevant du régime général soit devenue, depuis la récession des années 1970, une pomme de discorde entre les partenaires sociaux n'est au fond guère surprenant. Étant seuls à supporter le coût de la réparation des AT/MP, les employeurs ont un intérêt financier évident à faire prévaloir le principe de la « causalité partagée » [1] : ainsi, la branche des AT/MP ne se verrait imputer que la part correspondant à la cause professionnelle de la maladie, le reste étant partiellement pris en charge par l'assurance maladie. La reconnaissance scientifique du caractère multifactoriel de nombreuses affections, comme les cancers, et l'accroissement de la mobilité professionnelle les confortent dans ce sens, même si l'état de la science ne permet pas – loin s'en faut – de fixer le pourcentage correspondant à chacune des causes [2]. De leur côté, les organisations de salariés sont fondées à invoquer une obligation patronale de sécurité [3], à dénoncer la sous-estimation des maladies professionnelles, à arguer du fait que les salariés atteints d'affections d'origine multifactorielle n'ont pas choisi de s'exposer à des risques professionnels aggravants et à réclamer l'extension de la réparation à d'autres maladies professionnelles non inscrites aux tableaux. Le débat est nourri par la multiplication dans d'autres domaines de garanties tendant à la réparation intégrale du préjudice subi par les victimes [4] : accidents de la route, de chasse, nucléaires, actes de terrorisme. On découvre ici une importante distorsion entre la montée en puissance de ces formes d'indemnisation et l'inertie d'un système de réparation qui n'aura connu, depuis 1946, qu'une modeste amélioration avec l'institution, en janvier 1993, d'un système de reconnais-

1. Cette thèse a été très tôt défendue par le représentant de la CGPME, Pierre Thillaud. Ce sont du reste la CGPME et le CNPF qui ont obtenu, après bien des résistances, la création, en décembre 1986, d'un groupe de travail consacré à l'étude de la composante professionnelle des affections multifactorielles près le Conseil supérieur de la prévention des risques professionnels (« Les nouvelles maladies (cancers à composante professionnelle ») *in Sécurité 87*, Colloque « Sécurité, qualité, production, UIMM, 6-7 mars 1987).

2. Si elle peut contribuer à une meilleure connaissance de l'étiologie des maladies examinées, la recherche scientifique des « causalités partagées » ne saurait être par essence préventive ; elle s'inscrit dans une logique de réparation profondément conditionnée par le fonctionnement du système.

3. Tel est le cas de la CGT qui rappelle que l'employeur doit à ses salariés « la protection contre l'ensemble des nuisances, contre les risques d'accidents du travail ou l'utilisation des produits dangereux » et a obligation *contractuelle* « d'adapter les postes, les techniques et les rythmes de travail à la physiologie humaine » (Déclaration de la CGT, annexée au rapport DORION).

4. Gérard LYON-CAEN, « Les victimes d'accidents du travail, victimes aussi d'une discrimination », *Droit social*, n° 9-10, sept.-oct. 1990, p. 737-739 : Depuis la loi du 30 octobre 1946, « une alliance objective unit entreprises et Sécurité sociale (et donc partenaires sociaux) pour la défense d'un système qui s'oppose à ce que la victime puisse prétendre à réparation intégrale, comme le peut le citoyen ordinaire ».

sance complémentaire des maladies professionnelles [1]. Ce retour en force du droit commun civiliste, qui impliquait et implique toujours la réparation intégrale du préjudice en cas de responsabilité avérée de l'employeur, fait ressortir par contraste le caractère dérogatoire de la théorie du risque professionnel sous-jacente aux lois du 9 avril 1898 et du 25 octobre 1919 [2] : le principe de la réparation forfaitaire relevait, à la fin du XIXe siècle, du souci de mettre fin à l'antagonisme entre le capital et le travail, contre certaines satisfactions données à la victime. Il est moins certain aujourd'hui que ce compromis ait conservé tout son pouvoir de pacification sociale.

Il apparaît donc clairement que l'Institution Prévention a joué un rôle de catalyseur dans la constitution d'une branche AT/MP autonome. L'histoire générale du système français de prévention des risques professionnels montre néanmoins que l'Institution Prévention ne fait pas uniquement partie de la Sécurité sociale, mais d'un ensemble composite d'acteurs publics et privés dont les logiques sont profondément différentes. La prévention qui fait sa spécialité ne lui appartient pas en propre, non plus que les formes qu'il convient de lui prêter : il n'existe pas une institution chargée de mettre en œuvre la politique de prévention des risques professionnels, mais plusieurs ; il n'existe pas une manière de faire de la prévention, mais une multitude, même si les logiques mises en œuvre sont en réalité peu nombreuses.

En prenant son destin en mains, l'Institution prévention revient sans doute aux sources assurancielles de son inspiration, mais elle lie aussi son sort à celui de la réparation, c'est-à-dire à la gestion d'un malheur (l'accident du travail ou la maladie professionnelle) qu'elle se propose précisément de conjurer. Parce qu'elle récuse l'idée même de fatalité [3], la prévention ne peut se satisfaire d'une situation où elle serait simple partie prenante d'une réparation vouée à gérer ; il lui faut, en conséquence, malgré les liens financiers de plus en plus étroits qui l'unissent à la réparation, préserver sa capacité à tracer sa propre voie. C'est là sans doute l'un des défis majeurs qu'elle aura à relever dans les prochaines années [4].

1. Ce système avait été préconisé par le rapport DORION « sur la modernisation de la réparation des accidents du travail et des maladies professionnelles », La Documentation française, juillet 1991.

2. L'art. L. 451.1 du Code de la Sécurité sociale énonce en effet « qu'aucune action en réparation des accidents et maladies (de caractère professionnel) ne peut être exercée conformément au droit commun, par la victime ou ses ayant-droits ».

3. La société considère à juste titre qu'elle a contracté une dette à l'égard de ceux qui, victimes d'un accident du travail ou d'une maladie professionnelle, ont concouru par leur travail à son enrichissement.

4. Précisons à cet égard que l'Institution Prévention doit désormais composer avec les instances européennes qui concourent de plus en plus activement à la définition des politiques nationales de prévention, alors que la réparation relève toujours et exclusivement de la protection sociale des États membres de l'Union européenne (cf. chapitre suivant).

Organisation de la prévention des risques professionnels en 1997

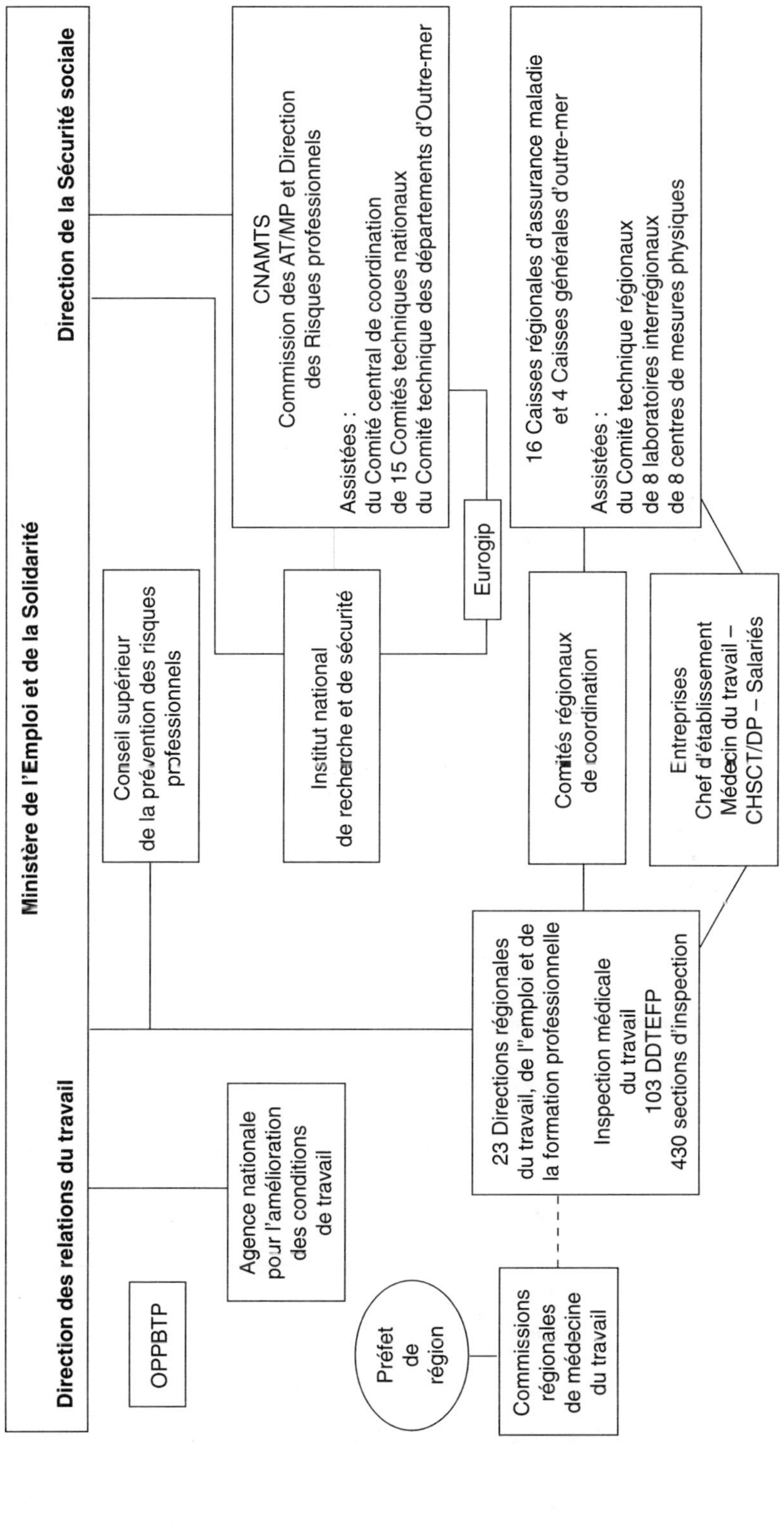

Source : INRS.

Chapitre 3

Les nouveaux champs de la prévention

Depuis ses origines la prévention des risques professionnels n'avait cessé d'élargir ses champs de réflexion et ses modalités d'application, sans néanmoins quitter l'univers du travail professionnel où une législation et une réglementation nationales l'avaient solidement arrimée. Cette donnée séculaire est aujourd'hui remise en cause par les interférences de plus en plus fréquentes qui se produisent entre les questions de santé publique et les questions de santé au travail ; elle est également infléchie par la capacité récente du droit communautaire européen à inscrire dans les législations et réglementations nationales des concepts et des normes qui viennent compléter les cadres réglementaires des États membres. D'où viennent ces mutations et quelle influence exercent-elles sur le fonctionnement du modèle français de prévention des risques professionnels ?

Santé publique et santé au travail

Des frontières mouvantes

La cristallisation de l'Institution Prévention s'est opérée au moment où l'extension vertigineuse du chômage affectait de plein fouet un système de protection sociale assis essentiellement sur les revenus professionnels [1]. Or le sous-emploi semble brouiller le partage en vigueur depuis 1946 entre la prévention/réparation des maladies professionnelles contractées au travail et la prise en charge par l'assurance maladie des pathologies contractées hors du travail. Elle relègue en effet un grand nombre de personnes dans la précarité (les chômeurs de longue durée étant les plus exposés), tout en entretenant un double

1. Malgré l'élargissement récent de l'assiette de la CSG.

sentiment de crainte et de vulnérabilité chez les salariés dont l'emploi se trouve menacé [1]. De là des troubles physiques et psychiques [2] qui se manifestent de part et d'autre d'une frontière jusque-là rigide entre travail et non-travail. Au phénomène de sous-déclaration des maladies professionnelles et parfois même des accidents du travail [3] correspondrait ainsi l'absence dramatique de soins pour nombre « d'exclus » [4], due notamment à la lourdeur et à la complexité des procédures d'affiliation et d'ouverture des droits. Or, il s'agit bien, dans tous les cas, d'actifs, c'est-à-dire de personnes en âge de travailler qui relèvent objectivement ou potentiellement du régime général. C'est aussi bien un *no man's land* de la prévention qui se dessine, aux dépens d'une frontière largement institutionnelle tracée dans un contexte de plein emploi et même de pénurie de main-d'œuvre.

Cette évolution est d'autant plus difficile à contrecarrer que la prévention des risques professionnels n'a pas d'équivalent institutionnel et politique dans le champ de la santé publique. « Aucune connexion institutionnelle n'existe [en effet] entre la prévention des maladies considérées comme des risques sociaux, laquelle relève des services de la santé publique, et l'indemnisation des victimes (soins de santé, perte de capacité de gain), laquelle incombe en règle générale à la Sécurité sociale ou, à défaut, à l'aide sociale » [5]. C'est là toute la différence avec

---

1. L'existence de troubles psychiques et physiques, liés à la perte d'emploi, a été mise en évidence au cours des journées organisées en décembre 1980, à Paris, par la Ligue française de l'hygiène mentale sur le thème « Chômage et santé mentale » (Cf. aussi le n° 1 de la revue *Prévenir*, mars 1980, édité par La Vie mutualiste à Marseille : « Chômage et santé »).

2. Souvent liés à une consommation plus importante et plus fréquente de tranquillisants, d'anti-dépresseurs, de tabac et d'alcool.

3. Dans un contexte où la réserve de main-d'œuvre paraît inépuisable et où la concurrence entre travailleurs statutaires et candidats à un emploi, entre travailleurs sous CDI et travailleurs sous CDD est de plus en plus vive, l'extériorisation du taux de morbidité et la dissimulation des accidents du travail (pour éviter le relèvement des taux de cotisation) sont loin d'être hypothétiques. Cette position est notamment défendue par la FNATH (Fédération Nationale des Accidentés du Travail et des Handicapés) qui propose de rénover le système d'indemnisation des victimes. (Cf. dossier de presse du Centenaire de la loi de 1898, FNATH, avril 1998).

4. Si la montée de l'exclusion en France est délicate à quantifier, le diagnostic est sans équivoque. Le nombre d'allocataires du RMI a progressé de 407 000 en 1989 à plus de 940 000 à la fin de 1994 (plus de 2 millions de personnes en comptant les ayants droit). 62 % des allocataires ont moins de 40 ans et 50 % d'entre eux touchent le RMI depuis plus de deux ans (*Rapport de la Commission des comptes de la Sécurité sociale 1994-1996*).

5. Yves SAINT-JOURS, « La Sécurité sociale et la prévention des risques sociaux », *Droit social*, n° 6, juin 1994, p. 594-599). Dans le même sens, *Pratiques d'évaluation au ministère de l'Emploi et de la solidarité*, Actes du séminaire tenu en 1996 à l'IGAS, p. 53 : En France, la médecine est centrée sur la clinique au détriment de l'approche santé publique (santé des populations) et sur le soin au détriment de la prévention. Ceci a deux conséquences : on a longtemps confondu politique de la santé et organisation du système de soins ; le ministère de la santé est considéré comme le seul intervenant public en matière de santé, alors que les questions de santé publique sont aussi déterminées par l'environnement, les conditions de travail, de logement, etc. Et ce ministère n'a pas beaucoup de prise pour commanditer une politique de la santé qui devrait être interministérielle ».

le système français de prévention/réparation des AT/MP qui, dépourvu de système de soins autonome (la médecine du travail étant seulement préventive), relie étroitement la prévention à la réparation [1].

En inférer que la précarisation est seule responsable des phénomènes de chevauchement entre les questions de santé publique et les questions de santé au travail serait pour le moins réducteur. Les enquêtes SUMER (1986-1987 et 1994) effectuées par les médecins du travail montrent que l'exposition aux risques est une réalité quasi quotidienne pour nombre de salariés, en même qu'un défi constamment reconduit pour la prévention des risques professionnels : en 1994, plus de 1,2 million de salariés étaient exposés à des agents biologiques, 4 millions aux agents chimiques (un tiers des salariés), 1 million à des produits reconnus comme cancérogènes, 3 millions à des nuisances sonores (60 % des salariés de l'industrie à un bruit supérieur à 85 dB plus de 20 heures par semaine), les formes d'exposition pouvant d'ailleurs se cumuler. Cette situation est d'autant plus préoccupante que les risques en question, dont la reconnaissance est subordonnée à des recherches longues et aléatoires, sont fréquemment invisibles, diversifiés (biologiques, cancérigènes, bactériologiques, génétiques) et que les effets des expositions sont différés.

À l'appui de la thèse d'une dégradation objective des conditions de travail sur fond de récession économique, bien des facteurs, notamment organisationnels, peuvent être invoqués. Soumises à des contraintes concurrentielles très fortes, de nombreuses entreprises ont développé des formes de gestion de leurs effectifs et une organisation de leur production leur permettant de s'adapter rapidement aux conditions changeantes du marché national et international. Elles ont ainsi limité leurs effectifs de salariés permanents, recourant, dans le cadre de missions de renforts, de relais ou de remplacement à une main-d'œuvre temporaire ou intérimaire [2], dont la plus grande vulnérabilité aux acci-

1. Le déficit de prévention hors de l'espace professionnel semble d'ailleurs confusément perçu par l'opinion publique. Les trois sondages réalisés en 1988, 1990 et 1992 par l'Institut français de démoscopie auprès d'un échantillon national représentatif de 2 000 personnes de plus de 15 ans ont placé le risque professionnel sur l'échelle des risques, très loin derrière les accidents de la route, l'alcoolisme et le tabagisme, les accidents du travail au même niveau que le risque « domestique », les maladies professionnelles au même rang que le risque d'être victime d'un attentat. Confrontées les unes aux autres, ces enquêtes révèlent toutefois une sensibilisation croissante de l'opinion publique aux maladies professionnelles. En réalité, et si l'on se réfère au critère du nombre de décès, les deux premières causes d'accidents et de maladies en général sont l'alcool et le tabac. Puis viennent par ordre décroissant, les accidents domestiques, les accidents de la route et, en cinquième position, les accidents du travail et les maladies professionnelles (Enquêtes de l'Institut national de Démoscopie, forums « Travail-santé », 1988, 1990, 1992).

2. Le nombre des salariés temporaires a doublé entre 1987 et 1991, passant de 152000 à 316000, cependant que doublait le nombre d'accidents avec arrêt les concernant (de 19 120 à 38 846), le nombre d'accidents ayant entraîné une incapacité permanente (de 1 311 à 2 651) et le nombre de décès (de 23 à 48). La fréquence des AT est deux fois plus élevée pour les intérimaires que la moyenne nationale.

dents du travail [1] a suscité des dispositions législatives et conventionnelles [2] ; elles ont également mis en place des systèmes de production dits « à flux tendus », c'est-à-dire sans stocks et à délais réduits qui entraînent pour leur personnel des rythmes de travail plus irréguliers, plus soutenus et selon des contraintes horaires particulières ; elles ont eu, enfin, largement recours à la sous-traitance, dont les effets négatifs sur la sécurité se manifestent lorsque la relation économique entre les deux entreprises contractantes est déséquilibrée [3]. Selon certains juristes, spécialistes du droit du travail, la mise en œuvre de ces nouvelles méthodes de gestion et de direction des entreprises se serait même traduite « par la remise en cause progressive du droit du travail et des acquis sociaux » [4]. Les enquêtes de 1991 (Conditions de travail) et de 1994 (SUMER [5]) montrent, en tout cas, que les impératifs de délais et la soumission à de fortes cadences concernent toutes les catégories de salariés (y compris les cols blancs), atténuant ainsi le traditionnel clivage entre ouvriers et non ouvriers. Tout se passe enfin comme si certains des effets négatifs du taylorisme [6], dont la disparition avait été annoncée dans les années 70, perduraient à

1. Cf. *Le recours au travail temporaire et à durée déterminée et ses conséquences sur le marché du travail*, ministère du Travail, rapport au Parlement, octobre 1989 : ce rapport révèle nombre d'infractions au Code du travail mettant directement en jeu la santé et la sécurité des salariés à statut précaire : inégalité de traitement entre travailleurs temporaires et permanents pour la mise à disposition d'équipements de protection, déclarations erronées sur la nature du poste effectivement occupé, voire absence de toute déclaration à l'Inspection du travail.

2. La loi du 12 juillet 1990 « visant à favoriser la stabilité de l'emploi par l'adoption du régime des contrats précaires » fut le point de départ d'une démarche d'ensemble associant tous les acteurs de la prévention, les branches professionnelles, les entreprises et les organisations professionnelles. Les mesures qu'elle a inspirées sont l'interdiction d'employer des intérimaires à certains travaux particulièrement dangereux (sauf dérogation pour des travaux effectués à l'intérieur d'appareils rigoureusement clos en marche normale et strictement encadrés : le chef d'établissement doit solliciter une autorisation auprès de la Directions départementales du travail et de l'emploi et la formation renforcée des travailleurs intérimaires. Une convention nationale d'objectif a, en outre, été conclue entre la CNAMTS, le Syndicat professionnel du travail temporaire et l'Union nationale des entreprises de travail temporaire (août 1989).

3. Dans ce cas, la sous-traitance favorise, notamment dans le BTP, une flexibilité maximale dans la gestion des effectifs et donc la précarisation des salariés (parfois clandestins) qui subissent souvent les inconvénients du travail temporaire sans bénéficier des compensations attachées à ce statut : « La sous-traitance apparaît comme une zone obscure du monde du travail où les entorses à la législation et à la réglementation sont nombreuses et particulièrement graves » (Rapport FABRE, CES, 1994).

4. SUPIOT (A.), « Le travail, liberté partagée », *Droit social*, n° 9-10, 1993, p. 715-724.

5. L'enquête SUMER de 1994 a été réalisée auprès de 1 205 médecins du travail (versus 600 en 1986-1987) soit un cinquième de la profession. L'exploitation statistique a porté sur 48 190 questionnaires validés. Après extrapolation, les données portent sur 12 millions de salariés (cf. *Conditions de travail, Bilan 1996*, DRT, Ministère du Travail et des Affaires sociales, p. 111-139).

6. Dans ce sens, DUVAL (G.), *L'entreprise efficace à l'heure de Swatch et MCDonald's. La seconde vie du taylorisme*, Syros : Alternatives Économiques, 1998.

travers le travail à la chaîne ou posté [1] (un ouvrier sur cinq), le travail de nuit [2] (un ouvrier sur 12), les équipes alternantes (12,5 % des salariés), les « flux tendus », le « stress » et la charge mentale.

À ces facteurs objectifs « se mêlent – depuis qu'elles sont recensées – des données subjectives qu'il convient de prendre en compte pour mesurer l'impact réel du travail ou des conditions de travail sur le salarié. Les enquêtes « conditions de travail » menées à intervalles réguliers (1978, 1984, 1991) par la DARES [3] du ministère du Travail [4] sont, de ce point de vue, riches d'enseignements sur la manière dont les salariés ressentent leur travail, même s'il existe un certain écart entre les observations faites *in situ* par les spécialistes du travail et l'approche forcément plus subjective des personnes interrogées. Sondées en dehors de leur lieu d'activité professionnelle, les salariés toutes catégories confondues estiment que leurs conditions de travail – dont le contenu, rappelons-le, ne fait toujours pas l'unanimité – se sont globalement dégradées par rapport à 1978 [5]. Si l'on considère, par ailleurs, les contraintes d'horaires, de rythmes et les tensions nées de la transformation de la nature du travail, abordées par les enquêtes SUMER et « conditions de travail », la frontière entre le subjectif et le l'objectif devient de plus en plus ténue. « Le "mal-être" au travail ne s'exprime plus uniquement par des souffrances perceptibles sur le lieu de travail, mais par des atteintes à la vie hors travail : troubles du sommeil, relationnels, sexuels, maladies cardio-vasculaires. Ce sont des souffrances qui émergent dans les cabinets des médecins du travail » (...)

1. Cf. GADBOIS (C.) et LOGEAY (P.), « Les astreintes psychiques du travail posté », *Documents pour le médecin du travail*, n° 42, 2e trim., INRS, 1990.

2. L'interdiction du travail de nuit pour les femmes dans l'industrie qui remontait à la loi du 2 novembre 1892 a été rendue caduque depuis l'arrêt du 25 juillet 1991, rendu par la Cour de Justice des Communautés européennes du 25 juillet 1991, au nom de l'égalité de traitement entre les hommes et les femmes.

3. Direction de l'animation de la recherche, des études et des statistiques.

4. Le ministère du Travail n'a pas, pendant longtemps, disposé des moyens humains et matériels pour exploiter méthodiquement et régulièrement les éléments d'information que lui fournissaient les inspecteurs et contrôleurs du travail et les travaux des médecins inspecteurs du travail. C'est en fait l'institution du Conseil supérieur de la prévention des risques professionnels, en 1976, qui a permis d'enclencher des enquêtes systématiques. En 1984, le ministère du Travail a présenté devant ce Conseil un premier bilan portant sur 20 ans d'actions en faveur de la sécurité des salariés au travail, synthèse de données émanant de l'INSEE (études de morbidité professionnelle), des enquêtes ACEMO réalisées par ses services extérieurs, de l'enquête de 1978 sur les conditions de travail et de la CNAMTS (statistiques mensuelles des accidents du travail et des maladies professionnelles). À partir de 1987, la Documentation française publiera des bilans annuels des conditions de travail. Les années 1980 et 1990 témoignent ainsi, après une longue période d'atonie, d'une prise de conscience aiguë de la nécessité de connaître, au niveau national et local, les nuisances auxquelles sont exposés les salariés.

5. Il faut cependant tenir compte des changements intervenus dans la population interrogée (âge, qualification, etc.). Sur ce point : LAVILLE (A.), VOLKOFF (S.), *Âge, santé, travail : le déclin et la construction, Actes du 17e Congrès de la SELF*, Genève : Éditions m + h, 1993, p. XXIX-XXXV.

et constituent « une donnée fondamentale de l'évaluation des risques aujourd'hui »[1].

Corrélées ou non aux facteurs objectifs, ces données paraissent témoigner d'une nouvelle perception de la santé et du travail, et, plus encore de la santé au travail. C'est ainsi que la « santé », naguère définie négativement et objectivement comme l'absence de maladie[2] ou « la vie dans le silence des organes »[3], tend à devenir une « construction intentionnelle »[4] et, par conséquent, subjective, qui bouscule la séparation institutionnelle entre « santé dans la sphère privée » et « santé au travail ». D'un autre côté, le travail n'est plus perçu positivement comme le moyen privilégié de s'accomplir : l'expansion des loisirs dans les années 1980 et 1990 dévoile des possibilités concurrentes d'épanouissement qui font ressortir par contraste les contraintes et les souffrances qui lui sont toujours rattachées (travail, du bas latin *tripalium*, instrument de torture). « Aucune situation de travail n'est [en effet] neutre au regard de la santé : ou bien la dynamique de la reconnaissance[5] peut fonctionner convenablement et alors le travail joue en faveur de l'accomplissement de soi, de la construction de l'identité et de la conquête de la santé ; ou bien la dynamique de la reconnaissance est entravée, et alors le travail ne peut pas acquérir de sens subjectif. Il ne permet pas de subvertir la souffrance qu'il occasionne, il joue alors contre l'accomplissement de soi, contre l'identité et il devient essentiellement pathogène[6]. Pas de neutralité, donc, du travail vis-à-vis de la santé. Ou bien il est opérateur de la santé, ou bien il est pathogène. Ou bien il peut être utilisé au profit de la réappropriation ou bien il génère l'aliénation, c'est-à-dire la ruine du désir de vivre, avec à la clef l'effondrement des défenses contre la maladie mentale ou somatique »[7].

Cette évolution « psychosociale » si caractéristique des deux dernières décennies semble plaider en faveur d'un élargissement des champs

1. D. LEJEUNE, rap. cit., p. 11.

2. Sur les points qui suivent, se reporter à C. DEJOURS (Chaire de psychologie du travail, CNAM), « Comment formuler une problématique de la santé en ergonomie et en médecine du travail ? », *Le Travail Humain*, t. 58, n° 1, 1995, p. 1-16.

3. LERICHE (R.), Introduction générale ; de la santé à la maladie ; la douleur dans les maladies ; où va la médecine ?, *Encyclopédie française*, t. VI, 1936.

4. C. DEJOURS, art. cit.

5. L'un des apports de C. DEJOURS est d'avoir montré que les risques psychiques et somatiques engendrés par les contraintes du travail sont parfois « l'occasion pour le sujet de mettre en œuvre sa sensibilité, son intelligence et sa créativité, c'est-à-dire d'apporter une contribution à la transformation du travail lui-même et de son organisation ». C. DEJOURS, « Coopération et construction de l'identité en situation de travail, *Futur antérieur*, n° 16, p. 41-52.

6. BUNGENER (M.), HORELLOU-LAFARGE (Ch.), *Chômage et santé*, Economica, 1982, p. 48 : les auteurs établissent que « le chômage, parce qu'il est révélateur d'une morbidité liée à l'activité professionnelle, s'avère être un analyseur efficace et opérationnel de la pathologie du travail ».

7. C. DEJOURS, art. cit. et du même auteur, *Souffrance en France. La banalisation de l'injustice sociale*, Seuil, 1998.

de réflexion (et d'intervention ?) de la prévention des risques professionnels dont les normes et les méthodes ont du reste toujours évolué au gré des techniques et des exigences sanitaires de la société. La centralité actuelle des questions de santé en général relativise par exemple la finalité d'une prévention qui s'est historiquement construite autour de la seule nécessité d'éviter les accidents du travail et les maladies professionnelles. Si cet objectif reste évidemment prioritaire, d'autres considérations semblent désormais militer en faveur d'une prévention élargie qui aiderait le salarié à construire sa santé, en tentant de concilier deux rationalités apparemment contradictoires : celle qui se définit par rapport aux objectifs matériels de production « dans l'entreprise et celle qui se définit par rapport à la santé ou à l'accomplissement de soi, c'est-à-dire par rapport à des buts subjectifs » [1]. Dans ce sens, la prévention des risques professionnels s'appliquerait à rechercher les compromis viables entre l'exigence de productivité des entreprises et celle de la santé individuelle et collective [2]. L'expérience plus que centenaire qu'elle a pu accumuler pourrait même enrichir une approche nouvelle des actions en matière de santé publique très souvent ciblées sur des populations spécifiques [3]. Construire la santé au travail, en sachant bien que la santé n'est pas seulement liée au travail ; la construire collectivement, dans les entreprises et dans le domaine de la santé publique, voilà bien des thèmes de réflexion dont la portée dépasse les fondements traditionnellement techniciens de la prévention des risques professionnels.

Entre la prévention des risques professionnels et la santé publique : l'affaire de l'amiante

L'interpénétration croissante des questions de santé publique et des questions de santé au travail est illustrée de manière topique par « l'affaire de l'amiante » qui a connu plusieurs rebondissements depuis le milieu des années 1970 jusqu'à l'interdiction de son utilisation et de sa fabrication en janvier 1997.

Les effets pathogènes de cette fibre [4] sur les ouvriers de cette industrie étaient connus depuis fort longtemps dans les milieux médicaux et administratifs. La position française dans ce domaine se fondait sur le principe de « l'usage contrôlé » qui faisait l'objet d'un consensus assez général. Cet état de choses fut ébranlé, lorsque les médias relayèrent

1. C. DEJOURS, art. cit.

2. Entretien avec J.-J. VOGT, 22 octobre 1997. J.-J. Vogt estime que cette « nouvelle » prévention pourrait s'appuyer sur les acquis scientifiques de l'ergonomie, des neurosciences, mais aussi des sciences humaines (sociologie, psychologie, etc.).

3. Par exemple, la prévention de la toxicomanie, du tabagisme, de l'alcoolisme et des affections dues au virus HIV, etc.

4. C'est de 1945 que date en France la reconnaissance de l'asbestose comme maladie professionnelle qui fut alors incluse dans le tableau des pneumoconioses avant qu'un tableau spécifique apparaisse en 1950.

auprès de l'opinion publique la montée du nombre des cas d'asbestose en milieu professionnel [1] ainsi que les risques que faisait courir à la santé publique l'ubiquité des usages de l'amiante dans les espaces public et privé. À l'origine de cette prise de conscience, l'action du « Collectif Jussieu » [2], fondé par Henri Pézerat et composé de chercheurs enseignants et d'étudiants, qui tint, en 1974, sa première conférence de presse sur les risques liés à la présence d'amiante sur 200 000 m^2 de revêtement dans les locaux de la faculté. En dénonçant les conditions de travail dans une usine textile de Clermont-Ferrand, Amisol, ce Collectif mettait le doigt sur l'imbrication des problèmes de santé publique et des problèmes de santé professionnelle, laquelle défiait la répartition classique des compétences entre les divers ministères concernés (Santé, Travail, Environnement).

La politique menée jusque-là reposait sur la notion de seuils tolérables, « valeur autour de laquelle chacun tentera de recréer la concorde perdue » [3]. Mais cette notion allait être remise en cause par l'évolution de la connaissance scientifique : des voix s'élevèrent, dès 1977, pour alerter les pouvoirs publics sur les dangers d'exposition aux faibles doses [4]. Des dispositions réglementaires furent alors prises pour limiter les risques de l'exposition aux poussières d'amiante. Une série de textes émanant des ministères chargés de la Santé, du Travail, de l'Équipement et de la Consommation restreignit l'utilisation de l'amiante, soit en interdisant l'emploi des formes les plus nocives, soit en interdisant son usage dans certains procédés, comme le flocage, ou dans la fabrication de certains produits. Les conditions de travail dans les activités de traitement et de transformation de l'amiante furent strictement encadrées par la fixation de valeurs limites d'exposition (concentration maximale de fibres dans l'atmosphère de travail) qui furent ensuite abaissées à plusieurs reprises.

Aucun organisme n'avait alors l'autorité requise ou les moyens appropriés pour résoudre à lui seul un problème qui comportait des aspects sanitaires, économiques, professionnels et environnementaux. Sollicité pour son expertise, l'INRS exprima sa position sur l'amiante en 1979 : « En raison des risques importants qui découlent de l'utilisation de produits de l'amiante, l'utilisation de produits de remplacement plus sûrs rendant les mêmes services est à souhaiter et, dans quelques cas,

1. Le Comité français d'étude sur les effets biologiques de l'amiante, dont faisaient partie Jean Avril (médecin du travail du groupe Ferrodo), Robert Juin (délégué général de la Chambre syndicale de l'amiante) et Jean Champeix (professeur de médecine du travail et ancien médecin du travail à l'usine Amisol), s'est réuni de 1971 à 1976.

2. Plus exactement : « Collectif intersyndical sécurité des universités-Jussieu CFDT, CGT, FEN ».

3. LENGLET (R.), *L'affaire de l'amiante*, La Découverte, 1996, p. 152.

4. Lettre à Raymond Barre du professeur J. Bignon, directeur du département de recherches sur les affections respiratoires et l'environnement à la Faculté de médecine de Créteil, 5 avril 1977.

des matériaux apparemment moins dangereux ont été élaborés. De tels matériaux de remplacement devraient être utilisés dans toute la mesure du possible ; ils devraient toutefois être soumis à des essais appropriés pour déterminer leur degré de sécurité, résistance au feu et risque pour la santé. Néanmoins, il est clair que les propriétés des fibres d'amiante sont telles que leur utilisation restera inévitable dans la fabrication de nombreux produits »[1]. L'INRS restait fidèle à sa vocation en élaborant et en diffusant des méthodes de mesure et de réduction des empoussièrements des lieux de travail.

L'industrie, quant à elle, tirait argument des qualités spécifiques de l'amiante, des difficultés à le remplacer, des conséquences sur l'emploi et des incertitudes de la science pour conforter la doctrine française officielle de « l'usage contrôlé de l'amiante »[2] et éviter l'interdiction de fabriquer ou d'utiliser « l'or blanc », tout en réduisant progressivement les niveaux d'exposition.

Dominique Moyen, Directeur général de l'INRS, suggéra en 1982, dans un souci d'ouverture, la création d'« un lieu vide, un lieu commun, à la disposition de tous, où l'on pourrait se retrouver pour échanger des idées sur les ordres de priorité, avoir une vue critique sur ce qui se passe, essayer d'échanger des idées sur les vérifications des mesures, provoquer des échanges contradictoires »[3]. Ce fut le Comité Permanent de l'Amiante (CPA), structure informelle, ouverte à toutes les parties prenantes : industriels, représentants des ministères de la Santé, du Travail, de l'Industrie et de l'Environnement, de l'INRS et des organisations syndicales, qui se présentait comme une plate-forme « créée en vue de contribuer à la prévention des risques liés à l'utilisation de l'amiante et à l'information des personnes concernées par ce sujet ».

Estimant « néfaste de pratiquer la politique de la chaise vide », les syndicats de salariés, à l'exception de FO, avaient accepté de siéger au sein du CPA, où « l'on ne publiait rien sans unanimité »[4]. Paul Malnoé, (représentant FO, ancien ouvrier des chantiers navals de l'Atlantique à Saint-Nazaire) considérait que l'INRS apportait sa caution « à une opération qui (n'avait) pas seulement pour but de rechercher une meilleure prévention pour les travailleurs, mais aussi, au-delà, de réhabiliter l'emploi de l'amiante. D'ailleurs, ajoutait-il, pourquoi un Comité permanent de l'amiante ? Demain on nous demandera peut-être de participer à un Comité permanent du chlorure de vinyle, du

1. « Le point sur l'amiante », *Travail et Sécurité*, 7 août 1979, p. 369-374.

2. Selon le représentant du ministère du Travail au CPA de 1983 à 1987, Georges Briffault, « à l'époque, pour tous les produits dangereux, on plaidait l'usage contrôlé, c'était la doctrine, leur interdiction étant considérée comme ingérable économiquement ». F. MALYE, *Amiante, Le dossier de l'air contaminé,* Le Pré aux Clercs, 1996, p. 178.

3. *L'usage contrôlé de l'amiante, utopie ou réalité ?* Comité Permanent de l'Amiante, Communications Économiques et Sociales, 1990, p. 4.

4. Cité par F. MALYE, *op. cit.*, p. 177 et 171.

benzène ou de tout autre produit cancérigène. C'est là une hypothèse gratuite, mais quand on a mis le doigt dans l'engrenage, on risque d'y passer tout entier » [1]. Michel Odet, de la CGT, soulignait pour sa part que « dans les premières années, le CPA a joué un rôle positif qu'a refusé l'État. En l'absence de textes réglementaires, industriels et syndicalistes avaient intérêt à ce que les normes d'empoussièrement baissent » [2]. Pas moins de onze années supplémentaires seront nécessaires pour que l'interdiction de l'amiante porte un coup définitif à la doctrine de l'usage contrôlé de l'amiante, en laissant d'ailleurs bien des problèmes en suspens [3].

Les critiques dont l'INRS a fait l'objet au milieu des années 1990, selon lesquelles cet organisme n'aurait pas donné l'alerte en temps utile et, surtout, n'aurait pas fait la preuve de toute l'indépendance souhaitable vis-à-vis des milieux industriels [4], soulèvent en réalité une série de questions ayant trait au contenu de ses missions, au rôle de l'expert auprès des pouvoirs publics et, plus généralement, au rapport entre la décision politique et le savoir scientifique.

Dans les crises de ce type où les intérêts économiques entrent en conflit avec les intérêts de la santé publique, la recherche des responsabilités devant l'opinion publique se traduit par des attitudes de dilution ou de dénégation. Mais celles-ci sont confortées autant par les incertitudes que par la nature même de la recherche scientifique qui ne peut donner de réponses simples, c'est-à-dire tranchées, à des questions complexes : « À partir du moment où il est extrêmement difficile de connaître les relations faibles doses/effets, nous avons eu du mal à répondre aux interrogations du grand public sur le sujet » [5]. La science est en réalité investie d'un pouvoir d'arbitrage qu'elle n'a pas les moyens d'exercer, et ses représentants sont placés dans l'incapacité d'en faire ressortir les limites. Il en résulte un recours irraisonné à l'expertise, celle-ci étant sollicitée globalement et non pas en fonction des travaux des chercheurs forcément concentrés sur un objet précis. Les scientifiques mais aussi leur organisme de rattachement sont ainsi sommés de prendre des positions sur des terrains qui débordent le cadre de leurs expériences ou de leurs recherches.

1. PV du conseil d'administration de l'INRS, séance du 22 mai 1986.
2. Cité par F. MALYE, *op. cit.*, p. 167
3. Décision prise en juillet 1996 au lendemain du rapport de l'INSERM et devenue effective à partir du 1er janvier 1997. La question du désamiantage pose de redoutables problèmes techniques et financiers.
4. La question devait être de nouveau posée, en 1994, à propos des recherches de l'INRS sur les éthers de glycol, solvants utilisés dans de nombreux produits industriels et de consommation courante (peintures, vernis, encres, cosmétiques et médicaments), soupçonnés d'effets tératogènes. La polémique dans cette affaire a rebondi sur des problèmes de fiabilité et d'indépendance de la recherche et de responsabilités dans son pilotage, sur fond de conflit social.
5. Interview de Jean-Luc MARIÉ *in Travail et Sécurité*, mars 1998, p. 9-12.

La conjonction, en l'espace de quelques années, de plusieurs affaires de santé publique (amiante, sang contaminé, risques liés aux prions), s'est, en tout cas, traduite par le rappel au principe fondamental de la responsabilité de l'État quant à la sécurité physique des personnes. Le rapport Huriet a ainsi mis en avant la « supériorité du principe de protection de la santé, déclinaison moderne de la sûreté dont la puissance publique est le garant ». Des principes d'une grande clarté, mais difficiles à mettre en œuvre, ont été remis à l'honneur pour mettre fin aux errements du passé : « Les institutions de contrôle doivent être fonctionnellement indépendantes par rapport aux intérêts des producteurs et disposer d'une réelle légitimité scientifique ». (...) « En effet, en matière de sécurité sanitaire, le mélange des genres nuit à la qualité des décisions comme à leur opportunité. Il peut conduire à des retards ou à l'adoption de solutions de compromis qui ne sont pas acceptables lorsqu'il s'agit de préserver la santé de l'homme ». « Il faut donc qu'au niveau de l'État soient bien cloisonnées les représentations des intérêts économiques, qu'ils soient ceux des entreprises ou de leurs tuteurs administratifs, et ceux de la santé publique ». Enfin, « l'État doit être en mesure d'assumer trois missions, l'évaluation des actes thérapeutiques, le contrôle des produits et la veille sanitaire ; il doit aussi pouvoir les coordonner » [1].

Inspirée du rapport Huriet, la proposition de loi sénatoriale du 25 septembre 1997 relative au « renforcement de la veille sanitaire des produits destinés à l'homme » tire les leçons du passé en prévoyant de réorganiser la sécurité sanitaire autour de quatre piliers : un Institut de veille sanitaire, deux agences (l'une pour les aliments et l'autre pour les produits de santé) et un conseil national [2]. L'Institut de veille sanitaire serait ainsi appelé à reprendre les missions de l'actuel Réseau National de Santé Public (RNSP) ; placé sous la tutelle du secrétariat d'État à la Santé, il bénéficierait du statut d'établissement public [3] et serait donc dotée d'un conseil d'administration (ce qui n'était pas le cas du RNSP dépendant de fait de la Direction générale de la Santé). Autre innovation importante, une unité « santé-travail »

1. *Renforcer la sécurité sanitaire en France*, rapport HURIET, Coll. « Les rapports du Sénat », 1996-1997, p. 60-71.

2. La proposition de loi sénatoriale du 26 février 1998 a remplacé ce conseil national par un « Comité national de la sécurité sanitaire » chargé d'analyser les événements susceptibles d'affecter la santé de la population et de confronter les informations disponibles ». Le professeur Allègre considérait encore en 1996 que « la France, malheureusement, ne peut pas faire état de statistiques, car aucune enquête épidémiologique n'a jusqu'à ce jour été réalisée chez des travailleurs de l'amiante » *Lettre des cindyniques*, n° 20, nov. 1996.

3. Les sénateurs ont estimé que ce statut « illustre le principe de la décentralisation fonctionnelle et permet de bien identifier l'autorité décisionnaire qui agit au nom de l'État. Au bout du compte, c'est l'État qui est responsable et le ministre chargé de la Santé demeure politiquement responsable » (rapport HURIET, p. 18) *A contrario*, le statut d'association n'engagerait pas la responsabilité morale et politique de l'État.

serait créée au sein de cet Institut qui « aura pour mission de coordonner, de façon permanente et systématique, la surveillance épidémiologique des risques professionnels ». Cette création s'expliquerait par le fait que « les organismes de recherche – INSERM, INRS, CNRS, laboratoires des universités – ne réalisaient jusqu'à présent que des études ponctuelles sur les risques professionnels et les conditions de travail » [1].

La nouveauté ne réside pourtant pas dans ce constat bien connu, mais dans la volonté politique d'instituer un système de veille sanitaire qui permette aux pouvoirs publics de prévenir l'irréparable et de prendre à temps les mesures qui s'imposent, avec cette nouvelle idée que la reconnaissance précoce de l'erreur et des limites de la science est toujours préférable (en termes de « coût politique ») aux compromis fondés sur des intérêts contradictoires. Cette volonté n'implique en aucune manière la dissolution de la prévention des risques professionnels dans une prévention globale : les spécialités des uns et des autres sont indispensables pour formuler des diagnostics fiables et des mises en garde éclairantes. Elle requiert simplement de chacun une vigilance sans faille dans son propre domaine de compétence, de façon à prévenir les autres : la prévention serait ainsi de plus en plus affaire de communication et d'anticipation. C'est au fond la notion d'évaluation des risques *a priori* et non plus *a posteriori* qui tend à l'emporter pour devenir le langage commun des acteurs de la prévention.

Soumise à des exigences sociales diffuses qui contribuent à la façonner, la prévention des risques professionnels est aussi influencée depuis le milieu des années 1980 par un droit communautaire qui s'impose désormais à tous les acteurs de la prévention.

La dimension européenne et le lancement d'Eurogip

Les conséquences de l'Acte Unique de 1987 en matière de prévention des AT/PM

Inscrit dans le traité de Rome de 1957, le principe de libre circulation au sein de la Communauté européenne a d'abord été mis en œuvre dans le domaine économique à travers l'harmonisation progressive des réglementations techniques et commerciales. Mais l'harmonisation des politiques sociales était aussi une condition pour que la concurrence s'exerce à armes égales. En effet, étant donné les incidences de ces politiques sur les coûts de production, le marché intérieur ne peut fonctionner de façon satisfaisante et jouer son rôle de régulation dans des conditions normales que si les exigences réglementaires dans ce domaine et les normes de

1. Propos de Marcel GOLBERG, directeur de l'unité de recherche 88 de l'INSERM chargé de préparer la mise en place de l'unité santé-travail au sein de l'IVS, rapportés par John SUTTON *in* « Une tour de contrôle pour la santé au travail », *Santé et Travail*, déc. 1997, p. 13-15.

fabrication des produits s'alignent peu à peu entre les pays membres de la Communauté. La Résolution du 7 mai 1985 [1] du Conseil des Communautés européennes avait fait un premier pas dans ce sens [2] en affichant, à côté de son objectif économique qui visait à supprimer les obstacles techniques aux échanges commerciaux, un objectif social : « obtenir un niveau de sécurité élevé des machines, appareils, produits..., en prenant pour base de travail les niveaux en vigueur dans les États-membres les plus avancés ».

La nécessité de promouvoir l'Europe sociale en même temps que l'Europe économique ne s'est pourtant véritablement concrétisée qu'avec l'entrée en vigueur de l'Acte Unique européen en 1987, qui entérinait, trente ans après le Traité de Rome, la décision des États membres de créer un grand marché sans frontières en 1993. L'Acte Unique ajoutait notamment au traité de Rome, qui ne permettait pas de légiférer directement en matière d'hygiène et de sécurité, deux articles fondamentaux qui faisaient entrer ces domaines dans le champ couvert par les instances économiques européennes. À l'article 100, base juridique du rapprochement des législations des États de la Communauté, l'Acte Unique ajoutait l'article 100 A, qui disposait que les produits en libre circulation dans la Communauté devraient dorénavant respecter « des niveaux élevés de sécurité et de santé ». Les directives en découlant étaient dites « totales », car elles devaient être transcrites intégralement dans les droits nationaux sans rien retrancher ni ajouter.

Quant à l'article 118 A, il stipulait que « les États membres s'attachent à promouvoir l'amélioration du milieu de travail pour protéger la sécurité et la santé des travailleurs et se fixent comme objectif l'harmonisation, dans le progrès, des conditions existant dans ce domaine ». Ce système dit « de prescriptions minimales » donnait toute liberté aux pays qui le souhaitaient d'imposer des règles plus sévères que celles qu'édictait le droit communautaire. Si l'article 100 A privilégiait l'approche technico-économique et imposait une harmonisation totale et immédiate au niveau des produits, l'article 118 A s'attachait aux aspects sociaux de la production et prévoyait une harmonisation progressive des conditions de santé et de sécurité sur les lieux de travail à partir de dispositions à effet de seuil. C'est sur la base de cet article que seront prises, dans les années 1990, des « directives particulières » visant à renforcer la protection de la santé sur le lieu de travail [3]. La maintenance du matériel était désormais intégrée dans la démarche

---

1. Résolution 85/C/136/01 concernant la nouvelle approche en matière d'harmonisation technique et de normalisation, JOCE n° C 136, 4 juin 1985.

2. Une directive cadre de 1980 avait concerné les risques chimiques (liés au plomb, à l'amiante, au chlorure de vinyle). Par ailleurs, une mission de contrôle de la mise sur le marché européen de substances nouvelles a été confiée à l'INRS par les pouvoirs publics, d'abord dans le cadre de la réglementation française, puis de la réglementation européenne.

3. Une liste de ces directives *in* LEJEUNE (D.), rapport cité, p. 175-182.

préventive, la sécurité des lieux de travail était accrue, l'information et la formation des travailleurs étaient renforcées.

De plus, l'Acte Unique introduisait une réforme fondamentale, la modification des règles de vote. De la règle de l'unanimité pour la prise des décisions, on passait à celle de la majorité qualifiée, ce qui permettait de relancer le processus d'harmonisation en remédiant à « la paralysie du processus de décision communautaire dans son ensemble » [1] entraînée par la difficulté d'établir des compromis à propos de chaque directive.

Ces innovations n'ont pas tardé à porter leurs fruits en matière de prévention des AT/MP. L'article 118 A a servi de fondement à la directive-cadre du 12 juin 1989 qui énonçait ses objectifs en termes généraux d'« amélioration de la sécurité et de la santé des travailleurs au travail ». Elle introduisait la notion d'évaluation des risques et posait le principe, transposé dans la loi française du 31 décembre 1991, d'une démarche de prévention au sein de l'entreprise en définissant les obligations des employeurs et des salariés et en leur assignant des objectifs fondés sur cette notion et sur une meilleure intégration de la sécurité dans l'organisation du travail. L'application de l'article 100 A a donné lieu par ailleurs à la publication de la directive relative à la conception des machines, qui s'est fortement inspirée des exigences que la loi française de 1976 et les décrets de 1980 et 1981 avaient prévues en la matière [2], fondées sur le principe d'intégration de la sécurité dès la conception des équipements industriels [3].

Les exigences essentielles des directives européennes intégraient, pour certains équipements de protection individuelle, les acquis scientifiques et techniques résultant des campagnes d'essais de l'INRS. À leur tour, quatre décrets du 29 juillet 1992 ont transposé les directives européennes relatives à l'intégration de la sécurité dans la conception des machines et, pour la première fois en France, des équipements de protection individuelle.

1. *Travail et Sécurité* n° 511-512, avril-mai 1993.

2. « Ces décrets introduisaient les exigences de sécurité dans la conception des machines. Ils constituaient un progrès considérable car c'était la première fois que l'on se préoccupait de sécurité au niveau du fabricant et non plus seulement de l'utilisateur. Auparavant, sur les machines comme sur l'ensemble des produits à risques, y compris les équipements de protection individuelle (casques, lunettes, gants), il n'existait que des obligations réglementaires relatives à leur utilisation. Les machines les plus dangereuses devaient être homologuées par le ministère du Travail, mais les autres n'étaient soumises à aucune obligation légale de sécurité avant leur mise sur le marché » (*Travail et Sécurité,* n° 566, novembre 1997).

3. On retrouve en effet dans la directive 89/392/CEE du 14 juin 1989, modifiée par la directive 91/368/CEE du 20 juin 1991, le principe de l'autocertification pour la grande majorité des machines et la procédure d'examen-type nécessitant l'intervention d'un organisme tiers habilité à délivrer une attestation de conformité du matériel aux règles qui lui sont applicables. Le champ d'application a par contre été très largement étendu par rapport aux décrets français antérieurs qui ne s'appliquaient qu'à une liste précise de machines.

Cet échange d'expériences né de la capitalisation des résultats obtenus s'appuyait, dans les instances chargées de la prévention en France, sur « une réelle volonté politique de faire évoluer les choses dans ce domaine, note Marie-Chantal Blandin [1]. C'est à partir de ce moment-là qu'on a parlé de l'Europe dans notre institution ». Le ministère du Travail étant l'interlocuteur naturel de la Commission européenne dans le domaine de l'harmonisation des conditions de travail, il était le premier concerné par l'engagement dans ce processus. Mais le changement dans les méthodes de travail intervenu en 1985 entraîna l'intervention de plus en plus fréquente des spécialistes de la prévention de la Sécurité sociale.

Le recours à la normalisation pour atteindre les objectifs des directives

La DG III « Marché Intérieur » de la Commission européenne, qui élabore les directives fondées sur l'article 100 A, avait en effet privilégié jusque-là l'approche réglementaire, c'est-à-dire l'élaboration de directives visant à réglementer la conception et la fabrication des produits jusque dans les moindres détails. Sa collaboration avec le ministère du Travail, auteur de la réglementation française et par conséquent responsable de son harmonisation avec celles des pays voisins, s'imposait donc et se suffisait à elle-même. En cherchant à remédier aux inconvénients de cette méthode, dont la lenteur et la rigidité aboutissaient à des mesures souvent dépassées dès leur émission [2] par rapport à l'évolution technique, la Commission a adopté une « nouvelle approche » [3] suivant laquelle le recours systématique à la normalisation viendrait à l'appui de directives, appelées désormais à énoncer les exigences essentielles de sécurité auxquelles doivent correspondre les produits mis sur le marché. Directives et normes « harmonisées » devenaient ainsi complémentaires. « Les directives énoncent des exigences intemporelles, les normes reflètent l'état de la technique » [4]. Le système dit de « renvoi aux normes » à partir des exigences essentielles fixées par les directives, était conçu pour alléger et accroître l'efficacité des textes communautaires.

Dans sa résolution du 7 mai 1985, le Conseil des Communautés européennes définissait la norme comme « un outil destiné à apporter les précisions dont les professionnels ont besoin pour concevoir des produits conformes aux exigences essentielles fixées par les directives ».

1. Directeur d'EUROGIP, antenne européenne de l'Institution Prévention (Entretien du 30 avril 1998).
2. L'exemple de la directive sur les chariots automoteurs, longue de 180 pages au terme de 15 ans de travail, est souvent cité.
3. Le 7 mai 1985, le Conseil des Communautés européennes adoptait une résolution aux termes de laquelle il proposait une « nouvelle approche » en matière d'harmonisation.
4. *Travail et Sécurité* n° 566, novembre 1997.

Elle devait être préparée avec la coopération des parties intéressées, être le résultat de consultations, exprimer un consensus [1] et refléter l'état de la technique au moment de son adoption. Alors que les directives établissaient les exigences essentielles, les dispositions des normes étaient, par nature, destinées à être modifiées au fur et à mesure de l'évolution des techniques. Le consensus qui doit présider à l'élaboration des normes est d'autant plus nécessaire que celles-ci n'ont aucun caractère obligatoire [2].

Ce changement de perspective aboutissait à mettre l'accent sur les aspects techniques et entraînait de ce fait l'intervention de nouveaux acteurs [3], l'activité de normalisation connaissant un essor considérable à la suite de l'adoption de la « nouvelle approche ». En effet, c'est aux organes compétents en matière de normalisation industrielle qu'était confiée la tâche d'élaborer les spécifications techniques dont les professionnels avaient besoin pour concevoir des produits conformes aux exigences essentielles fixées par les directives. Les structures de prévention de la Sécurité sociale disposaient d'experts, forts à la fois d'une formation spécialisée dans les techniques de prévention et d'une expérience acquise soit en laboratoire, pour les chercheurs de l'INRS, soit sur le terrain, pour les ingénieurs des CRAM. Leur implication dans la construction européenne en matière d'hygiène, de sécurité et de santé au travail dans le cadre de cette « nouvelle approche » était donc dans la logique des choses. La mise en route de ce processus de normalisation rendait nécessaire le recours à des experts dont les connaissances techniques étaient indispensables à l'établissement des normes.

En juin 1991, sur proposition de l'AFNOR [4], le Bureau technique du Comité Européen de Normalisation [5] constituait un groupe de travail chargé de préparer un mémorandum sur la normalisation concernant l'hygiène et la sécurité du travail, sur la base du mémorandum

---

1. Selon la norme européenne EN 45020 qui a pour titre : « Termes généraux et leur définition concernant la normalisation et les activités connexes ».

2. Mais les administrations sont obligées de reconnaître aux produits fabriqués, conformément aux normes « harmonisées », une présomption de conformité avec les exigences essentielles établies par les directives.

3. « Il est maintenant admis que certaines normes jouent le rôle d'outils pédagogiques destinés à la formation des concepteurs actuels ou futurs (par exemple les normes relatives aux techniques de prévention appliquées à la conception des machines). À ce titre, la constitution des groupes de travail appelés à préparer les normes revêt une grande importance. On pourrait croire que chaque expert est chargé en premier lieu de défendre des intérêts nationaux. En fait, les efforts déployés lors de la rédaction des projets visent principalement à réaliser un équilibre convenant à tous entre les intérêts plus ou moins divergents des trois grandes catégories de partenaires : constructeurs/fabricants, préventeurs, utilisateurs » (*Travail et Sécurité*, n° 511-512, avril-mai 1993).

4. Association Française de Normalisation.

5. Créé en 1961, le CEN (Comité Européen de Normalisation), association régie par la loi belge, regroupe les organismes nationaux de normalisation des pays membres. La DG III lui donne mandat pour faire traiter par ses groupes de travail les sujets qu'elle considère comme prioritaires.

français de juin 1990. La présidence de ce groupe était confiée à Dominique Moyen, Directeur général de l'INRS et président du Bureau technique Construction mécanique du CEN.

À la fin de 1991, 85 experts étaient délégués par l'Institution Prévention de la Sécurité sociale [1] pour participer aux travaux d'une quarantaine de comités techniques. Ceux-ci comprenaient au total plus de 200 groupes de travail qui participaient à l'activité de normalisation européenne dans les champs couverts par les directives Machines et Équipements de protection individuelle [2]. La normalisation changeait de visage : de mécanisme incitatif, qui tirait sa dynamique du marché, elle devenait un outil de mise en œuvre des directives et par conséquent procédait dans son inspiration de la réglementation européenne.

L'entrée en scène d'Eurogip

À cette époque, « l'Institution Prévention de la Sécurité sociale n'(était) pas véritablement connue des instances communautaires. Elle (était) donc généralement informée tardivement des projets de la Commission, n'(était) que rarement consultée sur ces projets autrement qu'à la demande du ministère du Travail pour son expertise technique, et n'(était) quasiment jamais associée à des actions communautaires » [3]. Le problème était donc pour elle de parvenir à s'insérer à temps dans le processus de prise de décisions et de parvenir, ce faisant, à une reconnaissance de la valeur de la contribution des préventeurs français au volet social de la construction européenne. Il paraissait également nécessaire d'intensifier les échanges d'expériences avec les organismes homologues au sein de la Communauté, afin d'affiner les méthodes et les outils et de monter des partenariats ou des actions concertées en matière de prévention des AT/MP. Si les premières interventions au niveau européen des préventeurs de la Sécurité sociale s'étaient faites au coup par coup, au gré des demandes d'expertise formulées par le ministère du Travail, le besoin se faisait sentir de coordonner les contributions des diverses structures de prévention de la Sécurité sociale, notamment celles des ingénieurs et des chercheurs de la CNAM, des CRAM et de l'INRS.

Ces diverses préoccupations conduisirent la Commission de Prévention des accidents du travail de la CNAM à créer une structure *ad hoc*. Lors de sa réunion du 15 novembre 1989, cette Commission avait donné son accord à la participation de la CNAM à une instance destinée à suivre les problèmes posés par la normalisation européenne. À la demande de la Direction de la Sécurité sociale, cette instance prit en février 1991 la forme d'un groupement d'intérêt public, Eurogip, dont les adminis-

1. En 1998, ces experts étaient près d'une centaine.
2. *Travail et Sécurité* n° 511-512, avril-mai 1993.
3. Marie Chantal BLANDIN, *Travail et Sécurité*, n° 511-512, avril-mai 1993.

trateurs provenaient pour 60 % de la CNAM et pour 40 % de l'INRS. Dans le bilan de la contribution des structures de la Sécurité sociale aux travaux de la Communauté européenne en matière d'hygiène, de sécurité et de santé au travail qui fut dressé à cette occasion, le rôle que celles-ci avaient joué dans la normalisation des machines et des équipements de protection individuelle et la nécessité de se donner les moyens d'une participation accrue dans d'autres domaines étaient mis en avant pour justifier le recours à une structure spécialisée destinée à être « une force de proposition et un lieu de synergie au sein de l'Institution Prévention » [1].

L'objectif central étant de renforcer la participation de l'Institution Prévention, la constitution d'un réseau d'experts était un point essentiel. En effet, il s'agissait avant tout d'assurer la cohérence d'actions menées jusqu'ici en ordre dispersé [2] afin de « suivre le degré d'avancement de chaque projet de norme et d'informer rapidement les experts d'autres groupes des évolutions en cours dans des domaines proches de ceux dans lesquels ils travaillaient » [3]. Non seulement les membres de ce réseau seraient tenus au courant de leurs travaux respectifs « dans un processus par nature complexe où il se sentent souvent seuls » [4], mais leur engagement serait soutenu sur le plan financier. Eurogip contribue ainsi au fonctionnement de certaines commissions françaises de normalisation au sein desquelles s'élabore la position qui sera défendue au niveau européen.

Par ailleurs, Eurogip a pris en charge l'information des membres des CTN, CTR et des agents de l'Institution Prévention sur la dimension européenne des questions de prévention. En effet, les services de Prévention des CRAM sont confrontés à des questions très concrètes de la part des chefs d'entreprises : Que signifie la marque CE ? Comment s'assurer qu'une machine ou qu'un équipement de protection individuelle est bien conforme à la réglementation ? Comment mettre les machines en conformité avec la celle-ci ?

De même, des brochures de sensibilisation ont été éditées à l'intention des PME-PMI pour présenter la nouvelle réglementation française issue des textes européens. Enfin, Eurogip a négocié avec l'AFNOR la mise à disposition des normes et les conditions de leur diffusion pour les membres de l'Institution Prévention et les partenaires sociaux. En effet, « la diffusion de telles informations (devrait) favori-

1. « Contribution de la Sécurité sociale aux travaux des instances européennes en matière d'hygiène, de sécurité et de santé au travail », Commission de prévention des accidents du travail, CNAM, 21 février 1991.

2. « L'armée d'experts mobilisée autour des normes "sécurité des machines" ressemble bien plus à un ensemble de commandos de volontaires disparates, autonomes, voire indisciplinés, qu'à une cohorte de fantassins de métier accomplissant des exercices d'ordre serré » (*Sécuri-Norm*, décembre 1991).

3. Marie-Chantal BLANDIN, *Travail et Sécurité*, n° 511-512, avril-mai 1993.

4. *Conditions de travail. Bilan 1996*, Direction des Relations du Travail, Ministère du Travail et des Affaires sociales.

ser la participation des partenaires sociaux à l'élaboration des textes européens, en particulier des normes (...) pour combler le déficit d'informations dont se plaignent les organisations syndicales de salariés comme les syndicats professionnels » [1].

En 1997, sur une prévision de 254 normes d'équipements de protection individuelle (EPI) 590 normes « machines », 148 et 156 avaient été respectivement adoptées depuis 1989. Cependant, les parties prenantes de la certification européenne jugeaient celle-ci « encore fragile ». En effet, si l'objectif à terme est de « rendre inutile tout autre label » [2], force est de constater que les tentations de renchérir à coup de normes nationales d'un niveau d'exigence théoriquement plus élevé, donc plus crédible pour l'acheteur, ne cessent de faire surface ici et là. Entre concurrence et protectionnisme, la normalisation cherche toujours ses marques, et les normes qui ont trait à la sécurité des produits et à la santé des travailleurs n'échappent pas à ce dilemme [3].

Mais la normalisation est loin d'être le seul champ ouvert aux contributions de l'Institution prévention. Eurogip a été chargé par le ministère du Travail d'assurer le secrétariat permanent pour la coordination des organismes français habilités à délivrer des attestations d'examen CE dans le domaine des machines et celui des EPI. Depuis la publication des deux directives de 1989 énonçant les exigences essentielles de sécurité et de santé relatives à la conception des machines et des EPI, tous les fabricants et importateurs doivent certifier la conformité de leurs produits à ces exigences. Les procédures de certification ont été introduites le 1er janvier 1993 et rendues obligatoires deux ans plus tard. Le marquage CE doit être apposé sur les produits comme preuve de cette conformité. L'activité de certification d'Eurogip dans le domaine des machines et des EPI a été définie par une convention signée avec le ministère du Travail en 1992 [4].

Pour la certification de certains produits, les fabricants sont tenus de faire appel à un organisme « notifié » (c'est-à-dire « habilité ») par les pouvoirs publics, comme l'INRS. Pour les autres produits, la Commission fait *a priori* confiance à leur bonne foi à travers le mécanisme de « l'autocertification ». Le risque existe donc que cette procédure ne débouche sur des abus et notamment sur des importations illicites. « Sur l'ensemble des machines et des équipements qui sont vendus en

1. Marie-Chantal BLANDIN, *Travail et Sécurité* n° 511-512, avril-mai 1993.

2. *Travail et Sécurité* n° 566, novembre 1997.

3. Comme le note Guillaume Duval, « la normalisation a joué un rôle central dans le développement de la société industrielle : elle était en effet la condition nécessaire au développement de vastes marchés de biens. La normalisation permet de réduire considérablement les coûts de transaction liés à la définition des caractéristiques des produits échangés. Les normes constituent en particulier des enjeux essentiels pour l'apparition de nouveaux produits : il est indispensable que le standard soit défini avant d'investir lourdement » (DUVAL (G.), *op. cit.*, p. 58).

4. Une convention de même contenu lie Eurogip au ministère de l'Agriculture depuis 1993.

Europe, nous ne savons pas combien sont vraiment conformes aux directives sur la sécurité » observe Alain Mayer, responsable du service Machines et dispositifs de protection à l'INRS [1]. Mais il constate que « l'élan ne faiblit pas » et voit la preuve de cette vitalité dans la floraison des normes de sécurité, qui, bien qu'elles ne soient pas obligatoires, semblent aider les industriels européens à concevoir des produits conformes aux exigences essentielles des directives européennes et offrir ainsi des garanties de qualité et de fiabilité à leurs clients. Aussi sont-ils prêts à investir dans les procédures de certification.

Depuis 1992, l'INRS est « notifié » dans six domaines : les machines à bois, les presses à métaux, les composants de sécurité, les appareils de protection respiratoire, les lunettes de sécurité et les protecteurs individuels contre le bruit. L'Institut a investi environ dix millions de francs dans des bancs d'essais indispensables pour mener ces tests à bien, tout en étudiant des possibilités de mener de nouvelles expérimentations en collaboration avec d'autres laboratoires européens. Son laboratoire de Neuves-Maisons a réalisé mille examens de conformité en 5 ans.

Si l'Europe sociale est loin d'être achevée, « le noyau dur de la protection de la santé et de la sécurité au travail est pratiquement constitué », estimait la DRT en 1996 [2]. La prévention des AT/MP a su s'adapter à l'évolution du fonctionnement des institutions communautaires. « Une part croissante de l'action communautaire s'exerce au travers de réseaux qui se sont multipliés. Si le phénomène est très général, il revêt une importance particulière en matière de conditions de travail (...) Les deux comités « machines » et « équipements de protection individuelle » fournissent le type le plus achevé de ce type de réseaux d'expertise » [3].

L'Agence Européenne pour la santé et la sécurité au travail de Bilbao, créée en 1994, est représentative du second type de réseaux institutionnels dans lesquels s'insère aujourd'hui l'Institution Prévention. « Probablement appelée à devenir l'élément central du dispositif et donc un lieu

1. *Ibid.*

2. *Conditions de travail. Bilan 1996*, DRT, ministère du Travail et des Affaires sociales, p. 53. Jacques Delors soulignait en 1998 que si « la libération des échanges va plus vite que le code social européen [...], l'harmonisation des conditions d'hygiène et de sécurité dans les entreprises (figure parmi) les progrès dans la dimension sociale de l'Europe (qui se sont produits) sous (son) impulsion ». *Le Nouvel Observateur*, 30 avril-mai 1998.

3. Daniel LEJEUNE, *Évaluation des risques et santé au travail, Continuité et évolution du rapport Villermé aux directives européennes*, Ministère du Travail et des Affaires sociales, 1996. Ce rapport concluait de façon plus générale que « La France doit impérativement s'organiser pour conserver son influence devant l'influence croissante des “réseaux” et d'entités dépourvues de vocation représentative (Commission, agences, instances et comités “satellites”) en voie de multiplication. Étrangère à sa culture politique classique, cette nouvelle configuration plus « lobbyiste », qui sait aussi faire appel aux techniques les plus récentes (INTERNET), est en effet de nature à accentuer le déplacement du centre de gravité de l'Union vers l'Europe anglosaxonne. Ce mouvement est nettement perceptible depuis les trois adhésions de 1995 ».

déterminant pour la politique européenne en la matière »[1], elle s'attache à « réaliser un maillage (...) des pôles d'expertise et des circuits d'information capables de produire, traiter et acheminer des informations au niveau le plus pertinent pour un grand nombre de décideurs et d'acteurs de la prévention en Europe »[2]. Eurogip a pu collaborer à deux études : la première, financée par la Fondation de Dublin, comparait le modèle d'incitations financières à la prévention élaboré par la Fondation et le système français (notamment les conventions d'objectifs et les contrats de prévention). La seconde, financée par la DG V et pilotée par Eurogip avec Eurostat, examinait les moyens d'harmoniser les règles de codification des causes et circonstances des accidents du travail en Europe.

L'institution Prévention a par ailleurs élargi son action en direction de la DG XII « Recherche ». L'INRS a notamment proposé l'assistance de quinze de ses experts pour l'évaluation des appels d'offres lancés par cette Direction et figure à présent sur la liste des personnes consultées. Dans le cadre des relations de travail établies avec la DG III, Eurogip assure le secrétariat de la coordination européenne des organismes notifiés pour les machines et composants. Selon une enquête menée en 1996 auprès des experts de l'Institution Prévention, 70 % d'entre eux estimaient avoir réussi à faire passer le message « prévention » dans les normes. Une autre enquête menée auprès de leurs partenaires extérieurs concluait à la valeur de la contribution française à la cause de la prévention sur le plan européen[3].

La dimension européenne et ses incidences en termes de doctrine

La Commission de Bruxelles est donc parvenue à faire de la santé et de la sécurité sur les lieux de travail un des piliers de l'Europe sociale[4]. Mais elle a aussi marqué un tournant dans les conceptions

---

1. Ministère du Travail et des Affaires sociales, *Le Travail en France : santé et sécurité, 1996-1997*, Éditions Liaisons sociales, 1997, p. 62. Les institutions de ce type (Comité consultatif de Luxembourg, Fondation européenne pour l'amélioration des conditions de vie et de travail de Dublin fondée en 1974) sont toutes des organes tripartites, associant des représentants des gouvernements, des salariés et des employeurs des États membres et la Commission européenne.

2. *Ibid.* p. 62 : « La Commission a clairement manifesté ces dernières années qu'elle préférait multiplier les interlocuteurs et cloisonner l'expertise, la négociation et le dialogue social. Les partenaires sociaux européens, mais aussi certains États membres souhaitent faire de ces réseaux les instruments d'une influence qu'il leur est difficile d'exercer au Conseil, comme certains "petits" pays du Nord (...) Ces stratégies recoupent très largement une profonde différence culturelle entre l'Europe latine, de tradition régalienne et l'Europe anglosaxonne rompue aux pratiques du lobbying. La conjonction de ces facteurs contribue à faire basculer vers le nord le nouveau centre de gravité de l'Union ».

3. *Conditions de travail. Bilan 1996*, DRT, p. 306 et 307.

4. La charte communautaire des droits sociaux fondamentaux du 9 décembre 1989, dite « charte sociale » a affirmé le droit à la libre circulation, à la juste rémunération du travail, à l'amélioration des conditions de vie et de travail, à la protection sociale, à la liberté d'association et à la négociation collective, à la formation professionnelle, à l'égalité des traitements entre les hommes et les femmes, à l'information, la consultation et la participation des travailleurs, à la protection de la santé et de la sécurité dans le milieu de travail.

en matière de prévention en introduisant le principe de l'évaluation des risques et de la planification de la prévention, qui implique l'adoption au sein de l'entreprise d'une véritable politique de la prévention à moyen terme. À l'approche traditionnelle fondée sur des obligations de moyens a fait place une démarche fondée sur l'obligation de résultats. Celle-ci repose sur un diagnostic initial, la mise en œuvre de mesures techniques permettant d'atteindre le niveau de sécurité posé en objectif, et sur la définition de moyens complémentaires pour réduire les risques résiduels. Elle élargit la part d'autonomie du chef d'entreprise, désormais responsable des moyens à mettre en œuvre pour atteindre les objectifs fixés par l'autorité réglementaire.

Cette méthode, plus souple, permet de faire évoluer ces moyens en fonction des changements qui touchent le processus de production (par exemple l'adoption de la gestion en flux tendu), l'organisation de l'entreprise (notamment le recours à la main-d'œuvre temporaire) et l'état des techniques. Les décrets de 1980 sur la conception des machines, qui définissaient des objectifs et ne prescrivaient qu'exceptionnellement des moyens, ont représenté un premier pas dans cette direction. Cette approche entérine également l'inscription des questions de sécurité dans une tendance plus générale, celle de la généralisation des procédures négociées par rapport à l'action réglementaire classique [1].

Mais la directive-cadre de 1989, puis la loi française de 1991 marquaient aussi une évolution majeure des pouvoirs publics en matière de doctrine [2]. Pour sa part, la Sécurité sociale avait fait sienne ces orientations dès 1986 avec la politique de prévention adoptée alors par la commission de prévention des AT/MP. Le principe de la sécurité intégrée avait pu faire espérer qu'en traitant les problèmes de sécurité en amont, en intégrant cette dimension dès la conception des machines et des lieux de travail, on parviendrait, selon les normes d'excellence alors considérées comme des impératifs majeurs pour les entreprises (et formulées à la japonaise en termes de « zéro défaut, zéro délai, zéro stock, etc.), à atteindre le « zéro risque ». Or, l'expérience comme le renouvellement constant des techniques avaient fait de cet objectif une utopie [3].

1. Il faut noter que la prévention relève du champ de compétence communautaire alors que la réparation et la tarification restent strictement du ressort des États.

2. Les années 1988-89 avaient été marquées par un renversement inquiétant de la tendance de l'évolution des AT/MP.

3. « Les trois facteurs qui montrent à l'évidence l'impossibilité du zéro-risque sont : l'aspect technique, parce que le zéro n'existe que dans l'abstraction mathématique, qu'on n'est jamais sûr à 100 % qu'un système technique sera sûr, et que les derniers pour cents de sécurité ne peuvent être gagnés qu'au prix de complexités sans égales (...) le facteur économique, parce que la sécurité n'a pas de prix, mais elle a un coût qui devient prohibitif quand il s'agit d'éradiquer les tout derniers risques des systèmes complexes (...) le facteur humain, parce que l'homme a son libre arbitre et qu'il ne peut être réduit à jouer un rôle passif d'applicateur de consignes et qu'il peut choisir d'accepter certains risques, d'autant plus que les formes du risque ne cessent d'évoluer » (Dominique MOYEN, « Les évolutions en prévention et gestion des risques », *in* François EWALD et Jean-Hervé LORENZI (dir.), *Encyclopédie de l'assurance*, Economica, 1998).

La directive en tirait les conséquences : si la démarche de bon sens consistait en premier lieu à « éviter les risques », son corollaire immédiat était « d'évaluer les risques qui ne peuvent pas être évités ». Elle reconnaissait ainsi l'existence d'un « noyau dur » de risques inhérents à l'activité humaine, notamment dans les sociétés industrielles, et recommandait pragmatiquement de « remplacer ce qui est dangereux par ce qui n'est pas dangereux ou par ce qui est moins dangereux ». Cependant, loin de déclarer les acquis précédents dépassés, elle les reprenait à son compte en les élargissant [1], affirmant la nécessité de « planifier la prévention en visant un ensemble cohérent qui intègre dans la prévention la technique, l'organisation du travail, les conditions de travail, les relations sociales et l'influence des facteurs ambiants au travail ». Elle reconnaissait également le caractère relatif de l'effort de prévention en recommandant de « tenir compte de l'état d'évolution de la technique ».

Dans ce nouveau contexte, les vertus de la négociation paraissaient également devoir prendre le pas sur l'approche technique : « L'intégration de la sécurité dans les outils de travail ne peut que continuer, mais son rendement est décroissant. Il est de plus en plus évident dans les esprits que le zéro risque n'existe pas. La prévention n'est pas seulement affaire de technique mais de dialogue avec les acteurs que sont les salariés » [2]. Une nouvelle philosophie s'ébauchait : « VIVRE, C'EST RISQUER. MAÎTRISEZ LES RISQUES ! » [3], proclamait une affiche diffusée par l'INRS dans les années 1990. La « maîtrise des risques », telle qu'elle est énoncée dans la loi de juillet 1991, qui transpose les directives de 1989 dans le droit national, a pris dès lors une acception nouvelle. Désormais, l'objectif de la prévention n'est plus la suppression du risque, reconnue comme inaccessible, mais la gestion du risque.

La sécurité intégrée est affaire de technique, la maîtrise des risques est affaire d'hommes. Logiquement, cette dernière s'attache à « donner aux hommes les moyens de maîtriser les risques professionnels non seulement par l'information et la formation, mais par la persuasion » [4]. Réaliste, elle vise aussi à favoriser le retour financier des investissements réalisés dans ce domaine, en réduisant par l'abaissement des

---

1. L'évaluation des risques peut d'ailleurs être considérée comme « une généralisation du concept de sécurité intégrée, qui a essentiellement été compris comme s'appliquant à la conception des machines ou des bâtiments alors qu'il s'agissait d'intégrer la sécurité à toutes les phases du processus de production, sans oublier tout ce qui concerne les mesures de formation, d'organisation, de désignation de travailleurs qualifiés pour certaines tâches, de maintenance préventive (...) La notion d'évaluation des risques est un concept unificateur qui reprend l'ensemble des démarches précédentes en les intégrant dans une politique globale concertée de prévention des risques professionnels » (D. LEJEUNE, rap. cit., p. 45).

2. Dominique MOYEN, *La lettre des Cindyniques* n° 20, nov. 1996.

3. Affiche au papillon échappant aux filets. n° 527, Catalogue Affiches 1998.

4. *Conditions de travail. Bilan 1996*, DRT, ministère du Travail et des Affaires sociales, p. 292.

seuils le nombre d'entreprises cotisant à la tarification collective et en augmentant le nombre de celles qui cotisent aux taux réels ou mixtes. La politique d'aide aux PME adoptée en France avec les conventions d'objectifs et les contrats de prévention s'inscrit dans cette logique.

L'action normative, à laquelle les structures de la Sécurité sociale ont contribué largement, a donc favorisé la cristallisation de l'Institution Prévention. En effet, elle a rendu indispensable l'organisation d'un véritable réseau de compétences entre la CNAM, les CRAM et de l'INRS, tout en favorisant en parallèle la coopération avec le ministère du Travail sur certains sujets. La dimension européenne de l'Institution Prévention a encouragé la concentration des efforts, et ceux de l'INRS en particulier, dans les domaines où la « valeur ajoutée » de son apport scientifique est la plus grande. Le Directeur général de l'INRS, Jean-Luc Marié, citait par exemple les domaines des systèmes de sécurité, de la ventilation, des vibrations [1]. Bien que – comme cela a été le cas pour la directive sur la sécurité des machines, inspirée de la réglementation française – le droit européen s'inspire souvent des législations des pays membres, il est néanmoins acquis désormais que « les directives européennes exercent désormais l'influence la plus importante sur la réglementation relative à la prévention des risques professionnels » [2].

Face au risque : prévention et précaution

Mais en même temps, la prévention des AT/MP s'est inscrite peu à peu dans un contexte plus vaste. Les cindyniques, ou sciences du danger [3], développent une problématique commune aux risques de toutes natures. Des facteurs conjoncturels comme la catastrophe de Bhopal, l'accident de la centrale nucléaire de Tchernobyl, l'explosion de la navette Challenger dans les années 1980 ont entraîné une sensibilisation des populations aux risques technologiques. Plus récemment, l'affaire de l'amiante a alerté l'opinion sur les conséquences possibles de l'activité industrielle en termes de santé publique. De même, la confiance des citoyens envers les décideurs en matière scientifique a été altérée par le drame du sang contaminé.

Ces événements ont frappé l'opinion d'autant plus fortement que le degré de tolérance du danger a baissé. La revendication d'un droit à la sécurité absolue a ses retombées aussi dans le domaine de la sécurité

1. *Travail et Sécurité,* n° 3, 1998.

2. D. LEJEUNE, rap. cit., p. 64.

3. L'Institut européen des Cindyniques réunit des spécialistes venus de tous les horizons et concernés par les problèmes de gestion et de maîtrise des risques, de quelque nature qu'ils soient. Il s'est donné pour objet les études et recherches en matière de risques à tous les stades de l'activité humaine, la diffusion des informations correspondantes, les échanges permettant les retours d'expériences, le développement des sciences du danger, la promotion des méthodes et des techniques adaptées. L'Institut a été créé en 1987, à la suite d'un colloque tenu à l'UNESCO, après la « série noire » de catastrophes majeures qui venait de se produire (Bhopal, Tchernobyl, navette Challenger).

au travail : « Les mentalités ont bougé, relève Bernard Moncelon, directeur du Centre de Recherche de l'INRS de Vandœuvre-les-Nancy. Plus personne ne veut risquer sa vie en la gagnant » [1].

Aussi n'est-il guère étonnant, dans un monde qui fait de plus en plus figure « d'Archipel du danger » [2], qu'un décloisonnement se dessine dans la perception, l'étude et l'exploration des diverses formes de risques et qu'une nouvelle réflexion émerge sur moyens d'y faire face. L'approche transversale des risques retenue par l'Institut européen des Cindyniques en est une illustration.

Par ailleurs, la prise de conscience des limites de la prévention sous toutes ses formes, la reconnaissance de ses irréductibles conflits avec d'autres impératifs ont entraîné dans un premier temps un recours de plus en plus pressant aux experts et un niveau d'exigence accrue à leur égard, voire une demande de débat public et contradictoire dans des domaines qui restaient confinés jusque là dans l'étroit cercle des spécialistes. Dans un second temps, la désignation du politique comme responsable ultime des arbitrages a fait la fortune d'un nouveau concept, le principe de précaution, qui se veut universel dans ses applications et décrit une démarche intellectuelle identique quelle que soit la nature des risques. Ce principe a trait aux critères de décision qui devraient être adoptés par tous ceux dont l'activité est susceptible de créer un risque grave pour autrui [3]. Il vise à « limiter, encadrer ou empêcher certaines actions potentiellement dangereuses sans attendre que ce danger soit scientifiquement établi de façon certaine » [4]. Autrement dit, quand on ne connaît pas ou qu'on ne peut pas évaluer avec précision les risques liés, par exemple, à l'exposition à de faibles doses de toxiques ou à des types de toxicité qui ne se révèlent qu'après de longues périodes de latence, la prudence veut qu'on s'abstienne d'avoir recours aux technologies qui sont à l'origine de ces risques.

---

1. *Travail et Sécurité* n° 566, novembre 1997.

2. Georges-Yves KERVERN, *L'Archipel du danger*, Economica, 1991, et du même auteur, *Éléments fondamentaux des Cindyniques*, 1995. Selon G. Y. Kervern, les cinq domaines dans lesquels des défaillances sont susceptibles de se produire sont la connaissance des faits, quand le retour d'expérience se fait mal, la modélisation, si le recours au bon modèle pose problème, les finalités, quand elles ne sont pas clairement établies et hiérarchisées, la déontologie et le système de valeurs.

3. Définition proposée par Olivier GODARD *in Le principe de précaution dans la conduite des affaires humaines*, Éditions de la MSH, INRA, 1997, p. 24. C'est à la conférence de Rio de 1992 sur l'environnement que ce principe a été énoncé pour la première fois. En France, l'article premier de la loi du 2 février 1995 relative au renforcement de la protection de l'environnement se réfère également au principe de précaution.

4. O. GODARD, *Le principe de précaution*, *op. cit.* ; p. 16 et 25. C'est ainsi qu'à propos de l'affaire du sang contaminé, le commissaire du Gouvernement a défini ainsi dans sa demande d'avis au Conseil d'État ce que devait être un comportement « de vigilance éclairée et prudente » : « Face à un risque connu comme mortel, (...) il serait irréaliste d'affirmer que seule une certitude scientifique fait obligation d'agir. Entre l'ignorance et la conscience certaine, il y a deux stades : celui de l'accumulation d'indices et celui d'une vérification pragmatique permettant de regarder l'hypothèse comme confirmée sans que les raisons scientifiques de sa validité soient parfaitement élucidées ».

Ce principe rallierait tous les suffrages si on ne s'avisait qu'il peut conduire à la paralysie dans de nombreux domaines d'activité et se révéler incompatible avec le progrès des techniques. Quoi qu'il en soit, « il renvoie tant à la place de la science et de la technique dans nos sociétés qu'aux représentations et attentes envers les institutions publiques » [1].

Si le principe de précaution gagne du terrain, son rapport avec les pratiques établies en matière de prévention n'est pas sans conséquence. En effet, « ces dernières décennies, le développement de la prévention avait eu pour objet la maîtrise de risques bien identifiés, de risques pouvant faire l'objet d'une connaissance rationnelle et, généralement, de risques assurables. Le comportement de précaution vise aujourd'hui l'attitude à adopter envers des présomptions de risques dont l'existence n'est pas encore corroborée par la démarche scientifique. Il y a là un saut, (...) dont les conséquences pratiques peuvent être importantes » [2]. C'est bien à l'articulation de ces deux principes qu'il faut chercher, par exemple, une des clefs de « l'affaire » de l'amiante. « Nous étions encore dans (l'univers mental de) la maîtrise des risques, observe aujourd'hui Dominique Moyen, alors que les critiques se référaient déjà au principe de précaution [3] ».

Ces larges perspectives renouvellent le cadre conceptuel qui permet de penser le risque. Pour François Ewald, il s'agit d'un véritable changement de paradigme : « Le XIXe siècle avait inventé la prévoyance et en avait fait la principale des vertus. Le XXe siècle a remplacé la prévoyance par la prévention, prévoyance rendue obligatoire pour des raisons de sécurité sociale, conduite rationnelle face à un mal que la science peut objectiver et mesurer. (...) La précaution commence quand la décision doit être prise en raison et dans le contexte d'une incertitude scientifique. (...) L'apparition du principe de précaution est un des signes des transformations philosophiques et sociologiques profondes qui caractérisent cette fin de siècle » [4].

« La précaution, précise encore François Ewald, ne condamne ni la prévoyance, ni la prévention. Elle introduit seulement un autre niveau de préoccupation dans la conduite des actions humaines dans certaines situations d'incertitude » [5]. Le degré de pertinence de ce paradigme par rapport à la forme particulière de prévention qui s'exerce dans le

1. *Ibid.*, p. 11. Il considère notamment que « en se détachant d'une conception positiviste de la science et du risque (...) le principe de précaution pourrait être un levier de démocratisation des choix collectifs ». *Ibid.*, p. 30.

2. *Ibid.*, p. 25.

3. Entretien du 9 mars 1998.

4. François EWALD, « Le retour du malin génie, Esquisse d'une philosophie de la précaution », *in* Olivier GODARD (dir.), *Le principe de précaution...*, *op. cit.* Pour François Ewald, « il ne s'agit pas (cependant) de trois mondes qui se succéderaient dans le temps, l'un remplaçant l'autre. Il s'agit plutôt de trois attitudes à l'égard de l'incertitude, valorisées et développées à trois moments du temps (...). Loin d'être incompatibles, elles sont complémentaires ».

5. *Ibid.*

domaine des risques professionnels reste à évaluer. Il faut cependant observer que l'émergence du principe de précaution contribue à désenclaver cette forme de prévention et à l'ancrer dans le courant de réflexion plus global qui se dessine sur la nature du risque et les conduites les mieux adaptées pour y faire face. La visibilité croissante des maladies professionnelles, leur longue période de latence, leur caractère multifactoriel oriente par exemple assez logiquement la recherche d'un guide d'action vers le principe de précaution. D'une manière générale, quand de nouveaux risques apparaissent, ils ne respectent pas les catégories traditionnelles sur lesquelles sont fondées les typologies des risques (risques domestiques, risques au travail, risques naturels) mais ils se combinent. « Aujourd'hui les typologies qui partent de l'identification des sources, des vecteurs et des cibles sont plus pertinentes pour la prévention (que les typologies traditionnelles) » [1].

Il résulte de ce désenclavement que la prévention ne peut plus être l'affaire des seuls spécialistes comme du temps où ses aspects techniques étaient seuls en cause. De ce fait, la communication et la concertation prennent une importance renouvelée car il ne s'agit plus de communiquer à sens unique, de l'émetteur vers le récepteur, mais d'établir un dialogue, voire un forum où une grand variété d'intervenants puisse s'exprimer de façon interactive [2].

Cet élargissement des perspectives ne va pas sans soulever quelque inquiétude. Selon le ministère du Travail, « cette vision globale de la prévention ne doit pas être confondue avec la dilution de la prévention des risques professionnels dans un ensemble plus vaste comme y incite le concept de « risk management » en plaçant sur le même plan et dans le même ensemble risques professionnels, environnement, sécurité incendie, sécurité informatique, protection contre le vol ou l'espionnage technologique. Une telle dilution ne peut que réduire la prévention des risques professionnels à la portion congrue face à des enjeux d'apparence financière plus lourde et surtout nier la spécificité d'un domaine étroitement lié à l'ensemble des conditions de travail » [3]. Le recours au principe de précaution, théoriquement séduisant, politiquement nécessaire [4], mais difficile à mettre en œuvre, est un des points de convergence dans les analyses des risques de toute nature. Il contribue ainsi à faire évoluer la doctrine en matière de prévention des risques professionnels.

---

1. « Les évolutions en prévention et gestion des risques », in François EWALD et Jean-Hervé LORENZI, *Encyclopédie de l'assurance*, Economica, 1998.

2. Le professeur Got, chargé par Martine Aubry, ministre de l'Emploi et de la Solidarité d'une mission sur l'amiante, a par exemple ouvert un site Internet sur cette question, articulé autour de trois pôles : Connaître, Proposer, Évaluer, qui fonctionne comme une « boîte à idées virtuelle » et encourage la mise en commun de l'ensemble des expériences menées par les différents acteurs sur ce dossier.

3. Daniel LEJEUNE, rap. cit., p. 45.

4. « Faute de pouvoir contrôler une évolution économique du monde qui leur échappe de plus en plus, tout se passe comme si les gouvernants avaient adopté la posture du berger qui protège son troupeau » (Claude ALLEGRE, *Lettre des Cindyniques*, n° 20, novembre 1996.

Conclusion

Depuis la constitution de la prévention des AT/MP en champ autonome, c'est-à-dire depuis le dernier tiers du XIXe siècle, on observe plusieurs constantes tenant à la nature même de cette forme d'action collective.

Le principe fondamental, établi par la loi de 1898, de la responsabilité première de l'entrepreneur en matière de risques professionnels est en vigueur depuis un siècle ; étant à l'origine de ces risques, l'entrepreneur doit depuis la fin du XIXe siècle en assumer les conséquences et notamment le coût. Aucune des parties prenantes n'a depuis contesté ce principe qui a consacré la spécificité de la réparation des risques professionnels en la soustrayant au droit commun. La responsabilité majeure du patronat dans le domaine de la prévention de ces mêmes risques en est le corollaire. Les employeurs de la grande industrie n'ont d'ailleurs pas cessé de la revendiquer, notamment pour limiter l'action réglementaire dans ce domaine. En interaction constante avec l'Inspection du travail, ils se sont organisés dès la deuxième moitié du XIXe pour promouvoir une prévention qui s'est appuyée sur le relais d'associations privées et de compagnies d'assurances [1].

La jonction opérée à la Libération entre prévention et réparation au sein de la Sécurité sociale n'a pas véritablement remis en cause cette tradition. Cette réforme fondamentale témoignait certes de la volonté d'amplifier l'action collective dans un domaine où les pouvoirs publics avait surtout misé sur la réglementation et le contrôle, mais la décision de faire peser les cotisations uniquement sur le patronat différenciait le financement de la branche AT/MP de celui des autres branches et confortait du même coup le poids des employeurs, malgré

1. Michèle RUFFAT, « The role of insurance in the prevention of work-related accidents in France in the first half of the XXth century », *DYNAMIS, Acta Hisp. Med. Sci. Illus.* 1998, 18.

la volonté affichée de confier la gestion de l'ensemble aux partenaires sociaux. Était ainsi pérennisé le fait assuranciel au-delà des transformations apportées à la Libération : l'assureur privé devenait public, l'assurance facultative, obligatoire, mais l'assiette du financement restait la même.

Que, dans ces conditions, le patronat ait opéré depuis la Libération un retour en force dans les structures de prévention de la Sécurité sociale, après sa mise en minorité dans les conseils d'administration en 1946, n'est guère surprenant. Les difficultés qui ont marqué la gestion de l'Institut National de Sécurité (INS) dans les décennies suivantes ont favorisé ce processus, comme du reste la compétence technique et juridique que des organisations professionnelles comme l'Union des Industries Métallurgiques et Minières (UIMM) avait capitalisée. Des considérations d'équilibre général dans la répartition des responsabilités entre partenaires sociaux au sein de la Sécurité sociale ont également contribué à asseoir le rôle du patronat dans le secteur AT/MP dans son ensemble. Si la présidence de la Commission des Accidents du travail et des maladies professionnelles (CATMP) qui regroupe depuis 1994 la prévention, la réparation et la tarification des AT/MP est assurée par le patronat, la présidence de la CNAM revient à un élu syndical. Alors qu'elle avait été confiée à l'origine à un représentant des salariés, la présidence du Conseil d'administration de l'INS, puis de l'INRS, est assurée depuis 1964 par un représentant du patronat. Aucune alternance n'a donc eu lieu dans la pratique.

Au-delà de cette prédominance patronale dans la gestion et la prévention des AT/MP, la participation des partenaires sociaux s'est révélée un élément moteur de la prévention. Intimement liée au fonctionnement général de la Sécurité sociale, elle apparaît consubstantielle à l'effort de prévention, qui ne peut se concevoir sans la collaboration des diverses parties prenantes à l'intérieur de l'entreprise. Cependant, dans ce paritarisme à la française, souvent qualifié de *tripartisme*, l'État fait le plus souvent figure d'arbitre et de recours suprême. Alors que la réparation relève d'une activité d'assurance classique, et pour tout dire technique, la prévention ne peut s'exercer pleinement que si les partenaires sociaux unissent leurs efforts pour que « l'esprit de prévention » s'enracine dans leurs pratiques et notamment dans la formation des salariés. Cette démarche conjointe est indispensable à son essor, en dépit de la vigueur des débats sur la répartition des rôles en matière de prévention. Par rapport aux relations sociales considérées dans leur ensemble, la prévention est, au demeurant, un domaine relativement consensuel.

En revanche, la question du degré d'intégration ou d'indépendance de la prévention des AT/MP par rapport à ses deux principaux univers de référence, l'assurance des accidents du travail et des maladies professionnelles d'une part, et la prévention des risques de toutes natures d'autre part, reste en suspens.

Le couplage de la prévention avec la tarification et la réparation sous l'égide de la Sécurité sociale introduisit en 1945 une innovation majeure dans la gestion des accidents du travail et des maladies professionnelles. L'objectif affiché était la diminution progressive du poids de la réparation par l'établissement d'une tarification incitative. Cependant, la mise en œuvre de ce système d'inspiration assurancielle s'est heurtée à plusieurs obstacles : la collecte des informations sur les circonstances des accidents s'est révélée délicate, le calcul actuariel n'a pas permis, du moins pour les accidents à faible fréquence, d'ajuster les tarifs aux risques et d'adopter une politique tarifaire réellement incitative. Surtout, la mise en place d'un système instaurant des variations dans les tarifs d'une amplitude suffisante pour le rendre réellement incitatif a longtemps rencontré des résistances communes à l'ensemble des acteurs. La prévention des AT/MP s'est en conséquence développée pendant près d'un demi-siècle parallèlement à leur réparation et à la tarification des risques professionnels, sans que l'étroite synergie entre ces trois fonctions, voulue par le législateur de 1946, ait pu recevoir une traduction concrète.

Au total, les structures de l'assurance AT/MP et, en particulier, celles de la prévention ont fait preuve d'une remarquable stabilité depuis 1946. Stabilité ne vaut pourtant pas immobilité. Revendiquant la spécificité de sa mission par rapport à l'effort de prévention dans son ensemble et par rapport au rôle du ministère du Travail dans ce domaine, l'Institution prévention est parvenue depuis peu à se restructurer au sein de la Sécurité sociale en articulant plus étroitement que par le passé prévention, tarification et réparation [1].

Ce retour aux sources après un demi siècle de fonctionnement séparé des trois volets de l'assurance des risques professionnels laisse à penser que la prévention oscille, depuis ses origines, entre un pôle solidariste et un pôle assuranciel. Plus la logique solidariste a prévalu, plus l'effort de prévention s'est déployé de façon autonome. Plus la démarche assurancielle a gagné du terrain, plus les liens entre prévention, réparation et tarification se sont resserrés. La loi de 1898 avait été conçue à la fois pour remédier à des situations d'injustice criante et pour rendre supportable, et surtout compatible avec le développement industriel, le poids de la responsabilité patronale. Il fallait donc à la fois répartir les conséquences financières des sinistres sur l'ensemble des entreprises, afin de ne pas mettre en péril leur équilibre économique, et faire en sorte que les individus dont la force de travail était atteinte bénéficient des mécanismes de la solidarité sociale. C'est donc bien davantage la mutualisation des risques par le biais de l'assurance que les efforts de réduction du risque à la source qui s'est imposée.

1. Selon l'expression de Gilles Evrard, Directeur, Direction des Risques professionnels, CNAM, la prévention et la réparation étaient encore il y a quelques années « des mondes séparés », Entretien du 22 janvier 1998.

Faut-il en conclure que la France a « plaidé symboliquement en faveur de l'assurance tout en développant des mécanismes qui lui étaient contraires » [1] ? D'inspiration assurancielle, le système aurait en fait fonctionné selon le principe de solidarité. Dans les réformes engagées en 1945, les mécanismes mis en place, notamment au niveau de la tarification, reprenaient les pratiques des compagnies d'assurances d'avant-guerre qui visaient à limiter les sinistres en modulant les primes en fonction de leur degré de gravité et à rapprocher prévention et tarification. Mais dans la pratique, la solidarité l'a emporté, car l'idée fondamentale était bien d'accorder aux artisans du progrès et du relèvement national des garanties supérieures à celles de l'assurance maladie dans son ensemble pour les risques qu'ils acceptaient de prendre pour le bien de la collectivité tout entière.

Dès lors, la dérive par rapport au système d'assurance des AT/MP conçu après la guerre s'explique : dans la mesure où la prévention mise en place était alors d'inspiration assurancielle [2] (selon une conception d'ailleurs assez rudimentaire des mécanismes de l'assurance), il était logique que les syndicats se désintéressent des mécanismes d'incitation financière mis en place pour réduire les risques par le biais de la prévention et plaident en faveur d'une extension des mécanismes de solidarité, peu compatible avec l'autonomie de la branche des AT/MP. Il était non moins logique que le patronat ait cherché constamment à s'opposer aux transferts d'un régime à l'autre, opérés au nom de la solidarité nationale.

Le retour du balancier n'a pas manqué de se produire. À partir de la réforme de 1967, les partenaires sociaux ont été tenus pour responsables des déficits qui s'accumulaient et sont devenus par conséquent plus attentifs aux « charges indues » pesant sur la Sécurité sociale, estimant qu'elles devraient plus logiquement relever de l'impôt et de la solidarité nationale. La pression s'accentuant en faveur d'un retour à l'équilibre de l'assurance maladie, la tendance à la responsabilisation des gestionnaires par le bouclage de la gestion au niveau de chaque branche a entraîné le cloisonnement des comptes et des résultats, mettant en lumière l'importance des péréquations opérées au nom de la solidarité entre les régimes [3]. D'où le regain d'intérêt pour les méca-

---

1. Nicolas DUFOURCQ, Sécurité sociale : le mythe de l'assurance, *Droit social*, n° 3, mars 1994.

2. *Ibid.* : « Étonnante inversion des rôles. Le principe de solidarité nationale l'a pour l'essentiel emporté dans les faits (...) L'idée assurancielle, réinventée par FO, la CFTC, la CGC, et à un moindre degré par la CFDT, comme bouclier contre les transferts de charges, a gagné quant à elle la bataille symbolique. Elle est le référent théorique de tous les discours sur la protection sociale. La loi de 1978 a beau commencer par la prière des pionniers – « l'organisation de la sécurité sociale est fondée sur le principe d'une solidarité nationale et interprofessionnelle » –, rien n'y fait : l'image mentale de l'assurance s'est imposée » (Nicolas DUFOURCQ, *op. cit.*, p. 293).

3. Répondant à une question de la Commission Grégoire en 1975 sur la gestion de la Sécurité sociale, le syndicat FO s'expliquera : « Les gestionnaires du régime général,

nismes d'optimisation des résultats et la tendance à l'accentuation de la logique assurancielle qui ont provoqué le rapprochement des trois volets de l'assurance AT/MP. Le débat sur la gestion et la prévention des AT/MP est donc en définitive inséparable de celui qui parcourt la collectivité nationale sur les enjeux de la solidarité et les modes de redistribution de la richesse nationale.

C'est ainsi que la question du degré d'autonomie de la prévention des risques professionnels par rapport aux pratiques de prévention dans leur ensemble apparaît sous un jour nouveau. Si la prévention des AT/MP s'est constituée en champ autonome et s'est inscrite dans des structures étatiques et privées spécialisées, la question des frontières entre la couverture des risques professionnels et celle des risques qu'on appelle « diffus », ceux de la vie quotidienne, de la maison, de la circulation, n'a cessé de se poser. La tendance à l'élargissement du périmètre des AT/MP qui s'était manifestée au temps de l'INS a été suivie d'un recentrage de l'action de l'INRS sur son métier fondamental. Mais le débat récent sur les frontières de la notion de maladies professionnelles relance aujourd'hui la question. Par ailleurs, au fur et à mesure que la prévention a débordé le champ technique pour envahir le champ socio-économique, des phénomènes de chevauchement des risques sont apparus. Aujourd'hui, la spécificité du champ des risques professionnels est battue en brèche sur plusieurs fronts, comme en témoigne la tendance au regroupement des diverses formes de risques courus par les entreprises sous la houlette de *risk managers* ainsi que les expériences de décloisonnement menées par quelques pays étrangers.

De même, est mis à mal un axiome qui s'était montré décisif dans la reprise en mains par la Sécurité sociale de l'assurance des accidents du travail et des maladies professionnelles : l'idée encore bien prégnante et inspirée des doctrines solidaristes que la société contracte une dette envers ceux qui ont risqué leur vie à travailler à son bien-être subit, depuis les années 1980, de nombreux accrocs [1]. Elle impliquait et implique toujours un mode de réparation plus avantageux que celui des risques hors travail pris en charge par l'assurance mala-

---

(Suite de la note 3 page 252) dont on connaît le sens des responsabilités, furent d'abord sensibilisés, avant la réforme de 1967, par les transferts de charges qu'opéra le ministre des Finances de l'époque pour équilibrer le budget de l'État en déséquilibrant le leur, tandis que dans le même temps, une campagne était orchestrée sur le déficit de la sécurité sociale. Cette opération fut d'autant plus vivement ressentie que ces gestionnaires étaient consciencieux » (Rapport Grégoire, Annexe p. 2., cité par Nicolas DUFOURCQ, art. cit., p. 292).

1. La référence fréquente, notamment dans les années d'après-guerre, à la « bataille » de l'industrie, en assimilant les travailleurs à une armée en campagne, insistait sur cette idée de dévouement à la collectivité (Christopher D. McKENNA, « Better living through chemistry ? » Industrial accidents and masculinity at Du Pont 1890-1930 », *Entreprises et histoire*, n° 17, décembre 1997).

die. Or, des phénomènes comme la sous-déclaration des maladies professionnelles ou le traitement relativement plus « favorable » accordé aux victimes d'autres risques liés à la route, au terrorisme ou aux catastrophes naturelles, affectent la légitimité de l'assurance AT/MP dont le caractère exorbitant du droit commun, défini à une époque où le nombre des salariés était bien moindre qu'aujourd'hui, s'effrite.

En matière de méthodes et de doctrine, les moyens conçus et mis en œuvre pour prévenir les AT/MP ne se sont pas succédé de manière linéaire ; ils se sont combinés. La prévention – la réglementation sur l'hygiène et la sécurité en est une illustration topique – court constamment après l'évolution des techniques qui prend régulièrement quelques longueurs d'avance. Comment faire en sorte qu'elle l'accompagne sans prendre du retard ? Cette interrogation est séculaire. Sans doute les cindyniques ou sciences du danger contribuent-elles à renouveler cette perspective en s'efforçant de poser les problèmes en des termes qui permettent d'anticiper l'avenir, mais la nécessité de l'obligation réglementaire persiste avec force, même si les exigences des pouvoirs publics se formulent désormais plus en termes de résultats que de moyens. Cette démarche nouvelle, fondée notamment sur les normes, traduit du reste bien davantage la volonté de remédier à la lourdeur et à l'obsolescence rapide d'un certain type de réglementation qu'un recul du rôle de la puissance publique en la matière.

Très largement, la dérivée est positive : la prévention a gagné la partie, du moins en ce qui concerne les accidents du travail dont le nombre s'est considérablement réduit. La sécurité a fait en milieu professionnel des progrès considérables, sans doute dus à l'effort de prévention, mais aussi à l'évolution du travail dans l'industrie et à la tertiarisation de la société française. Ces progrès sont cependant contrebalancés par plusieurs phénomènes : l'augmentation du nombre des maladies professionnelles dont la visibilité s'est accrue par suite de l'élargissement de leur définition, les délais très longs entre l'exposition aux produits toxiques et leur manifestation et la sensibilisation de l'opinion publique aux pathologies professionnelles. Face à celles-ci, les anciennes attitudes, empreintes tour à tour de bravade et de résignation, reflets d'une même impuissance, en appellent désormais à une conception de la prévention qui s'inspire, en amont, de la philosophie de la précaution [1].

La prévention est en effet de plus en plus intégrée au processus de prise de décision. Dans une société qui tolère de moins en moins que le risque échappe au contrôle de l'individu, il est désormais vital d'évaluer *a priori* les conséquences possibles de la prise de risques. C'est pourquoi, replacée dans la longue histoire des idées qui ont nourri l'effort de

1. François EWALD, « Le retour du malin génie, Esquisse d'une philosophie de la précaution » *in* Olivier GODARD (dir.), *Le principe de précaution dans la conduite des affaires humaines*, MSH/INRA, 1997.

prévention, l'apparition récente du principe de précaution en élargit les perspectives mais ne paraît pas devoir remettre en cause les fondements de la prévention des AT/MP, structurellement liée à l'évolution des techniques et des connaissances scientifiques. La prévention des AT/MP a longtemps reposé sur l'idée que le risque était maîtrisable. Elle s'inscrit aujourd'hui dans un courant plus vaste qui conçoit toute prévention comme un exercice de projection dans les futurs possibles, par lequel « on entraîne son imagination à concevoir l'inconcevable » [1]. Dans cette perspective, le principe de précaution peut être interprété comme une avancée décisive de l'esprit de prévention.

En effet, à mesure que l'activité industrielle est devenue plus sûre dans le détail, des risques globaux d'une ampleur inégalée se sont manifestés. Le projet d'essence rationaliste des préventeurs, qui posait la certitude scientifique en préalable à l'action, se trouve ainsi mis à mal par la nécessité de décider et d'agir en situation d'incertitude sur le plan scientifique. Le principe de précaution, qui demande un exercice actif du doute, selon la formule de François Ewald, s'adresse à une nouvelle génération de risques, dont l'ampleur et les conséquences potentielles sont telles qu'il semble vain d'attendre des progrès de la connaissance pour agir.

Par rapport à la prévention, l'intérêt de ce principe est d'en révéler les limites. Il marquerait ainsi la fin de « cette utopie (scientiste) d'une science capable de toujours mieux maîtriser ses risques » [2]. En ce sens, il poserait des bornes à la démarche traditionnelle de prévention, l'inciterait à prendre conscience de ses propres limites, à reconnaître que tous les risques ne sont pas maîtrisables ou, le coût en étant trop élevé, à s'abstenir de les prendre. En retour, l'expérience acquise dans le domaine de la prévention à travers notamment les méthodes d'analyse du risque et la généralisation des systèmes de veille sanitaire laissent entrevoir la possibilité d'un usage raisonné du principe de précaution, sans qu'il en résulte un freinage du progrès technique ou une paralysie de l'action. L'application du principe de précaution en amont de la prévention pourrait ainsi enrichir celle-ci en lui permettant de dépasser la simple sphère du technique et du scientifique, sans remettre en cause les fondements philosophiques du système de prévention des risques professionnels.

1. Dominique GENELOT, « S'entraîner à concevoir l'inconcevable », *Vigilance* n° 100, déc. 1993.

2. François EWALD, art. cit.

Sources

I. Archives écrites

1. Série F22 : Travail et sécurité sociale (au CARAN, Paris)

435 : Délégués ouvriers à la sécurité du travail : organisation, vœux (1907-1937).

473 à 490 : Sécurité des travailleurs (1880-1934).
473 : projets de loi (1880-1934).
474 : Projet de modification du décret du 10 mars 1894 (1897-1904).
475-476 : Application de la loi du 9 avril 1898 sur les accidents du travail (1899-1914).
477-490 : Application des décrets des 10 mars 1894, 29 novembre 1904 et 10 juillet 1913 (1894-1934).

491 à 494 : Accidents du travail.
491 : Correspondance des inspecteurs du travail (1919-1937).
492 : statistiques (1911-1931).
493 : divers (1913-1932).
494 : Application de la loi du 9 avril 1898 (1899-1921).

495 à 500 : Prévention des accidents du travail (1888-1936).
495 : Conférences, brochures, circulaires (1913-1930).
497 : Nouveaux appareils de protection, recherches, inventions (1902-1913).
499 : Bulletin de l'Association des Industriels du Nord de la France contre les accidents (AIN), 1888-1909.
500 : Brochures diverses, documentation imprimée (1895-1936).

501 à 502 : Sécurité des travailleurs (1896-1931).
501 : Rapports (spéciaux) d'inspecteurs du travail, divers (1896-1930).
502 : Documents, correspondance diverse (1914-1931).

503 à 514 : Hygiène et sécurité des travailleurs : conditions de travail dans diverses industries (1872-1936).

515 à 516 : Commission d'hygiène industrielle (CHI) et sous commissions. Notes, rapports (1908-1913).

521 à 528 : Prophylaxie des maladies professionnelles (1893-1936).

538 à 540 : Hygiène et sécurité des travailleurs, accidents du travail (1916-1918).

2. *Au Centre d'archives contemporaines de Fontainebleau*

760131 : Art. 1-9 : Organisation générale des instances de la prévention. Art. 27 : Institut national de la Sécurité (INS).

810005 : Art. 16-19 : INRS (1965-1977). Art. 19-21 : Relations internationales dans le domaine de la prévention (1955-1977). Art. 22-27 : Problèmes financiers (1970-1979).

880597 : Art. 1-28 : Hygiène, sécurité du travail et médecine du travail. Accidents du travail : prévention et inaptitude. Organisation de la médecine du travail. Produits toxiques et substances dangereuses. Nuisances et bruits. Maladies professionnelles. Coordination de la prévention entre les organismes de Sécurité sociale et les services du ministère du Travail.

900125 : Art. 1-38 : Accidents du travail et maladies professionnelles, contrôle et recensement des CHS (1898-1981). Art. 30-38 : CNAMTS : comités techniques nationaux et comités centraux de coordination des accidents du travail et des maladies professionnelles (1961-1981).

760241 : Art. 1-10 : Comité de gestion du Fonds de prévention des accidents du travail et comités nationaux. Art. 93-142 : rapports d'activité des services de prévention, statistiques technologiques, tarification et prévention (1945-1974).

760126 : Art. 179-195 : Commission d'hygiène industrielle (1901-1968). Art. 196-212 : Maladies professionnelles. Art. 213 : Médecine et hygiène du travail (1904-1944).

760127 : Art. 1-3 : Prévention des accidents du travail et réglementation relative à la protection des machines dangereuses (1905-1966).

780560 : Art. 9-15 : Commission d'homologation des dispositifs de sécurité (1948-1971).

II. Sources orales

Liste des entretiens réalisés :
Marie-Chantal Blandin,
Jackie Boisselier,
Jean-Marie Cavé,
Gilles Evrard,

Jacques Lordet,
Paul Malnoë,
Jean-Luc Marié,
Bernard Moncelon,
Dominique Moyen,
Jean-Pierre Peyrical,
André Thiollent,
Pierre Thillaud,
Jean-Jacques Vogt,
Bernard Vrillon.

III. Documents du ministère du Travail et du Conseil supérieur de la prévention des risques professionnels

Circulaires, programmes d'actions prioritaires (1976-1998).

Bilan des conditions de travail, DRT, (1986-1997).

Compte-rendus des séances plénières annuelles du CSPRP présidées par le ministre du Travail (1976-1997).

IV. Rapports officiels

Rapports de l'IGSS et de l'IGAS : *Les services de prévention des accidents du travail et des maladies professionnelles*, IGSS, 1962 ; rapports de l'IGAS, 1970 et 1973.

Rapports de la Cour des Comptes, 1952, 1956, 1959.

Rapports de la Commission des comptes de la Sécurité sociale.

BOIS, *L'aménagement des conditions de travail au stade de la conception des bâtiments*, 1974.

BOUGNOL (L.) *et alii*, *Les accidents du travail*, rapport remis au MTEP, avril 1974.

BOUGON (P.), *La situation financière de la branche accidents du travail du régime général de la Sécurité sociale*, La Documentation française, 1989.

BUHL-LAMBERT, *Propositions pour une politique de prévention*, Mission de la Sécurité sociale, 1982.

DELAFOSSE, *L'organisation des services chargés de la prévention des accidents du travail, Comité central d'enquête sur le coût et le rendement des services publics*, 1977.

DORION (G.), *La modernisation de la réparation des accidents du travail et des maladies professionnelles*, Ministère des Affaires sociales et de l'Intégration, La Documentation française, 1991.

FABRE (M.), *Les accidents du travail et les maladies professionnelles : analyse et prévention*, Conseil économique et social, 1994.

HURIET (Cl.), *Renforcer la sécurité sanitaire en France, Coll.* « Les rapports du Sénat », 1996-1997.

LEJEUNE (D.), *Évaluation des risques et santé au travail. Continuité et évolution du rapport Villermé aux directives européennes, ministère du Travail et des Affaires sociales*, 1996.

SUDREAU (P.), *La réforme de l'entreprise*, La Documentation française, 1975.

V. Archives internes des instances de prévention de la Sécurité sociale

1. INS et INRS

PV des réunions du Conseil d'administration de l'INS puis de l'INRS (1947-1997).

PV des réunions du Bureau et annexes (1947-1997).

Archives diverses non déposées.

2. CNSS puis CNAM

PV des séances de la Commission des accidents du travail.

3. CRSS puis CRAM

Rapports annuels d'activité des services de prévention des CRSS puis des CRAM (1947-1997).

Rapports d'activité des CRSS puis des CRAM (1947-1997).

VI. Dossiers de presse de la Fondation nationale des sciences politiques

Accidents du travail, maladies professionnelles : 7 articles : 1946-1954 ; 1955-1958 ; 1959-1967 ; 1968-1974 ; 1975-1977 ; 1978-1985 ; 1986-

Prévention et CHSCT : 1 article : 1978-

VII. Revues

Pour les références des nombreux articles cités, se reporter aux notes placées en bas de page.

Le Travail Humain (1938-1997).

Travail et Sécurité (1947-1997).

Préventique.

Archives des maladies professionnelles, (de médecine et de Sécurité sociale) (1938-1997).

Droit social.

Revue française du travail (1945-1967).

Revue française des affaires sociales (1967-1997).

Histoire des accidents du travail (1976-1985).

VIII. Bibliographie

ANDOLFATO (D.), *L'univers des élections professionnelles*, Les Éditions ouvrières, 1992.

ALISON (P.), *La Prévention des accidents du travail,* Thèse de droit, Nancy, 1929.

AMAR (J.), *Le moteur humain et les bases scientifiques du travail professionnel*, Paris, H. Dunod et E. Pinat, 1914.

AMAR (J.), *Le rendement de la machine humaine*, 1909.

BARJOT (A.) (dir.), *La Sécurité sociale, son histoire à travers les textes,* Tome III : 1945-1981, Comité d'histoire de la Sécurité sociale, 1997.

BOISSELIER (J.), *Une guerre contre le risque. La vie et l'œuvre de Pierre Caloni*, Éd. SCHSC, 1971.

BOISSELIER (J.), *Traité d'hygiène et de sécurité du travail,* édité par la Société corporative d'hygiène et de sécurité dans les chantiers, 1978.

BOISSELIER (J.), LARGER (D.), *Le droit de l'hygiène, de la sécurité et des conditions de travail*, 1988.

BOYER (J.-P.), *Sécurité au travail. Aspect social. Réflexions sur le problème de l'accident du travail*, 1982.

BRETON (J.-L.), *Rapport sur les maladies professionnelles,* Association nationale française pour la protection légale des travailleurs, 1911.

BUNGENER (M.), HORELLOU-LAFARGE (Ch.), *Chômage et santé*, Economica, 1982.

CALONI (P.), *Échec au risque,* Paris, SEFI, 1952.

CALONI (P.), *Les Préventeurs*, Paris, SEFI, 1960.

CATRICE-LOREY (A.), *Dynamique interne de la Sécurité sociale. Du système de pouvoir à la fonction personnel*, CRESST, 1980.

CHILIN (R.), MOUTET (A.), MULLER (M.), *Histoire de l'ANACT,* Syros, 1994.

CHOTARD (Y.), *Comment sauver la Sécurité sociale ?*, Economica, 1987.

COHEN (Y.) et BAUDOUI (R.), *Les chantiers de la paix sociale, 1900-1940*, ENS Éditions, Fontenay/Saint-Cloud, 1995.

CREMIEUX-BRILHAC (J.-L.) et PICARD (J.-F.), *Henri Laugier en son siècle*, CNRS Éditions, 1995.

DEJOURS (Ch.), *Souffrance en France. La banalisation de l'injustice sociale*, Seuil, 1998.

DUMONT (J.-P.), *La Sécurité sociale toujours en chantier. Historique, bilan, perspectives*, Les Éditions ouvrières, 1981.

DUPEYROUX (J.-J.), *Droit de la Sécurité sociale*, Dalloz, 1998.

DUVAL (G.), *L'entreprise efficace à l'heure de Swatch et McDonald's. La seconde vie du taylorisme*, Syros : Alternatives économiques, 1998.

EWALD (F.), *L'État providence*, Paris, Grasset, 1986.

EWALD (F.) et LORENZI (J.-H.) (dir.), *Encyclopédie de l'assurance*, Economica, 1998.

FREYCINET (Ch. de), *Traité d'assainissement industriel comprenant la description des principaux procédés employés dans les centres manufacturiers de l'Europe occidentale pour protéger la santé publique et l'agriculture contre les effets des travaux industriels*, Paris, Dunod, 1870.

FROIS (M.) et RAZOUS (P.), *Pratique de l'hygiène industrielle à l'usage des industriels, des ingénieurs et des architectes d'usines, des conseils d'hygiène*, Paris, Société d'éd. techniques, 1907.

GALANT (H.), *Histoire politique de la Sécurité sociale française, 1945-1952*, A. Colin, 1955.

GODARD (O.) (dir.), *Le principe de précaution dans la conduite des affaires humaines*, Éditions de la MSH, INRA, 1997.

GOGUELIN (P.), *La prévention des risques professionnels*, PUF, 1996.

GUILLAUME (P.), *Le rôle social du médecin depuis deux siècles (1800-1945)*, AEHSS, Comité d'histoire de la Sécurité sociale, 1996.

HEIM (Dr F.), *Recherches sur l'hygiène du travail industriel, assainissement des industries, prophylaxie des maladies professionnelles*, Paris : H. Dunod et E. Pinat, 1912.

IMBERT (Dr A.), *Rôle de la physiologie dans les conflits entre le Capital et le Travail*, Paris, Imprimerie Nationale, 1909.

IOTEYKO (J.), *La Science du travail et son organisation*, Paris, F. Alcan, 1917.

KERVEN (G.-Y.), *L'Archipel du danger*, Economica, 1991.

KERVEN (G.-Y.), *Éléments fondamentaux des cindyniques*, 1995.

LANGLOIS (J.-P.), *Précis d'hygiène publique et privée*, 2e édition, 1901.

LAURENT (J.-Ch.) et LAURENT (Ph.), *La responsabilité patronale, accidents du travail et maladies professionnelles*, Economica, 1976.

LAYET (Dr A.), *Hygiène des professions et des industries, précédée d'une étude générale des moyens de prévenir et de combattre les effets nuisibles de tout travail professionnel*, Paris, J.-B. Baillière et fils, 1875.

LAYET (Dr A.), *Précis d'hygiène publique et privée*, Paris, O. Doin, 2e éd., 1901.

LECLERC de PULLIGNY, BOULIN, COURTOIS-SUFFIT *et alii*, *Hygiène industrielle*, Paris, J.-B. Baillère et fils, 1908.

LE CROM (J.-P.), *Syndicats, nous voilà ! Vichy et le corporatisme*, Éditions de l'Atelier, 1995.

LE CROM (J.-P.) (dir.), *Deux siècles de droit du travail. L'histoire par les lois*, Les Éditions de l'Atelier, 1998.

LE GOFF (J.), *Du silence à la parole. Droit du travail, société, État (1830-1985)*, Calligrammes-La Digitale, 1985.

LENGLET (R.), *L'affaire de l'amiante*, La Découverte, 1996.

LEONARD (J.), *Archives du corps. La santé au XIXe siècle,* Ouest-France université, 1986.

LEONARD (J.), *La Médecine entre les savoirs et les pouvoirs*, Aubier-Montaigne, coll. historique, 1981.

LEVY-LEBOYER (M.), SPERANDIO (J.C.), *Traité de psychologie du travail*, PUF, 1987.

MALYE (F.), *Amiante : le dossier de l'air contaminé*, Le Pré aux Clercs, 1996.

MAMY (H.), « *Les Associations industrielles organisées en France et à l'étranger pour prévenir les accidents* », Compte-rendu établi par E. GRUNER, des séances du Congrès International des accidents du travail tenu à Paris en 1889, Paris, Baudry et Cie, 1889, 2 vol.

MARTIAL (Dr R.), *Hygiène individuelle du travail,* Paris, Giard et Brière, 1907.

MELUCCI (R.), *Idéologies et pratiques patronales pendant l'industrialisation capitaliste*, thèse de l'EHESS, 1974.

MOURIAUX (R.), *L'unité syndicale en France, 1895-1995*, Syllepse, 1997.

MURARD (L.), SYLBERMAN (P.), *L'hygiène dans la République. La santé publique en France ou l'utopie contrariée, 1870-1918,* Fayard, 1996.

NAPIAS (Dr H.), *Les revendications ouvrières au point de vue de l'hygiène*, Paris, G. Masson, 1890.

PARAF (G.), *Hygiène et sécurité du travail industriel*, Paris, Ch. Dunod, 1905.

PAULET (G.), *Maladies professionnelles, rapport préparatoire au Comité consultatif des Assurances contre les accidents du travail*, Paris, Berger-Levrault et Cie, 1904.

PERROT (M.), *Enquêtes sur la condition ouvrière en France au XIXe siècle*, Microéditions Hachette, Paris, 1972.

POUGET (E.), *L'Organisation du surmenage (le système Taylor)*, Paris, M. Rivière, 1914.

RADELET (M.), Mutualisme et syndicalisme, Ruptures et convergences de l'Ancien régime à nos jours, PUF, 1991.

RAZOUS (P.), *La sécurité du travail dans l'industrie*, Paris, Dunod, 1901.

RICHARD (P.-J.), *Histoire des institutions d'assurance en France*, Éditions de l'Argus, 1956.

RIGAUDIAS-WEIS (H.), *Les enquêtes ouvrières en France entre 1830 et 1848*, Paris, F. Alcan, 1936.

RUFFAT (M.), CALONI (V.), LAGUERRE (B.), *L'UAP et l'histoire de l'assurance*, Éditions Lattès-MSH, 1990.

RUFFAT (M.), « The role of insurance in the prevention of work-related accidents in France in the first half of the XXth century », *Dynamis,* Universidad de Granada, 1998, vol. 18, pp. 447-463.

RUFFAT (M.), « L'assurance française et sa tutelle, Structures administratives et modes de régulation », Insurance in industrial societies: economic role, agents and markets from XVIIIth century to today, Actes du 12e Congrès international d'histoire économique, Fundacion fomento de la historia economica, Université de Séville, Madrid, 1998, pp. 57 à 76.

RUFFAT (M.), « Faire de l'histoire en entreprise », in *Écrire l'histoire du temps présent*, IHTP, Éditions du CNRS, 1993.

SEILHAC (L. de), *Les Congrès ouvriers en France 1876-1897*, Paris, A. Colin, 1899.

SEILLAN (H.), *L'obligation de sécurité du chef d'entreprise*, Dalloz, 1981.

SOFRES/CNAMTS, *Évaluation qualitative du système des conventions d'objectifs et des contrats de prévention*, rapport de synthèse, 1992.

TRIBY (R.), *Les assurances sociales dans les départements du Haut-Rhin, du Bas-Rhin et de la Moselle. Naissance et évolution, 1883-1984.*

VALENTIN (M.), *Travail des hommes et savants oubliés. Histoire de la médecine du travail, de la sécurité et de l'ergonomie*, Éd. Docis, 1978.

VIET (V.), *Frédéric-Louis HEIM (de Balsac) 1869-1962* et *André SALMONT, in Les Professeurs du Conservatoire national des Arts et Métiers. Dictionnaire biographique 1794-1955* (dir. Cl. Fontanon et A. Grelon), collection « Histoire biographique de l'enseignement », Presses de l'INRP et CNAM, 1995, T. 1, p. 655-664 et T. 2, p. 526-534.

VIET (V.), *Les Voltigeurs de la République. L'Inspection du travail en France jusqu'en 1914*, CNRS Éditions, 1994, 2 vol.

VIEU (J.), *Coordination des organismes et institutions chargés de la prévention des accidents du travail et des maladies professionnelles*, ENA, 1976.

VIGARELLO (G.), *Le propre et le sale. L'Hygiène du corps depuis le Moyen-Âge*, Éd. du Seuil, 1985.

VILLERME (Dr L.-R.), *Des accidents produits dans les ateliers industriels par les appareils mécaniques*, 1851.

VILLERME (Dr L.-R.), *Tableau de l'état physique et moral des ouvriers employés dans les manufactures de coton, de laine et de soie*, Paris, J. Renouard, 1840, 2 vol.

WEBER (H.), *Le parti des patrons. Le CNPF, 1946-1990*, Seuil, 1991.

WORONOFF (D.), *Histoire de l'industrie en France du XIXe siècle à nos jours*, Seuil, 1994.

XARDEL (N.), *Le Mouvement d'hygiène industrielle. Son historique, son aspect scientifique, ses réalisations en France et à l'étranger*, thèse, Paris, Dunod, 1925.

Index des noms propres

W

Table des matières

Réalisé en P.A.O. par STDI - Z. A. Route de Couterne - 53110 LASSAY-LES-CHÂTEAUX
Imprimé en France. - JOUVE, 18, rue Saint-Denis, 75001 PARIS
N° 265264F. - Dépôt légal : Février 1999